LA BATARDE

PAR

XAVIER DE MONTÉPIN

F. ROY, libraire-éditeur, rue Saint-Antoine, 185, PARIS.

LA BATARDE

PREMIÈRE PARTIE

LA MAITRESSE DU MAITRE

I

DEUX HEURES DU MATIN

Deux heures du matin venaient de sonner.

Les grondements de plus en plus éclatants du tonnerre, les lueurs de plus en plus vives des éclairs, annonçaient l'approche d'un violent orage, ou plutôt d'une véritable tempête.

De lourds et gigantesque nuages noirs couraient comme des chevaux de bataille sur la surface du ciel et mettaient un voile épais entre les clartés de la lune, les scintillements des étoiles, et la surface de la terre qu'enveloppaient des ténèbres insondables.

Par instants les brusques zigzags d'un éclair fulgurant jetaient, au milieu de l'obscurité, une nappe de lumière éblouissante.

Alors on apercevait les masses imposantes du château de Vezay, vieille et grandiose habitation seigneuriale, qu'entourait d'une façon toute princière un parc de deux cents arpents.

Parc et château se trouvaient situés dans la partie la plus pittoresque et la mieux accidentée du riche et beau pays de Touraine.

C'est dans l'intérieur de ce château que nous prions nos lecteurs de vouloir bien nous accompagner pendant la nuit du 20 septembre 1820.

Il était — nous le répétons — deux heures du matin.

Une seule des quatorze fenêtres qui perçaient à chaque étage la large façade de pierre de taille se trouvait éclairée.

C'était la fenêtre de la bibliothèque.

Et, encore, la faible lueur qui scintillait à travers son vitrage se voilait de minute en minute et semblait en quelque sorte intermittente.

Ceci provenait de ce qu'un homme de haute taille, se promenant à grands pas dans la pièce en question, interceptait la clarté chaque fois qu'il passait entre la lampe et la fenêtre.

Ce promeneur nocturne était le comte Charles-Henry-Ludovic de Vezay.

M. de Vezay, gentilhomme de vieille race, — âgé, à cette époque, de quarante ans environ, — grand, mince, et d'une tournure remarquablement distinguée, ne pouvait point passer pour un beau cavalier, mais il avait en lui ce je ne sais quoi qui plaît d'abord et qui décèle aux regards les moins expérimentés l'homme du monde et le grand seigneur.

Les cheveux — naturellement bouclés sur un front haut et fier — étaient d'un noir sans mélange.

De grands yeux d'un bleu pâle, et un nez long et aristocratique, qui rappelait vaguement par sa courbure un peu exagérée la forme du bec d'un oiseau de proie, constituaient les traits distinctifs d'un visage osseux, fortement coloré et auquel les pommettes saillantes donnaient ce type celtique et cette physionomie hautaine et un peu sauvage qu'on retrouve chez la plupart des habitants du bourg de Batz, cet étrange village voisin du Croisic, en Bretagne.

En ce moment, le comte était pâle.

La contraction violente de ses traits, ses sourcils froncés au-dessus de ses yeux étincelants, l'expression farouche de ses lèvres annonçaient qu'il était livré à quelque violente émotion.

Par moments, un sourire vague et presque sinistre effleurait les coins de sa bouche.

Nous avons déjà dit qu'il allait et venait dans la bibliothèque, pièce immense, entourée de hautes et larges armoires encombrées de livres de toutes les époques et de tous les formats.

Le costume du comte de Vezay répondait bien au désordre momentané de son allure et de sa physionomie.

Ce costume consistait en une veste de chasse de drap vert, dont les boutons offraient en relief des têtes de loups et de sangliers.

Sous cette veste, un gilet de piqué blanc, fripé et entr'ouvert, laissait voir une chemise de batiste dont le jabot, tordu sans doute par une main convulsive, était déchiré en plusieurs endroits.

Le comte avait la tête nue.

Il ne portait pas de cravate et le col de sa chemise retombait irrégulièrement sur sa veste de chasse.

Son pantalon de nankin des Indes s'ajustait sur un soulier que cachait à demi une guêtre pareille au pantalon.

Soudain le comte s'arrêta brusquement.

Il pencha la tête et prêta l'oreille.

Un bruit presque indistinct, et cependant perceptible pour son oreille de chasseur, arrivait jusqu'à lui.

On eût dit le pas lent, furtif, étouffé à dessein, de quelqu'un qui s'efforce de passer inaperçu.

Le comte attendit un instant.

Puis, quand il fut bien certain de ne s'être pas trompé, il se rapprocha vivement de la porte.

Au moment où il s'apprêtait à l'ouvrir, il s'arrêta de nouveau.

Un coup extrêmement léger fut frappé depuis le dehors contre cette porte.

— Entrez! — murmura le comte.

Un nouveau venu pénétra aussitôt dans la bibliothèque.

Ce nouveau venu, qui mérite les honneurs d'une rapide description, était un homme de haute taille, un peu plus âgé que M. de Vezay.

Ses cheveux épais, très-crépus et jadis d'un blond équivoque, grisonnaient déjà sur les tempes et au sommet du crâne.

Une épaisse couche de hâle rendait basané comme celui d'un Indien son visage aux traits durs recouverts d'une peau rugueuse.

D'épaisses moustaches ombrageaient sa lèvre supérieure, et une barbe d'un brun rougeâtre couvrait toute la partie inférieure de sa figure.

Somme toute, l'impression produite à première vue par cet individu devait être et était réellement très-désagréable, et un examen plus approfondi augmentait cette répulsion au lieu de la diminuer.

En effet, le regard du personnage que nous mettons en scène était un de ces regards faux et fuyants qui dénotent rarement des instincts généreux et une bonne nature.

Un jury composé des plus inoffensifs bourgeois du monde se serait senti disposé à condamner ce quidam, rien que sur sa mine.

Aussitôt qu'il eut pénétré dans la bibliothèque, il s'arrêta.

De la main gauche, il ôta respectueusement sa casquette de cuir bouilli.

De la main droite, il appuya sur le parquet la crosse d'une courte carabine à canon rayé.

La façon de sa jaquette verte, — ses hautes guêtres de cuir écru montant plus haut que le genou, — et surtout la plaque armoriée qui s'attachait à son bras gauche, — indiquaient que ce personnage était un subalterne, appartenant en qualité de garde-chasse à la domesticité du château.

Ces indices n'étaient point trompeurs.

Le nouveau venu referma la porte derrière lui.

Puis, après avoir salué, il attendit, — immobile, — muet, — impassible.

— Ah! — murmura M. de Vezay, — ah! c'est toi... enfin, Caillouët?...

— Oui, monsieur le comte, c'est moi...

— Tu viens de la porte du parc?

— Oui, monsieur le comte.

— Ainsi, tu étais à ton poste?...

— Comme toujours.

— Depuis quelle heure?

— Depuis onze heures du soir.

— Y a-t-il du nouveau?

— Il y en a.

— Ah! — s'écria le comte avec un tressaillement brusque et une terrible contraction des traits du visage.

Mais quelques secondes lui suffirent pour dominer complétement cette émotion.

Il reprit, quoique d'une voix moins assurée :

— Tu as vu quelqu'un?

— Oui, monsieur le comte...

— Quelqu'un qui entrait dans le parc?

Le garde-chasse fit un signe affirmatif.

— Furtivement? — poursuivit le comte.

— Comme un braconnier ou comme un voleur.

— Et qui n'était cependant ni un braconnier ni un voleur? — murmura M. de Vezay.

— Ni l'un ni l'autre, — répondit le garde.

— Tu l'as suivi?

— Oui, monsieur le comte.

— Jusqu'où?

— Jusqu'au château.

— Tu sais où il est en ce moment?...

— Je le sais.

— Et... c'est?...

— C'est dans la chambre de madame la comtesse... — répondit sans hésitation celui que le comte appelait Caillouët.

M. de Vezay poussa un cri de rage et de douleur, pareil au cri qui s'échappe de la gorge d'un homme frappé d'une balle en pleine poitrine.

Il se laissa tomber sur le siége qui se trouvait le plus près de lui.

Il cacha son visage livide dans ses deux mains crispées.

Quelques larmes coulèrent, une à une, entre ses doigts.

Le garde-chasse le suivait du regard.

Chose inexplicable!... loin de compatir à cette poignante torture, à cet indicible désespoir, Caillouët, sûr de n'être pas vu, souriait amèrement.

Et il y avait dans le sourire de cet homme quelque chose de bizarre, d'effrayant, — de profondément sinistre.

Depuis le commencement du dialogue que nous avons rapporté, M. de Vezay interrogeait avec une répugnance visible, avec des angoisses manifestes.

Le garde-chasse, au contraire, par ses réponses laconiques et brusquement coupées, semblait forcer volontairement son maître à continuer, à redoubler ses questions.

Le comte releva la tête.

Sa pâleur était plus livide encore que l'instant d'auparavant.

Il se tourna vers le garde-chasse.

— Caillouët?... — lui dit-il d'une voix basse, brisée, presque suppliante.

— Monsieur le comte? — demanda son interlocuteur.

— Es-tu certain... es-tu bien certain de ne t'être point trompé?...

— Oh! certain!

— Cependant, la nuit?...

— Qu'importe la nuit? — j'ai de bons yeux, — et d'ailleurs je suis comme les loups et les renards, j'y vois aussi clair dans les ténèbres qu'en plein midi.

— Allons! — balbutia le comte en se parlant à lui-même, — impossible de douter!...

Le garde-chasse avait entendu.

— Oh! impossible, — répéta-t-il.

— Et, dis-moi... cet homme... qui s'est introduit furtivement dans le parc et dans le château... cet homme que tu soutiens être, en ce moment, dans la chambre de... de madame la comtesse... as-tu vu son visage, Caillouët?...

— Comme je vois le vôtre...

— Et tu connaissais ce visage?...

— Je le connaissais.

— Alors, tu sais le nom de cet homme?...

— Parfaitement.

M. de Vezay se leva, — saisit le garde-chasse par le poignet, et, d'une voix étranglée, s'écria :

— Quel est-il?...

Caillouët dégagea son poignet, que le comte meurtrissait sans s'en douter.

Puis il répondit :

— Cet homme est le vicomte Armand de Villedieu.

Ce nom ouvrit sans doute une nouvelle blessure dans le cœur déchiré de M. de Vezay.

Pendant deux ou trois secondes, ses traits convulsionnés décelèrent une souffrance atroce.

— Mon ami intime... presque mon frère!... — murmura-t-il.

— Votre ami intime... — répéta Caillouët, — presque votre frère...

Les ongles de M. de Vezay labouraient sa poitrine.

Quand il retira sa main, une large tache rose empourpra la fine toile de sa chemise.

LA BATARDE

Du milieu du grand balcon, une forme indistincte semblait se pencher. (Page 11.)

Mais, presque aussitôt, l'expression de sa physionomie se modifia.

Un calme terrible sembla remplacer sans transition l'orage qui venait de gronder dans son cœur, dans son âme et dans sa tête.

Il se remit à interroger.

Mais, maintenant, sa voix ne tremblait plus.

II

LE CHOIX D'UNE ARME

— Caillouët, — demanda M. de Vezay, — par où le vicomte de Villedieu s'est-il introduit dans le parc ?

— Par la petite porte qui se trouve à côté du pavillon de chasse.

— Cette porte était fermée, cependant ?

— Oui, et à double tour.

— Le vicomte avait donc une clef ?

— Oui, puisqu'il est entré.

— Était-il seul ?

— Je ne crois pas.

— Explique-toi.

— Au moment où M. de Villedieu repoussait la porte derrière lui, j'ai entendu deux chevaux hennir et frapper du pied de l'autre côté du mur d'enceinte. — Or, de ce qu'il y avait deux chevaux, je conclus qu'il devait y avoir un domestique.

— C'est juste. — Ton raisonnement est logique, Caillouët...

Caillouët ne savait point ce que voulait dire le mot *logique*.

Il ne répondit pas.

Le comte poursuivit :

— Une fois M. de Villedieu dans le parc, tu l'as suivi ?

— Oui, monsieur le comte.

— Que s'est-il passé ?

— Le vicomte s'est mis à marcher très-vite, dans l'allée droite qui mène au château.

« Le bruit de ses pas se perdait dans le bruit du tonnerre.

« Il était enveloppé d'un manteau sombre et il effleurait les massifs d'arbres en marchant, si bien que, sans la lueur des éclairs qui me le montrait de temps en temps, je n'aurais pas su s'il avait passé devant moi ou s'il était resté en arrière... »

— Et, ensuite ?

— Ensuite il est arrivé devant l'aile gauche, — là où se trouve la porte de l'escalier dérobé conduisant aux appartements de madame la comtesse...

— Avait-il aussi une clef de cette porte-là ?

— Non.

— Alors, qu'a-t-il fait ?

— Il a mis ses deux mains devant sa bouche et il a poussé un cri faible et prolongé, qui ressemblait si fort à l'appel d'un oiseau de nuit que j'y ai été trompé d'abord...

— Ah !

— Mais ce cri s'est renouvelé trois fois de suite, et j'ai bien vu que c'était M. le vicomte qui donnait un signal...

— Après ?

— La fenêtre s'est ouverte.

— Laquelle ?

— Celle du milieu du grand balcon. — J'ai entrevu, dans l'obscurité, une forme indistincte qui semblait se pencher, comme pour voir au travers des ténèbres...

« M. de Villedieu, lui aussi, a vu cette forme.

« Il a murmuré tout bas :

« — Oui, c'est moi... »

« Quelque chose a froissé la muraille en se déroulant.

« M. de Villedieu s'est élancé, et, l'instant d'après, il franchissait le balcon... »

— On lui avait jeté une échelle de corde, n'est-ce pas ?

— Oui.

— Tu t'en es assuré ?

— Oui. — Je me suis approché de la muraille, — j'ai touché la corde flottante.

— C'est bien, — dit M. de Vezay, — c'est bien... — Caillouët, tu es un ami dévoué, un bon et fidèle serviteur.

Un nouveau sourire se dessina sur les lèvres du garde-chasse.

Ce sourire était plus sinistre encore et plus menaçant que celui dont nous avons déjà parlé.

Mais il s'effaça presque aussitôt, sans avoir été remarqué par le comte.

M. de Vezay garda le silence pendant deux ou trois minutes.

Il semblait réfléchir profondément.

Puis il continua :

— Prends cette lampe, Caillouët, — dit-il.

Le garde-chasse obéit.

— Éclaire-moi.

Caillouët souleva la lampe.

— Passe en avant.

Caillouët fit un pas.

— Où allons-nous ? — demanda-t-il.

— Dans ma chambre à coucher.

Le garde-chasse connaissait le chemin.

Il ouvrit la porte d'un couloir dans lequel il s'engagea.

Ce couloir conduisait à l'appartement particulier de M. de Vezay.

Le comte — précédé par Caillouët — pénétra dans une grande pièce, somptueusement meublée, mais d'un aspect sombre et sévère.

Le lit, — de style moyen âge, — placé sur une estrade à laquelle on arrivait en gravissant trois marches, était en chêne sculpté, à colonnes torses et à baldaquin.

De lourdes tentures de lampas, de couleur feuille morte, cachaient à moitié ce lit et retombaient devant les fenêtres.

Les siéges — hauts fauteuils à dossiers armoriés — étaient, comme le lit, en chêne sculpté.

Une boiserie, également de chêne, à larges panneaux, recouvrait les murailles.

Dans chacun de ces panneaux se voyaient de curieux trophées d'armes de toutes les époques et de tous les pays.

Il y avait la lance, la masse d'armes et la dague du temps de la chevalerie.

Il y avait le cimeterre mauresque, — le cric malais, — le kandgiar indien...

La carabine à rouet, — l'arquebuse, — le mousquet, — le tromblon.,.

Les fusils modernes des meilleurs arquebusiers de Londres et de Paris, — des pistolets d'arçon, de tir et de poche...

Puis enfin, au milieu d'une foule d'autres armes dont l'énumération deviendrait trop longue, des épées, des poignards, des couteaux de chasse.

Le comte s'approcha d'un trophée.

— Caillouët, — répéta-t-il, — éclaire-moi.

La clarté vive de la lampe fit jaillir des milliers d'étincelles de l'acier bruni des épées, — des lames courtes, triangulaires et damasquinées des stylets, — des poignées enrichies d'or et de rubis des sabres arabes.

M. de Vezay examina longuement ces armes.

Sans doute il était indécis à l'endroit du choix qu'il convenait de faire parmi ces richesses meurtrières.

Enfin il se décida.

Il choisit du regard deux épées de combat, — solides, — bien en main, — bien affilées.

Il les détacha du faisceau.

Caillouët le regarda faire.

Et, tout en le regardant, il fronçait le sourcil et haussait imperceptiblement les épaules.

M. de Vezay examina longuement la garde et la pointe des épées.

Cet examen fut satisfaisant.

Il mit les deux armes sous son bras, et il fit signe à Caillouët de reprendre le chemin de la bibliothèque. Mais le garde-chasse ne bougea pas.

— Eh bien! — dit M. de Vezay, — ne me comprends-tu point?

— Je vous comprends parfaitement.

— Qu'attends-tu donc?

Le garde-chasse, à son tour, parut hésiter.

Mais cette hésitation dura peu.

— Monsieur le comte, — dit-il résolûment, — une question...

— Une question?

— Qu'est-ce que vous voulez faire de ces joujoux-là?

Et Caillouët désignait les épées.

— Tu me le demandes? — répliqua le comte avec étonnement.

— Dame! oui.

— Je pensais que tu saurais deviner...

— Eh! c'est justement parce que j'ai peur de deviner, que j'interroge.

— Crois-tu donc que le vicomte Armand de Villedieu sortira du parc, comme il y est entré, sans me trouver sur son passage?

— Non, de par tous les diables!... je n'en crois rien!...

— Et tu ne comprends pas à quoi me serviront ces épées?...

— Oh! que si fait!

— Eh bien?

— Eh bien! ce sont de bons pistolets qu'il vous faut, et non point ces petits outils...

— Des pistolets?

— Oui, certes!

— Et pourquoi?

— Parce qu'une balle de plomb frappe plus sûrement qu'une lame d'acier.

— Oui, mais l'on ne peut se battre au pistolet dans les ténèbres...

— Se battre? — répéta Caillouët de l'air d'un homme qui n'a pas compris.

— Sans doute, se battre.

— Quoi!... — s'écria le garde-chasse, — vous comptez vous battre avec M. de Villedieu?...

— Jusqu'à la mort de l'un de nous!...

Caillouët haussa de nouveau et plus énergiquement les épaules.

— Monsieur le comte, — dit-il avec un accent d'une étrange amertume qui fit tressaillir M. de Vezay, — le vicomte de Villedieu vous a trompé, n'est-ce pas?

— Tu le sais bien, Caillouët!... — répondit le comte d'une voix sombre.

Le garde-chasse poursuivit :

— Il vous a volé, n'est-ce pas, votre honneur et votre bonheur?...

— Oui, mon honneur... et mon bonheur aussi... tu dis vrai, Caillouët...

— La blessure est profonde et cruelle, et vous souffrez beaucoup, n'est-ce pas?...

— Oui, beaucoup, — murmura le comte dont l'angoisse augmentait à chacune des paroles du garde-chasse.

— Eh bien! — continua ce dernier dont les regards lancèrent des éclairs fauves, — quand un homme vous a fait tant de mal, et quand cet homme est à votre merci, on ne se bat pas avec lui... on le tue!...

— Un assassinat!... — s'écria M. de Vezay.

— Non, monsieur le comte, — répondit Caillouët, — une vengeance!..

— C'est lâcheté!...

— C'est justice!...

— Assez, Caillouët !... assez !

— Monsieur le comte, j'irai jusqu'au bout !... — Cet homme vous prend ce que vous avez de plus cher au monde !... il vous vole le repos de vos nuits... l'espoir de votre vieillesse... le cœur de votre femme !... Cet homme est un voleur, et l'on tue un voleur !...

Tandis que le garde-chasse parlait ainsi, sa voix mordante et saccadée semblait fouetter M. de Vezay au visage.

Le comte était chancelant.

Il pâlissait et rougissait tour à tour.

Enfin il dit, — ou plutôt il balbutia ces paroles presque indistinctes :

— Peut-être as-tu raison, Caillouët... Mais, vois-tu, je ne pourrais jamais... non, jamais... frapper par derrière un ennemi désarmé...

— Comme vous voudrez, monsieur le comte, — répondit froidement le garde-chasse. — Vous êtes le maître...

Et, sans ajouter un seul mot à tout ce qu'il avait dit précédemment, il rouvrit la porte du couloir, et, suivi de M. de Vezay, il reprit le chemin de la bibliothèque.

Là Caillouët replaça la lampe sur la table où il l'avait prise.

Il alla chercher sa carabine, qu'il avait posée dans un coin, et il attendit.

Cinq minutes s'écoulèrent dans un profond silence.

— Va, — dit ensuite M. de Vezay, — je te suis...

— Où allons-nous ?

— A la porte du parc.

Caillouët marcha en avant.

Au moment où les deux hommes, après avoir traversé un long corridor et descendu un escalier dérobé, quittaient le château pour entrer dans le parc, l'orage, un moment suspendu, se déchaînait avec une violence inouïe.

Les vieux arbres séculaires, heurtés les uns contre les autres par le choc de la tempête et ployés comme des roseaux, entre-choquaient leurs branches qui retombaient brisées et jonchaient le sol de leurs débris.

On entendait les peupliers et les bouleaux craquer et se rompre sous les efforts de la tourmente.

Le bruit de leur chute gigantesque sur la terre humide se distinguait même au milieu des grandes clameurs de la nature en convulsions.

Le tonnerre grondait sans relâche.

Des éclairs incessants déchiraient les nuées.

Le ciel tout entier, semblable à une fournaise rougie à blanc, offrait le magique et effrayant spectacle d'un gigantesque incendie.

— Quelle nuit !... quelle nuit terrible !... — s'écria le comte malgré lui.

— L'esprit du mal règne en maître dans la tempête ! — répondit tout haut le garde-chasse.

Et, tout bas, il ajouta :

— Oh! oui, c'est une nuit terrible !... terrible, mais propice aux sinistres secrets qu'elle devra garder !...

Cependant M. de Vezay avait quitté le seuil de la petite porte du château.

Il s'efforçait de traverser l'esplanade découverte, et il luttait contre l'orage de tout son pouvoir.

Mais si grande, si impétueuse était la violence du vent, qu'il ne pouvait avancer que lentement et pas à pas.

Enfin le comte et le garde-chasse atteignirent les massifs, puis le mur d'enceinte.

Grâce à l'abri de sa haute maçonnerie faisant obstacle à la violence de la tempête, ils atteignirent le pavillon de chasse voisin de la petite porte par laquelle M. de Villedieu s'était introduit.

En ce moment, un immense éclair sillonna le ciel, comme l'épée de l'ange exterminateur.

En même temps retentit un coup de tonnerre pareil à la décharge simultanée de vingt pièces de canon.

Une colonne de feu sembla s'écrouler sur le parc, et la foudre tomba à dix pas du comte et de Caillouët, en dehors du mur d'enceinte.

III

LA BIENVENUE

A ce coup de tonnerre répondirent des hennissements de terreur.

Puis à ces hennissements succéda le bruit du galop impétueux de deux chevaux qui s'enfuyaient à travers la campagne.

— Caillouët, entends-tu ? — demanda le comte au garde-chasse.

Dirigeant son arme contre M. de Vezay : Au large!... ou vous êtes mort!..... (Page 21.)

— Parfaitement, — répondit ce dernier.

— Qu'est-ce donc que ce bruit?

— Les chevaux de M. de Villedieu ont pris peur et s'échappent...

Caillouët ne se trompait pas.

Épouvantés par la foudre qui venait de tomber à leurs pieds, les chevaux du vicomte s'étaient enfuis, affolés d'épouvante, frappés de vertige, emportant le domestique qui, monté sur l'un d'eux, tenait l'autre par la bride.

Pendant un instant encore on put distinguer, à travers le fracas de la tempête, le retentissement de leur galop enragé qui s'éloignait.

Puis un cri traversa l'espace.

Un seul.

Mais terrible, — suprême appel de désespoir et d'agonie.

Puis, plus rien !

Plus rien que le bruissement des rafales, — le choc des arbres fracassés, — les coups de tamtam du tonnerre.

— Oh ! oh ! — fit Caillouët.

— Qu'est-ce donc ? — demanda le comte.

— Il vient d'arriver un malheur.

— Tu crois ?

— J'en suis sûr.

— Où ?

— Là-bas.

Et Caillouët désigna du geste le point de l'horizon d'où le cri d'angoisse s'était élevé.

— Ce malheur, — demanda M. de Vezay, — quel est-il ?

— La Loire est escarpée et profonde, — répondit le garde-chasse, — la nuit est noire... les chevaux avaient peur...

Caillouët s'interrompit et prêta l'oreille pendant un instant. — Puis il reprit d'une voix sombre :

— Aucun des êtres vivants partis cette nuit du château de Villedieu n'y retournera ce matin...

M. de Vezay poussa un soupir et ne répondit point.

— Tant mieux, après tout, — poursuivit le garde-chasse d'un ton plus bas, tant mieux !... — il ne restera pas de témoins des choses qui vont se passer cette nuit.

Et, après avoir ainsi parlé, Caillouët enfonça sur ses yeux sa casquette en cuir bouilli.

Il s'appuya sur le canon de sa carabine et il resta immobile et muet.

M. de Vezay, adossé à l'un des montants de pierre de la petite porte, s'absorbait dans une rêverie profonde et désolée.

Quand un éclair jetait en passant sur son front sa lueur fugitive, on aurait pu lire sur son visage plus de tristesse encore que de colère.

De temps en temps une larme furtive se faisait jour entre ses paupières à demi fermées.

Alors ses lèvres répétaient tout bas, et avec une profonde et indicible amertume :

— Oh! Marguerite!... Marguerite!...

Mais, si bas que M. de Vezay eût prononcé ce nom, Caillouët l'entendit une fois.

Il releva la tête.

Ses narines se gonflèrent.

Tout son visage prit une expression presque féroce.

Ses dents, blanches, pointues, écartées comme celles d'un loup, mordirent sa lèvre jusqu'au sang.

Son regard étincela dans la nuit.

Il hocha sinistrement la tête, et il murmura d'une voix basse et indistincte :

— Marguerite et Suzanne! — Vezay et Caillouët!... — deux amours! — deux trahisons!.... — deux vengeances!...

. . . .

Une heure s'écoula.

Une heure, longue comme un jour, — comme une année, — comme un siècle!...

Pendant les soixante éternités de cette heure interminable, M. de Vezay éprouva toutes les tortures qu'il est donné à l'âme humaine de souffrir!...

Pendant cette heure, il ressentit, pour la première fois, les morsures aiguës, déchirantes, envenimées, du serpent de la jalousie, dont les dents de feu s'enfonçaient dans les parties les plus vivaces, les plus douloureuses de son cœur.

Une diabolique et désespérante hallucination lui montrait sa femme, — sa Marguerite bien-aimée, — celle que, la veille encore, il croyait fidèle et chaste entre toutes les épouses, — la lui montrait, disons-nous, abandonnée aux bras d'un autre, folle de désirs, ivre d'amour, livrant sa bouche fraîche et souriante aux lèvres ardentes d'un amant!...

C'était à n'y pas croire!...

Et comme l'évidence était là, terrible, irrécusable, foudroyante, c'était à en mourir !...

Marguerite femme adultère !...

Marguerite portant dans son sein un enfant fruit d'un amour maudit !...

Marguerite !... — Cette Marguerite aux cheveux blonds, — aux yeux d'azur, — au front candide, — au regard virginal !...

En elle, tout était trompeur !...

Le regard mentait !

Le front mentait !

La bouche mentait !...

L'ange était un démon !...

Voilà ce que se disait M. de Vezay — et, à mesure que ces pensées traversaient son cerveau comme un ouragan de feu, la livide pâleur de son visage augmentait, — sa main froissait convulsivement les gardes des deux épées, — l'inextinguible soif de vengeance entrait de plus en plus dans son âme.

Soudain Caillouët fit un pas vers son maître.

Il lui toucha doucement le coude.

M. de Vezay, arraché ainsi à sa douloureuse rêverie, tressaillit.

— Quoi ? — demanda-t-il, — que veux-tu ?

Caillouët appuya un doigt sur sa bouche.

Et, comme le comte pouvait n'avoir pas vu ce geste expressif, il ajouta tout bas :

— Silence !...

M. de Vezay se pencha vers Caillouët.

Il approcha sa bouche de l'oreille du garde-chasse et il demanda tout bas :

— Qu'y a-t-il donc ?

— Écoutez !

M. de Vezay prêta l'oreille.

Quand les grandes voix de la tempête se taisaient pendant une seconde, on entendait un bruit léger.

Ce bruit, c'était celui d'un pas insoucieux qui faisait, en s'approchant, craquer le sable des allées.

Le cœur du comte cessa de battre.

— C'est lui, — dit Caillouët.

Les pas devenaient plus distincts.

— Dans une demi-minute il sera ici, — reprit le garde-chasse.

En même temps, et comme pour confirmer les dernières paroles de Caillouët, la foudre gronda et un éclair sillonna le firmament.

A sa lueur passagère, mais éblouissante, on put voir un homme, enveloppé jusqu'aux yeux dans un manteau de couleur sombre, se dirigeant du côté de la petite porte du parc.

L'éclair s'éteignit.

L'obscurité redevint complète.

Mais, depuis plus d'une heure que M. de Vezay attendait, ses yeux avaient acquis la faculté de distinguer les objets malgré les ténèbres.

La demi-minute était écoulée.

Le comte saisit les deux épées de la main gauche et marcha droit au nouveau venu, qui ne le voyait pas.

Au moment de se croiser avec lui, il s'arrêta et il lui posa sa main droite sur l'épaule.

L'étranger se croyait tellement certain d'être seul à cette heure de la nuit et dans cette partie du parc que ce contact imprévu lui arracha un cri de surprise.

Mais il se remit aussitôt.

Il plongea sa main sous le revers de son habit, — il en tira un petit pistolet tout armé, et, dirigeant le canon de cette arme contre M. de Vezay, il dit d'une voix menaçante :

— Au large !... ou vous êtes mort !...

Le comte avait vu le geste du nocturne visiteur...

Il recula d'un pas.

Mais par un héroïque effort il était parvenu à se rendre maître à tel point de lui-même et de son émotion qu'il répondit avec le plus grand sang-froid et d'une voix calme et naturelle :

— Je pense, monsieur le vicomte, que cette menace n'est pas sérieuse... un coup de pistolet troublerait le plaisir si vif que j'éprouve à vous souhaiter la bienvenue...

M. de Villedieu reconnut à l'instant la voix de celui qui lui parlait ainsi.

Il fit un bond en arrière, comme s'il venait de marcher sur un serpent.

— Vous, monsieur le comte !... — s'écria-t-il machinalement ; — vous !... ici !...

— Vous y êtes bien, — répondit M. de Vezay; — est-il étonnant que j'y sois aussi?...

Le vicomte avait complétement perdu la tête.

Il s'efforçait, mais en vain, de rassembler ses idées et de se mettre au niveau de la situation...

Situation difficile et épineuse s'il en fut, — nous ne pouvons en disconvenir.

Mais le désordre et la confusion régnaient en maîtres dans son cerveau.

Il ne put que balbutier, d'une voix à peine distincte, ces mots du sens desquels il n'avait certes point conscience :

— C'est que... je m'attendais si peu...

— A me rencontrer sur votre chemin?... — acheva M. de Vezay d'un ton dont il n'était point facile de discerner l'ironique amertume.

— Oui... monsieur le comte... — murmura M. de Villedieu.

— En vérité!... — Quoi de plus naturel, cependant? et de quelle façon ma présence peut-elle vous surprendre?...

M. de Vezay se tut, comme s'il attendait une réponse à ces paroles.

Le vicomte garda le silence.

M. de Vezay continua :

— Le hasard est venu m'apprendre que vous étiez chez moi... et j'ai remercié ce hasard qui m'annonçait, à l'improviste, votre visite inespérée..

« Vous aviez jugé convenable, monsieur le vicomte, d'entrer dans ma maison sans vous faire annoncer...

« En galant homme que je suis, j'ai cru devoir respecter le mystère dont vous vous entouriez... pour des motifs que j'ignore et que je ne cherche pas à connaître.

« Mais je n'ai point voulu, cependant, vous voir quitter ma demeure sans vous exprimer tout le plaisir que j'aurais éprouvé à vous y recevoir *moi-même*... »

Le comte appuya sur ces deux derniers mots.

Il les *souligna*, en quelque sorte, d'une façon énergique et significative.

Puis il poursuivit :

— Or, je n'avais qu'un seul moyen de vous rencontrer... et, ce moyen, c'était de me trouver sur votre passage au moment de votre départ...

« Je savais que vous étiez entré dans le parc par cette porte...

« Il y avait donc quatre-vingt-dix-neuf chances sur cent que ce serait aussi par cette porte que vous sortiriez...

« C'est pour cela, monsieur le vicomte, que je suis ici et que j'ai l'honneur de vous souhaiter la bienvenue... »

Puis, après avoir ainsi parlé, M. de Vezay s'inclina devant le vicomte.

Certes, ce dernier n'était ni un sot ni un lâche.

La stupeur avait dans le premier moment — nous l'avons vu — paralysé complétement ses facultés morales.

Mais, tandis que M. de Vezay lui adressait la parole, il était revenu à lui-même et il avait compris sans peine tout ce qui se cachait de haine et de colère sous le ton calme et mesuré, sous les paroles polies de son adversaire.

La vengeance du comte commençait.

Il venait de rendre M. de Villedieu ridicule à ses propres yeux.

Oui, ridicule, car le vicomte ne se dissimulait point que toute présence d'esprit, toute hardiesse d'à-propos lui avaient complétement manqué, et qu'il venait de se laisser écraser d'une façon complète par la supériorité morale de ce mari trompé.

Or, — en notre beau pays de France, — on veut bien tromper un mari...

On veut bien que ce mari se fâche...

On veut bien lui donner ou recevoir de lui quelque vaillant coup d'épée...

Tout ceci est de bonne guerre.

Aucun Lovelace un peu bien situé ne refuse de subir les conséquences, parfois fâcheuses, d'une bonne fortune illicite...

Mais le séducteur ne pardonne point au pauvre mari de faire rejaillir sur lui la plus petite éclaboussure de ce ridicule dont il le couvre à belles mains !

IV

LES SERMENTS

— Monsieur le comte, — dit Armand de Villedieu d'un ton simple et ferme et avec une grande dignité, — ma présence chez vous, à pareille heure et à votre insu, doit vous sembler une offense, je n'en disconviens point...

— Je suis heureux de voir que vous le compreniez, — murmura M. de Vezay ironiquement.

Le vicomte reprit :

— Permettez-moi cependant de vous expliquer ma conduite, et ensuite je serai tout à vos ordres, quelle que soit la satisfaction que vous jugiez convenable d'exiger de moi...

— Vous désirez me donner des explications, monsieur le vicomte?... — demanda M. de Vezay.

— Oui, monsieur.

— Votre conduite, je l'avoue, me semblait très-suffisamment claire... — il paraît que vous en jugez autrement... — Enfin, soit !... — Expliquez-vous donc, monsieur le vicomte ; je vous écoute non-seulement avec attention, mais encore, je vous le jure, avec infiniment de curiosité.

Les paroles qui précèdent furent prononcées — comme tout ce que M. de Vezay avait dit jusque-là — d'un ton d'exquise politesse.

— Vous me faisiez l'honneur de m'appeler votre ami... — murmura, non sans embarras, M. de Villedieu.

— C'est vrai... — répondit le comte.

Et, après un silence, il ajouta :

— Oui, je vous appelais mon ami, monsieur de Villedieu, et peut-être ce titre aurait-il dû prendre à vos yeux une certaine valeur, car je ne le prodiguais pas.

Le vicomte poursuivit, — mais non sans un redoublement d'hésitation et d'embarras :

— J'étais reçu chez vous avec bienveillance...

— Mieux qu'avec bienveillance, monsieur... avec affection... — interrompit le comte.

M. de Villedieu continua :

— Je voyais chaque jour madame de Vezay... et, admis dans la dangereuse intimité d'une jeune femme aussi séduisante, je ne fus maître ni de mon cœur ni de ma raison... je conçus pour elle une passion insensée...

— Ce récit m'intéresse vivement et cet aveu me charme !... — s'écria le comte avec un sourire étrange. — Continuez, monsieur, je vous en prie !... continuez !...

— J'aurais dû m'éloigner... — reprit M. de Villedieu ; — j'aurais dû fuir

LA BATARDE

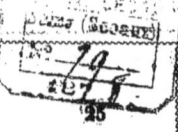

Au bout d'une seconde, les deux épées s'engageaient de nouveau. (Page 35.)

loin d'ici... m'exiler au bout du monde... — L'honneur et la loyauté m'en faisaient une loi... je n'en eus pas le courage...

« Pendant longtemps je cachai au plus profond de mon âme un amour sans espoir!... »

— Sans espoir!... — murmura M. de Vezay, — sans espoir!.

— Oui, certes! — répondit le vicomte — Est-ce que vous en doutez, monsieur?...

— Mais, un peu, je dois en convenir.

— Eh! comment aurais-je osé faire l'aveu de cette passion coupable à la femme chaste et sainte qui porte votre nom?... — où donc aurais-je puisé cette audace impie?... — je m'étais juré à moi-même que cet amour fatal garderait toujours le silence... et j'avais eu la force de me tenir parole...

— Ah! vraiment!... — s'écria le comte.

— Mais, hier, — poursuivit M. de Villedieu, sans paraître entendre cette interruption, — hier, jour de malheur, un mauvais génie, un démon qui voulait ma perte, est venu troubler mon âme, embraser mes sens, égarer ma raison... — J'ai oublié mon serment... je suis devenu fou... oui, fou, car je n'ai point repoussé avec horreur la tentation infâme qui venait m'assaillir... je n'ai point chassé cette pensée infâme d'obtenir par la violence ce que je n'aurais osé demander à la séduction...

M. de Vezay sourit de nouveau et sa main droite froissa convulsivement la garde des épées.

Le vicomte Armand poursuivit:

— De semblables projets, inspirés par le démon lui-même, ne sont pas de ceux dont on diffère l'exécution...

« Cette fatale ivresse, dont je vous ai parlé tout à l'heure, me dominait d'ailleurs tout entier...

« Je me suis muni d'une échelle de corde...

« J'ai commandé mes chevaux...

« Je suis venu... venu malgré l'orage... malgré la foudre... malgré ces voix de la terre et du ciel qui me criaient que je marchais à un crime... que je courais à ma perte... et dont mon esprit aveuglé n'a pas voulu comprendre le langage...

« Je savais dans quelle partie du château se trouvait situé l'appartement de madame la comtesse...

« J'ai lancé mon échelle sur le balcon de cet appartement...

« L'esprit du mal me poussait toujours...

« J'ai pénétré comme un misérable, comme un lâche, comme un bandit, dans la chambre où dormait votre femme... »

Une terrible contraction nerveuse changea, pendant une seconde, l'expression du visage de M. de Vezay.

Cependant il n'interrompit point.

Le vicomte continua :

— Je touchais au but, monsieur le comte...

« J'allais devenir infâme...

« Heureusement, Dieu eut pitié de moi...

« Il me sembla qu'un épais bandeau tombait de mes yeux, — mon aveuglement moral cessa comme par enchantement...

« J'eus peur de l'action que j'avais déjà commise et qui me sembla hideuse...

« Je reculai avec épouvante devant le crime que je méditais...

« Je respectai le chaste sommeil de celle dont j'avais résolu de faire ma victime...

« Je remerciai, du fond du cœur, ce Dieu qui permettait qu'il ne fût point trop tard... et je sortis, muet et tremblant, de cette chambre toujours pure, laissant votre femme endormie et entourée des anges du ciel qui venaient de la protéger et qui devaient sourire à ses rêves...

M. de Villedieu avait achevé.

Il s'arrêta.

Le comte de Vezay parut attendre pendant un instant.

Puis, voyant que son adversaire gardait le silence, il demanda :

— Est-ce tout, monsieur ?

— Oui, monsieur le comte, — répondit M. de Villedieu, — oui, c'est tout...

— Vous n'avez rien à ajouter ?

— Pas un mot.

— Rien à changer à votre récit ?

— Rien.

— Ainsi vous êtes seul coupable ?

— Oui.

— Ainsi la comtesse, *ma femme*, — et M. de Vezay appuya sur ce mot, — ainsi la comtesse, *ma femme*, ignore votre amour ?

— Elle l'ignore.

— A plus forte raison ne partage-t-elle pas cette passion qui ne lui a point été révélée ?...

— A plus forte raison, oui, monsieur.

— Ainsi elle ne sait pas que vous vous êtes introduit, cette nuit, dans sa chambre, pendant son sommeil?

— Comment le soupçonnerait-elle puisqu'elle ne s'est point réveillée?

— Alors rien ne s'est passé entre la comtesse et vous qui puisse et qui doive changer en haine et en mépris mon respect et mon amour pour elle?...

— Madame la comtesse est une sainte!.. elle ne saurait être entourée de trop d'adoration et de respect!...

M. de Vezay s'inclina.

Il y eut un instant de silence.

Ce silence fut rompu par le comte.

— Monsieur de Villedieu, — demanda-t-il, — tout ce que vous venez de medire est-il bien vrai?

— Je vous l'affirme.

— Vous me le jurez?

— Je vous le jure.

— Sur votre honneur de gentilhomme?

— Sur mon honneur de gentilhomme.

— Sur votre foi de chrétien?

— Sur ma foi de chrétien.

— Sur l'honneur de votre mère?

M. de Villedieu hésita avant de répondre.

Mais cette hésitation fut à peine perceptible et il articula nettement :

— Sur l'honneur de ma mère, monsieur le comte, je vous le jure!..

Pour la troisième fois un sourire étrange se dessina sur les lèvres de M. de Vezay.

— Monsieur Armand de Villedieu, — reprit-il d'une voix toujours calme et d'un ton toujours mesuré, — je vous le dis avec un regret profond, mais je dois vous le dire : — votre honneur de gentilhomme, votre foi de chrétien et l'honneur de votre mère me semblent compromis...

— Compromis, monsieur!... — s'écria le vicomte, — compromis, dites-vous?

— Mon Dieu oui!

— Et pourquoi?

— Pourquoi? — parce que vous venez d'étayer une triple fausseté par un triple serment!... parce que vous venez de mentir trois fois!...

— J'ai menti, moi?

— Oui, monsieur, vous avez menti!...

— En quoi, monsieur le comte?

— En tout, monsieur le vicomte!

— Vous êtes insensé, monsieur!

— Non, monsieur, je ne suis pas insensé, et je vais vous en donner la preuve :

« Vous avez menti en disant que vous vous étiez introduit cette nuit, dans le parc, pour la première fois...

« Vous avez entre les mains une fausse clef de la porte qui se trouve derrière nous, et cette clef vous a servi vingt fois, cent fois peut-être.

« Vous avez menti en disant que madame de Vezay ignorait votre amour et n'était point votre complice...

« Vous avez menti en disant que vous aviez pénétré dans son appartement pendant son sommeil et à son insu...

« Madame la comtesse vous attendait il y a deux heures...

« C'est elle qui, du haut de son balcon, vous a jeté l'échelle de corde qui devait vous conduire auprès d'elle...

« Enfin vous êtes son amant, — son amant dans toute la force du terme, — et vous pouvez revendiquer mieux que moi la paternité de l'enfant qu'elle porte dans son sein...

« Vous voyez donc bien, monsieur le vicomte, que pour savoir le nombre de vos mensonges il ne faudrait que compter vos paroles... »

M. de Vezay se tut.

C'est à peine si on aurait pu distinguer dans sa voix une intonation courroucée, tandis qu'il prononçait la longue tirade qui précède.

Seulement son excessive pâleur, et le frémissement involontaire de ses mains, témoignaient de la violence surhumaine qu'il était obligé de se faire pour paraître calme.

M. de Villedieu semblait accablé.

Il n'avait même pas réussi à sauver, par un pieux mais terrible mensonge, la femme qu'il aimait.

Il avait juré faussement par l'honneur de sa mère, — et ce serment sacrilége avait manqué son but.

Et la comtesse de Vezay allait se trouver perdue — perdue par lui et à cause de lui !

— Vous m'avez dit tout à l'heure — poursuivit le comte — qu'après m'avoir expliqué votre conduite vous seriez à mes ordres... car je ne me trompe point, n'est-ce pas, et vous m'avez bien dit cela ?...

— Oui, monsieur le comte, je vous l'ai dit...

— Eh bien ! votre conduite est expliquée...

— Me voici à votre disposition.

— J'y compte.

— Je suis prêt à tout... j'attends ce que vous déciderez.

— Un duel est une triste réparation, je le sais, — continua M. de Vezay, — et ce prétendu jugement de Dieu se montre souvent bien injuste ; — cependant il faut que je m'en contente, puisque je ne vous ai pas tué tout d'abord, ainsi que certes j'en avais le droit...

— Je n'ai pas besoin de vous dire — répondit le vicomte — que partout et toujours je me tiendrai à votre disposition...

— Comment l'entendez-vous, monsieur ?

— J'entends que je me trouverai au rendez-vous que vous m'assignerez.

— Vous n'aurez point à vous déranger pour cela... — Nous allons nous battre...

— Ici ?

— Oui, pardieu, ici !...

— A cette heure ?

— A l'instant.

— Quoi ! malgré la nuit ?

— Les éclairs nous serviront de flambeaux.

— Mais je n'ai pas d'armes...

— J'en ai, moi...

Et M. de Vezay montra les deux épées qu'il avait, jusqu'à ce moment, tenues sous son bras gauche.

Puis il ajouta :

— Le cas était prévu et je suis, comme vous voyez, homme de précaution.

— Mais — reprit le vicomte — il nous manque une chose indispensable...

— Laquelle ?

— Des témoins.

— A quoi bon des témoins?

— A constater qu'il y a eu duel, et non point assassinat...

— Eh bien! voici Caillouët, mon vieux serviteur, qui assistera au combat, et qui témoignera au besoin de la façon loyale dont les choses se seront passées...

— Soit! dit alors M. de Villedieu; — qu'il en soit fait selon vos désirs, monsieur le comte...

— C'est bien le moins, n'est-ce pas? — répondit M. de Vezay, c'est bien le moins que je vous tue, ou que je me fasse tuer par vous, à mon heure et sans sortir de mon parc?...

Et comme le vicomte ne répondait point, M. de Vezay poursuivit, en prenant les deux épées par la pointe et en présentant les poignées à son adversaire :

— Vous plaît-il de choisir?

— C'est inutile...

— Comment?

— Donnez-moi l'une de ces épées, au hasard...

— Non pas. Ce n'est point régulier; — vous devez prendre vous-même votre arme de combat, — d'ailleurs ces épées sont de longueur égale, — bien en main toutes deux, — la trempe en est pareille et la poignée semblable... — encore une fois, monsieur le vicomte, choisissez.

Armand de Villedieu prit une des épées.

— Avançons du côté du mur, s'il vous plaît, — dit le comte ; — au moins nous y serons à l'abri des coups de vent et de cette pluie d'orage qui nous aveugle en nous fouettant les yeux...

Tout en parlant, M. de Vezay fit quelques pas vers la muraille de clôture.

Le vicomte le suivit.

Caillouët ne quitta point la place où il se trouvait, et d'où il avait assisté à l'entretien que nous venons de mettre sous les yeux de nos lecteurs.

Les deux adversaires se placèrent en face l'un de l'autre.

M. de Vezay ôta sa veste de chasse et la jeta à quelques pas de lui.

Le vicomte mit bas son habit.

Puis les deux hommes croisèrent leurs épées.

Mais M. de Villedieu abaissa presque aussitôt la pointe de la sienne.

— Que faites-vous donc? — s'écria le comte.

— Monsieur, — répondit le vicomte, — quoi que vous en ayez dit tout à l'heure, Dieu est juste, et j'ai la certitude qu'aujourd'hui son jugement est prononcé d'avance...

« Un pressentiment, qui ne me trompera point, me dit que je vais mourir...

— Allons donc!... — murmura M. de Vezay. — Croire aux pressentiments, c'est faiblesse ou folie!...

— Ni l'un ni l'autre, monsieur, et vous le verrez bientôt!...

« Dans trois minutes, frappé par vous, je serai couché à cette même place où je suis debout...

« Or ma conscience est chargée d'une lourde faute, et mon épouvante est grande en face de cette mort à laquelle je ne suis pas préparé...

« Si vous me pardonniez, monsieur le comte, vous que j'ai offensé si grièvement, j'aurais confiance en la miséricorde de Dieu devant qui je vais paraître, et je ne désespérerais point de trouver grâce à ses yeux, puisque j'aurais trouvé grâce aux vôtres...

« Je me repens... et je vais mourir...

« Pardonnez-moi donc, monsieur le comte!...

« Je vous le demande humblement...

« Je vous le demande à genoux... »

Et en effet M. de Villedieu, mettant un genou en terre devant le mari trompé par lui, courba la tête.

M. de Vezay — surpris d'une demande à laquelle il s'attendait si peu — ne répondit pas d'abord.

Les yeux de Caillouët étincelaient dans la nuit.

— Va-t-il pardonner? — murmura-t-il.

Et ses mains serraient convulsivement la crosse de sa carabine.

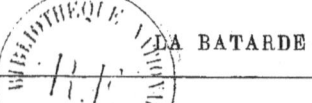

Caillouët épaula son arme avec soin et mit son maître en joue. (Page 37.)

V

UN COUP D'ÉPÉE

A coup sûr il y avait dans l'âme de M. de Vezay une hésitation manifeste, mais elle fut de courte durée.

— Monsieur le vicomte, — répondit-il d'une voix grave, et avec une expression bien différente du ton railleusement poli qu'il avait conservé jusque-là, — je vous répète que je ne crois point aux pressentiments ; — le dénoûment du combat qui doit avoir lieu entre nous est un mystère pour moi comme pour vous, et le péril qui nous menace est égal pour tous les deux...

« Je sais que Dieu commande le pardon...

« Mais je sais aussi qu'il ne souffre point que l'adultère reste impuni... »

En entendant ces mots, le garde-chasse tressaillit.

Ses dents blanches et écartées, — ses dents de bête fauve, — s'entre-choquèrent sous ses lèvres crispées.

— J'avais une femme, — poursuivit M. de Vezay, — une femme en laquelle j'avais mis tout mon bonheur... à qui j'avais donné tout mon amour... et je croyais être aimé d'elle autant que je l'aimais moi-même...

— Mensonge!... mensonge!... — murmura Caillouët.

M. de Vezay continua :

— Vous m'avez pris cette femme, qui était mienne devant Dieu et devant les hommes !...

« Vous m'avez volé son âme et son amour !...

« Vous avez perdu mon bonheur !...

« Vous avez empoisonné mon avenir !...

« Et maintenant vous venez solliciter de moi, à genoux, un impossible pardon !...

« Ce pardon que vous demandez, monsieur le vicomte, ne comptez point l'obtenir...

« Quelle que soit l'injure que l'on ait subie, on devrait l'oublier sans doute...

« Ma vertu ne va point jusque-là !

« Que Dieu vous fasse grâce, s'il le veut... — En chrétien que je suis je vous conseille de le lui demander, mais, moi, je ne vous pardonnerai pas... »

Armand de Villedieu s'était relevé.

Une émotion visible et profonde le dominait.

— En garde ! — dit le comte.

— Écoutez... — murmura le vicomte.

— Quoi donc encore ? — demanda M. de Vezay avec une impatience mal contenue.

M. de Villedieu désigna du geste le vêtement qu'il venait de jeter sur le sable humide de l'allée.

— Dans la poche de côté de cet habit, — répondit-il, — il y a un portefeuille... — Ce portefeuille renferme quelques papiers de famille d'une certaine importance... Je souhaite que ces papiers ne soient point perdus...

« Si je succombe dans le combat qui va commencer, faites-les, je vous prie, remettre à mon fils... à ce pauvre enfant dont la mère est morte et qui va se trouver tout à fait orphelin...

« Ferez-vous cela, monsieur le comte? »

— Oui.

— Vous me le promettez?

— Je vous le promets.

— Merci, — et maintenant, quand vous voudrez... me voici prêt...

M. de Vezay ne se fit pas répéter ces paroles.

Au bout d'une seconde, les deux épées s'engageaient de nouveau.

Le duel était commencé.

Ce fut un combat étrange que ce duel, et certes un spectacle émouvant et curieux.

L'orage avait redoublé de violence, comme s'il eut voulu jeter ses lueurs funèbres sur cette scène de mort.

Des éclairs continus rayaient le ciel dans tous les sens et semblaient faire jaillir des flammes fugitives des lames qui s'entre-choquaient avec un grincement métallique.

Le comte et le vicomte avaient un sang-froid pareil.

Leur force à l'escrime était à peu près la même.

Plus d'une fois ils avaient tiré ensemble, ce qui fait que chacun d'eux connaissait à fond le jeu de son adversaire.

M. de Vezay attaquait avec ardeur, — avec impétuosité, — avec furie, — mais avec une furie froide et qui excluait toute imprudence.

Armand de Villedieu, lui, employait sa science et son habileté uniquement à se défendre.

Son épée semblait former une muraille de vivant acier entre lui et l'épée du comte.

Il se contentait de parer, et il ne rendait jamais coup pour coup, — attaque pour attaque.

On eût dit, — et peut-être était-ce en effet la vérité, — qu'il cherchait à défendre sa vie, maisqu'il avait résolu de respecter celle de son adversaire.

Ce dernier ne tarda guère à s'irriter de cette glaciale résistance qui ne prenait jamais l'offensive.

L'idée que M. de Villedieu le ménageait s'empara tout à coup de son esprit et le mit hors de lui-même.

Il redoubla d'impétuosité, — frappant sans relâche et toujours vainement, — et se découvrant avec une témérité folle qui le mettait à la merci du vicomte.

M. de Villedieu n'avait qu'à allonger le bras, dans un coup droit, pour frapper le comte en pleine poitrine.

Un mouvement de sa main, et M. de Vezay était un homme mort.

Ce mouvement, il ne le fit pas.

C'était un noble cœur qui battait dans la poitrine de M. de Villedieu, et si ce gentilhomme avait commis une action déloyale, au moins il ne reculait point devant l'expiation.

Cependant le combat devait avoir une fin.

Un moment arriva où, sur un coup hardi de M. de Vezay, l'épée du vicomte vint trop tard à la parade.

Cependant elle releva le fer qui devait traverser la poitrine de part en part.

Mais la pointe de ce fer heurta le sommet du crâne de M. de Villedieu et y pénétra profondément.

La main du vicomte s'ouvrit aussitôt.

Il lâcha son arme.

Il battit l'air de ses deux bras.

Puis il tomba à la renverse, en murmurant :

— Vous voyez bien que Dieu est juste !...

Ensuite ses yeux se fermèrent et il resta sans mouvement.

Le comte se pencha sur ce corps agonisant.

Il souleva cette tête pâle, d'où le sang s'échappait à flots.

Les lèvres de M. de Villedieu s'entr'ouvrirent.

Il balbutia, mais d'une voix si faible qu'elle était presque indistincte :

— Le portefeuille... le portefeuille... mon fils... n'oubliez pas... Mon Dieu... pardon... Je meurs...

Le murmure de ses paroles s'éteignit.

Ses lèvres cessèrent de remuer.

Son souffle s'arrêta.

M. de Vezay écarta la chemise du vicomte et plaça la main sur son cœur. Ce cœur ne battait plus.

— Il est mort! — dit-il lentement et en se levant, — il est mort!... que Dieu ait son âme!...

Tandis qu'avait lieu le dénouement de la scène que nous venons de raconter, voici ce qui se passait à quelques pas en arrière des deux acteurs principaux de cette scène.

Caillouët, nous le savons, assistait au duel comme unique témoin.

Nous savons aussi qu'il était muet, impassible, et appuyé sur sa carabine.

Tant qu'avait duré le combat il avait attendu, immobile comme une statue de bronze sur un socle de granit.

Au moment où l'épée du comte blessait mortellement M. de Villedieu, Caillouët, attiré en quelque sorte par une invincible attraction, fit un pas en avant.

Ses lèvres s'entr'ouvrirent de nouveau, soulevées par un rictus de chat-tigre.

Le vicomte tomba.

M. de Vezay tournait le dos à Caillouët.

Le garde-chasse, alors, releva lentement le canon de sa carabine.

Il épaula son arme avec soin, et mit en joue son maître.

La main de Caillouët ne tremblait point.

Son cœur, — nous pourrions l'affirmer, — ne battait pas plus fort que de coutume.

Il appuya le doigt sur la gâchette et pressa la détente.

Le chien s'abattit sur la platine.

Des étincelles jaillirent du silex.

Mais aucune explosion ne suivit.

L'amorce même ne brûla pas.

La poudre était mouillée!...

Caillouët étouffa un cri de colère, — il comprima un jurement sourd qui montait de son cœur à ses lèvres.

Puis il prit sa carabine par le canon.

Il la fit tournoyer comme ces massues que les Indiens nomment *casse-têtes* et dont ils font une arme terrible, et il marcha sur M. de Vezay.

Le comte se penchait, en ce moment, vers le corps inanimé de celui qu'il venait de frapper.

Le bras de Caillouët se leva.

Une expression de haine farouche se peignit sur les traits rudes du garde-chasse.

L'arme meurtrière allait retomber!...

C'en était fait du comte...

Soudain, l'expression de la physionomie de Caillouët se modifia.

— Non... — murmura-t-il, — pas ainsi... — ce serait fait trop vite... il ne souffrirait pas assez...

Plus tard nous saurons pourquoi le garde-chasse nourrissait contre son maître un trop juste ressentiment.

Son bras se détentit sans avoir frappé, et, de nouveau, il s'appuya sur sa carabine.

M. de Vezay se retourna, sans se douter du danger terrible qu'il venait de courir et dit :

— Caillouët?...

Le garde-chasse s'avança.

— Monsieur le comte? — demanda-t-il.

— Tu as tout vu, n'est-ce pas?

— Tout.

— Que dis-tu de ce qui vient de se passer?

— Je dis que vous êtes vengé... et que vous devez être content, monsieur le comte, car la vengeance est une bonne chose...

— C'est ton avis, Caillouët?

— Oui, monsieur le comte, c'est mon avis.

M. de Vezay baissa la tête.

Le garde-chasse poursuivit.

— Est-ce que vous ne pensez pas comme moi?...

M. de Vezay fit un signe négatif.

Puis il murmura :

— Plus maintenant...

— Ah! — dit Caillouët, — plus maintenant?...

— Non.

— Et pourquoi?

— Parce que, maintenant, ma colère est passée... et je vois les choses telles qu'elles sont...

— Que voyez-vous, monsieur le comte?

— Je vois que l'action que je viens de commettre est un crime!...

— Un crime! s'écria le garde-chasse.

— Un crime odieux, — répéta M. de Vezay, — odieux... et qui m'épouvante!...

— Je ne vous comprends pas, monsieur le comte!... en quoi donc êtes-vous coupable?... votre adversaire... votre ennemi... a succombé, c'est vrai... — mais c'était une des chances du combat... et ce combat, vous le savez aussi bien que moi, fut un duel loyal...

— Caillouët, ce combat fut un assassinat!...

— M. de Villedieu vous avait mortellement outragé.

— M. de Villedieu ne se défendait pas!...

— Erreur!

— Non, vérité!... — J'ai frappé un homme qui ne m'attaquait point!... — je l'ai frappé à coup sûr!... — je l'ai frappé sans péril pour moi!... — je l'ai frappé comme un lâche!...

— Monsieur le comte, que dites-vous?... — s'écria le garde-chasse, — au nom du ciel, revenez à vous-même!...

— Caillouët, — reprit M. de Vezay, — crois-moi, la vengeance est amère!... le remords la suit de bien près!...

« Cet homme, sachant qu'il allait me livrer sa vie, me demandait noblement un pardon qui rassurait son âme!...

« Ce pardon, je l'ai refusé!... — j'ai été sans pitié!... — peut-être, un jour, demanderai-je pardon à mon tour... et Dieu sera-t-il, lui aussi, sans pitié!...

M. de Vezay cacha son visage dans ses deux mains.

— Oui, sans pitié!... — vous l'avez dit, monsieur le comte!... — murmura Caillouët, mais d'une voix si basse que son maître ne l'entendit pas.

. . . .

Il y eut alors, entre les deux hommes, un assez long moment de lugubre silence.

L'ouragan faisait trêve.

Le tonnerre s'affaiblissait en grondant sourdement au sein des nuées.

Quelques rares éclairs sillonnaient encore de loin en loin le ciel noir.

La pluie tombait en larges gouttes.

— Monsieur le comte... — dit le garde-chasse.

M. de Vezay releva la tête.

— Que me veux-tu? — demanda-t-il.

Caillouët indiqua de la main le cadavre qui gisait sur le sol, presque à ses pieds.

— Il est impossible, — fit-il ensuite, — il est impossible que ce corps reste là...

— Ce corps!... — répéta M. de Vezay avec un tremblement nerveux, — oh! mon Dieu, qu'allons-nous en faire?...

— C'est ce que j'étais au moment de vous demander...

— Eh! le sais-je?

— Ainsi, monsieur le comte, vous n'avez aucun projet arrêté?...

— Aucun.

— Pas même une idée?

— Pas une.

— Eh bien! moi, je crois que j'en ai une.

— Laquelle?

— Voulez-vous me permettre de vous dire ce que je suis d'avis que nous fassions?...

— Non-seulement je te le permets, — mais encore je t'en prie...

Caillouët s'éloigna de quelques pas.

Il prêta l'oreille, comme pour s'assurer qu'il était bien seul avec M. de Vezay.

Puis il revint auprès de son maître.

VI

LES TOMBEAUX

— Voyons... — s'écria le comte avec un peu d'impatience, — voyons, que veux-tu me dire, Caillouët?...

— Je veux vous dire, monsieur le comte, qu'il dépend de vous que tout ce qui vient de se passer ici reste éternellement enseveli dans de plus profondes et plus impénétrables ténèbres que celles de la nuit qui nous entoure...

— Comment cela? — demanda M. de Vezay.

Ce fantôme paraissait se diriger lentement du côté des deux hommes. (Page 48.)

— Vous souvenez-vous, monsieur le comte, de ces hennissements d'épouvante que nous avons entendu retentir en arrivant auprès de cette porte?...

— Oui, je m'en souviens... — murmura le comte.

Le garde-chasse continua :

— Vous vous souvenez que vous m'avez dit : — « *Qu'est-ce donc que ce bruit, Caillouët!* »

— Je me souviens... — répéta M. de Vezay.

— Et que je vous ai répondu : « — *Ce sont les chevaux de M. Villedieu qui ont pris peur, et qui s'échappent...* »

— Je me souviens... — murmura le comte pour la troisième fois.

Le garde-chasse poursuivit :

— Un instant après, — fit-il, — un cri d'agonie parvenait jusqu'à nous, et je vous disais : « — *Monsieur le comte, il vient d'arriver un malheur...* — *la Loire est escarpée...* — *la nuit est noire...* — *les chevaux ont peur !...* — *Aucun des êtres vivants partis cette nuit du château de Villedieu n'y retournera ce matin...* »

— Ah ! — s'écria M. de Vezay, — je n'ai rien oublié !...

— Eh bien, vous allez me comprendre... — quand viendra le jour, on trouvera sur les bords de la Loire les cadavres mutilés d'un homme et de deux chevaux... on reconnaîtra la livrée de M. de Villedieu... — on croira que le maître a péri comme le valet... — on ne soupçonnera point un duel... on supposera un malheur... qu'en pensez-vous, monsieur le comte ?...

— Tu oublies, Caillouët, qu'on n'aura trouvé qu'un corps...

— On dira que les profondeurs de la Loire ont gardé l'autre cadavre...

— Mais, celui-ci ?... — balbutia le comte, en désignant la dépouille inanimée de M. de Villedieu.

— Celui-ci ? — répondit le garde-chasse, — celui-ci aura disparu.

— Disparu !...

— Oui. — Et pour toujours.

— Comment ?

— Je m'en charge.

— Que veux-tu donc faire, Caillouët ?

— Je veux, avec votre aide, transporter ce corps dans l'un des souterrains du château où se trouvent les sépultures de vos ancêtres, et où on ne pénètre jamais...

« Je veux soulever la pierre d'un tombeau...

« Sous cette pierre, enfin, je veux ensevelir ce cadavre... — qui donc ira le chercher là ?

— Sacrilége !... — s'écria M. de Vezay, en reculant avec une sorte d'horreur.

Caillouët haussa fort irrespectueusement les épaules.

— Aimez-vous mieux, — demanda-t-il ensuite, — aimez-vous mieux proclamer au grand jour le déshonneur de votre femme, — votre honte et votre vengeance ?... — vous êtes libre, monsieur le comte ! — c'est vous que cela regarde, après tout, et non pas moi...

Il y eut un instant de silence.

Puis M. de Vezay répondit lentement :

— Tu as raison... je le sens bien...

— Alors, agissons à l'instant.

— Mais, — continua le comte, — ta proposition me fait peur...

— Pourquoi ?

— Est-ce au meurtrier d'ensevelir ainsi sa victime ?

— Monsieur le comte, il n'y a ici ni meurtrier ni victime... il y a deux adversaires dont l'un a succombé dans un combat loyal...

Le comte secoua de nouveau la tête.

Il était pâle et semblait tremblant.

Caillouët reprit avec énergie :

— Monsieur le comte, — dit-il, — vous êtes cette nuit faible comme un enfant !... — c'est donc à moi, — à moi, votre serviteur, — de vous donner la force qui vous manque !... — ma proposition sauve l'honneur de votre nom...

— C'est vrai.

— Vous en convenez ?

— Comment le nierai-je ?

— L'acceptez-vous ?...

M. de Vezay hésitait encore.

— L'acceptez-vous ? — répéta Caillouët.

— Eh ! bien... — répondit le comte, avec un effort désespéré, — eh ! bien, oui.

— A l'œuvre, alors !... à l'œuvre !... le temps presse, — le jour paraîtra bientôt ! ne perdons pas une minute !...

Caillouët s'approcha du cadavre.

Il ramassa l'habit qui gisait sur le sol détrempé par la pluie.

De l'une des poches de cet habit il tira un portefeuille de chagrin noir, dont la serrure se fermait avec un secret.

— Monsieur le comte, — dit-il, — vous avez promis, je crois, de faire remettre ceci au fils de M. de Villedieu ?...

— Oui, répondit le comte, — j'ai promis, — et non-seulement j'ai promis, mais j'ai juré...

Caillouët étendit la main.

— Voilà ce portefeuille, — dit-il.

M. de Vezay repoussa la main du garde-chasse.

—. Vous ne prenez point ceci ?... — demanda ce dernier.

— Non.

— Qu'en dois-je faire ?

— Garde-le, et charge-toi de la restitution.

— Soit.

— Mais, comment t'y prendras-tu ? — Si tu remets ce portefeuille... celui à qui tu le remettras voudra savoir de quelle manière il s'est trouvé en ta possession...

— Oh ! soyez tranquille.

— Tu as donc un projet ?

— Oui, — à la faveur du désordre qui suivra la première nouvelle de la mort de M. de Villedieu, je m'introduirai dans le château, je pénétrerai dans l'appartement même du défunt vicomte et je placerai le portefeuille bien en évidence, sur un meuble... — M'approuvez-vous, monsieur le comte ?

— Entièrement.

— C'est bien.

Et le portefeuille disparut dans l'une des poches du garde-chasse.

Ceci fait, Caillouët reprit l'habit et l'étendit sur la poitrine du cadavre.

Ensuite il entra dans un massif.

Il y coupa deux fortes branches.

Avec ces branches et avec sa carabine il improvisa une sorte de brancard sur lequel il plaça le corps.

— Monsieur le comte, — dit-il en se tournant vers son maître, — il faut m'aider, s'il vous plaît...

M. de Vezay était anéanti.

Une sueur froide ruisselait sur son front, en même temps que la pluie qui tombait du ciel.

Il tremblait de tous ses membres.

Cependant il aida machinalement Caillouët à soulever le brancard funèbre.

Tous deux alors, chargés de leur fardeau lugubre, s'acheminèrent à pas lents vers le château.

Ils ne tardèrent point à atteindre l'extrémité de l'une des ailes de l'immense et sombre habitation.

Là ils s'arrêtèrent.

— Attendez-moi pendant un instant, monsieur le comte, — dit le garde-chasse à son maître.

M. de Vezay ne répondit pas, et demeura immobile et comme pétrifié.

Caillouët disparut dans les ténèbres.

Au bout d'un instant, il revint.

Il portait deux choses.

Une lanterne sourde et un trousseau de clefs.

M. de Vezay avait passé le temps de sa courte absence à se répéter mentalement, avec une indicible angoisse :

— Ah ! que la vengeance est amère !...

Caillouet dévoila à demi l'âme de sa lanterne sourde.

Il en fit jaillir un faible rayon lumineux.

Puis, avec l'une des clefs du trousseau, il ouvrit une porte basse qui se cachait dans un renfoncement de la muraille.

Cette porte donnait entrée dans les caveaux funéraires du château de Vezay.

Ceci fait, Caillouët reprit l'une des extrémités du brancard.

Ensuite il dit :

— Descendons.

Le comte obéit passivement.

Tous deux franchirent un couloir souterrain, long de vingt à vingt-cinq pas à peu près.

Au bout de ce couloir se trouvait une seconde porte.

Caillouët l'ouvrit comme il avait ouvert la première.

Puis le maître et le valet pénétrèrent dans une immense salle voûtée, soutenue par de lourds piliers de granit.

C'était la salle des tombeaux.

Tout à l'entour se voyaient de somptueux monuments de marbre et de pierre.

Ces monuments contenaient les dépouilles mortelles des ancêtres de M. de Vezay.

Tous dormaient là, de leur sommeil béni, depuis *Réginald le Fort*, le premier de la race, jusqu'à Paul-Amédée de Vezay, le père du comte actuel.

Plusieurs avaient de blanches statues couchées, dans l'attitude d'un calme sommeil, sur leurs pierres tumulaires.

Ces statues figuraient des chevaliers vaillants et de nobles dames, appuyant leurs pieds de marbre sur l'écusson héréditaire.

D'autres représentaient des anges agenouillés, levant vers le ciel leurs yeux suppliants et leurs mains jointes, et priant pour le repos de ces gentilshommes morts, dont leurs célestes ailes avaient protégé la vie sans tache.

Quelques tombes, plus simples, n'avaient qu'un marbre blanc ou noir.

Sur ce marbre, des lettres profondes ou saillantes disaient un nom et une date.

En pénétrant dans cette salle où revivaient les siècles évanouis et la famille disparue, M. de Vezay, malgré lui, courba la tête.

— O mes ancêtres, — pensa-t-il, — que l'un de vous sorte de son linceul et vienne à moi de la part de Dieu, pour me dire si je suis innocent ou coupable du sang que j'ai versé cette nuit!...

Et il attendit, comme si les lois immuables de la mort pouvaient, pour une seconde, s'intervertir à sa voix.

Vaine attente!...

Aucune voix de la tombe ne répondit à son appel!...

Cependant Caillouët avait étendu sur les dalles le corps de M. de Villedieu.

Ensuite il posa sa lanterne sur le socle d'un tombeau, et, avec son couteau, il se mit en devoir de desceller le marbre de la sépulture voisine.

Pendant ce temps les regards de M. de Vezay se portèrent malgré lui sur le cadavre gisant à ses pieds.

La belle tête du vicomte semblait plus belle encore et plus expressive dans la mort que dans la vie.

Son visage était pâle, — de cette pâleur particulière au visage de ceux qui ont succombé après avoir perdu beaucoup de sang.

Ses yeux étaient fermés.

Un cercle bleuâtre et livide entourait ses paupières.

M. de Vezay aurait voulu détacher son regard de ce corps et de ce visage.

Il ne le pouvait pas.

Une véritable fascination, accompagnée d'une terreur irréfléchie et superstitieuse, le forçait à contempler cette figure inanimée.

Il lui semblait que les paupières du vicomte allaient se soulever tout à coup...

Il lui semblait que les yeux sans regards de ce mort allaient se tourner vers lui...

Que ces lèvres muettes s'agiteraient pour lui jeter ce mot :

— Meurtrier!...

Heureusement ce supplice étrange eut un terme.

— Tout est prêt! — dit Caillouët.

Et la voix du garde-chasse rompit soudainement le charme.

M. de Vezay tressaillit et se retourna.

— Tout est prêt? — répéta-t-il machinalement.

— Oui, monsieur le comte.

Caillouët venait en effet d'achever sa besogne.

Après avoir descellé avec son couteau, — ainsi que nous l'avons dit, — le ciment séculaire, il s'était servi du canon de sa carabine comme d'un levier pour soulever le marbre funéraire.

Il avait réussi.

La tombe s'ouvrait, béante, laissant à découvert le cercueil de plomb qu'elle contenait.

A côté de ce cercueil se voyait un large espace vide, destiné peut-être à recevoir jadis le cadavre d'un mari ou d'un frère.

— Il y a place pour deux! — murmura Caillouët à voix basse.

Puis il ajouta, mais tout haut :

— Monsieur le comte, aidez-moi, je vous prie...

Et, tout en parlant, il saisit le cadavre par les pieds et le souleva.

M. de Vezay restait immobile.

— Aidez-moi donc! — monsieur le comte! — répéta Caillouët d'une voix presque impérieuse.

— Que dois-je faire?... — demanda M. de Vezay que cette situation trop prolongée écrasait.

— Prenez ce corps par les épaules, et faites comme moi...

Le comte obéit.

Au bout d'une minute, le vicomte Armand de Villedieu était étendu dans cette tombe qui n'avait point été préparée pour lui.

— Bien! — dit Caillouët.

Puis il ajouta :

— Maintenant, il ne s'agit plus que de remettre ce marbre à sa place et tout sera fini... — à l'œuvre donc!

M. de Vezay interrogea Caillouët du regard.

Le garde-chasse comprit cette muette interrogation et y répondit.

— Soutenez le marbre avec votre épaule, — dit-il, — et baissez-vous doucement... — ce marbre est lourd, monsieur le comte, et, si nous le laissions retomber de toute sa hauteur, il se briserait en mille éclats.

Mais, au lieu d'exécuter la manœuvre indiquée par Caillouët, M. de Vezay ne bougea pas...

Sa bouche s'entr'ouvrit...

Ses yeux effarés s'agrandirent...

Ses cheveux semblèrent se hérisser tout à coup sur son front devenu livide.

— Qu'avez-vous donc, monsieur le comte? — qu'avez-vous? — s'écria Caillouët qui vit son maître chanceler, et qui suivit la direction de ses regards affolés de terreur.

Mais le garde-chasse ne répéta point sa question.

Il tomba à genoux en poussant un cri sourd.

. . . .

. . . .

Au milieu des ténèbres opaques qui s'amoncelaient aux extrémités de la salle funéraire, on voyait se mouvoir une ombre blanche, un fantôme aux contours vaporeux.

Ce fantôme paraissait se diriger lentement du côté des deux hommes.

A mesure qu'il avançait, le comte reculait d'un pas, et Caillouët, agenouillé sur les dalles, se prosternait de plus en plus, la face contre terre.

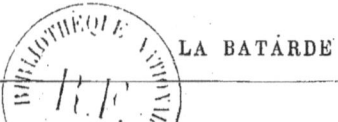

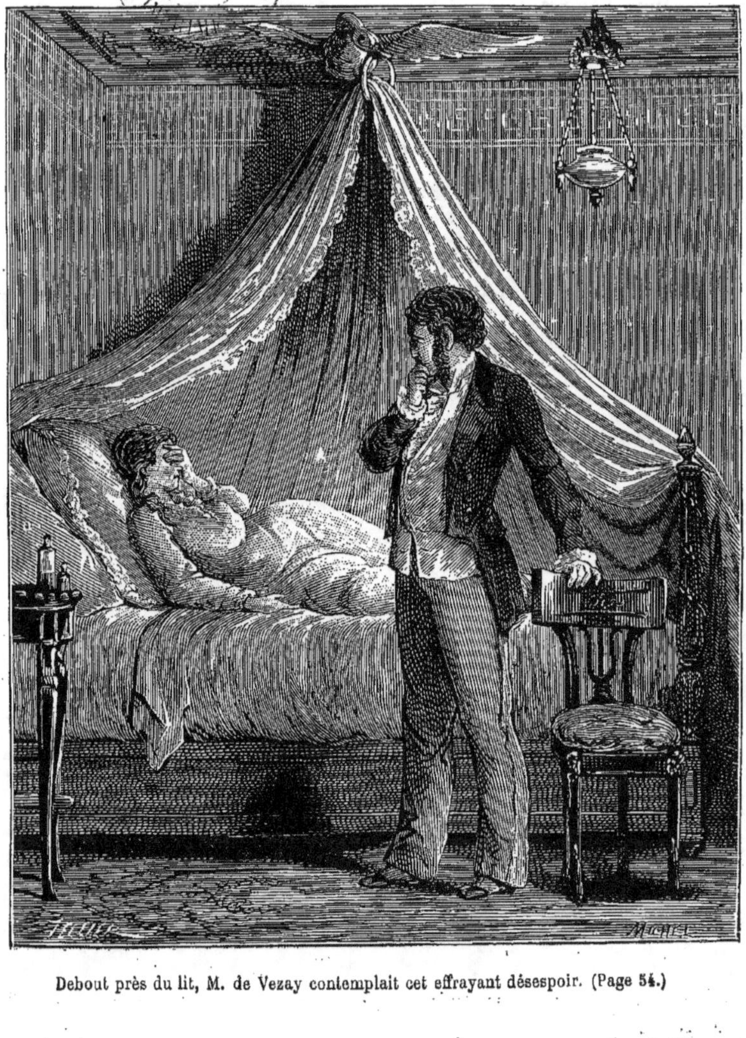

Debout près du lit, M. de Vezay contemplait cet effrayant désespoir. (Page 54.)

VII

LA CHAMBRE DE MARGUERITE

Enfin le fantôme sortit de la pénombre et pénétra dans le cercle lumineux formé par les rayons qui s'échappaient de la lanterne sourde.

M. de Vezay avait suivi d'un œil hagard et épouvanté chacun des mouvements de cette apparition fantastique.

Tout à coup son visage changea d'expression.

Sur ses traits bouleversés, on put lire un redoublement de stupeur, mais l'effroi avait disparu.

Il porta la main à son front, comme pour s'assurer qu'il était bien éveillé et qu'il ne servait point de jouet à un rêve étrange et terrible.

En même temps ses lèvres s'agitèrent, et, d'une voix rauque et pareille à celle des somnambules pendant le sommeil magnétique, il murmura deux fois :

— Marguerite!... Marguerite!...

A ces mots, Caillouët releva la tête.

— Madame la comtesse!... — s'écria-t-il.

Et il se glissa comme un serpent derrière la tombe à côté de laquelle il était agenouillé.

Sans doute il voulait rester l'invisible témoin de l'étrange scène qu'il prévoyait.

Celle que les deux hommes avaient prise jusque-là pour un fantôme, — celle que le comte avait nommée *Marguerite*, — celle que Caillouët appelait *madame la comtesse*, était bien effet Marguerite, comtesse de Vezay.

Enveloppée dans un long peignoir, dont sa pâleur livide effaçait la mate blancheur, — ses longs cheveux blonds flottant en désordre sur ses épaules et retombant en masses épaisses de chaque côté de son visage, — la jeune femme avançait toujours.

On eût dit une morte drapée dans son linceul, et marchant.

Elle semblait ne point voir son mari, — elle semblait ne l'avoir point entendu.

Ses mouvements lents, réguliers, automatiques en quelque sorte, la rapprochaient sans cesse de cette tombe ouverte vers laquelle la poussait une irrésistible attraction.

Entre elle et cette tombe se trouvait le comte.

Il fallait, ou que M. de Vezay quittât sa place, ou que la jeune femme déviât de sa route.

Ce fut le mari qui, fasciné, laissa le passage libre.

Marguerite atteignit la tombe.

Elle appuya ses deux mains sur le marbre du sarcophage, et, se penchant un peu, elle regarda...

A côté du cercueil de plomb était étendu un corps humain dont rien ne dérobait à la vue le visage ensanglanté.

Madame de Vezay reconnut ce corps et ce visage.

Elle se redressa aussitôt, en portant sa main droite à son cœur, en jetant sa tête en arrière.

Elle poussa un cri déchirant, que les échos du souterrain répétèrent d'une façon lugubre.

Elle tourna deux fois sur elle-même et s'abattit, inanimée, au pied de la tombe.

— Malheur!... — balbutia désespérément M. de Vezay, — malheur!... malheur!... elle est morte!... — Oh! mon Dieu!... n'était-ce pas assez d'une victime?...

Et, en proie à un véritable accès de délire, suite naturelle des événements terribles qui venaient de se succéder sans relâche, il se baissa, il prit dans ses bras le corps de sa femme, et il s'enfuit au travers du souterrain en emportant Marguerite comme une proie convoitée ou comme une victime qu'on veut ravir à la mort.

A peine le comte avait-il disparu que Caillouët à son tour quitta la retraite qu'il s'était choisie.

— Tout va bien!... — murmura-t-il avec une expression de joie farouche, — tout va bien, et Dieu est juste, car Dieu me venge!...

Il reprit ensuite sa carabine et sa lanterne sourde.

Il ne se donna point la peine de faire retomber le marbre sur la tombe, et regagna la porte du couloir par lequel M. de Vezay et lui avaient pénétré dans les caveaux funéraires.

Il referma cette porte avec soin.

Il en fit de même pour celle qui terminait le couloir du côté du parc.

Il retira du trousseau dont elles faisaient partie les clefs de ces deux portes, et il les mit dans la poche de sa veste de chasse.

Puis il s'engagea dans l'escalier dérobé conduisant à la bibliothèque.

Ce bon serviteur voulait voir ce qui se passait à l'intérieur du château, et se mettre à la disposition de M. de Vezay, pour le cas où celui-ci aurait besoin de ses services

Les deux seules pièces que nous ayons eu l'occasion de décrire jusqu'à présent, — la bibliothèque et la chambre à coucher de M. de Vezay, — étaient, nous le savons, d'un style grandiose et sévère.

L'appartement particulier de la comtesse Marguerite — dans lequel nous allons introduire nos lecteurs — offrait un aspect tout différent.

M. de Vezay, à l'époque de son mariage, — c'est-à-dire quatre ans à peu près avant l'époque où se passaient les faits dont nous sommes l'historien, — avait rassemblé avec amour, dans les trois pièces qui composaient le logis privé de sa femme, toutes les élégances de la mode et toutes les recherches du luxe.

Qu'on veuille bien faire la remarque que ceci se passait en 1816 ou 1817, et que l'ornementation et l'ameublement dont il s'agit offraient le *nec plus ultra* du bon goût et du comfort à cette époque.

La chambre à coucher était entièrement tendue de soie d'un bleu pâle, constellée de petites étoiles d'argent.

Une *grecque*, également argent sur bleu, encadrait cette tenture destinée à faire valoir le teint de blonde et la magnifique chevelure cendrée de Marguerite.

Les meubles, en bois de citronnier à filets d'ébène, — de la forme la plus correctement académique, — étaient recouverts d'une étoffe pareille à celle de la tenture.

Un cygne argenté, — aux ailes largement étendues, — soutenait dans son bec un anneau d'où s'échappaient les flots vaporeux des rideaux de mousseline des Indes, brodés en soie, qui drapaient autour du lit leurs plis diaphanes.

Une triple chaîne de vermeil suspendait au plafond une large et profonde coupe d'albâtre, de forme romaine.

Une veilleuse placée dans cette coupe projetait pendant la nuit sa clarté douce et voilée, trop faible pour éloigner le sommeil, suffisante pour dissiper les ténèbres.

Sur la cheminée se voyait une pendule formée d'un précieux bronze antique trouvé dans les fouilles d'Herculanum et placé sur un socle de marbre blanc.

Ce bronze représentait une nymphe rassemblant en gerbe les fleurs qu'elle venait de cueillir

Le tapis, sorti des manufactures d'Aubusson et à dessins mythologiques, était épais et doux à fouler comme la toison molle d'un agneau.

C'est dans cette chambre élégante et coquette que se précipita le comte, portant dans ses bras sa femme évanouie.

C'est sur ce lit, entouré de ses nuages de mousseline, qu'il déposa ce corps dont la vie venait peut-être de se retirer.

Certes, en ce moment, toute idée de vengeance avait disparu de l'âme de M. de Vezay.

Nous pourrions presque dire que le ressentiment de l'injure reçue n'existait plus en lui.

Il n'y avait place, en son cœur, que pour le remords du pardon refusé, — pour l'horreur du sang répandu, — pour le désespoir de la nouvelle catastrophe, imminente, sinon accomplie.

Marguerite, toujours sans connaissance, était glacée.

M. de Vezay entassa sur elle les vêtements épars sur les meubles dans la chambre.

Puis il s'agenouilla à côté du lit, et sa main tremblante s'appuya sur le côté gauche de la poitrine de sa femme.

Il cherchait les battements du cœur.

Il les trouva, mais si faibles, si intermittents, que, de seconde en seconde, on pouvait croire qu'ils allaient s'éteindre.

Cependant l'étincelle de la vie existait encore.

C'était beaucoup.

M. de Vezay courut au cabinet de toilette.

Il prit des eaux de senteur, — des flacons remplis des sels les plus forts, des parfums les plus violents.

Il baigna le visage de Marguerite de ces eaux et de ces parfums.

Il mit sous ses narines ces sels énergiques.

Cette médication ne fut point inutile.

La jeune femme fit un mouvement léger.

M. de Vezay redoubla de soins.

La comtesse entr'ouvrit les yeux, — elle se souleva sur son coude, — elle promena autour d'elle un regard égaré.

En ce moment sans doute la pensée lui revint, et, en même temps que la pensée, le souvenir, et, en même temps que le souvenir, la douleur.

Elle poussa un faible cri, — sa tête retomba en arrière, — ses yeux se fermèrent de nouveau, et, pour la seconde fois, la vie sembla se retirer de ce corps un instant galvanisé.

M. de Vezay mit en œuvre de nouveau les mêmes moyens qui venaient déjà de lui réussir.

Cette persévérance fut couronnée d'un égal succès.

La comtesse revint à elle-même et changea de position; — au lieu de rester étendue, elle s'accroupit en quelque sorte sur le lit; elle cacha son visage dans ses deux mains; — elle se mit à sangloter amèrement, tandis qu'un frisson convulsif secouait ses membres et qu'une sorte de râle soulevait sa poitrine.

Debout auprès du lit, — les yeux fixes et secs, mais le cœur torturé, — M. de Vezay assistait à ce terrible spectacle, — contemplait cet effrayant désespoir.

Soudain les sanglots de Marguerite s'arrêtèrent.

Elle souleva son visage défait, — elle attacha sur son mari ses yeux noyés de pleurs, et elle dit, ou plutôt elle balbutia :

— Je vais mourir... — si vous n'êtes pas sans pitié... envoyez chercher un prêtre...

— Mourir!... — s'écria le comte avec épouvante, — mourir!... Ne parlez pas ainsi, Marguerite... vous ne mourrez pas... je ne veux pas que vous mouriez...

La jeune femme secoua la tête d'un air de négation sinistre.

— Un prêtre... un prêtre... — répéta-t-elle d'une voix plus faible, — et hâtez-vous... sinon... il sera trop tard...

Puis elle s'affaissa de nouveau, comme si toute force l'abandonnait.

M. de Vezay comprit qu'il lui fallait céder à cette demande, qui n'était sans doute que la suprême volonté d'une mourante.

Il quitta le chevet du lit et se dirigea rapidement vers la porte.

Au moment où il allait atteindre cette porte, il entendit frapper légèrement contre le panneau.

Il ouvrit et, dans l'antichambre, il trouva Caillouët.

— Ah! te voilà... — murmura-t-il.

— Monsieur le comte, j'étais inquiet... je venais prendre vos ordres...

— Mes ordres... — répéta M. de Vezay d'un air égaré, — mes ordres...

— N'en avez-vous pas à me donner? — demanda le garde-chasse.

— Si... si... j'en ai... j'en ai...

— Lesquels?...

Le comte ne répondit pas.

Dans l'incroyable désordre de ses pensées, — dans la tempête qui bouleversait son intelligence, — sa mémoire faisait naufrage.

— Quels ordres, monsieur le comte? — demanda pour la seconde fois Caillouët.

— Ah! — murmura M. de Vezay, — je me souviens... — je me souviens... — je me souviens maintenant...

— J'écoute et j'attends... — dit le garde-chasse.

— Un prêtre... — s'écria le comte.

— Un prêtre! — pour qui? — demanda Caillouët stupéfait.

— Et un médecin... — ajouta le comte sans répondre à cette question du garde-chasse.

— Un prêtre et un médecin!... — Madame la comtesse est donc malade?...

— Malade?... — bien malade!... — mourante... — oui, mourante... — elle veut un prêtre... va vite...

Tout ceci était dit avec égarement.

Une sorte d'émotion apparut sur le rude visage du garde-chasse dont la physionomie, pendant une seconde, sembla moins farouche.

— Mais, monsieur le comte, — dit-il, — je ne puis aller chercher à la fois le prêtre et le médecin. — Comment faire?

— Cours chez le curé, toi, Caillouët... qu'il vienne, qu'il vienne à l'instant...

— Et le médecin?...

— Qu'un de mes gens monte à cheval... qu'il prenne mon meilleur cheval... — mon propre cheval... — mon favori... — Bayard... — qu'il le tue, s'il le faut, mais que dans une heure il soit de retour avec le médecin... — dans une heure... — tu entends bien, Caillouët?

— Oui, monsieur le comte...

— S'il est revenu dans une heure... cinquante louis pour lui... — dis-leur cela à tous, Caillouët...

— Oui, monsieur le comte...

Le garde-chasse quitta son maître afin d'aller remplir sa double mission.

M. de Vezay rentra dans la chambre de Marguerite.

La jeune femme ne sanglotait plus.

Ses yeux étaient fermés.

On aurait pu la croire morte si, par instants, un gémissement sourd échappé de ses lèvres n'eût donné la preuve manifeste que la vie ne s'était point encore retirée d'elle tout à fait.

M. de Vezay s'assit auprès du lit, — et il attendit.

Un quart d'heure à peine venait de s'écouler quand on frappa à la porte pour la seconde fois.

Le comte se leva et alla ouvrir.

Caillouët était debout sur le seuil.

Derrière lui se voyait le curé du village, beau vieillard de l'aspect le plus vénérable et dont les cheveux argentés encadraient le visage empreint de la douceur et de la charité évangéliques.

— Monsieur le comte, voici M. le curé, — dit le garde-chasse.

— Ah! monsieur le curé, — s'écria le comte, — soyez le bienvenu!... avec quelle impatience je vous attendais!...

— Monsieur le comte, — répondit le vieillard en s'inclinant, — ce que Caillouët vient de me dire m'a causé une profonde douleur, une indicible épouvante... le mal est moins grand qu'il ne me l'a fait supposer, n'est-ce pas? il y a de l'espoir encore?...

— Hélas! monsieur le curé, — murmura le comte, — je ne puis vous répondre, et je suis comme foudroyé... — venez... vous verrez... vous jugerez vous-même...

M. de Vezay conduisit le prêtre jusqu'auprès du lit, puis revenant sur ses pas, il dit à Caillouët :

— Eh bien?... le médecin?...

— Monsieur le comte, répondit le garde-chasse, — Jean est parti...

— Sur Bayard?

— Sur Bayard.

— Tu lui as dit de tuer le cheval s'il le fallait?

— Oui, monsieur le comte.

— Tu lui as promis cinquante louis?

— Oui, monsieur le comte. — Jean ne ménagera pas sa monture, et, une fois arrivé, il donnera Bayard au docteur et reviendra lui-même à pied...

En ce moment, une forme humaine sortit de la futaie et se dirigea vers le château. (Page 61.)

— C'est bien. — Dès que le médecin sera ici, tu l'introduiras...

— Monsieur le comte, peut-être faudrait-il éveiller les femmes de madame...

— Non... non... non... — répondit M. de Vezay avec une sorte d'effroi; — n'éveille personne... — Attendons jusqu'à la dernière extrémité pour révéler à d'autres ce qui se passe cette nuit...

Caillouët n'insista pas, — du moins en apparence, — mais il alla prévenir sans bruit la femme de chambre favorite de madame de Vezay.

Le comte rentra dans l'appartement de Marguerite.

Le vieux prêtre s'était agenouillé à côté du lit sur lequel reposait la jeune mourante...

— Mon enfant, — lui avait-il dit, — vous m'avez fait appeler... je viens à vous, au nom du Dieu de paix, d'amour et de miséricorde...

Marguerite entendit et reconnut cette voix.

Elle fit un effort pour se soulever, — et elle y parvint, quoique avec une peine extrême...

Elle étendit vers le prêtre ses mains jointes, et elle dit :

— Mon père, écoutez ma confession...

VIII

PAPIERS VOLÉS.

— Parlez, mon enfant, — répondit le prêtre aux dernières paroles de Marguerite, — je vous écoute, et Dieu vous entend...

La jeune femme, d'une voix entrecoupée et à peine distincte, commença sa confession.

Cette confession dura longtemps.

Parfois les mots expiraient avant de naître sur les lèvres de Marguerite.

Parfois des sanglots convulsifs venaient interrompre l'aveu commencé.

A mesure qu'avait parlé la jeune femme, le vieux prêtre avait pâli.

Quand elle eut achevé, le visage du ministre de Dieu était presque aussi livide que celui de la comtesse.

Il ne lui restait plus rien à entendre.

Il fit descendre sur le front de la pénitente les paroles sacramentelles de paix et de pardon.

Puis, sa mission sainte étant terminée, il murmura :

— Maintenant, pauvre enfant, courage et bon espoir... vous vivrez pour le repentir et pour la réparation...

Marguerite secoua la tête.

— Non, mon père, — répondit-elle, — non, je ne vivrai pas... — je sens bien que tout est fini pour moi en ce monde... la main de Dieu s'est appesantie sur ma tête coupable... il me frappe, et je le bénis... mais il me reste un dernier devoir à accomplir... une dernière et solennelle expiation à accepter... prévenez, je vous en prie, mon mari... dites-lui que je le conjure de s'approcher de moi...

Le vieux prêtre pleurait et ne put répondre.

Il inclina seulement la tête pour indiquer à Marguerite que ce qu'elle demandait allait être fait.

Il s'approcha de M. de Vezay qui, pendant la longue confession de sa femme, s'était laissé tomber sur un siége, dans la profonde embrasure de l'une des fenêtres.

— Monsieur le comte, — lui dit-il en s'efforçant de dominer son émotion, — madame la comtesse vous appelle auprès de sa couche d'agonie... Allez... et n'oubliez pas que, lorsque Dieu a pardonné, personne en ce monde n'a le droit d'être sans pitié... — C'est un vieillard, monsieur le comte... c'est un ministre du Seigneur qui vous rappelle cette grande et sublime vérité... et qui, comme prêtre et comme homme, vous supplie d'être indulgent et miséricordieux...

M. de Vezay s'inclina devant le vieux curé et s'approcha vivement du lit.

Marguerite se souleva, lui saisit les deux mains qu'elle serra avec une force convulsive, et elle s'écria :

— Pardon !... pardon !... je souffre et je meurs... monsieur le comte, pardonnez-moi !

— Je vous pardonne... pauvre femme, je vous pardonne du fond de mon cœur... — balbutia M. de Vezay. — Mais, au nom du ciel, Marguerite, calmez-vous et vivez...

— Vous me pardonnez ? — demanda la jeune femme avec un indicible étonnement.

— Du fond du cœur, je vous le répète...

— C'est que, peut-être, vous ne savez pas... — Écoutez... écoutez... je veux, je dois tout vous dire...

M. de Vezay allait interrompre Marguerite, pour l'empêcher de commencer un récit inutile et déchirant pour tous les deux.

Il n'en eut pas besoin.

Les yeux de la jeune mourante devinrent fixes.

Un cri, qui semblait sortir du plus profond de sa poitrine, s'échappa de ses lèvres contractées.

Ses membres se roidirent et elle se tordit sur le lit, en proie à des convulsions terribles, en poussant des gémissements inarticulés.

— Qu'avez-vous donc ? — mon Dieu ! qu'avez-vous ? — balbutia le comte avec un redoublement d'angoisses.

Marguerite ne répondit que par des clameurs plus aiguës et des plaintes plus douloureuses.

En ce moment, on entendit retentir le rapide galop d'un cheval qui s'arrêta court devant le perron du château.

Au bout d'une minute, Caillouët introduisait le médecin.

M. de Vezay courut à lui et l'entraîna jusqu'auprès du lit.

— Au nom du ciel, — lui dit-il, — quel est ce mal étrange ?...

— Un accouchement avant terme, — répondit le médecin, après avoir examiné Marguerite pendant une seconde.

. . . .
. . . .

Assez et trop peut-être, nous nous sommes appesantis sur les catastrophes de cette terrible nuit.

Il ne faut point abuser des plus lugubres couleurs qui se puissent trouver sur une palette de romancier.

Étendons un voile devant de lugubres tableaux et disons seulement qu'au bout d'une heure de tortures Marguerite cessait enfin de souffrir et s'endormait d'un éternel sommeil, tandis que le médecin présentait au comte de Vezay un enfant nouveau-né, une petite fille, dont sa mère expirante n'avait point entendu le premier vagissement.

*
* *

Le château de Villedieu se trouvait situé à une lieue, environ, de celui de Vezay.

L'habitation n'offrait point les proportions imposantes du manoir où se sont passés, jusqu'à présent, les événements de cette histoire.

C'était un petit castel gothique, auquel on avait adjoint des constructions plus récentes, et qui s'élevait sur les bords de la Loire au milieu d'une futaie magnifique.

Le vicomte Armand de Villedieu habitait toute l'année cette jolie terre.

Il avait été marié jadis à une femme pour laquelle il n'éprouvait que l'amitié la plus froide, sans le moindre mélange d'amour.

Après deux ans d'une union calme, mais sans bonheur, la vicomtesse était morte, laissant à son mari un fils âgé de quelques mois.

Il y avait de cela six ans.

L'enfant se nommait Lucien.

M. de Villedieu avait concentré toutes ses affections sur ce fils, jusqu'au jour où une passion violente pour la comtesse de Vezay s'était emparée de son cœur.

Cet amour, — longtemps sans espoir, et enfin partagé par Marguerite, — avait porté des fruits empoisonnés.

Nous venons d'assister au dénouement sinistre du drame de l'adultère.

Nous allons maintenant rôder, comme un voleur de nuit, autour du château de Villedieu, une heure environ après la mort de la comtesse Marguerite.

L'ouragan s'était complétement calmé, mais la nuit restait sombre encore.

A peine si du côté de l'orient une bande pâle, rayant le ciel noir, annonçait que l'aurore ne tarderait point à chasser les ténèbres.

Dans l'intérieur du château, tout était silencieux.

Le petit Lucien et son précepteur dormaient d'un calme sommeil dans deux chambres contiguës.

Les domestiques, que le bruit du tonnerre avait tenus éveillés pendant la plus grande partie de la nuit, reposaient dans leurs logements respectifs.

Les chevaux seuls, — inquiétés par l'absence prolongée de deux de leurs compagnons, — piaffaient et hennissaient dans les écuries.

En ce moment une forme humaine, sortit de la futaie et se dirigea vers le château.

Cette forme s'avançait avec précaution.

Évidemment le nocturne promeneur avait les motifs les plus graves pour vouloir rester inaperçu.

D'après ce que nous venons de dire du profond sommeil de tous les habitants du château, la crainte d'une rencontre était d'ailleurs sans fondement.

Le nouveau-venu — qui n'était autre, on l'a deviné, que le garde-chasse Caillouët — parvint, avec des précautions infinies, jusqu'auprès de l'une des tourelles élégantes qui flanquaient l'ancien castel.

Dans cette tourelle était pratiquée une petite porte que Caillouët paraissait connaître parfaitement, — ce dont nous ne devons point nous étonner, car, MM. de Vezay et de Villedieu chassant habituellement ensemble, les rendez-vous avaient lieu tantôt dans l'un, tantôt dans l'autre des deux châteaux; et les domestiques du comte étaient liés de façon intime avec ceux du vicomte auxquels ils rendaient de fréquentes visites.

Ceci posé, on trouvera fort simple que Caillouët fût si bien au courant des êtres du manoir de Villedieu.

Le garde-chasse se débarrassa de deux objets, — dont il portait l'un sur l'épaule, dont il tenait l'autre à la main.

C'étaient la lanterne sourde avec laquelle il avait pénétré dans les caveaux mortuaires de Vezay, — et un sac de toile d'assez grande dimension.

Ce sac — lorsque Caillouët le posa sur le sol — rendit un son métallique.

Le garde-chasse détacha la cordelette qui en serrait l'ouverture.

Il en retira plusieurs objets, entre autres une barre de fer de trois pieds de long et d'un pouce de diamètre.

Il introduisit l'extrémité de cette barre entre le seuil et la porte de la tourelle, et, s'en servant comme d'un levier avec sa force herculéenne, il fit sortir la porte de ses gonds.

Ceci fait, il remit la barre dans le sac, il reprit sa lanterne, il se munit de deux ou trois des objets dont nous avons parlé, et il s'engagea dans l'escalier en spirale auquel les murs de la tourelle servaient d'alvéole.

A la hauteur du premier étage se trouvait une porte fermée.

Caillouët fit jaillir de sa lanterne un rayon lumineux, puis, à l'aide d'un tourne-vis, il détacha la serrure et ouvrit la porte.

Il traversa deux ou trois pièces et il arriva enfin à l'appartement du vicomte Armand.

Dans la chambre à coucher se trouvait un petit bureau couvert de livres et de papiers.

Caillouët s'assit devant ce bureau et tira de sa poche le portefeuille de maroquin noir qu'il s'était chargé de rapporter au château de Villedieu.

Il trouva sans trop de peine le secret de la serrure, et il passa en revue le contenu du portefeuille.

Ainsi que l'avait dit le vicomte, il ne renfermait que des papiers de famille.

Caillouët les réintégra dans leur étui qu'il plaça sur le bureau, et il ne s'en occupa pas davantage.

Mais il n'était pas au bout de la tâche qu'il avait résolu d'accomplir.

Un motif, encore inconnu de nous, le poussait à visiter les tiroirs du bureau devant lequel il était assis.

Avec une pince et un ciseau à froid, il força le premier de ces tiroirs.

Le hasard fit que, dans celui-là, se trouvaient les clefs des autres.

Cette découverte épargna au garde-chasse une besogne longue et difficile.

Il ouvrit et inventoria successivement tous les tiroirs.

L'un d'eux contenait une somme importante en or et en billets de banque.

Caillouët ne toucha ni à un napoléon ni à un billet, et continua ses recherches.

Il finit par découvrir une très-petite liasse de papiers, pliés en forme de lettres et attachés par un ruban couleur de feu.

Le garde-chasse dénoua ce ruban, — défit la liasse, examina l'écriture, lut quelques lignes et poussa, ou plutôt étouffa, une exclamation de triomphe.

— Voilà ce qu'il me fallait!... — murmura-t-il. — C'est une fortune et c'est la vengeance!

Il fit ensuite de son mieux pour remettre toutes choses en l'état primitif.

Il effaça avec une remarquable adresse les traces de son expédition nocturne.

Enfin il quitta l'appartement d'Armand de Villedieu, n'emportant avec lui que cette petite liasse, nouée d'un ruban couleur de feu, et à la découverte de laquelle il semblait attacher une si grande importance.

Il traversa de nouveau les chambres vides, refermant les portes derrière lui.

Il descendit les marches raides de l'escalier en colimaçon.

Il rajusta sur ses gonds ébranlés la porte massive de la tourelle, et il reprit d'un pas rapide le chemin du château de Vezay.

Le douteux crépuscule qui succède aux ténèbres et précède le jour commençait à étendre sur les campagnes et sur les forêts ses teintes indécises.

Bientôt le soleil levant allait inonder de clartés rayonnantes toute cette splendide nature, après une nuit de tempêtes et de sombres horreurs.

Lorsque Caillouët arriva au château, on lui dit que M. de Vezay l'avait déjà demandé deux ou trois fois.

Le garde-chasse s'empressa de monter dans la chambre de son maître.

Le comte, tout habillé, s'était jeté sur un canapé.

Il ne dormait point.

Ses traits décomposés, son regard atone, trahissaient bien le complet anéantissement de tout son être.

Depuis deux heures, il avait quitté la chambre mortuaire, — laissant le vieux prêtre en prières auprès du lit où reposait le corps de Marguerite enveloppé de son linceul.

Au moment où le garde-chasse entra, une lueur passagère revint animer les prunelles de M. de Vezay.

— M. le comte m'a demandé? — fit Caillouët.

— Oui.

— Me voici aux ordres de M. le comte...

— Caillouët, j'ai bien des choses à te dire...

— J'écoute et j'attends!..,

— Mais, d'abord, assure-toi que ces portes sont fermées... il ne faut pas que qui que ce soit puisse nous entendre...

Le garde-chasse obéit à l'injonction de son maître.

— Tout est bien clos, — dit-il ensuite, — monsieur le comte peut parler sans crainte...

— D'où viens-tu, Caillouët?... — reprit M. de Vezay.

— Je viens d'exécuter les ordres de M. le comte.

— Mes ordres?... ai-je donc donné des ordres?

— Sans doute...

— Lesquels?...

— Le portefeuille, — dit simplement Caillouët.

Le comte tressaillit.

— Ah! le portefeuille, — répéta-t-il, — je me souviens...

Puis il ajouta :

— Eh bien?

— C'est fait.

Le garde-chasse lut quelques lignes et étouffa une exclamation de surprise. (Page 63.)

— Tu l'as remis?
— Oui.
— Où?
— Sur le bureau même de feu M. le vicomte.
— Comment as-tu fait cela, Caillouët?
— C'est bien simple...

Et le garde-chasse raconta les détails de l'expédition que nous connaissons, sans dire un seul mot, bien entendu, des papiers qu'il avait soustraits.

— Mais — demanda M. de Vezay — ton projet, cette nuit, était d'attendre, pour pénétrer dans le château de Villedieu, que la nouvelle d'un malheur probable eût mis le trouble et le désordre dans tous les esprits et désorganisé le service... — Est-ce que je me trompe, et ne m'as-tu pas dit cela?

— Je l'ai dit en effet, monsieur le comte, mais, depuis lors, j'avais réfléchi...

— A quoi?

— A la probabilité d'une apposition immédiate de scellés, apposition qui aurait rendu complétement impossible un coup de main... J'ai pensé qu'il valait mieux agir sur-le-champ, et vous voyez que j'avais raison puisque j'ai réussi...

M. de Vezay fit de la tête un signe d'approbation.

— Est-ce là tout ce que me voulait monsieur le comte? — reprit Caillouët.

— Non.

— Quoi encore?

Une sorte de frisson secoua les mains de M. de Vezay.

Ses lèvres s'agitèrent comme pour parler, — mais aucun son ne s'en échappa.

Évidemment ce que le comte allait dire avait trait à quelque préoccupation terrible, — effrayante même, — car la terreur se lisait dans ses regards effarés.

IX

UNE PROPOSITION

Enfin il sembla prendre son parti.

Il fit un suprême effort, et il murmura :

— Caillouët...

— Monsieur le comte?

— La tombe... Caillouët... cette tombe?... tu sais?...

— Eh bien?

— En as-tu replacé le marbre?

— Comment aurais-je fait, monsieur le comte? — je n'avais pas la force nécessaire pour soutenir ce marbre à moi seul, et pour l'empêcher de se briser dans une chute violente et inévitable.

— Ainsi la tombe est restée ouverte?

— Oui, monsieur le comte.

— Ainsi tout ce que nous avons entrepris pour effacer la trace du sang répandu est maintenant inutile?...

— Pourquoi donc cela, monsieur le comte?

— Parce que la première personne qui entrera dans les caveaux funéraires verra le cadavre du vicomte, et parce qu'alors ce n'est plus à un duel qu'on croira... mais à un assassinat...

— Ceci est facile à éviter.

— Comment?

— Il faut que personne ne puisse entrer dans les caveaux, — et j'ai agi en conséquence... — sans même connaître vos intentions...

— Tu as agi?

— Oui, monsieur le comte.

— De quelle façon?

— J'ai jeté dans la Loire, il y a une heure, les doubles clefs des deux portes...

Le comte secoua tristement la tête...

— Tu n'avais oublié qu'une chose, Caillouët...

— Laquelle, monsieur le comte?

— C'est que ma femme est morte cette nuit, et que mes ancêtres l'attendent dans la sépulture où doivent dormir tous ceux qui ont porté ou porteront mon nom...

Cette observation parut d'abord déconcerter le garde-chasse.

Mais il était homme de ressource, et il trouva bien vite un moyen de tourner la difficulté.

— Monsieur le comte, — dit-il au bout d'un instant, — n'oubliez pas qu'à son heure dernière madame la comtesse vous a fait part de sa volonté suprême.

— A moi!... — s'écria M. de Vezay.

— A vous-même, monsieur le comte.

— Et cette volonté ?...

— Cette volonté, c'est d'être ensevelie, non point auprès de vos aïeux, sous des voûtes sombres et glacées, mais dans le cimetière du village, sous la mousse verte et les fleurs épanouies...

— Est-ce que tu rêves, Caillouët?

— En aucune façon, monsieur le comte.

— Cette volonté dont tu parles, madame la comtesse ne l'a point exprimée...

— Vous croyez?

— J'en suis sûr.

— Peut-être avez-vous raison, mais qu'importe?... — les morts ne parlent plus. — Madame la comtesse ne viendra pas vous démentir...

— Oui, mais ma conscience, Caillouët?...

— Votre conscience, monsieur le comte?...

— Elle se révolte à la pensée que je prêterais à des lèvres glacées par la mort des paroles qu'elles n'ont point prononcées...

— Dans ce cas, monsieur le comte, et si votre conscience est intraitable à ce point, je ne vois aucun moyen d'éviter ce qui vous épouvante et d'empêcher qu'on ne pénètre dans les caveaux... — Tout ce que nous pouvons faire, c'est d'y pénétrer les premiers et de refermer cette tombe...

M. de Vezay pâlit sous sa pâleur.

— J'aimerais mieux mourir sur-le-champ — balbutiait-il — que de me retrouver, ne fût-ce que pour une seconde, en face de ce cadavre...

— Alors, monsieur le comte, décidez-vous... Réfléchissez bien à ce que je vous propose et vous verrez que c'est la chose du monde la plus innocente... — Qu'importe aux morts, je vous prie, de dormir leur éternel sommeil sous la pierre ou sous le gazon?...

Il était impossible que le comte résistât longtemps...

Il fit encore quelques objections, puis il céda.

— Est-ce tout ce que monsieur le comte avait à me dire? — demanda Caillouët pour la seconde fois depuis le commencement de son entrevue avec son maître.

Et, pour la seconde fois aussi, le comte, à son tour, répondit :

— Non, pas encore...

Caillouët fit un geste qui signifiait :

— J'écoute...

M. de Vezay commença ainsi :

— Tu m'es dévoué, n'est-ce pas, Caillouët?

Le garde-chasse, qui ne s'attendait point à cette question, tressaillit.

— Dévoué ? — répéta-t-il au bout d'un instant. — Je croyais l'avoir prouvé plus d'une fois à M. le comte... et cette nuit encore...

— Aussi n'est-ce point un doute que j'exprime... j'interroge, parce qu'il me plaît de t'entendre m'affirmer de nouveau ton affection...

— Elle est sincère autant que profonde, monsieur le comte !

— Je le sais. — Mais s'il devenait nécessaire de me la prouver une fois de plus ?

— Je n'hésiterais pas.

— Quoi qu'il fallût faire pour cela?

— Quoi qu'il fallût faire, — oui, monsieur le comte.

— Aucun sacrifice ne te coûterait ?

— Aucun.

— Même celui de te séparer de moi?

Caillouët tressaillit de nouveau.

— Me séparer de vous, monsieur le comte !... — murmura-t-il.

Le comte fit un signe affirmatif.

— Pour longtemps ? — demanda le garde-chasse.

— Pour toujours.

Caillouët ne répondit point.

— Eh bien!... — dit M. de Vezay après un instant de silence, — tu te tais ?...

Le garde-chasse attacha sur son maître un regard long et perçant.

— Parlez-vous sérieusement, monsieur le comte ? — fit-il ensuite.

— Oui.

— Vous pensez à m'éloigner de vous?

— Oui.

— Songez que j'aime ce pays, moi !... — J'y suis né, — j'y ai grandi, — — j'espérais y mourir...

— Je sais tout cela, mais je sais aussi que, là où il n'y a pas de sacrifice, il n'y a pas de dévouement.

— C'est juste. — Enfin, monsieur le comte, pour vouloir m'éloigner, vous avez un motif?...

— J'en ai un.

— Puis-je le connaître?

— Écoute, Caillouët, je vais te parler à cœur ouvert... — Tu es un vieux serviteur et je t'aime, mais tu es de trop ici...

— Pourquoi?

— Parce que tu possèdes les secrets de la nuit qui vient de finir... parce que tu es le seul confident de mon déshonneur et de ma vengeance... — parce que ta présence enfin, si tu restais, rouvrirait incessamment la blessure qui saigne au fond de mon cœur... — Me comprends-tu, dis-moi, Caillouët?

Le garde-chasse baissa la tête d'un air sombre.

Puis, au bout de quelques secondes, il répondit :

— Je vous comprends...

— Et tu trouves que j'ai raison?

— Oui.

— Ainsi tu partiras?

— Je partirai.

Le comte saisit la main de Caillouët et la serra affectueusement entre les siennes, — ce à quoi le garde-chasse parut médiocrement sensible.

M. de Vezay reprit ensuite :

— Je n'ai pas besoin d'ajouter que mon intérêt te suivra partout, et que j'assurerai ta fortune...

— Ah ! — dit Caillouët.

— Mon projet est de te remettre une somme suffisante pour commencer un établissement avantageux.

— Où désirez-vous que j'aille? — demanda Caillouët.

— Mais où tu voudras... en Amérique, par exemple, au Brésil ou aux grandes Indes...

— Il paraît, — murmura le garde-chasse, — il paraît que vous tenez, monsieur le comte, à ce que l'Océan soit entre nous?...

— Cela vaudrait mieux ainsi.

— Soit. — Deux ou trois mille lieues de plus ou de moins, qu'importe?... Quand dois-je partir?...

Le comte hésita.

— La grossesse de Suzanne n'est point encore assez avancée pour l'empêcher de voyager? — demanda-t-il ensuite.

Les yeux de Caillouët étincelèrent de ce même feu sombre que nous avons déjà signalé souvent.

— Monsieur le comte, — répondit-il d'un ton brusque, — Suzanne fera ce que je lui dirai de faire... ne vous inquiétez pas d'elle...

Étonné de l'accent avec lequel ces paroles avaient été prononcées, M. de Vezay étudia d'un œil inquiet le visage de Caillouët.

Mais ce visage avait déjà repris son masque d'impassibilité.

— Eh bien! — reprit le comte, — rien ne t'empêcherait, ce me semble, de partir dès aujourd'hui?

— Rien absolument.

— Tu n'as pas de préparatifs à faire?

— Aucun.

— Je vais te remettre cinquante louis pour tes frais de voyage d'ici à Nantes, et, de plus, un mandat de vingt mille francs payable à vue chez mon banquier de Nantes... — Cela te suffira-t-il?

— Amplement.

— Tu pourras t'embarquer à Nantes ou à Paimbeuf. — D'ailleurs, une fois arrivé à destination et établi dans le pays que tu auras choisi, s'il te faut d'autre argent tu m'écriras, et je te ferai tenir les sommes que tu m'auras demandées

— C'est bien, monsieur le comte...

M. de Vezay ouvrit un tiroir.

Il remit à Caillouët un rouleau d'or, puis il écrivit et il signa un mandat de vingt mille francs, que le garde-chasse serra dans son portefeuille.

— Je ne vous remercie pas, monsieur le comte, — dit-il ensuite, — car j'aurais mieux aimé rester pauvre dans ce pays que d'emporter votre argent ailleurs, mais enfin, puisqu'il le faut pour assurer votre repos, je pars...— Dans une heure, j'aurai quitté le château et vous ne me reverrez plus...

Puis un adieu s'échangea entre le maître et le valet, — adieu affectueux de la part de l'un, — glacial et sombre de la part de l'autre.

A peine Caillouët avait-il quitté la chambre de M. de Vezay et refermé la porte derrière lui qu'il murmura entre ses dents, d'un ton dont nous ne saurions indiquer suffisamment la haineuse amertume :

— Je pars!... mais tout n'est pas fini entre nous, monsieur le comte!... —

nous nous reverrons !... quand?... je ne sais, — mais trop tôt pour vous...

Une heure après ce moment, Caillouët s'éloignait en effet du château et du pays, — mais il s'éloignait seul, — abandonnant sa jeune femme.

Dans la matinée de ce même jour, deux nouvelles foudroyantes, aussi imprévues l'une que l'autre, prirent leur vol et se répandirent à travers la contrée avec une rapidité en quelque sorte électrique.

La première de ces nouvelles était celle de la fin déplorable et prématurée de la jeune et belle comtesse de Vezay, morte en mettant au monde une petite fille née avant terme.

La seconde — bien autrement étrange, bien autrement inexplicable — propageait le bruit de la mort tragique du vicomte Armand de Villedieu, englouti dans les flots de la Loire avec son domestique de confiance.

Trois cadavres avaient été rejetés sur la berge par les eaux du fleuve : celui du valet et ceux des chevaux.

Quant au corps de M. de Villedieu, il était resté introuvable.

Cette catastrophe préoccupait beaucoup l'opinion publique, en raison surtout du mystère impénétrable dont elle s'enveloppait.

En effet, la veille au soir, le vicomte avait quitté son fils et le précepteur de ce dernier en annonçant qu'il rentrait dans son appartement et en ne disant pas un seul mot qui pût faire supposer un projet d'excursion nocturne.

Les valets d'écurie, en outre, n'avaient point été prévenus qu'ils devraient seller deux chevaux, et c'est le lendemain matin seulement qu'ils s'aperçurent que deux des stalles étaient vides.

Pourquoi cette sortie mystérieuse pendant une nuit d'épouvantable ouragan?

D'où venait M. de Villedieu, au moment où la mort avait barré sa route pour lui crier d'une voix inflexible :

— Tu n'iras pas plus loin !...

Beaucoup de gens se posèrent ces questions.

Mais personne ne put les résoudre.

Les obsèques de la comtesse Marguerite de Vezay furent célébrées le surlendemain avec une grande solennité, et au milieu d'une innombrable foule de parents et d'amis, accourus de toutes les parties de la province.

Il n'y avait point là, du reste, de cœurs indifférents.

Pour accomplir *un des derniers vœux exprimés par la mourante à son mari*

La comtesse s'était approchée de l'une des fenêtres, dirigeant ses regards où le vicomte avait disparu (Page 75).

la comtesse, au lieu d'être ensevelie dans les caveaux funéraires du château, fut inhumée dans le cimetière du village, parsemé d'humbles pierres tumulaires et de petites croix de bois noir.

Les yeux de tous les assistants se mouillèrent quand on entendit les premières pelletées de terre retomber sur ce cercueil où dormait pour jamais cette belle jeune femme, si remplie, quelques jours auparavant, de vie et d'avenir, — de grâce, et — ajoutait-on — de vertu.

Les gens qui se piquaient de philosophie formulèrent à ce propos plusieurs aphorismes très-sensés et très-concluants, au sujet de l'instabilité des choses humaines. — Ceux-là semblaient les moins affligés de tous. — La conscience de leur philosophie les consolait.

La douleur de M. de Vezay était muette et concentrée.

Une nourrice, appelée au château, donnait son lait à la pauvre petite orpheline.

X

DOUBLE EXPLICATION

Au point de notre récit où nous sommes parvenus, nous devons à nos lecteurs une double explication.

Nous avons à dire comment il avait pu se faire que madame de Vezay fût arrivée dans les caveaux funèbres, juste au moment propice pour voir, étendu dans une tombe ouverte, le cadavre d'Armand de Villedieu, qu'un marbre lourd allait, sans doute, une seconde plus tard, recouvrir pour l'éternité.

Nous avons, en outre, à dévoiler les motifs de cette profonde haine que le garde-chasse Caillouët avait vouée dans son cœur à M. de Vezay, à la place de ces sentiments d'affection et de dévouement auxquels croyait si fermement le comte.

Nous allons — aussi brièvement que possible — nous acquitter de cette double tâche.

Pendant toute la durée de son dernier rendez-vous avec M. de Villedieu, Marguerite de Vezay s'était sentie assaillie par ces inquiétudes sans cause immédiate, mais poignantes et douloureuses, qui sont la couronne d'épines de l'adultère.

Dans les grandes voix de la tempête, la malheureuse femme croyait entendre retentir la menace de Dieu irrité.

Lorsque son amant la quitta pour retourner au château de Villedieu, — lorsqu'il partit sous les feux croisés des éclairs, sous les coups redoublés de la foudre, — un pressentiment de plus en plus sinistre s'empara de l'esprit de la comtesse.

De minute en minute, de seconde en seconde, ce pressentiment grandit.

Marguerite en arriva à se persuader qu'il était impossible qu'un malheur n'arrivât point à M. de Villedieu.

Seulement, quel serait ce malheur?

La comtesse ne le savait pas.

La pauvre femme ne songeait guère à regagner son lit. — Enveloppée dans un long peignoir blanc, elle s'était approchée de l'une des fenêtres et elle appuyait contre la vitre son front brûlant, dirigeant avec obstination ses regards vers cette portion des ténèbres dans lesquelles le vicomte avait disparu.

Un temps assez long se passa ainsi.

Soudain Marguerite poussa un faible cri, et pour ne pas tomber fut obligée de se soutenir des deux mains à l'espagnolette de la croisée.

La lueur douteuse d'un éclair venait de lui laisser entrevoir deux hommes, portant sur un brancard un fardeau de forme étrange.

Dans l'un de ces hommes il lui avait semblé reconnaître son mari.

Mais la vision avait été trop fugitive pour que ce doute pût se changer en certitude.

L'âme humaine — il est impossible de le nier — possède, en dehors même des phénomènes controversés du magnétisme, une sorte de mystérieuse seconde vue dont une puissante surexcitation morale rend parfois la lucidité prodigieuse.

Cette lucidité suppléa, pour madame de Vezay, à ce qu'il lui avait été impossible de voir avec les yeux du corps.

Elle eut la conscience — disons mieux, la certitude — que ce fardeau porté sur un brancard était le cadavre de M. de Villedieu.

Cette révélation foudroyante, au lieu de provoquer chez la comtesse une crise nerveuse, manifestée par une explosion de larmes et de cris, détermina au contraire une sorte d'état somnambulesque.

Marguerite — sans avoir la conscience de ce qu'elle faisait — quitta sa chambre, — s'engagea dans les corridors noirs et dans les escaliers sombres, — arriva au jardin et se mit à tourner autour du château.

Elle allait au hasard.

Son pas était lent, régulier, — *automatique*, — si nous pouvons nous servir de cette expression.

Un engourdissement inexplicable dominait son âme et son corps.

Elle ne savait pas où elle était, — elle ne savait pas ce qu'elle cherchait.

Si quelqu'un s'était trouvé en ce moment devant elle, elle ne l'aurait pas vu.

Si quelqu'un lui avait adressé la parole, elle ne l'aurait pas entendu.

Elle arriva ainsi jusqu'en face de l'entrée des caveaux funéraires.

Les portes du couloir souterrain avaient été laissées ouvertes par Caillouët et par M. de Vezay.

Marguerite, obéissant passivement à cet instinct qui s'ignorait lui-même, s'engagea dans le couloir.

A mesure qu'elle avançait, une faible lueur arrivait jusqu'à elle, mais ne frappait point ses regards.

Bientôt elle apparut à M. de Vezay et à Caillouët comme une vision de l'autre monde.

Enfin elle atteignit le cercle lumineux.

Elle marcha droit à la tombe ouverte, et, reconnaissant le corps ensanglanté du vicomte, elle ne recouvra pendant un instant l'usage de ses sens que pour les reperdre aussitôt.

Nous savons le reste.

* * *

Quelques mois avant le jour auquel nous avons fixé le commencement de ce récit, il y avait au château de Vezay une réunion nombreuse et joyeuse.

La comtesse Marguerite venait de partir pour aller passer un mois dans sa famille en Berry, et le comte, momentanément garçon, réunissait une vingtaine de ses amis dans un déjeuner qui précédait une grande chasse, à laquelle devait succéder un dîner plantureux.

Le déjeuner fut long.

Chevaux et chiens hennissaient et donnaient de la voix sur l'esplanade voisine du château, tandis que les convives attardés sablaient encore le vin d'Anjou.

Enfin les arrière-petits-fils un peu dégénérés de Nemrod se décidèrent, presque à regret, à quitter les flacons et à se mettre en selle.

Il s'agissait de forcer un cerf.

La chasse fut magnifique.

L'animal, après six heures d'une course pareille à celle du cheval fantastique de la ballade de Bürger, revint sur lui-même dans sa fuite et, épuisé de fatigue, se mit à l'eau dans un petit étang situé à un quart de lieue de la grille du parc.

Après une dernière tentative de résistance, héroïque mais inutile, le pauvre cerf, couvert par les chiens, fut achevé d'un coup de carabine que lui tira M. de Vezay.

Les trompes, qui venaient de sonner l'*hallali*, sonnèrent la *mort*, puis, immédiatement après, la *curée*.

Bûcherons et charbonniers accouraient des quatre coins de la forêt, pour assister à ce beau et émouvant spectacle.

Ces curieux étaient au nombre de vingt-cinq ou trente.

Parmi eux se trouvaient quelques femmes.

La curée touchait à sa fin, quand M. de Vezay sentit une main s'appuyer sur son épaule.

Cette main appartenait à un gentilhomme d'une soixantaine d'années, — vieux garçon fort riche, qui se nommait le chevalier de Lucy, et auquel l'excessive légèreté de ses mœurs avait valu une fâcheuse célébrité dans tout le pays.

Les pères et les maris mettaient sous clef leurs femmes et leurs filles du plus loin qu'ils reconnaissaient le chevalier, son habit de chasse à boutons ciselés, son fouet à manche de corne et sa grande jument pie, anglo-normande.

Ces précautions sages n'avaient point empêché M. de Lucy de semer à droite et à gauche, à en croire la rumeur publique, presque autant de bâtards que Louis le Bien-Aimé, quinzième du nom, de royale et amoureuse mémoire, — ou que le bon roi d'Yvetot, cette autre majesté non moins célèbre :

> Aux filles de bonne maison,
> Comme il avait su plaire,
> Ses sujets avaient cent raisons
> De le nommer leur père.

. . . .

Le chevalier était grand et maigre.

Son nez busqué, — son front proéminent, — ses yeux vifs, d'un gris très-clair, et ses lèvres sensuelles, lui donnaient une notable ressemblance avec les satyres, tels que les représentent les sculpteurs et les peintres.

Nous savons qu'au moral sa similitude avec ces demi-dieux égrillards était plus frappante encore.

M. de Lucy — nous l'avons dit — toucha l'épaule de M. de Vezay.

— Que me voulez-vous, chevalier? — lui demanda ce dernier.

— Je veux vous montrer quelque chose.

— Quoi donc?

— La plus jolie fille de France et de Navarre, mon cher comte.

M. de Vezay se mit à rire.

— Toujours le même! — s'écria-t-il.

— Pardieu!...

— Vous ne pensez qu'aux jolies filles...

— Et aux jolies femmes, mon bon. — Hors de là, point de salut!...

— Hérétique!... — dit le comte en riant toujours.

— Cupidon est mon Dieu, à moi, et jamais il n'a rencontré de plus fervent adorateur...

— C'est juste, car vous ne négligez aucune occasion de brûler un grain d'encens sur ses autels... Enfin, vous prétendez que vous venez de découvrir une merveille?...

— Un morceau de roi, mon cher comte!...

— Dans cette forêt?

— A deux pas d'ici...

— Quelque nymphe bocagère, alors?..

— Une nymphe bocagère en caraco d'indienne, en sabots et en bonnet rond...

— Une paysanne?...

— Paysanne ou princesse, peu importe, mais c'est Vénus!... oui, Vénus en personne!...

Rien n'était plus réjouissant que l'enthousiasme mythologique du vieux libertin.

Ses yeux étincelaient.

Son nez proéminent avait des oscillations de concupiscence.

Il promenait avec sensualité le bout de sa langue sur ses lèvres, comme un gourmet flairant des truffes.

M. de Vezay souriait en regardant tout le manége du Faublas hors d'âge.

— Eh bien! mon cher chevalier, — dit-il enfin, — montrez-moi Vénus, puisque Vénus il y a... je ne suis pas fâché d'apprendre que j'ai des déesses sur mes domaines!...

M. de Lucy prit le comte par le bras, en lui disant :

— Venez.

Il le conduisit à une dizaine de pas du groupe des chasseurs, et lui désignant avec le manche de son fouet une jeune paysanne qui, un peu isolée des bûcherons et des charbonniers, s'appuyait contre le tronc d'un bouleau sur le bord de l'étang, il ajouta :

— Regardez, et dites-moi ce que vous en pensez...

— Ah! diable!... — s'écria involontairement M. de Vezay.

Le chevalier sourit d'un air de triomphe, et murmura entre ses dents :

— On s'y connaît, mon cher!... — l'habitude!... la grande habitude!... — sans compter qu'on a le goût sûr!... — On s'y connaît, mordieu!...

Cependant M. de Vezay ne pouvait détacher ses regards de cette paysanne sur laquelle le chevalier avait attiré son attention.

XI

SUZANNE

Nous ne saurions le nier...

Ainsi que nous venons de le lui entendre dire à lui-même, le vieux chevalier de Lucy était un gentilhomme d'un goût sûr et d'une grande habileté de dénicheur à l'endroit des jolies filles.

Seulement ses anacréontiques et mythologiques comparaisons péchaient par le défaut de justesse.

La jeune paysanne qu'il venait de signaler à l'admiration du comte de Vezay était d'une ravissante beauté, mais n'offrait pas le plus léger point de ressemblance avec la très-légère moitié du boiteux Vulcain.

Quand Vénus Aphrodite sortit nue de l'écume des mers, sa longue chevelure, d'où ruisselaient en même temps les gouttes d'eau salée et les perles, emprunta sa couleur dorée aux rayons du soleil levant.

Vénus fut blonde.

Trouvez donc un peintre quelconque — rapin ou maître — dont l'audace soit allée jamais jusqu'à glacer de noir d'ivoire, de bitume ou de terre de Sienne brûlée les bandeaux crespelés de la déesse de Cythère!...

L'Institut tout entier reculerait d'horreur!...

Delacroix lui-même — malgré ses hardiesses fougueuses — aurait hésité, nous l'affirmons, devant une tentative de ce genre.

Or la paysanne qui nous occupe était brune, — brune comme la nuit tombante, — brune comme une fille d'Arabie, — brune comme l'Andalouse de Musset.

Ses cheveux étaient noirs.

Ses sourcils, noirs;

Ses yeux, noirs;

Son teint, doré.

Sa taille, fine et souple, se cambrait avec une merveilleuse désinvolture sous la grossière étoffe de son caraco.

Son petit bonnet de grosse toile ne pouvait contenir qu'à peine la splendide opulence de ses cheveux doux et brillants, à reflets bleuâtres.

Sa main, hâlée par le soleil, offrait une forme charmante.

Ses petits sabots — recouverts à moitié par un carré de peau d'agneau — étaient trop grands pour ses petits pieds.

Bref, c'était une délicieuse fille; — une merveilleuse créature...

Mais une *Vénus*, non!... dix fois non!...

M. de Lucy sembla se complaire pendant quelques secondes à observer l'admiration qu'il avait provoquée chez le comte de Vezay.

Puis, touchant du coude le coude de son interlocuteur, et clignant de l'œil, il dit :

— Eh bien?...

— Très-belle!... — répondit M. de Vezay, — oh! très-belle!...

— N'est-ce pas?... — Mais, mon cher, vous devez la connaître...

— C'est la première fois que je la vois.

— Vrai?

Il désigna avec le manche de son fouet une jeune paysanne appuyée sur le tronc d'un arbre. (Page 79.)

— Je vous l'affirme.
— C'est étonnant!...
— Pourquoi?
— Parce que, ainsi que vous le disiez tout à l'heure, nous sommes ici sur vos domaines, et que cette champêtre divinité doit être la fille de quelqu'un de vos fermiers, bûcherons ou charbonniers...

— C'est possible, — c'est même probable, — mais je n'ai point la prétention de connaître individuellement tout ce monde qui peuple mes terres et mes forêts...

— Grand tort, mon cher!... — en voilà la preuve!... — que diable!... quand on possède un trésor, il faut le savoir... — ah! vertugadin!... — comme disait mon bisaïeul!... — ah! vertugadin!... si la jouvencelle était de mes vassales!...

— Vous ressusciteriez, en 1820, le plus gaillard des droits du seigneur?... — demanda M. de Vezay en riant.

— Ma foi! oui, — et, parole d'honneur, je rendrais à cette jolie *vilaine* son servage bien doux!... — mais, ici, mon cher comte, nous sommes chez vous, et je ne me permettrais point de chasser sur vos terres...

M. de Vezay regardait toujours la jeune fille qui, fort occupée de la curée, ne s'apercevait point de l'examen attentif dont elle était l'objet.

— Il faut, — murmura le comte tout d'un coup, — il faut que je sache le nom de cette belle créature...

Et d'une voix retentissante, il appela :

— Eh! La Ramée!... ici...

Un piqueur à la livrée du comte se détacha du groupe des veneurs et s'empressa d'accourir auprès de son maître.

La paysanne, en entendant la voix de M. de Vezay, avait tressailli, était devenue toute rose, mais n'avait point quitté la place qu'elle occupait contre le tronc du bouleau.

— La Ramée, — dit M. de Vezay au piqueur en lui désignant la paysanne, — connais-tu cette jeune fille?...

Le piqueur jeta les yeux dans la direction indiquée par le geste de son maître.

Un sourire méchant vint à ses lèvres, — sourire aussitôt réprimé.

— Si je la connais, monsieur le comte? — répondit-il, — mais, oui, — je la connais parfaitement.

— Comment s'appelle-t-elle?

— Suzanne, monsieur le comte.

— Son nom de famille?

— Guillot. — Suzanne Guillot.

— Son père n'est-il pas un de mes bûcherons?

— Il l'était, monsieur le comte.

— Comment, il l'était ? — Ne l'est-il plus ?

— Le pauvre diable est mort il y a deux ans.

— Où cette jeune fille habite-t-elle maintenant ?

— A deux cents pas d'ici, monsieur le comte ; — voilà le toit de sa chaumière, là-bas, à droite, sous les arbres.

— Avec qui demeure-t-elle ?

— Toute seule.

— Toute seule ! — répéta M. de Vezay.

— Mon Dieu oui ! monsieur le comte — sa mère avait été enterrée avant son père — il ne lui reste ni frère, ni sœur, pas de parents....

— Mais, de quoi vit-elle ? elle n'a rien...

— Elle a ses deux bras, monsieur le comte. Elle travaille pour les bûcherons et les charbonniers...

— Pauvre fille !... — murmura M. de Vezay tout bas.

Puis, tout haut, il demanda :

— Est-elle sage :

Le piqueur eut aux lèvres un nouveau sourire ironique.

— Sage ? monsieur le comte, — répondit-il ensuite — on le dit... — mais, dam ! une belle fille comme ça, c'est chanceux...

M. de Vezay n'en voulait pas savoir davantage.

Il congédia La Ramée.

Le piqueur s'éloigna d'un air sournois et méchamment satisfait.

D'où venait ce contentement de mauvais augure ?

Nous ne tarderons pas à le savoir.

Le vieux chevalier de Lucy avait écouté la conversation précédente en se dandinant sur ses maigres jambes de héron, et en jouant avec le manche de corne de son fouet de chasse.

— Mon bon, — dit-il à M. de Vezay avec un ricanement de faune — je sais bien à quoi vous pensez...

— Vous savez à quoi je pense ? — demanda le comte...

— Oui pardieu !

— Eh bien ! dites-le...

Le chevalier, pour toute réponse, se mit à fredonner l'air si connu du *droit du seigneur*.

M. de Vezay haussa les épaules.

— Mon cher chevalier, — fit-il ensuite, — vous devriez bien, vous qui savez tout, vous souvenir que je suis marié et que j'aime ma femme...

— Eh! pardieu! qu'est-ce que ça fait? — riposta le vieux libertin. — Ce serait un triste coq, que celui qui se contenterait d'une poule!....

L'entretien en resta là.

Suzanne Guillot venait de disparaître derrière les arbres, pour regagner sa chaumière.

La chasse était finie.

Les hôtes de M. de Vezay et le comte lui-même remontèrent à cheval, et se dirigèrent du côté du château.

Au moment où nous rejoignons nos personnages, il était dix heures du soir.

La salle à manger étincelait de lumières.

Le dîner touchait à sa fin — les vins généreux, un peu trop libéralement prodigués, avaient incendié les têtes les plus sages et jeté hors des gonds les plus fermes esprits.

M. de Vezay venait de congédier les domestiques, afin que leur absence laissât à la conversation toute la liberté et même toute la licence désirables.

Or ces bons gentilshommes, mis en gaieté par les vins d'Espagne, s'en donnaient à cœur joie.

Aux récits de chasse, — indispensable complément de tout repas de chasseurs, — avaient succédé les contes grivois, les anecdotes graveleuses, les gaillardes aventures.

Pas un de ces honorables Tourangeaux qui ne fût, à l'en croire, un descendant de Lovelace, — un arrière-cousin de Faublas, — un héritier en ligne directe de don Juan.

Il y avait là d'excellents maris, — de respectables pères de famille, revenus depuis longtemps des vertes folies de la jeunesse, accompagnant les dimanches et fêtes leurs femmes et leurs filles à la grand'messe de l'église de leur village et faisant, par leur tenue pieuse, l'édification des paysans et des fermiers de leurs domaines.

Eh bien! c'étaient ceux-là, — gens de mœurs patriarcales, s'il en fut, —

qui, le Xérès, le Rota et le Pacarette aidant, débitaient avec le plus de verve les gaudrioles les plus dégazées.

Au milieu de cette orgie de paroles, le chevalier de Lucy se trouvait dans son élément.

Sa réputation bien acquise d'immoralité, et le nombre fabuleux de ses bâtards, lui donnaient tous les droits du monde à la moins contestable suprématie.

On l'écoutait avec respect.

On applaudissait ses moindres paroles.

Il trônait!...

Seul, au milieu de tous ses convives, M. de Vezay ne prenait nulle part à ce déchaînement licencieux.

Non point que sa sobriété eût été plus grande que celle de ses compagnons de table.

Non point qu'il affichât une pruderie ridicule en pareille occurence.

Mais sa pensée était ailleurs.

Où donc?

Eh! mon Dieu, pourquoi ne le dirions-nous point?

« *Que celui qui est sans péché lui jette la première pierre!...* »

Sa pensée errait dans la forêt, — sous les bouleaux, — sur les rives verdoyantes du petit étang.

Sa pensée y cherchait, — à travers une éclaircie du feuillage, — le toit de la chaumière où Suzanne Guillot vivait seule...

D'où venait cette préoccupation?

Le comte aimait la comtesse Marguerite, — sa femme; — il l'aimait exclusivement et par dessus tout.

Mais cette brune jeune fille aux yeux noirs, entrevue un instant, avait agité ses sens, — avait éveillé en lui l'essaim turbulents des désirs charnels.

Au milieu de l'infernal tapage que produisaient autour de lui les cliquetis des verres heurtés, l'éclat des voix stridentes et le bruit des chansons, le comte était poursuivi par l'image de Suzanne Guillot.

Un diabolique et incessant mirage la lui montrait, non plus sous ces ajustements grossiers qui s'efforçaient, mais en vain, de dissimuler sa beauté puissante, — non plus sous le bonnet rond de grosse toile, — sous le caraco d'indienne, — sous la jupe de futaine élimée, — mais sous le costume négatif de cette déesse amoureuse à laquelle, en son langage si fleuri, le chevalier de Lucy l'avait comparée.

> Pour Appelle ou pour Cléomène
> Elle semblait, marbre de chair,
> En Vénus Anadyomène
> Poser nue, au bord de la mer.
>
> Oh ! quelles ravissantes choses
> Dans sa divine nudité,
> Avec les strophes de ses poses,
> Chantait cet hymne de beauté !
>
> Comme les flots baisant le sable
> Sous la lune aux tremblants rayons,
> Sa grâce était intarissable
> En molles ondulations [1].

. . . .

. . . .

Certes, la vision était séduisante, mais, — personne ne l'ignore, — il est un moment où le plaisir lui-même, trop prolongé, devient douloureux.

Ce moment arriva pour M. de Vezay.

Il voulut se soustraire au joug de la voluptueuse obsession qui l'énervait.

Ce fut en vain.

Son imagination, violemment surexcitée, ne pouvait éloigner l'image enivrante de la brune paysanne, métamorphosée en la plus lascive de toutes les bacchantes.

Trois fois de suite M. de Vezay remplit son verre, et trois fois de suite il le vida d'un trait.

Il espérait, par l'ivresse du vin, chasser l'ivresse des désirs.

Il ne réussit qu'à ajouter quelques degrés de torride chaleur au feu liquide qui coulait déjà dans ses veines.

Il changea le brasier en fournaise.

Le comte s'efforça de prêter l'oreille à ce qui se disait autour de lui.

Dans la situation morale où il se trouvait, une distraction, quelle qu'elle fût, devenait d'un prix inestimable.

Le chevalier de Lucy s'était emparé de la parole et narrait, — fort agréablement ma foi, — une anecdote de sa jeunesse.

---

1. Théophile Gautier : *Le Poëme de la femme.*

Nous ne pouvons qu'indiquer ici, en quelques mots, le sujet de cette anecdote.

Quand aux détails, ils eussent été à leur place dans les *Mémoires de Jacques Casanova de Seingalt*, l'aventurier cynique et célèbre, mais notre chasteté de conteur nous fait un devoir de nous abstenir.

Chose bizarre! — Cette aventure, — l'un des nombreux souvenirs du passé galant de M. de Lucy, — offrait une singulière analogie avec la position actuelle de M. de Vezay, et renfermait un enseignement funeste dont le comte ne devait, hélas! que trop bien profiter!

XII

LA CHAUMIÈRE DE SUZANNE

M. de Lucy racontait comment, revenant un soir d'une excursion dans les environs de Tours, il s'était arrêté, pour y passer la nuit, à l'auberge du *Cheval blanc*, dans le petit village de Bernay.

Après un médiocre souper, il se promenait au clair de la lune dans les rues étroites du hameau, — prenant le frais, ou plutôt cherchant fortune, — *quærens leo quem devoret!* — comme dit le psalmiste.

Il aperçut, assise sur un banc de bois, à la porte d'une maisonnette dont un beau pied de vigne ornait la modeste façade, une jeune fille qui lui sembla la plus charmante personne du monde.

La rencontre de cette jeune fille pouvait devenir le prologue d'une aventure, — aventure difficile à conduire à bonne fin en quelques heures, mais, par cela même, plus piquante.

Or, M. de Lucy savait à merveille deux proverbes, — l'un français et l'autre latin, — fort encourageants tous les deux :

« — Qui ne risque rien, n'a rien! » — disait l'un.

« — *Audaces fortuna juvat!* » — criait l'autre.

M. de Lucy résolut de risquer beaucoup, afin d'obtenir quelque peu, — et de violenter par son audace les faveurs de dame Fortune, — étrange femelle qui n'aime rien au monde autant que d'être prise de force.

Il commença par se renseigner auprès d'un jeune paysan qui passait, et dont il acheta les confidences au prix d'un petit écu.

Il apprit que la jeune fille se nommait Simone.

Qu'elle avait vingt ans.

Qu'on ne lui connaissait pas d'amoureux favorisé.

Qu'elle demeurait avec sa grand'mère, — une vieille femme aux trois quarts aveugle et tout à fait sourde.

Que sa maison était la chaumière devant la porte de laquelle elle était assise.

Enfin, que sa chambre se trouvait au premier étage, et que cette chambre prenait jour sur la rue par l'unique fenêtre à moitié cachée sous les larges feuilles de la vigne.

Quant à la grand'mère, une paralysie de la jambe gauche la contraignait à loger au rez-de-chaussée et à n'en point sortir.

Ces renseignements suffirent à M. de Lucy pour édifier son plan d'attaque.

Il attendit que la nuit fût sombre, — que les rues fussent désertes, — que le *dieu Morphée* eût secoué ses pavots sur tous les habitants du village.

Puis alors grâce aux ceps de vigne qui lui fournissaient complaisamment les échelons d'une échelle improvisée, il grimpa le long du pignon de la maisonnette et il arriva ainsi à la hauteur de la croisée.

Tout le favorisait dans sa nocturne entreprise.

On était en plein été, la nuit était brûlante.

L'imprudente Simone avait, en se couchant, laissé sa fenêtre entr'ouverte.

Le chevalier poussa cette fenêtre, — sauta sans bruit dans la chambre et courut droit au lit, dont son instinct de séducteur émérite lui fit deviner la situation.

Réveillée en sursaut par des caresses inattendues, Simone commença par avoir peur.

Elle cria un peu, — pleura beaucoup, — supplia fort

Puis les cris, les pleurs et les prières cessèrent comme par enchantement.

Simone, complétement vaincue, prenait son parti de sa défaite avec une philosophie surprenante.

Ici, M. de Lucy jugea convenable d'entrer dans les plus intimes détails au sujet de sa bonne fortune de cette nuit du temps passé, — bonne fortune qui

Suzanne se débattit avec une énergie terrible. (Page 94.)

lui avait paru tellement séduisante, qu'au lieu de se remettre en route le lendemain il passa huit jours au village.

. . . .

Cette narration, pâle et insignifiante sous notre plume, mais rehaussée par le coloris aphrodisiaque du vieux drôle, obtint, grâce à l'ébriosité des convives, un succès colossal.

On applaudit à outrance.

On porta à dix reprises la santé du chevalier.

Il fut question de le couronner de roses, — comme jadis Anacréon.

Quant à M. de Vezay, les brûlantes peintures qui venaient d'être mises sous ses yeux avaient agi ainsi qu'une application de cantharides sur son imagination déjà enflammée.

Il appelait de tous ses vœux le départ de ses convives, afin de mettre à exécution sans retard un projet qui venait de se formuler dans son esprit.

Enfin ses vœux furent exaucés.

Les chasseurs partirent les uns après les autres, — qui en voiture, — qui à cheval.

M. de Vezay se retrouva seul.

Il pouvait être en ce moment minuit et quelques minutes.

Quel était ce projet dont nous venons de parler en passant

Mon Dieu, c'était tout bonnement la volonté bien arrêtée de suivre l'exemple du conteur trop gaillard, et, — de même que le chevalier était devenu par surprise l'amant de Simone, — de devenir, de gré ou de force, le possesseur de la belle Suzanne Guillot.

Aussitôt que le comte eut entendu le bruit des roues de la dernière voiture se perdre dans l'éloignement, il quitta le perron du château, et, livrant au souffle rafraîchi de la brise nocturne sa tête nue et brûlante, il s'enfonça dans les profondeurs du parc, en ayant soin de suivre l'allée qui le conduisait directement à la porte la plus voisine de l'étang près duquel avait eu lieu la curée du cerf.

Il atteignit cette porte.

Il l'ouvrit avec un passe-partout qu'il portait toujours sur lui, et il s'engagea dans la forêt.

Un quart de lieue, tout au plus, le séparait des bords de l'étang.

Cette courte distance fut bien vite franchie.

M. de Vezay aperçut le pâle reflet des étoiles dans l'eau sombre, dont un vent léger moirait la surface.

Il reconnut le bouleau contre lequel s'était appuyée la jeune fille.

Il s'orienta dans l'obscurité, et il ne tarda point à se trouver à côté de cette humble chaumière dont le piqueur la Ramée lui avait montré le toit à travers une éclaircie du feuillage.

Le comte fit le tour de cette maisonnette.

C'était une hutte de bûcherons, dans la plus étroite et dans la plus misérable acception du mot.

Bâtie avec des troncs d'arbres ajustés les uns sur les autres, maintenus avec des lattes clouées en travers et recouverts de terre glaise et de gazon, cette pauvre demeure n'avait qu'un rez-de-chaussée composé de deux pièces qui n'étaient ni planchéiées ni même dallées.

Dans l'intérieur on marchait sur la terre nue.

Sous les rayons du soleil, la toiture de chaume semblait un véritable jardin, tant elle était envahie par une multitude de plantes parasites.

Il n'y avait que trois ouvertures.

La porte et deux fenêtres, — une fenêtre pour chaque chambre.

Un barreau de fer, en forme de croix, divisait en quatre compartiments ces étroites lucarnes, qui ne tamisaient qu'un jour douteux et incertain à travers leurs petits carreaux verdâtres, enchâssés dans du plomb.

La porte, en bon bois de chêne, s'ouvrait depuis le dehors au moyen d'un loquet, et pouvait se verrouiller solidement en dedans.

On voit que, pour si misérable que fût cette demeure, elle ne pouvait cependant être emportée d'assaut à moins d'escalade, d'effraction et de violence.

C'est ce dont M. de Vezay se convainquit facilement, après avoir examiné avec attention les trois ouvertures.

La ressource de briser un carreau pour introduire son bras et ouvrir ensuite la fenêtre n'existait même pas, car la barre de fer en forme de croix était scellée du haut et du bas dans les troncs d'arbres.

Cependant M. de Vezay voulait entrer...

Mais comment faire?

Il souleva le loquet de la porte et il éprouva une insurmontable résistance...

Le verrou était poussé en dedans.

Il fallait rester dehors, — à moins que la porte ne fût ouverte par Suzanne elle-même.

Or Suzanne ouvrirait-elle?

Ceci était au moins incertain.

Tout autre sans doute aurait renoncé, en face de ces obstacles, à consommer un acte de coupable démence...

Mais une double et brûlante ivresse — d'autant plus terrible chez M. de Vezay qu'elle était plus rare — le poussait fatalement à poursuivre son œuvre maudite.

Il se souvint du proverbe mis en avant par M. de Lucy :

« *Qui ne risque rien n'a rien!...* »

Il résolut de jouer audacieusement le tout pour le tout, — et, le cœur palpitant, — la tête remplie de bruissements bizarres, — il heurta à la porte.

Ce premier coup fut frappé si faiblement qu'il ne résonna qu'à peine dans le silence de la nuit.

Suzanne ne l'entendit pas.

Le comte attendit pendant une demi-minute à peu près, puis, voyant que rien ne lui répondait, il frappa un second coup.

Celui-ci, plus énergique, éveilla un écho dans la chaumière et un autre dans la forêt.

Un faible bruit, un mouvement léger se firent dans l'intérieur de la maison.

Puis un pas léger s'approcha de la porte.

Le souffle contenu d'une respiration agitée arriva jusqu'à M. de Vezay, à travers les planches grossièrement mais solidement assemblées.

Enfin une voix, que la frayeur rendait à peu près indistincte, demanda :

— Qui est là?...

— Ouvrez... — murmura le comte.

— Ouvrir!... à cette heure de la nuit!... — par exemple!... — Allons, passez votre chemin et laissez-moi dormir...

— Ouvrez, je vous en supplie, mademoiselle Suzanne... — répéta M. de Vezay.

— Ah çà! mais, encore une fois, vous qui tenez tant à entrer, qui êtes-vous?...

Avant de répondre, le nocturne rôdeur hésita.

Mais il comprit bien vite que, s'il avait une chance de voir la porte s'ouvrir devant lui, cette chance était dans l'aveu de son véritable nom.

Il répondit donc :

— Vous me demandez qui je suis, mademoiselle Suzanne... — Je suis le comte de Vezay...

— Ah! mon Dieu! — s'écria la jeune fille. — Est-ce que c'est bien vrai, cela?...

— Je vous en donne ma parole d'honneur!

Il y eut un instant de silence.

Sans doute Suzanne délibérait avec elle-même.

Cette délibération fut courte.

Voici quel en fut le résultat.

— Notre monsieur, — répondit la paysanne, — cette mauvaise baraque où nous voici est à vous, puisque pauvre défunt mon père, qui était à vos gages, l'avait bâtie sur votre terrain... et avec votre bois... — Je vous dois obéissance, notre monsieur, et j'aimerais mieux mendier mon pain que de vous manquer de respect; — mais, voyez-vous, me demander d'ouvrir ma porte, à pareille heure et quand je suis toute seule, c'est plus qu'on ne peut en exiger d'une honnête fille... — N'ayez donc pas de colère ni de rancune contre moi, notre monsieur, si je ne vous obéis pas... j'en ai le cœur chagrin... mais ce n'est point possible...

Ce langage, si digne et si noble, ne fit pas renoncer le comte à son projet infâme.

Le bandeau étendu par la passion sur son jugement était trop épais et rien ne le pouvait déplacer.

La résistance imprévue de Suzanne Guillot n'eut d'autre résultat que d'inspirer à M. de Vezay un stratagème honteux et déshonorant.

Le gentilhomme ne rougit pas de mentir à la pauvre fille pour l'attirer dans un piége.

— Ainsi donc, — murmura-t-il, — ainsi, mademoiselle Suzanne, vous allez me laisser là, à votre porte, sans secours, jusqu'au matin?...

— Sans secours? — répéta la paysanne. — Et de quels secours avez-vous donc besoin, notre monsieur?...

— Je suis tombé de cheval à cent pas d'ici, tout à l'heure, — j'ai le pied foulé... brisé peut-être... je me suis traîné, non sans peine, jusqu'auprès de votre chaumière... mais je ne puis aller plus loin, et je souffre horriblement...

Le bon cœur et la naïveté de Suzanne ne lui permirent point de réfléchir à l'excessive invraisemblance du récit du comte.

— Ah! mon Dieu!... — s'écria la pauvre enfant. — Ah! mon Dieu! si j'avais su!...

Et, sans prendre même le temps de passer un jupon, — se croyant protégée d'ailleurs par l'obscurité pudique contre les regards indiscrets, — Suzanne tira le verrou et ouvrit la porte.

M. de Vezay, afin d'éviter de raviver trop tôt la défiance de la jeune fille, s'était accroupi près du seuil.

— Donnez-moi votre main, — dit-il, — pour m'aider à me soulever...

Suzanne lui tendit les deux mains.

Le comte, — feignant de ne pouvoir se servir que d'un seul de ses pieds, — entra, soutenu, ou plutôt soulevé par Suzanne.

Mais à peine avait-il dépassé le seuil de la demeure hospitalière que les rôles changèrent.

M. de Vezay rejeta la porte en arrière, — poussa rapidement le verrou, — saisit entre ses bras la jeune fille éperdue et la couvrit de baisers furieux.

Suzanne se débattit avec une énergie terrible.

Elle mordit le comte, — elle lui enfonça ses ongles dans les mains, — elle appela à son aide, — elle se tordit en sanglotant, — elle pria Dieu de la protéger.

Tout fut inutile. — Dieu resta sourd! — Le comte fut sans pitié!...

A la lutte, — aux cris, — aux supplications, — succédèrent la torpeur et l'anéantissement.

On entendit pendant un instant des plaintes entrecoupées.

Puis un gémissement sourd...

Puis, plus rien...

Tandis que M. de Vezay, après le départ de ses hôtes, s'éloignait du château et courait consommer son lâche attentat, — il ne se doutait guère qu'il était suivi et épié.

Cela était cependant ainsi.

A dater du moment où le comte avait franchi la dernière marche du perron et s'était dirigé vers le parc, un homme, qui semblait régler son pas sur le sien, s'était attaché à sa poursuite.

Quand le comte allait plus vite, — l'inconnu hâtait sa marche.

Quand le comte s'arrêtait, — l'inconnu s'arrêtait en même temps.

Tous les deux arrivèrent ensemble auprès de la maisonnette de Suzanne.

L'inconnu assista, toujours invisible, au court dialogue que nous avons rapporté et dont on connaît le dénouement.

Lorsque aux plaintes étouffées de la malheureuse fille succéda le silence, l'homme se frotta les mains.

Cet homme était le piqueur la Ramée.

XIII

LA SEULE ISSUE

Quelques heures après, M. de Vezay, de retour au château et revenu à la raison, éprouva autant de honte que de remords de la détestable action qu'il avait commise en un moment d'incompréhensible folie.

Mais à quoi sert le remords, quand il est impossible de réparer?...

A rien, — pas même quelquefois à préserver d'une nouvelle faute!...

Car le comte se souvint de la souveraine beauté de Suzanne, et ces souvenirs ardents ravivèrent la flamme de ses sens.

Il retourna à la chaumière.

Il trouva la jeune fille en proie au désespoir le plus profond.

Il s'efforça de la consoler.

Il n'y réussit que trop bien, et les entrevues nocturnes se succédèrent jusqu'à la veille du retour de madame de Vezay, c'est-à-dire pendant un mois et quelques jours.

M. de Vezay était coupable, mais non corrompu, et il n'avait même pas la pensée de continuer ses relations avec Suzanne presque sous les yeux de sa femme.

La résolution de rompre absolument avec sa passagère maîtresse était parfaitement arrêtée dans son esprit.

Il s'était juré à lui-même qu'entre elle et lui tout serait fini dès que la comtesse serait de retour, — et il eut le courage de se tenir parole.

Hâtons-nous d'ajouter que le comte — galant homme comme il l'était — s'était promis en même temps de trouver quelque moyen ingénieux d'assurer à la jeune fille une existence libre et indépendante, sans la compromettre par ses bienfaits.

Un jour, — une quinzaine environ après la dernière entrevue des deux amants, — le comte suivait seul et à cheval un des sentiers de la forêt.

Un petit paysan déguenillé sortit d'un taillis, en quelque sorte sous les pieds de la monture de M. de Vezay, et s'approcha de ce dernier, son bonnet de coton rayé à la main.

Le comte crut que l'enfant lui demandait l'aumône.

Il prit une pièce de dix sous et, sans ralentir sa marche, il la lui jeta.

L'enfant ramassa la pièce blanche, — la baisa, selon la coutume des petits paysans, avant de la glisser dans sa poche, — puis, reprenant sa course, il atteignit de nouveau M. de Vezay, — se maintint à la hauteur de son cheval et lui dit :

— Merci bien, notre monsieur! mais ce n'est pas ça que je voulais...

Le comte arrêta sa jument.

— Ce n'est pas cela que tu voulais, mon garçon? — demanda-t-il.

— Ah! dame! non, notre monsieur...

— Qu'est-ce que c'est donc?

— C'est quelque chose que j'ai à vous faire savoir...

— A moi?

— Dame! oui.

— Eh bien! parle.

— Alors, notre monsieur, si ça vous plaît, venez avec moi.

— Où?

— Vous verrez bien, notre monsieur... ça n'est pas loin...

— Je n'irai avec toi que si tu me dis dans quel endroit tu veux que je t'accompagne.

— Je ne peux pas vous dire ça, notre monsieur.

— Bah! et pourquoi?

— Dame! parce qu'elle m'a bien recommandé de ne rien expliquer et de vous amener tout simplement... — Elle m'a répété plus de dix fois : —*Nicaise, amène-le, mais sans lui dire où tu le mènes.*

M. de Vezay comprit, à l'instant même, qu'il s'agissait de Suzanne.

Il n'insista point et suivit l'enfant.

Au bout de cinq ou six minutes de marche il aperçut la jeune fille, tristement assise sur la mousse, au pied d'un grand chêne.

Elle tenait sur ses genoux quelques fleurs sauvages qu'elle effeuillait avec une distraction manifeste.

Il était aisé de voir que sa pensée était absente.

M. de Vezay s'avança vers Suzanne à qui il prit affectueusement la main. (Page 98.)

Depuis le jour où Suzanne nous est apparue pour la première fois, curieuse, à la curée du cerf, la pauvre fille était bien changée.

Les belles teintes d'un brun rosé de ses joues avaient disparu.

L'ovale de son visage s'était allongé.

Un cercle bleuâtre et marbré se dessinait sous ses paupières gonflées et rougies.

En entendant le bruit des pas du cheval sur le sentier, Suzanne se leva vivement.

Elle laissa tomber le reste des fleurs sauvages qu'elle tenait encore, et elle attendit, les yeux baissés, — émue, — tremblante, — le cœur palpitant.

Le petit garçon qui venait de servir de guide à M. de Vezay avait disparu dans le taillis aussitôt après avoir rempli sa mission. — Nous ne tarderons guère à le voir reparaître dans notre récit.

Le comte s'arrêta à quelques pas.

Il descendit de cheval, — il attacha la bride de sa monture à un tronc d'arbre, et il s'avança vers Suzanne à laquelle il prit affectueusement la main.

— Eh bien! ma pauvre enfant, — lui dit-il, — vous avez désiré me voir et me parler...

— Oui, monsieur le comte... — balbutia Suzanne. — Voici quatre jours que j'attends ici et que je fais courir le petit Nicaise à travers la forêt, — espérant toujours que le hasard le conduira sur votre passage... — Aujourd'hui je commençais à désespérer...

— Quatre jours que vous attendez, ma pauvre enfant! — s'écria M. de Vezay.

— Oui, monsieur le comte.

— Vous avez donc à me dire quelque chose de bien important

— De bien important et de bien triste... hélas! oui...

— Vous m'effrayez, Suzanne!... parlez vite!...

— Eh bien! je suis encore plus perdue que je ne le croyais...

— Que voulez-vous dire?

— Il arrive un malheur...

— Un malheur?...

— Oui, — le plus grand de tous!

— Lequel?

Suzanne laissa tomber sa tête pâlie sur son sein, et, après un instant d'hésitation, elle répondit :

— Je suis enceinte...

M. de Vezay recula d'un pas.

— Enceinte!!! — répéta-t-il. — Ah! mon Dieu!...

— Vous voyez, — balbutia Suzanne, — vous voyez que j'avais raison de parler d'un malheur!...

— Mais, ma pauvre enfant, êtes-vous bien sûre de ne pas vous tromper?
Le cou de la jeune fille, ses joues et jusqu'à son front devinrent écarlates.
M. de Vezay répéta sa question.
— Si j'en suis sûre? — balbutia Suzanne. — Oh! trop sûre!
Le comte était atterré.
La possibilité d'une grossesse ne s'était pas même, jusqu'alors, présentée à son esprit.
Or la chose imprévue et foudroyante arrivait!...
Comment s'y prendre pour éviter un scandale et un éclat imminents?
Comment cacher à la comtesse un événement qui serait bientôt, sans doute, la nouvelle et la fable de tout le pays?
Un moment de coupable folie portait ses fruits empoisonnés!
Peut-être M. de Vezay allait-il payer au prix du repos perdu de son intérieur, — au prix du bonheur brisé de toute sa vie, — quelques heures de voluptés adultères!...
Quoi qu'il en pût coûter, il fallait détourner la foudre!
Mais, encore une fois, comment?
Voilà ce que se demandait le comte, — plongé dans les abîmes d'une perplexité profonde, — tandis qu'auprès de lui Suzanne pleurait et se tordait les mains.
Soudain une idée traversa l'esprit de M. de Vezay, — idée triomphante et lumineuse s'il en fut.
Le sombre découragement empreint depuis quelques minutes sur son front s'effaça comme par enchantement.
— Sauvés! — s'écria-t-il; — nous sommes sauvés!...
— Sauvés? — répéta Suzanne en interrogeant le comte du regard.
— Oui, mon enfant...
— Mais comment?
— Par le plus simple et le meilleur de tous les moyens... — Il faut vous marier... et je m'en charge...
La pâleur qui depuis un instant avait envahi le visage de la jeune fille disparut de nouveau pour faire place à une rougeur éclatante.
Puis Suzanne secoua tristement la tête et murmura :
— Qui voudra de moi, maintenant?
— Qui voudra de vous? — s'écria le comte. — Il serait, ma foi! bien diffi-

cile, celui qui n'en voudrait pas!... — Trop heureux, mille fois trop heureux, l'homme qui deviendra votre mari... — Suzanne, soyez franche avec moi... — Voyons, le serez-vous?

— Je vous le promets...

— Eh bien! dites-moi, jusqu'au jour où je vous ai vue pour la première fois, est-ce que personne ne vous avait fait la cour?

— Si, monsieur le comte. — Un homme... un seul...

— Jeune et joli garçon, sans doute?

— Ni l'un ni l'autre, — mais il voulait m'épouser, et je crois qu'il m'aimait bien...

— Suzanne, est-ce que je connais cet homme?

— Oui, monsieur le comte.

— C'est un de mes fermiers, peut-être, ou de mes bûcherons?...

— C'est un de vos serviteurs...

— Lequel?

— Votre garde-chasse Caillouët.

— Caillouët! — s'écria le comte. — C'est un vilain hibou, pour une gracieuse colombe comme vous. — Mais, s'il ne vous déplaît pas trop, vous l'épouserez, et je crois qu'il pourra vous rendre heureuse...

— Caillouët ne m'épousera pas, monsieur le comte...

— Bah! Et pourquoi?

— Parce qu'il est homme d'honneur et qu'il n'acceptera ni la faute que j'ai commise — quoique la violence seule, vous le savez, m'ait rendue coupable — ni l'enfant que je porte dans mon sein...

— Qui lui dira tout cela, je vous prie? — demanda le comte.

— Ne faut-il donc pas qu'il le sache?

— En aucune façon!...

— Mais l'épouser sans lui révéler la vérité, ce serait le tromper d'une manière indigne!...

M. de Vezay haussa les épaules.

Puis il employa toute son éloquence et tous les raisonnements solides ou boiteux qu'il put rassembler, pour prouver à Suzanne que ce qu'il lui proposait se faisait tous les jours et passait, dans le monde, pour une chose si simple que personne ne songeait à s'en étonner.

La paysanne résista longtemps.

L'admirable rectitude de son jugement lui criait que c'était une action odieuse de tromper sur son passé un honnête homme venant à elle plein de confiance et d'amour.

Mais M. de Vezay qui, pour sortir d'une position périlleuse au premier chef, ne voyait d'autre issue possible que le mariage de Suzanne, — M. de Vezay, disons-nous, résolut de l'emporter de haute lutte. — Il entassa arguments sur arguments, et fit donner en bataille rangée l'armée des sophismes les plus concluants.

Bref, fatiguée de son inutile défense,—convaincue ou non,—Suzanne céda, et promit de ne point entraver, par une révélation intempestive, les projets matrimoniaux du comte.

Lorsque M. de Vezay quitta la jeune fille, il était à peu près tranquillisé sur l'avenir et il ne mettait point en doute la possibilité de conduire à bonne fin le projet qu'il avait conçu.

Il nous paraît utile de placer de nouveau sous les yeux de nos lecteurs le portrait qu'au commencement de ce livre nous tracions du garde-chasse.

Caillouët — disions-nous — était un homme de haute taille, de quarante-deux à quarante-cinq ans environ.

Ses cheveux épais, très-crépus et jadis d'un blond équivoque, grisonnaient sur les tempes et au sommet du crâne.

Une épaisse couche de hâle rendait basané comme celui d'un Indien son visage aux traits durs, recouverts d'une peau rugueuse.

D'épaisses moustaches ombrageaient sa lèvre supérieure, et une barbe d'un brun rougeâtre couvrait entièrement le bas de sa figure.

Somme toute, l'impression produite à première vue par Caillouët devait être et était réellement très-désagréable, et un examen plus approfondi augmentait cette répulsion au lieu de la diminuer.

En effet, le regard du garde-chasse était un de ces regards faux et fuyants qui dénotent rarement une bonne nature et d'honnêtes instincts.

Un jury, composé des plus inoffensifs bourgeois du monde, se serait senti disposé à condamner Caillouët, rien que sur sa mine.

Malheureusement cette mine n'était pas entièrement trompeuse.

Non point cependant que le garde-chasse fût un homme foncièrement mauvais et corrompu ; — mais il avait un caractère sournois, jaloux, emporté, et des passions d'une violence extrême qui, une fois surexcitées, pouvaient le conduire à tous les excès, à tous les crimes peut-être.

Depuis vingt ans Caillouët était au service de M. de Vezay et, malgré cette longue suite de rapports journaliers, bienveillants de la part du comte, le serviteur n'éprouvait pour son maître qu'une affection froide, qu'un dévouement borné.

Le comte — peu familiarisé avec l'étude du cœur humain — avait donné toute sa confiance à Caillouët et croyait qu'un cœur chaud et un attachement sans bornes se cachaient sous cette rude écorce.

Grâce à cette conviction, le garde-chasse se voyait l'objet de nombreuses préférences de la part de son maître.

Ces préférences avaient suscité bien des jalousies parmi les autres serviteurs du château.

La livrée en masse exécrait le garde-chasse, — d'abord et surtout parce qu'il était ou parce qu'on le croyait le favori du maître, — et ensuite à cause de l'insociabilité de son caractère et de la rudesse presque brutale de ses formes.

Un des piqueurs, entre autres, avait voué à Caillouët une aversion sans bornes, — aversion qu'il dissimulait de son mieux, car le garde-chasse lui inspirait autant de frayeur que de haine depuis certain jour où, à la suite d'une courte discussion, il en avait reçu des coups de fouet de chasse qu'il n'avait point osé rendre.

Ce piqueur avait nom la Ramée.

Il éprouva une joie méchante lorsqu'il s'aperçut que Caillouët était passionnément amoureux de Suzanne Guillot.

Avec son instinct hostile, il devinait que de ce côté-là, sans doute, le garde-chasse deviendrait facilement vulnérable.

Aussi nous l'avons vu se faire espion pour suivre le comte dans le parc après le souper des chasseurs, — s'attacher à ses pas dans la nuit, — l'accompagner de loin jusqu'à la chaumière de Suzanne.

Nous l'avons vu, enfin, se frotter joyeusement les mains quand il crut comprendre que la jeune fille venait d'être complétement vaincue.

La bien-aimée de Caillouët était la maîtresse du maître !... — quelle joie et quel triomphe pour un ennemi ! !...

La Ramée se promit de prendre son temps et — dût-il même risquer sa peau dans une nouvelle volée de coups de fouet ou de coups de bâton — de tirer bon parti du secret qu'il venait de surprendre.

Voilà quelle était la situation de nos principaux personnages, au moment où M. de Vezay décidait le mariage de Caillouët et de Suzanne.

XIV

LE MARIAGE

Le lendemain du jour où la grossesse de Suzanne avait été révélée par la jeune fille à M. de Vezay, ce dernier fit dire dans la matinée à Caillouët qu'il avait l'intention de visiter une partie de ses bois, et qu'il eut à se tenir prêt pour l'accompagner.

Le garde-chasse prit sa carabine et attendit les ordres du comte.

M. de Vezay sortit du parc avec Caillouët et, l'engageant à lui donner son avis au sujet d'un nouveau mode d'exploitation qu'il voulait introduire dans ses forêts, il l'obligea à marcher côte à côte avec lui.

Le comte et le garde-chasse visitèrent pendant plusieurs heures des travaux commencés, puis M. de Vezay reprit le chemin du château, mais non celui qu'il avait suivi pour s'en éloigner, causant toujours avec son compagnon et s'arrangeant de façon à passer à une très-petite distance de la chaumière de Suzanne Guillot.

Aussitôt que cette chaumière fut en vue, la préoccupation de Caillouët devint manifeste, — du moins pour un regard prévenu comme l'était celui du comte.

Suzanne ne se montra point.

La porte resta close.

Quand la maisonnette fut dépassée, Caillouët se retourna à deux ou trois reprises, espérant sans doute que le bruit des pas sur les feuilles mortes aurait attiré l'attention de la jeune fille et qu'elle apparaîtrait sur le seuil de sa chaumière.

Il n'en fut rien.

Seulement le comte dit à son compagnon :

— Que regardes-tu donc là, Caillouët?

— Moi, monsieur le comte? — fit le garde-chasse d'un air étonné.

— Oui, toi.

— Je ne regarde rien, monsieur le comte...

— Alors pourquoi, depuis un instant, retournes-tu la tête à chaque pas?... — est-ce que, par hasard, tu aurais entrevu ou deviné un chevreuil dans les broussailles?...

— Ma foi non, monsieur le comte, — je n'ai vu ni cerf ni chevreuil.

M. de Vezay ne voulut point insister, mais il demanda :

— Caillouët, cette chaumière que voilà là-bas, sur la gauche, à qui donc est-elle ?

— Elle était à l'un de vos bûcherons, monsieur le comte, — répondit Caillouët.

— Qui s'appelait ?

— Le père Guillot.

— N'est-il pas mort il y a deux ou trois ans?

— Oui, monsieur le comte.

— Avait-il des enfants?

— Une seule fille.

— Habite-t-elle encore mes propriétés, cette fille du père Guillot?

— Oui, monsieur le comte — elle demeure dans cette hutte où son père est mort.

— Toute seule?

— Toute seule, monsieur le comte, — et travaillant rudement pour vivre, car c'est une courageuse enfant.

— Triste position pour une jeune fille!... — murmura le gentilhomme.

Caillouët fit un signe affirmatif.

M. de Vezay poursuivit :

— Est-elle jolie autant que courageuse? — demanda-t-il.

— Elle est belle comme on se figure les anges, monsieur le comte — répliqua le garde-chasse.

— En vérité?...

— Et aussi sage que belle... heureusement!... — Car, sans cela, sa beauté serait un grand malheur pour elle!...

— Le père Guillot avait travaillé longtemps pour moi, n'est-ce pas, Caillouët?

Vivent les mariés! criait à tue-tête le piqueur la Ramée en tirant en l'air des coups de pistolet. (Page 108.)

— Mais, quarante ou cinquante ans, tant pour le père de monsieur le comte que pour monsieur le comte lui-même...

— C'était un vieux et fidèle serviteur... — Je regrette de n'avoir jamais rien fait pour lui... par malheur il est trop tard... — Seulement il me vient une idée...

— Une idée? — répéta le garde-chasse.

— Oui.

Caillouët regarda son maître comme pour l'interroger.

M. de Vezay reprit :

— Ce que je n'ai point fait pour le père, je veux le faire pour la fille...

— Suzanne n'a besoin de rien, monsieur le comte, — balbutia Caillouët d'une voix indistincte.

Le comte ne parut pas avoir entendu et continua :

— Je veux la marier...

Le garde-chasse pâlit légèrement.

— Belle, sage et travailleuse comme tu le dis, — poursuivit M. de Vezay, — et avec une petite dot que j'ajouterai à ses autres qualités, lui trouver un mari sera bien facile, — j'y vais songer...

Caillouët semblait en proie à une émotion extraordinaire.

Après un moment de silence le comte s'écria :

— Mais, j'y pense, Pierre Thibaut, le fils de mon fermier des Charmettes, est justement d'âge à prendre femme... — Je vais lui faire épouser Suzanne Guillot... — C'est un brave et beau garçon que Pierre Thibaut, il rendra sa femme heureuse... — Que penses-tu de mon projet, Caillouët?

Le garde-chasse était devenu livide.

— Monsieur le comte, — murmura-t-il en joignant les mains d'un air suppliant, — au nom du ciel, ne faites pas cela!...

— Quoi?... que ne faut-il pas que je fasse? — demanda M. de Vezay d'un air étonné.

— Ne vous occupez pas de marier Suzanne...

— Tu tiens donc à ce qu'elle ne se marie point, cette jeune fille?

— Oh! monsieur le comte, plus qu'à tout au monde!...

— Ah! bah! et pourquoi?

Caillouët hésita manifestement.

Un violent combat se livrait en lui-même.

Ses traits étaient bouleversés et de grosses gouttes de sueur perlaient sous la visière de sa casquette de chasse.

— Pourquoi je tiens à ce que Suzanne ne se marie point? — répondit-il enfin. — Pourquoi, monsieur le comte?... parce que l'aime...

— Tu l'aimes!! — s'écria le comte.

— Cent fois plus que ma vie!!

— Eh! mon pauvre Caillouët, que ne parlais-tu plus tôt?

— Je n'osais pas...

— Et, la jeune fille connaît-elle ton amour?

— Je le lui ai dit, monsieur le comte.

— Le partage-t-elle?

— Pas encore... j'en ai bien peur... mais plus tard, peut-être.

— L'amour dans le mariage, n'est-ce pas? — Eh bien! Caillouet, mon projet subsiste toujours... il n'y aura qu'un nom de changé, le principal, — celui du futur... — Au lieu de faire épouser Suzanne Guillot à Pierre Thibaut, c'est à toi que je la donnerai... — Cela te va-t-il?

Pour la première fois, depuis qu'il était au monde, le garde-chasse sentit une reconnaissance sans bornes inonder son cœur.

Par un mouvement sans précédent chez cette nature rude et brutale, il saisit l'une des mains de M. de Vezay et il la porta à ses lèvres.

Le comte, sachant bien qu'il commettait en ce moment une mauvaise action, ne put maîtriser sa honte involontaire et rougit jusqu'au blanc des yeux.

Mais Caillouët ne s'en aperçut pas.

— Ainsi, — s'écria-t-il avec effusion, — ainsi, monsieur le comte, c'est bien vrai?... vous me permettez d'épouser Suzanne?...

— Et je te donne mille écus pour entrer en ménage et pour acheter le trousseau de ta femme... — Je double tes gages et je te promets de faire élever à mes frais vos enfants, si vous en avez...

— Allons, — se dit en lui-même Caillouët, dont le cœur se fondait, — allons, j'ai un bon maître et je dois bien l'aimer...

— A quinze jours d'ici le mariage... — reprit M. de Vezay. — Je vais rentrer seul, Caillouët, tu peux me quitter si tu veux et aller annoncer cette bonne nouvelle à celle que tu aimes...

Le garde-chasse ne se fit point répéter deux fois cette permission.

Il remercia de nouveau son maître, et se dirigea rapidement vers la chaumière de Suzanne Guillot.

Ainsi que l'avait dit M. de Vezay, le mariage du garde-chasse et de la paysanne fut célébré au bout de quinze jours dans l'église paroissiale du village.

M. de Vezay ne s'était pas senti le courage ou le cynisme d'assister à la cérémonie nuptiale, à laquelle il avait envoyé tous les domestiques du château, vêtus de leurs livrées de gala et portant à la boutonnière de grosses touffes de rubans blancs.

Le piqueur la Ramée se faisait remarquer, entre tous, par la profusion de ses rubans.

Il en avait mis partout.

Des paquets de faveur flottaient à la cocarde de sa casquette.

D'autres à son gilet.

D'autres à chacun des boutons de son habit.

Il en avait autour du bras droit, et aussi autour du bras gauche.

Volontiers, — nous penchons à le croire, — il aurait attaché ses souliers avec des rubans blancs.

— Vivent les mariés!... — criait-il à tue-tête, en tirant à tort et à travers des coups de pistolet chargé à poudre, — Vivent les mariés!... — Vivent Caillouët et Suzanne!... qu'ils soient heureux et qu'ils aient beaucoup d'enfants!...

Sous son costume virginal, — sous sa couronne de fleur d'oranger, — la mariée était charmante, mais elle semblait profondément préoccupée, — presque triste, — et sa pâleur étonnait les assistants.

Quelques-uns trouvaient qu'elle avait les yeux un peu rouges, et que ses paupières gonflées attestaient des pleurs récents.

Caillouët, lui, radieux, transfiguré, offrait un visage aussi souriant que sa physionomie paraissait d'habitude sombre et morose.

Il ne s'apercevait en aucune façon que sa fiancée marchait à l'autel comme autrefois les victimes humaines allaient au sacrifice, — avec résignation, mais avec désespoir.

L'excès de la joie l'aveuglait!

Il était ivre de bonheur!...

Lorsque le vieux curé de Vezay lui demanda, selon l'usage consacré, s'il prenait Suzanne Guillot pour épouse, il répondit : — OUI, — d'une voix retentissante qui fit trembler les voûtes de l'église.

C'est à peine si l'on entendit la réponse de Suzanne, interrogée de la même façon.

Comme d'ailleurs cette réponse n'était point douteuse, le vieux curé l'interpréta dans le sens de l'affirmative.

Il prononça ensuite quelques paroles courtes et touchantes.

Il dit à Suzanne qu'elle serait une honnête femme et une bonne mère de famille, parce qu'elle avait été une fille pure et sans reproches, — et qu'elle ne serait pas trompée, parce qu'elle n'avait trompé personne...

La malheureuse enfant se sentit défaillir et fut au moment de perdre connaissance.

Mais un effort terrible et désespéré, — un de ces efforts qui attaquent la vie dans sa source même, — lui permit de dominer son émotion et de faire bonne contenance jusqu'au bout.

Enfin la cérémonie s'acheva et les époux sortirent de l'église.

Ce mariage avait impressionné différemment les habitants du village et des alentours, accourus en foule pour assister à la solennité.

— Elle n'avait pas l'air trop contente, sais-tu bien, la petite Suzanne ? — disait une femme à sa voisine.

— Ma foi ! il n'y avait pas de quoi non plus... — répondait la commère interpellé.

— Comment, pas de quoi ?...

— Que non, da !...

— Mais, notre monsieur le comte leur a donné six mille francs en beaux écus, sais-tu bien ?...

— Six mille francs, c'est un joli denier, mais ça ne fait pas le bonheur...

— Ça ferait le mien tout de même, da !...

— Parce que tu es une *vieille gent*... — mais la Suzanne qu'est une jeunesse, j'ai dans l'idée qu'elle aurait mieux aimé un jeune mari que les six mille francs...

— Tiens !... Caillouët n'est pas déjà si vieux non plus !... il n'a pas encore cent ans, cet homme !...

— Il en a tout de même plus de quarante-cinq, sais-tu bien ?

— C'est pas vieux ça, da !...

— C'est vieux pour la Suzanne qu'en a pas encore dix-huit... et qu'est belle comme tout...

— Oh ! quant à ce qui est d'être beau, Caillouët ne l'est pas, oh ! ça non !...

— ça non !...

— C'est lui qu'avait l'air joliment content, tout de même!...

— Ces vieux vilains merles-là, ça n'aime que les jeunes alouettes!...

— Oui, — dit une troisième commère avec une inflexion méchante. — Mais, quand le mari est un vilain merle, et la mère une gente alouette, sais-tu toi, quels œufs on trouve un beau matin dans le nid?

— Ma foi! non...

— Des œufs de coucou...

Un immense éclat de rire accueillit cette saillie, à laquelle une croyance populaire généralement accréditée prêtait un sens acerbe et méchant.

Le piqueur la Ramée se trouvait auprès de là.

Il avait entendu.

Plus que personne il applaudit et, pendant quelques secondes, on l'entendit crier à tue-tête :

— Bravo! la Thérèse!... bravo, la mère!... Des œufs de coucou!... des œufs de coucou!...

Hâtons-nous d'ajouter qu'au moment où la Ramée se livrait ainsi aux manifestations bruyantes d'une joie excentrique, Caillouët était trop loin pour que les cris du piqueur arrivassent jusqu'à lui.

Dans le cas où le contraire eut été possible, — nous prenons sur nous de l'affirmer, — la Ramée aurait eu soin de s'abstenir avec la plus prudente réserve.

Le reste de la journée se passa dans l'observance des us et coutumes de toutes les noces villageoises.

Le cortège nuptial se promena longuement à travers les rues et les carrefours, et même dans les sentiers des champs et sous les grands arbres de la forêt, — précédé par un ménétrier râclant du violon.

Puis vint le banquet, qui ne dura pas moins de cinq heures.

On vida force bouteilles à la santé des époux.

Force coups de fusils furent tirés en leur honneur.

Enfin arriva la nuit, — et, avec la solitude, un bonheur sans mélange pour Caillouët, — une indicible torture physique et morale pour Suzanne.

XV

NICAISE

Sept mois s'étaient écoulés depuis le jour du mariage du garde-chasse et de la paysanne.

Une quinzaine de jours tout au plus séparaient les faits que nous allons raconter de cette terrible nuit du 20 septembre 1820, pendant laquelle tant de foudroyantes catastrophes devaient se consommer.

Le temps, — ce grand endormeur, — avait produit son effet accoutumé.

Suzanne Guillot, — devenue madame Caillouët, — avait recouvré, sinon sa gaieté et son insouciance d'autrefois, du moins le calme de l'âme et le repos de l'esprit.

La blessure, si longtemps saignante au fond de son cœur, s'était à peu près cicatrisée.

Elle se pardonnait à elle-même d'avoir trompé son mari avant de l'épouser, — en voyant combien il était réellement heureux.

Elle s'étourdissait avec ce sophisme : — Cela ne peut pas être une faute bien grave que celle dont les résultats amènent un grand bonheur !...

Quand à Caillouët, une incroyable métamorphose s'était opérée en lui.

Comme le serpent qui fait peau neuve, il avait dépouillé son humeur farouche et ses rudes façons d'autrefois.

La vie lui apparaissait désormais souriante, et il souriait à la vie...

Que lui manquait-il en effet?

N'avait-il point pour femme cette jeune fille longuement et silencieusement adorée, — et qui réunissait beauté, sagesse et courage?

N'allait-il pas bientôt être père, — père d'un petit enfant brun et fort, dont il dirigerait les premiers pas sur les gazons épais de la forêt?

Enfin, le tranquille avenir de sa vieillesse, — si Dieu lui envoyait de longues années, — n'était-il point assuré?

Caillouët se disait tout cela, et il se sentait reconnaissant, — envers Dieu d'abord, — envers M. de Vezay ensuite.

Nous avons parlé plus haut des passions violentes et indomptables du garde-chasse.

Nous avons dit qu'il était susceptible de devenir jaloux jusqu'à la frénésie.

Cette jalousie, — innée au cœur de Caillouët, — n'était pas morte, mais elle sommeillait et ne donnait point signe de vie.

Cela se comprend sans peine.

Un prétexte, — si léger qu'il fût, — manquait aux soupçons jaloux, et comme jadis la femme de César, Suzanne ne *pouvait* pas être soupçonnée.

Voilà quelle était la situation des deux époux, au moment où nous les retrouvons.

Cependant, — depuis à peu près un mois, — un nuage passait à certaines heures sur la complète félicité de Caillouët, nuage qui n'obscurcissait en rien les joies de son intérieur.

Malgré le redoublement de vigilance et d'activité qu'il déployait, le garde-chasse avait la conviction, — disons mieux, la certitude, — que des braconnages effrénés se commettaient dans les forêts confiées à sa surveillance.

Il savait de science certaine que, plusieurs fois par semaine, arrivaient à Tours des sangliers et des chevreuils tués dans les bois du comte de Vezay.

Caillouët aurait donné de grand cœur deux des doigts de sa main gauche, pour surprendre en flagrant délit les audacieux destructeurs de gibier.

Il se multipliait en quelque sorte.

Jour et nuit sur pied, il était partout à la fois.

Et tout cela en pure perte !...

Les invisibles braconniers déjouaient ses ruses les mieux ourdies. — éventaient ses traquenards les plus habilement tendus !...

Vainement les piqueurs du château lui venaient en aide pour ses battues.

Parfois, au beau milieu du jour, tandis que gardes et piqueurs sillonnaient la forêt, on entendait retentir un ironique coup de fusil.

Il y avait un chevreuil ou un sanglier de moins en vie, — on en pouvait jurer hardiment.

Mais, quand au délinquant et quant au corps du délit lui-même, impossible de leur mettre la main dessus.

Caillouët se donnait au diable et il maigrissait à vue d'œil.

Un beau jour une idée lui vint.

Dans le pays vivait, ou plutôt vivotait un jeune garçon de dix à douze ans

— Regardez, M. Caillouët, la rosse est toujours à la porte avec ses paniers. (Page 124.)

qu'on appelait *Nicaise*, et qui n'est pas complétement inconnu de nos lecteurs.

Ce jeune garçon, — moitié pâtre et moitié mendiant, — abandonné jadis dans un fossé par une troupe de saltimbanques coureurs de foires, subsistait aux dépens de la charité publique.

Il recevait à droite et à gauche un morceau de pain, — il couchait tantôt dans une écurie, — tantôt dans une grange, — tantôt enfin dans l'une de ces meules de paille que les fermiers tourangeaux construisent d'une façon si pittoresque au milieu des champs.

Nicaise cherchait quelquefois à se rendre utile, — soit en conduisant les brebis au pâturage, — soit en aidant à la récolte des pommes de terre.

Mais les instincts de sa nature bohémienne et vagabonde l'empêchaient de se livrer à un labeur un peu suivi, et, aussitôt qu'il avait reçu le pain quotidien, comme salaire ou comme aumône, il recommençait ses courses sans but sur les bords de la Loire ou sous les couverts de la forêt.

Très-petit pour son âge, — faible et malingre, — mais intelligent comme un sauvage et rusé comme un singe, — Nicaise passait à bon droit pour un *futé matois* dans tout le pays.

Or, cette idée venue à Caillouët et dont nous parlions tout à l'heure, était de prendre Nicaise à sa solde et de se servir de lui pour découvrir les braconniers.

L'idée était bonne d'ailleurs, et la suite le prouvera.

Caillouët se mit aussitôt en quête de l'enfant.

Il le trouva couché sur un tas de mousse, au coin d'un bois, et dormant au sommeil comme un vrai lazzarone.

— Eh! Nicaise! — lui cria-t-il, en le touchant du bout du canon de sa carabine.

L'enfant, réveillé en sursaut, bondit sur ses pieds et étala ses haillons avec toute l'assurance d'un vrai petit mendiant de Callot.

— Tiens, c'est vous, m'sieu Caillouët, — dit-il en se frottant les yeux avec ses deux poings. — Pourquoi donc que vous m'avez réveillé?... je dormais si bien...

— Je t'ai réveillé, *fahi* moucheron, parce que j'ai quelque chose à te dire...

— C'est peut-être à cause des lacets qu'on a tendus pour les lapins dans le bois de la Carrière, — interrompit l'enfant, — je sais qui c'est, mais c'est pas moi...

— Eh! il ne s'agit ni de lacets ni de lapins... — dit Caillouët.

— Tiens! tiens! tiens! — de quoi donc qu'il retourne?...

— Sais-tu ce que c'est qu'un écu de cinq francs?

— Ah! dame! oui, que je le sais... — Ça vaut cent sous, — c'est blanc, —

c'est rond, — il y a dessus une petite figure, et ça fait : *Dzing*, quand ça tombe...

— As-tu jamais eu un écu, toi, Nicaise?

L'enfant se mit à rire.

— Allons, vous vous moquez de moi, m'sieu Caillouët!... — dit-il ensuite.

— Pourquoi ça?

— Où donc que je l'aurais pris, cet écu, mon bon Dieu?... à moins de le voler... et je ne suis pas voleur...

— Et, voudrais-tu bien avoir un écu, Nicaise?

— Si je le voudrais?

— Oui.

— Ah! dam! je crois bien... mais faut pas y penser, m'sieu Caillouët, — le soleil épousera la lune avant qu'un écu passe par ma poche...

— Pas sûr.

— Comment?...

— Je te donnerai si tu veux, moi, non pas un écu mais trois...

— De cinq francs?

— De cinq francs.

— Combien ça fait-il de francs?

— Quinze.

— Et combien de sous?

— Trois cents.

— Trois cents sous! — répéta l'enfant. — Avec trois cents sous, peut-on acheter un château comme celui de notre monsieur?

— Presque, — répondit le garde-chasse en souriant.

— J'aurais tant d'argent que ça, moi? — moi, Nicaise!

— Oui, toi, Nicaise.

— Et, qu'est-ce qu'il faut faire, pour avoir ces trois écus, m'sieu Caillouët?

— Les gagner.

— Oh! j'entends bien, mais les gagner de quelle façon?

— Écoute : — tu sais qu'il y a des braconniers dans nos bois?...

— Tout un chacun le dit dans le pays.

— On tue nos chevreuils et nos sangliers...

Nicaise hocha la tête affirmativement.

— J'ai beau chercher, — poursuivit Caillouët, — j'ai beau remuer ciel et terre, — je ne trouve rien, — j'y perds mes pas, mon temps et mon latin...

— Ah! pour ce qui est de ça, — dit l'enfant, — faut en convenir... — les braconniers sont fins tout de même...

— Oui, mais pas tant que toi, Nicaise...

— Dame! ça se peut... — répliqua le jeune garçon, évidemment flatté du compliment qu'il recevait.

— Eh bien, — continua le garde-chasse, — essaye de faire ce que, moi, je ne peux pas... — reste dans les bois nuit et jour... — guette, — surveille, — épie, — observe... — Chacun sait que tu vagabondes à peu près en tout temps... on ne se défiera pas de toi... — Enfin, découvre quelque chose, et le jour où tu viendras me dire : — *Le braconnier, c'est un tel!* — tu auras tes trois écus...

— Bien vrai?

— Parole d'honneur! — foi de Caillouët!...

L'enfant tendit la main au garde-chasse.

— Topez là! — dit-il.

— Est-ce marché conclu?

— Oui.

— Tu dénicheras mes coquins?

— Dame!... je ferai tout ce que je pourrai pour ça...

— Et quand commenceras-tu ta chasse?...

— Autant tout de suite que plus tard... j'y vais...

Puis, sans échanger une parole de plus avec son interlocuteur, l'enfant tourna sur ses talons, se drapa dans sa souquenille en loques avec la fierté d'un fils d'hidalgo, et, se glissant comme une couleuvre à travers un taillis, pénétra dans la forêt.

Les ondulations des cimes verdoyantes des arbustes indiquèrent pendant un instant son passage.

Mais bientôt tout frémissement cessa dans le feuillage.

Nicaise était déjà loin.

Trois jours s'écoulèrent.

Pendant ces trois jours, Caillouët ne rencontra que deux fois le petit vagabond.

A chacune de ses rencontres, il lui dit seulement :

— Eh bien?

Nicaise se contentait de hocher la tête et de répondre :

— Pas encore...

Puis il se replongeait dans l'épaisseur du bois.

Le matin du quatrième jour, — vers les dix heures, — Caillouët qui venait de rentrer dans la chaumière conjugale après sa première ronde, attendait que Suzanne eut mis la dernière main au déjeuner, — une tranche de lard grillée dans la poêle, avec des pommes de terre cuites sous la cendre.

Tout en attendant, — et pour tuer le temps, — il *astiquait* (c'est le mot technique), il astiquait, disons-nous, avec un linge huilé, le canon brillant de sa carabine.

Soudain, il fit un brusque haut-le-corps.

Un coup de feu venait de retentir dans la forêt, à une grande distance, sur la gauche.

— Ah! les brigands! — s'écria le garde-chasse, avec un juron énergique, — les brigands! — les voilà qui font des leurs!... — Si seulement la chance voulait que Nicaise soit de ce côté-là!

Et, soutenu par cet espoir cependant bien incertain, Caillouët, au lieu de sortir après son repas, resta à attendre dans la chaumière.

Une heure se passa.

Puis deux.

Puis trois.

N'espérant plus, et fatigué d'attendre, le garde-chasse allait gagner la forêt.

Déjà il achevait de boucler ses guêtres de cuir, — déjà il étendait la main vers sa carabine.

Tout à coup il entendit, dans le sentier qui conduisait à la chaumière, le bruit d'une course rapide.

Il se dirigeait vers la porte, pour voir d'où venait ce bruit, lorsque Nicaise apparut sur le seuil, — haletant, — épuisé, — ruisselant de sueur et ne pouvant articuler une parole.

Caillouët comprit aussitôt que l'enfant apportait quelque grande nouvelle.

Il remplit d'eau fraîche une écuelle et la présenta à Nicaise, qui en avala le contenu avec avidité.

L'effet produit par cette boisson fut immédiat.

L'enfant articula d'une voix incertaine et brisée, mais cependant distincte, ce mot unique :

— Venez...

— Quoi !... tu sais enfin ?...

— Tout, — interrompit Nicaise.

— Ah ! — tonnerre de Dieu !... — s'écria le garde-chasse, — quelle chance !...

— Venez... — répéta le jeune garçon, — venez vite... et prenez les trois écus...

Caillouët ne se fit pas prier pour sortir.

Il s'élança au dehors, à la suite de son conducteur qui s'engagea dans un sentier très-étroit pratiqué au plus épais du taillis, et qui se mit à marcher avec une rapidité si grande que Caillouët avait quelque peine à le suivre.

— Où me mènes-tu ? — lui demanda-t-il enfin.

— A la Maison-Rouge, — répondit Nicaise.

— Bah ! — s'écria le garde-chasse, — à la Maison-Rouge ?... — et pourquoi faire ?....

— Vous verrez.

— Explique-toi.

— Tout à l'heure.

Caillouët questionna encore.

Mais l'enfant ne répondit plus.

Il est vrai que le sentier qu'ils suivaient tous deux ne prêtait que médiocrement à la conversation.

Ce sentier, fort étroit, — nous l'avons déjà dit, — et obstrué par des branches flexibles qu'il fallait écarter en passant, ne permettait point à deux personnes de marcher de front.

Nicaise, — rendu insensible à la douleur et à la fatigue, par l'espoir et la volonté ferme de devenir l'heureux possesseur de cette incalculable fortune représentée pour lui par trois pièces de cent sous, — Nicaise, disons-nous, ne se donnait même pas la peine de relever les ronces qui lui déchiraient le visage et qui venaient ensuite cingler les jambes de Caillouët.

Enfin l'enfant et l'homme arrivèrent à l'extrémité du sentier débouchant dans une large tranchée.

Là rien ne s'opposait à ce qu'ils marchassent à côté l'un de l'autre.

Caillouët recommença ses questions.

Cette fois, Nicaise y répondit.

— Donc, — dit-il, — figurez-vous, m'sieu Caillouët, que je guettais sous bois, quand v'là que j'entendis tirer un coup de fusil, comme qui dirait à un peu plus d'un quart d'heure de l'endroit où je me trouvais pour le moment...

« Je savais bien où que le coup de fusil avait été tiré ; — j'avais reconnu au son que c'était vers la *butte aux chèvres...*

« Je pris mes jambes à mon cou et je me mis à courir de ce côté-là...

« J'allais, ma foi, ni plus ni moins vite qu'un lièvre, quand les chiens lui soufflent au derrière que ça lui rebrousse les poils de la queue...

« Eh bien, j'avais beau aller de ce train-là, — je n'arrivai pas encore assez tôt...

« Il n'y avait plus personne à la butte aux chèvres.

« Je tournai tout autour, en faisant attention partout où je passais...

« Je vis que je ne m'étais pas trompé tout de même, m'sieu Caillouët...

« C'était bien là que le braconnier avait tiré, — et c'était sur un chevreuil.

« Dans un endroit il y avait du sang par terre, — comme qui dirait une petite mare, — et aussi du poil de la pauvre bête...

« Mais, de braconnier et de chevreuil pas plus que sur ma main...

« Tout ça, ça ne me tranquillisait guère, et j'avais grand peur pour mes trois cents sous...

« Et je me disais :

« — Pour se cacher si bien que ça, faut que ces gens-là aient le diable dans le corps, tout de même !...

« Et je m'en allais, le nez baissé, marchant tout droit devant moi, sans savoir où j'allais, et regardant par terre, sans savoir ce que je regardais...

« Mais voilà que tout à coup je vis qu'il y avait sur la mousse quelque chose comme des petites taches rouges, — et puis il n'y en avait plus, — et puis il y en avait encore...

« Alors je regardai mieux et je fis plus attention...

« Les petites taches rouges, c'était du sang...

« On avait passé par là en emportant le chevreuil, et je pouvais suivre la trace aussi facilement que si j'avais eu devant moi l'homme et la bête, — la bête sur le dos de l'homme...

« Ça commença à me rassurer pour mes trois cents sous, tout de même...

« Je me dis :

« — Nicaise, va jusqu'au bout, mon garçon, et, quand tu seras au bout, tu verras bien ce qu'il y a... »

XVI

LA MAISON-ROUGE

Le jeune garçon s'interrompit pendant un instant, — semblant se complaire d'une façon toute spéciale dans le raisonnement qu'il venait de formuler.

Puis, satisfait de la profonde attention que le garde-chasse prêtait à son récit, il reprit :

— Je continuai donc à suivre les marques rouges sur les feuilles, sur la terre et sur la mousse...

« Tant que j'en vis devant moi, je marchai.

« Ça me conduisit jusqu'au fossé qui ferme le bois de la Carrière, du côté de la Maison-Rouge.

« Je passai le fossé et je me mis à regarder tout autour de moi dans le champ de luzerne, pour retrouver mes marques rouges...

« Mais, plus rien... ah! mais non!... rien du tout...

« Je repassai le fossé, — je rentrai dans le bois et je me mis à quatre pattes pour mieux voir par terre.

« Les marques allaient jusqu'au gros chêne planté sur le revers du fossé, du côté du bois, — de l'autre côté il n'y en avait plus...

« Je me dis comme ça que cette fois-ci, pour sûr, le diable s'en mêlait, afin de m'empêcher de gagner mes trois cents sous, et, comme j'en avais un gros chagrin, je m'étendis tout de mon long au pied de l'arbre...

« Je voulais dormir pour ne plus penser à rien... et pour rêver que j'empochais les beaux écus tout reluisants...

« Je n'avais pas tant seulement fermé les yeux, que voilà que j'entends un tout petit bruit...

« *Clap... clap... clap...*

« C'étaient comme des gouttes d'eau qui seraient tombées sur les feuilles sèches...

— Mets bas ta fourche, mon drôle, et recule, ou je te brûle comme un lapin. (Page 128.)

« Et pourtant il ne pleuvait pas...

« Je levai le nez en l'air, — le ciel était clair, je ne vis rien du tout...

« Le petit bruit... *clap... clap... clap...* continuait toujours...

« Je me mis à faire le tour du gros chêne.

« Tout à coup mon pied glissa, et en même temps je sentis quelque chose sur ma main qui me mouillait...

« C'était du sang qui venait d'en haut, et c'était aussi dans une petite rigole de sang que mon pied avait glissé...

« Ça devenait drôle!...

« Je levai encore le nez — je regardai dans les feuilles du chêne, et, savez-vous ce que je vis, m'sieu Caillouët?

« Je vis mon chevreuil, — mon diable de chevreuil, attaché par les pattes de derrière avec une corde à une grosse branche, à plus de dix pieds de terre...

« Pour le découvrir là il aurait fallu être sorcier, ou bien avoir pour soi le hasard, comme je l'avais eu...

« Je me dis que, pour le coup, je tenais mes trois cents sous, — que ceux qui avaient caché la bête viendraient la reprendre, et que, quand je devrais rester là huit jours sans boire ni manger à les attendre, je n'en aurais pas e démenti...

« En face du chêne, — de l'autre côté du sentier, — il y a un tilleul.

« Je grimpai sur le tilleul, — je m'assis bien commodément sur la fourche de deux branches et je me mis à penser à tout ce que j'achèterais avec mes trois cents sous... — d'abord, je veux un fusil et un cheval, et du pain blanc, et de la viande tous les jours... et, quant à ce qui restera de mon argent, je verrai plus tard...

« De l'endroit où j'étais assis sur mon arbre et parfaitement caché, je découvrais, du côté du bois, le sentier jusque bien loin, et, du côté des champs, la Maison-Rouge et la grande route...

« Voilà qu'il se fit tout à coup un grand mouvement devers la Maison-Rouge...

« Trois hommes sortirent par la porte du cabaret...

« Deux de ces hommes attendirent sur la route...

« Le troisième entra dans l'écurie et tira par la bride un mauvais cheval maigre qui portait deux paniers d'osier ajustés sur son bât.

« Un des hommes rentra dans le cabaret.

« Un autre prit, à travers les luzernes, le droit chemin pour venir au chêne...

« L'homme au cheval fit un détour, avec sa rosse et ses paniers, pour arriver du même côté...

« A mesure que le premier des trois marchait, — car il allait vite, — je le voyais mieux...

« Quand je le vis tout à fait bien, je le reconnus...

« Devinez donc voir un peu qui c'était, m'sieu Caillouët?... »

— Je le connais? — demanda le garde-chasse.

— Ah! pardine, oui, vous le connaissez!

— C'est quelqu'un de par ici?...

— Oui.

— Du village?

— Oui.

— Michu, peut-être? — c'est un mauvais gas!...

— C'est pas Michu.

— Nicou, alors? — il a fait de la prison, dans les temps, comme voleur de nuit...

— C'est pas Nicou.

— C'est donc Galmiche? — je le crois sournois... il a un fusil, et l'on dit que son grand-père a été pendu...

— C'est pas Galmiche.

— Enfin, qui donc?

— Tenez, m'sieu Caillouët, je vois bien que vous ne devineriez jamais!... — C'est quelqu'un... — c'est quelqu'un du château, figurez-vous...

— Du château? — s'écria le garde-chasse.

— Ah! dame! oui...

— Mais, c'est impossible!...

— N'en jurez point...

— Parle, Nicaise... parle vite...

— Eh bien! c'est m'sieu La Ramée, ni plus ni moins... m'sieu La Ramée, le piqueux...

Caillouët, suffoqué par la stupeur, s'arrêta.

Il frappa le vide d'un coup de poing gigantesque et il s'écria :

— Ah! la canaille!

Nicaise reprit :

— Il vint droit au chêne... — il regarda tout autour de lui, — et, comme il ne vit personne, il monta sur l'arbre et dénoua la corde qui attachait les pattes de la bête...

« Le chevreuil tomba par terre...

« M'sieu La Ramée redescendit.

« L'homme au cheval arrivait en ce même moment avec sa rosse, le long du fossé.

« Il fit entrer le cheval sous bois.

« M'sieu La Ramée et lui prirent le chevreuil, l'arrangèrent dans les paniers, parfaitement caché et recouvert de feuillages et d'herbes bien attachées...

« Impossible de se douter de ce qu'il y avait sur le dos du cheval...

« Ensuite ils retournèrent, mais séparément, à la Maison-Rouge.

« Ils attachèrent la rosse à côté de la porte et ils entrèrent dans le cabaret...

« C'est alors, m'sieu Caillouët, que je suis descendu de mon perchoir, que j'ai pris mes jambes à mon cou et que j'ai couru chez vous pour vous prévenir...

« Et maintenant vous allez voir que j'ai pas menti, car tout de même voici que nous arrivons... »

En effet, au moment où Nicaise achevait de prononcer les paroles que nous venons d'écrire, il atteignait avec le garde-chasse la lisière du bois, dans un endroit extrêmement rapproché de la Maison-Rouge.

— Et, tenez, — s'écria Nicaise, — regardez, m'sieu Caillouët, la rosse est toujours à la porte avec ses paniers et sa verdure.

— Tiens, — dit le garde-chasse en mettant dans la main de l'enfant trois écus de cinq francs, — voilà ce que je t'ai promis, je n'ai plus besoin de toi...

Nicaise, enfin possesseur de la récompense homérique qu'il avait si longtemps rêvée et si bien gagnée, poussa une exclamation de joie ou plutôt d'ivresse, et entama une série de folles gambades qui faisaient le plus grand honneur à la souplesse de ses reins et à la vigueur de ses articulations.

Pendant ce temps, Caillouët se dirigeait d'un pas rapide et à travers champs vers la Maison-Rouge.

La demeure que l'on désignait dans le pays par l'appellation de la *Maison-Rouge*, était en effet digne de ce nom.

Bâtie en briques et couverte en tuiles, cette maison avait, en outre, des portes et des volets peints en rouge.

Elle tranchait d'une façon bizarre, par sa teinte uniforme et violente, au milieu du riant paysage qui l'entourait.

La Maison-Rouge, sorte d'auberge, ou plutôt de cabaret borgne tenu par un ancien repris de justice, *jouissait* de la plus exécrable réputation, à trois ou quatre lieues à la ronde.

Sa rare clientèle se composait de quelques rouliers et d'un certain nombre de gens tarés et suspects.

Si une troupe de Bohémiens, saltimbanques et bateleurs, traversait le pays, c'était toujours à la Maison-Rouge que s'arrêtait cette troupe.

Le bruit avait couru pendant bien longtemps qu'un commis-voyageur, surpris par l'orage à la tombée de la nuit et forcé de chercher un asile à la Maison-Rouge, n'en était pas ressorti le lendemain matin.

A une certaine époque, la rumeur que nous signalons avait semblé prendre une telle consistance qu'un commencement d'instruction judiciaire s'était fait à ce sujet.

Mais, faute de présomptions suffisantes, cette instruction avait été arrêtée dès les premiers pas.

Cependant l'ex-repris de justice ne s'était point vu innocenté par l'opinion publique, et, — à tort ou à raison, — la Maison-Rouge passait pour un coupe-gorge.

Tel était, si l'on devait s'en rapporter au dire de Nicaise, le lieu choisi par le piqueur la Ramée pour y conclure ses transactions au sujet des produits de son effronté braconnage.

A mesure que Caillouët approchait de la Maison-Rouge, il hâtait le pas.

Enfin il atteignit la route.

Il la franchit et se trouva devant le cabaret.

A côté de la porte un grand cheval blanc, remarquable par sa maigreur fabuleuse et réunissant en lui seul toutes les maladies qui d'ordinaire se disséminent entre une vingtaine de chevaux tarés, — depuis *la pousse*, jusqu'aux *javars encornés*, — était attaché par la bride à un anneau de fer, devant une mangeoire portative parfaitement vide.

La malheureuse bête avait sur le dos d'immenses paniers, recouverts d'un échafaudage de verdure.

Ces paniers devaient renfermer le *corps du délit*, comme disent les gens de loi.

XVII

LE CORPS DU DÉLIT

Au moment de l'arrivée de Caillouët, on entendait sortir du cabaret, par la porte entr'ouverte, un refrain de chanson bachique que répétait une voix avinée.

Le garde-chasse reconnut cette voix.

C'était celle de la Ramée.

Soudain le refrain s'interrompit.

— Allons, — dit une autre voix, — il se fait tard, je m'en vas... — au revoir, fin tireur...

— Encore un coup, père Chose...

— Non, je pars...

— Plus qu'un demi-litre...

— Nenni.

— Est-il entêté, ce père Chose !... Enfin, charbonnier est maître chez lui !... quand vous reverra-t-on ?...

— Jeudi... vous savez que je compte sur un sanglier ?

— On tâchera... — Bonsoir, mon brave !...

En même temps parut sur le seuil un grand gaillard, — presque aussi maigre que le cheval blanc, — vêtu d'une blouse bleue et coiffé d'un chapeau rond à larges bords.

La laide figure de cet individu offrait une expression tout à la fois insolente et stupide.

Il ne vit pas d'abord Caillouët, qui se trouvait de l'autre côté du cheval.

Il s'approcha de l'anneau de fer, et se mit en devoir de dénouer la bride passée dans cet anneau.

Mais le garde-chasse, — qui venait de passer derrière le cheval, — mit la main sur l'épaule du personnage en blouse et lui dit :

— Eh ! l'homme, écoutez...

L'individu ainsi interpellé se retourna brusquement.

Il regarda Caillouët du haut en bas, et il gronda entre ses dents

— Ah! çà! qu'est-ce qu'il me veut, celui-là?...

Le garde-chasse toucha du doigt les paniers chargés sur le cheval.

— Qu'y a-t-il là dedans?... — demanda-t-il.

— Ça ne vous regarde pas! — fit l'homme en blouse.

— Ah! ça ne me regarde pas?...

— Non.

— C'est ce que nous allons voir...

Et Caillouët, tirant son couteau de chasse, trancha les cordes qui maintenaient les branchages entassées sur le chevreuil.

Il remit ensuite tranquillement son arme dans le fourreau, et il se disposa à renverser l'échafaudage de verdure cachant le gibier volé.

L'homme en blouse, — stupéfait d'abord de la brusque action du garde, pâlit de colère et s'écria avec un affreux juron :

— Ah! sacré nom de D***!... c'est comme ça!!...

— Oui, c'est comme ça, — riposta Caillouët en le regardant en face.

— Eh bien! fais un geste de plus et...

— Et?... — demanda le garde-chasse.

— Et, je te casse en quatre, entends-tu!...

— Essayez! — dit froidement Caillouët, en jetant bas d'un revers de main les branchages qui laissèrent le chevreuil à nu.

— Tonnerre!... — hurla l'homme maigre.

Et il s'élança sur le garde-chasse.

Mais ce dernier, nous le savons, était d'une force herculéenne.

Il saisit par le milieu du corps son adversaire écumant de rage, — il le souleva comme il eût fait d'un enfant, et enfin il le lança dans le vide avec une telle violence qu'il l'envoya rouler, tout étourdi, entre les jambes du cheval.

Immédiatement après, Caillouët prit le chevreuil par les pattes et le jeta devant la porte du cabaret.

Tout ceci s'était passé en beaucoup moins de temps que nous n'en avons mis à le raconter.

Cependant cette scène bruyante, et les beuglements de l'homme maigre qui appelait au secours et jurait qu'il avait les reins cassés, avaient éveillé l'attention de la Ramée et de l'ancien repris de justice propriétaire de la Maison-Rouge.

Tous deux accoururent sur le seuil.

Le piqueur, horriblement ivre, pouvait à peine se soutenir.

Il reconnut Caillouët et, instinctivement, il courut se cacher dans la partie la plus reculée du cabaret.

Le maître de la maison, lui, voulut d'abord prendre le parti de l'homme en blouse qui comptait au nombre de ses meilleurs clients.

Il saisit une fourche et fit mine, — tout en vociférant les plus sales injures, — d'attaquer le garde-chasse.

Mais ce dernier arma sa carabine, — mit en joue son brutal agresseur et cria :

— Mets bas ta fourche, mon drôle, et recule de dix pas, ou, de par tous les diables, je te brûle comme un lapin!...

L'effet produit par cette menace fut immédiat.

L'ex-repris de justice se calma instantanément.

Il replaça la fourche contre le mur, et, au lieu de reculer de dix pas, il recula de vingt.

— Bon! — fit Caillouët, — tu tiens à ta peau, toi, et tu fais bien, car une balle te l'aurait gâtée...

L'homme maigre restait étendu sous son cheval blanc, et continuait à gémir et à demander du secours.

Caillouët entra dans le cabaret.

La première pièce était déserte, — seulement, sur une table grossière, se voyaient des gobelets d'étain et plusieurs bouteilles vides.

Le garde-chasse pénétra dans une seconde chambre, dont le fond était occupé par un grand lit à rideaux de serge rayée.

Derrière ces rideaux se dessinait une forme humaine maladroitement cachée.

C'était là que la Ramée s'était réfugié dans sa frayeur.

Caillouët marcha droit à lui.

Il souleva les rideaux, — il prit le piqueur par le collet de sa veste, — puis, moitié le traînant, moitié le poussant, il arriva avec lui jusque sur la route.

Le maître de la Maison Rouge, — n'ignorant pas combien les balles de carabine sont de difficile digestion, — n'avait pas bougé de la place assignée par Caillouët.

— Vous allez porter chez vous le chevreuil que voici par terre, — lui dit

— Lâche! répéta Caillouët; tu as dit que j'étais lâche?... (Page 133.)

ce dernier, — je l'enverrai chercher plus tard, — et n'oubliez pas, mauvais drôle, que si ce gibier disparaissait de votre maison je vous déclarerais procès-verbal pour complicité de braconnage et de vol, — ce qui vous ferait une méchante affaire.

Ensuite, — tenant toujours la Ramée par le collet, et lui imprimant de notables secousses, — il ajouta :

— En marche, canaille!...

— Où me conduisez-vous? — balbutia le piqueur effaré.

— Où je te conduis?...

— Oui...

— Je te conduis au château, pardieu!...

— Je n'y veux pas aller...

— Ah! tu n'y veux pas aller?...

— Non... — je suis libre, moi, après tout... — je renonce au service... j'abandonne mes gages... je suis mon maître... j'ai affaire ailleurs... lâchez-moi... je veux partir...

— Ah! tu veux partir?...

— Oui... et si vous ne me lâchez pas, nous verrons...

— Ah! nous verrons!... — Eh bien! en attendant que nous voyions, marche de bonne grâce, ou bien je vais te faire avancer, moi, à grands coups de crosse!...

Et, comme la Ramée n'avançait point, Caillouët joignit le geste aux paroles.

L'effet suivit la menace aussi rapidement que la foudre suit l'éclair.

La crosse de la carabine fut soulevée trois fois de suite, et trois fois de suite retomba sur cette partie de l'individu de la Ramée, située précisément entre le bas des reins et le haut des cuisses...

Le piqueur poussa un mugissement lamentable qui n'attendrit pas le moins du monde Caillouët.

— Si la correction n'est pas de ton goût, — dit-il, — marche!... ou sinon je recommence!...

Il l'aurait fait comme il le disait.

La Ramée, — malgré son ivresse, — le comprit parfaitement et marcha.

En outre de cette aversion bien naturelle qu'inspirent les braconniers aux gardes-chasses, Caillouët avait, ou croyait avoir une foule de raisons toutes spéciales pour se montrer inflexible à l'endroit de la Ramée.

D'abord, — circonstance très-aggravante, — le délinquant appartenait en qualité de piqueur à la maison du comte de Vezay, sur les terres duquel il braconnait avec une impudence éhontée.

Ensuite Caillouët ne lui pardonnait point d'avoir si longtemps déjoué sa surveillance, — de lui avoir fait passer tant de jours pleins de soucis, tant de nuits privées de sommeil.

Enfin, — parmi les nombreux individus composant la domesticité du château, — la Ramée était celui à l'endroit duquel le garde-chasse ressentait la plus instinctive répulsion.

Cette répulsion, — on s'en souvient, — il la lui avait témoignée jadis par une énergique volée de coups de fouet.

Nous savons aussi que le piqueur n'avait point oublié cette correction, et que la haine qu'il éprouvait pour Caillouët égalait tout au moins celle que Caillouët éprouvait pour lui.

Le garde-chasse avait hâte de paraître devant le comte avec son prisonnier.

Il savait bien que le délit n'entraînerait pour le coupable aucune peine sérieuse, — aucune correction, — pas même une amende, et que M. de Vezay refuserait de poursuivre judiciairement.

Mais il savait aussi que la Ramée allait être chassé honteusement, — bafoué, — humilié devant tous, — jeté à la porte, enfin, comme un voleur.

Il savait qu'on lui dirait :

— Hors d'ici, drôle! — laisse la place aux honnêtes gens, et va te faire pendre quelqu'autre part...

Et Caillouët se réjouissait peu chrétiennement à la pensée de cette humiliation que son ennemi intime allait subir en sa présence.

Pressé d'arriver, nous le répétons, le garde-chasse allait le plus vite possible et par les plus courts chemins.

Il ne s'apercevait point que l'ivresse et l'effroi rendaient incertaine et titubante la marche de la Ramée.

Sa main vigoureuse et infatigable n'avait pas lâché le collet de la veste du piqueur.

Cette poigne, — solide et dure comme un étau d'acier, — servait moins à prévenir toute tentative d'évasion qu'à soutenir et même à traîner le malheureux la Ramée.

Ce dernier, étourdi par les fumées du vin et de l'eau-de-vie, — par le grand air et par la rapidité de la course de Caillouët, — suivait comme une masse automatique, — tantôt marchant, — tantôt remorqué.

XVIII

LA CLAIRIÈRE

Caillouët marchait toujours, et, comme il sentait cependant sa main se lasser et son bras s'engourdir, — comme il comprenait que, malgré la puissance de son organisation d'hercule, la fatigue allait venir, — il hâtait le pas, afin de ne point se voir contraint de s'arrêter en route.

La Ramée poussait des gémissements sourds.

A vingt reprises les branches écartées par la course impétueuse du garde-chasse étaient venues le fouetter au visage.

Le souffle lui manquait.

Sa poitrine haletante se soulevait à se briser.

Peu à peu, la douleur croissante dissipait l'ivresse.

Il arrive un moment où le supplice qu'on leur impose révolte les natures les plus lâches.

Ces natures dégradées révèlent alors une étrange énergie, qu'on est stupéfait de trouver en elles.

Elles font preuve d'un courage aveugle, — ou plutôt d'une sorte de fiévreuse audace, qui va jusqu'à la folie.

Ce courage factice, cette menteuse témérité, n'ont que la durée de l'éclair, — mais, comme l'éclair, ils peuvent foudroyer.

Le moment dont nous parlons arriva pour la Ramée.

Caillouët, le traînant toujours après lui, venait d'atteindre une vaste clairière qu'il s'apprêtait à traverser et qu'entouraient des chênes, des ormes et des châtaigners deux ou trois fois séculaires.

Le garde-chasse s'arrêta soudain.

Il croyait s'apercevoir, chez son prisonnier, d'une velléité de résistance.

En effet le piqueur, bien résolu à ne point faire un pas de plus, venait de s'arc-bouter sur ses deux pieds, et, au lieu de continuer à avancer, il reculait de toutes ses forces.

— Vas-tu marcher?... — dit Caillouët d'une voix menaçante.

— Non, sacredieu ! — cria la Ramée, — je n'irai pas plus loin !...

— Comment dis-tu cela?

Le piqueur répéta sa phrase.

— Alors, — répliqua le garde-chasse, en quittant le collet de la Ramée pour soulever à deux mains sa carabine qu'il tenait par le canon, — alors, moi, te vais t'assommer...

— Assomme!... je ne marcherai pas!...

— Écoute, — dit Caillouët entre ses dents, — écoute bien!... Je vais compter jusqu'à *trois*, — si, quand j'aurai fini, tu n'as pas marché, je frappe...

Et il articula nettement :

— *Un!*

La Ramée ne bougea point.

— *Deux!* — dit Caillouët.

Même immobilité du piqueur.

— *Trois!* — articula le garde-chasse.

Et en même temps la crosse de la carabine retomba sur les épaules de la Ramée qui poussa un cri de douleur et qui d'une voix étranglée balbutia :

— Ah! tu es bien lâche!

— Lâche!... — répéta Caillouët, — tu as dit que j'étais lâche?

— Oui, lâche!... trois fois lâche!...

— Moi?

— Oui, toi!... lâche parce que tu abuses de ta force!... lâche parce que tu as des armes, que je n'en ai pas, et que tu me frappes!

— Je te frappe parce que tu le veux. — Pourquoi refuses-tu de marcher?...

— Pourquoi me traînes-tu comme un chien qu'on étrangle? qu'est-ce que je t'ai fait, à toi?...

— A moi, rien, — mais tu es un braconnier, c'est-à-dire un voleur!... Il faut que tu sois puni...

— Est-ce que le gibier que j'ai tué et vendu était à toi?

— Non, mais qu'importe, puisque j'avais la charge de le garder?...

— Et c'est pour un mauvais chevreuil que tu me conduis comme un gendarme ne conduirait pas un forçat!... que tu m'assassines de coups de crosse!... — Eh bien! oui, j'ai braconné!... eh bien! oui, j'ai vendu du gibier!... — Après?... — le beau crime, vraiment?... — Il y a de quoi tuer un homme, n'est-ce pas?..

Et la Ramée, — entraîné par sa fureur, enivré par le bruit de ses paroles, — ajouta avec la plus insultante amertume :

— Si j'aime l'argent, moi?... si j'en veux gagner ou voler?... ça ne regarde personne !... — Je n'ai pas la ressource, — comme d'autres que je connais, — d'épouser, pour m'enrichir, la maîtresse de mon maître, et d'endosser pour deux mille écus la paternité de ses bâtards! Entends-tu ça, Caillouët?...

Après toutes les marches et les contre-marches que nous avons racontées, — après tant d'émotions, de discussions et de courses rapides, — le visage du garde-chasse, on le comprend, était écarlate.

Les derniers mots de la Ramée changèrent cette face pourpre en un masque livide.

Pendant quelques secondes, Caillouët fut semblable à un homme devenu statue.

Mais cet état d'effrayante immobilité ne dura guère que la vingtième partie d'une minute.

Caillouët se réveilla et ce réveil fut terrible.

Il saisit l'un des bras de la Ramée, dont ses doigts pétrirent la chair et firent craquer les os, et, d'une voix qui n'avait plus rien d'humain, il demanda :

— De qui parles-tu?

— Lâche-moi... — cria le piqueur qui croyait sentir son bras se briser sous l'étreinte de Caillouët.

Ce dernier serra plus fort et répéta :

— De qui parles-tu?

Cette fois encore la douleur, parvenue à une intolérable intensité, métamorphosa en audace la lâcheté habituelle du piqueur.

Un instant auparavant la peur rentrait dans son âme — il se repentait d'en avoir trop dit.

Le nouveau supplice qu'il endurait lui donna la force et le courage de jeter au visage du garde-chasse cette réponse :

— De qui je parle? de toi, pardieu!...

— Et tu as dit?...

— J'ai dit que tu avais épousé la maîtresse du comte... — j'ai dit que, pour deux mille écus qu'on t'a donnés, tu reconnaîtrais le bâtard de notre maître..

— Je suis un homme mort! — pensa la Ramée quand il eut prononcé le dernier mot de cette dernière phrase, — Caillouët va m'assommer...

A son grand étonnement il sentit se desserrer l'étreinte des doigts du garde-chasse.

La terreur, aussitôt, reprit tous ses droits.

La Ramée trembla de nouveau et, du plus profond de son cœur, il maudit sa langue et sa colère.

Caillouët se recula de deux ou trois pas.

L'expression de son visage était effrayante.

Ses joues livides devenaient verdâtres, — un large cercle de bistre se dessinait autour de ses yeux agrandis, — aussi visible, aussi régulier que s'il eut été tracé avec du charbon.

Pendant quelques instants il ne prononça pas une parole.

Ce silence était plus sinistre que des imprécations et des menaces.

La Ramée, en ce moment, aurait de toute son âme donné la moitié de sa vie, pour être assuré de la tranquille possession de l'autre moitié.

Enfin le garde-chasse releva la tête, qu'il avait jusque-là penchée sur sa poitrine.

Il arma sa carabine avec autant de calme que s'il se fût disposé à tirer sur un renard ou sur un chevreuil, et il murmura :

— Écoute, la Ramée... ce que tu viens de me dire, si c'est un mensonge, vaut une balle... — Tu m'as blessé au cœur... je te frapperai à ta tête... et nous ne serons pas encore quittes... car je souffrirai plus longtemps que toi.

— Mais, — s'écria impétueusement le piqueur, — je n'ai pas menti!... je le jure...

— Pas menti en disant que Suzanne, quand je l'ai épousée, était la maîtresse de notre maître?

— Non.

— Pas menti en disant que l'enfant dont Suzanne est grosse sera le bâtard du comte?

— Non.

Caillouët fit un geste farouche.

— Prouve-le donc!...... — cria-t-il, — et prouve-le vite!... et prouve-le bien!... et prouve-le si clairement que je ne puisse pas conserver un doute!...

— Fais cela!... la Ramée, fais cela!... Sinon, vrai comme il y a un Dieu, je te tue, je t'éventre, et je trépigne à deux pieds sur ton cœur!...

Nous pouvons reproduire cette épouvantable menace, — mais nous devons renoncer à rendre l'accent avec lequel elle fut prononcée.

— Et, si j'ai dit la vérité?... — balbutia le piqueur, — et si je le prouve?...

— Alors, nous verrons...

— Jure-moi de ne pas me faire de mal...

— Je ne jure rien... sinon de te brûler la cervelle à l'instant si tu ne commences!... — Mais, va donc!... — va donc!... j'attends!...

La Ramée, fou d'épouvante, — mais certain que, s'il restait une faible chance de sortir de ce mauvais pas, la véracité seule pouvait la lui offrir. — La Ramée, disons-nous, commença son long récit, cent fois interrompu par les sourdes exclamations de son auditeur.

Il raconta tout, avec les plus complets détails, à partir du moment où le comte de Vezay, en compagnie du chevalier de Lucy, le jour de la curée, s'était adressé à lui pour savoir le nom de la brune paysanne du bord de l'étang.

Nos lecteurs connaissent d'ailleurs, aussi bien et mieux que lui, les faits qu'il mit sous les yeux du mari de Suzanne.

Il est donc inutile de nous appesantir de nouveau sur ce sujet.

Lorsque le piqueur eut achevé, Caillouët semblait plongé dans une sorte de torpeur pareille à celle de l'homme qu'on a endormi avec la vapeur de l'éther pour lui faire subir une opération douloureuse.

La Ramée prit cet engourdissement momentané pour du calme.

Il se dit que le garde-chasse acceptait fort bien la chose, et que, selon toute vraisemblance, le gros du péril était passé pour lui, la Ramée.

Le pauvre diable n'avait point absolument raison.

Caillouët revint à lui-même.

Il regarda tout autour de lui, comme un homme qui s'éveille.

Ses yeux, dans ce mouvement circulaire, rencontrèrent le piqueur qui se faisait petit, et qui aurait voulu pouvoir se fondre en une légère et insaisissable vapeur.

Mais, quoique maigre, la Ramée n'était point diaphane.

Le front de Caillouët se rida, et ses rudes sourcils se rapprochèrent au point de se toucher, comme ceux du Jupiter tonnant.

Il fallait se servir d'une branche horizontale comme d'un pont mouvant. (Page 143.)

— Ainsi, — demanda-t-il lentement, — tout ce que tu m'as dit est bien vrai?...

— Vrai d'un bout à l'autre... je te le jure sur le bon Dieu...

— Ainsi c'est toi qui, le premier, as dit à M. le comte que la belle fille qu'il regardait se nommait Suzanne Guillot?

— Il me fallait bien répondre, puisque mon maître m'interrogeait...

— Ainsi, — poursuivit le garde-chasse, — le soir de ce même jour, te doutant bien que le démon s'était emparé du cœur, et de l'âme, et du corps de notre maître, tu l'as épié, espionné, suivi, jusqu'auprès de la chaumière de Suzanne?...

— Oui, — mais pourquoi me fais-tu répéter tout ce que je viens de te dire?

Caillouët ne sembla point se préoccuper de cette interrruption, — il ne parut pas même l'avoir remarquée, — et il continua :

— Quand le comte est entré dans la chaumière, tu étais là?

— J'étais là.

— Quand Suzanne a crié à l'aide, tu étais là?...

— Oui, — dit la Ramée, — j'étais là.

— Tu l'entendais?

— Parfaitement.

— Et, l'entendant, tu ne l'as pas défendue!... — tu as eu cette lâcheté inouïe, misérable coquin sans âme, tu as eu cette honteuse infamie de savoir qu'il y avait là, près de toi, une pauvre fille, une malheureuse enfant à qui l'on faisait violence... qui se débattait en pleurant... qui priait Dieu... qui criait : *à l'aide!*... — et tu n'as pas fait un pas pour lui porter le secours qu'elle demandait!... — Ton cœur n'a pas battu!... ton sang ne s'est pas révolté!... tu as laissé le crime s'accomplir... l'œuvre sans nom se consommer!... — tu as prêté à cette action abominable l'appui de ton silence! tu t'en es fait complice!... — ah! misérable!... misérable!...

— Hélas!... — balbutia la Ramée tremblant, et comprenant qu'il avait fait fausse route et qu'il venait de s'engager dans une voie périlleuse et sans issue, — hélas!... c'était mon maître...

— Ton maître!... — répliqua Caillouët avec amertume, — c'est juste!... quoi que fasse le maître, le valet applaudit!...

Il y eut un instant de silence.

Puis le garde-chasse reprit :

— Un jour est venu où, comme tout le monde, tu as appris que j'allais épouser Suzanne?...

— Oui... — murmura le piqueur, — mais je l'ai appris après tout le monde...

— Enfin, il était temps encore d'empêcher ce mariage... — pourquoi ne m'as-tu pas prévenu?...

— Prévenu de quoi? — demanda la Ramée?

— De ce dont tu avais été témoin pendant cette nuit d'infamie!... — pourquoi ne m'as-tu pas dit que Suzanne était la maîtresse du comte?...

Avouer que sa haine pour le garde-chasse avait été l'unique cause de ce silence, la Ramée n'y pensa même pas.

C'était un parti trop dangereux à prendre.

Il crut faire un coup de maître en répondant :

— Dame!... j'ai cru que tu le savais...

— Ah! — murmura Caillouët d'une voix sourde.

En même temps ses yeux s'injectèrent de sang.

— Ah! — répéta-t-il, — tu as cru cela?...

— Oui... mais je vois bien maintenant que je me trompais...

Le garde-chasse ne l'écoutait plus.

— Tu as cru, — reprit-il d'une voix redevenue forte et éclatante, — tu as cru que j'étais tout heureux et tout fier d'épouser la maîtresse du maître et de me faire acheter par lui pour deux mille écus de déshonneur?... — tu l'as cru, puisque tu me l'as dit, — tu le redirais à d'autres, — et je ne veux pas, entends-tu bien, je ne veux pas que tu le redises!...

— Caillouët... mon bon Caillouët... — commença la Ramée, — je te jure...

Mais il n'eut pas le temps d'achever.

Le garde-chasse, — dans un mouvement d'irrésistible fureur, — avait entouré de ses deux mains le cou du malheureux piqueur.

Ce collier vivant et inflexible se resserrait comme ce carcan de fer que les Espagnols nomment *la garote*.

Le dernier cri de la Ramée s'éteignit dans un râle sourd.

La bouche et les yeux du misérable s'ouvrirent démesurément.

La langue, déjà noire, pendit hors des dents et des lèvres.

Les yeux semblèrent prêts à sortir de leurs orbites.

En même temps le visage entier, horriblement convulsionné, prenait une teinte d'un violet pourpre et des gouttes de sang jaillissaient des narines.

Cette épouvantable strangulation dura tout au plus une demi minute...

Mais c'était assez..

C'était trop...

Quand Caillouët dénoua ses mains, la tête du piqueur flotta pendant une seconde d'une épaule à l'autre et d'avant en arrière.

Puis le corps ploya sur les genoux, — s'affaissa — et finit par s'abattre lourdement.

La colonne vertébrale était rompue entre la tête et les épaules...

La mort avait été foudroyante.

Que se passa-t-il dans l'esprit de Caillouët lorsqu'il vit étendu à ses pieds, sans vie, le corps de cet homme qu'il venait d'assassiner?

A cette grave question nous ne saurions répondre sans embarras.

Caillouët se trouvait dans l'une de ces situations étranges où le sens moral n'existe plus, — où la conscience reste muette.

Au milieu du grand naufrage de ses rêves, de ses espoirs, de son amour, de son bonheur, rien de distinct ne surnageait.

Dans son âme, dévastée par un ouragan de pensée confuses, — amères, — déchirantes, — il n'y avait pas de place pour le remords.

Nous pourrions donc affirmer, à peu près à coup sûr, que Caillouët ne se repentit pas de l'action qu'il venait de commettre.

Et nous pensons devoir ajouter que la première idée qui se présenta à lui un peu distinctement fut celle-ci :

— Que vais-je faire de ce cadavre?

XIX

UNE TOMBE VERTE

La clairière dans laquelle venait de se passer la scène terrible que nous avons racontée avait la forme d'un carré long.

A l'un des angles de ce carré s'élevait un châtaignier gigantesque, — le doyen sans doute de tous les arbres de la forêt.

Nous ne saurions, pour en donner une idée exacte à nos lecteurs parisiens, trouver un autre point de comparaison que le célèbre châtaignier du jardin de *Robinson*, dans les bois d'Aulnay, près de Sceaux.

Nous pensons faire une chose agréable à nos lecteurs, en reproduisant ici les quelques lignes élégantes qu'un romancier mort trop jeune, et qui eut son heure de succès, *Adrien Robert*, consacrait à l'arbre en question, dans sa curieuse étude de mœurs artistiques : *Jean qui pleure et Jean qui rit.*

« En apportant ses fourneaux et ses casseroles à Aulnay, — disait le romancier, — le fondateur de *Robinson* n'a pas eu besoin de faire de grands frais d'imagination pour la décoration de son restaurant.

« La nature s'est chargée de la partie la plus pittoresque et la plus agréable.

« Du milieu d'une vaste châtaigneraie, étagée sur un terrain accidenté et sablonneux, parsemé de cabanes rustiques, de hangars et de parasols recouverts en chaume, s'élève un gigantesque châtaignier, trois fois centenaire.

« Un escalier de bois cercle le tronc de ce burgrave et monte en spirale jusqu'à sa cime.

« Deux maisonnettes, étayées sur ses branches vigoureuses et enfouies sous la feuillée, comme des nids d'oiseau, servent de salles à manger et de cabinets particuliers aux consommateurs.

« Un système de poulies, de cordes et de paniers, permet aux garçons de servir les indigènes perchés au premier et au second étages, et de leur hisser leur pâture comme on hisse une voile.

« Vingt personnes peuvent dîner en même temps dans l'arbre de *Robinson*.

« — Eh bien! malgré le précepte de l'Évangile : *il y aura beaucoup d'appelés et peu d'élus,* — précepte que l'on devait écrire sur la porte de *Robinson,* — deux ou trois cents familles partent chaque dimanche de Paris, dans l'unique espoir de festoyer à cinquante pieds au-dessus de la planète terrestre. »

Le châtaignier de la clairière du bois de Vezay offrait des dimensions aussi imposantes que celui de Robinson.

Mais là s'arrêtait toute ressemblance entre les deux arbres.

L'un, victime de la civilisation et de la gastronomie, voit tranformer en guinguette son tronc déshonoré, pour la plus grande joie dominicale des courtauds de boutique et des *Amandas* parisiennes.

L'autre avait conservé intacte la sauvage majesté de son tronc abrupte et de ses branchages puissants.

Or ce châtaignier était creux.

Bien souvent, dans son enfance, alors qu'il était un petit pâtre chercheur de miel et dénicheur de nids, Caillouët, attachant une corde à la cime de l'arbre et se laissant glisser le long de cette corde, avait exploré les profondeurs du tronc noueux, — soit pour y récolter les rayons savoureux du miel des abeilles sauvages, — soit pour y chercher de jeunes hiboux à peine emplumés.

Nulle fissure extérieure ne trahissait la cavité dont nous parlons.

Pour la découvrir, il fallait la dominer, — c'est-à-dire être parvenu dans le couronnement même de l'arbre.

Caillouët, enfant, avait découvert par hasard le secret de cette cavité végétale.

Ce secret, — auquel depuis longtemps cependant il n'attachait plus d'importance, — avait été gardé par lui.

Le moment approchait où il allait sentir tout le prix de cette discrétion jusque-là sans but.

— Que vais-je faire de ce cadavre? — s'était demandé le garde-chasse.

Et son regard farouche, errant autour de lui, semblait adresser cette question aux objets environnants.

Soudain ses yeux rencontrèrent le châtaignier géant.

Il tressaillit, — l'arbre venait de lui répondre.

Une lueur subite l'éclaira, et il se dit :

—, Voilà la tombe qu'il me faut!...

Le projet du garde-chasse se devine.

Il songeait à ensevelir le corps de la Ramée dans le tronc du châtaignier.

Cette pensée était lumineuse, mais sa mise à exécution présentait des difficultés presque insurmontables.

Comment, en effet, — sans échelle et sans aide, — parvenir à hisser un cadavre humain à une hauteur de plus de vingt pieds?

Au premier abord, la chose semblait impossible.

Le garde-chasse ne se laissa point décourager par des obstacles insurmontables en apparence.

Il commença par étudier le tronc de l'arbre, afin de s'assurer du plus ou moins de chance de réussite d'une ascension.

Un chat ou un écureuil, — ou un de ces petits paysans qui égalent l'écureuil et le chat en souplesse et en agilité, — pouvaient seuls gravir le long de ce tronc à peu près lisse.

A plus forte raison, un homme lourdement chargé ne devait-il même pas tenter cette folle entreprise.

Mais, à douze ou quinze pieds de là, croissait un hêtre mince et élancé dont les branchages vigoureux formaient une arche de verdure en s'enlaçant avec ceux du châtaignier.

— C'est par là que j'arriverai, — se dit Caillouët.

Et il se mit immédiatement à l'œuvre.

Il souleva d'abord le cadavre du malheureux la Ramée.

Il se servit, comme de courroies, du baudrier de son couteau de chasse et de la bandoulière de sa carabine, — il appuya sur ses épaules le corps du piqueur, et avec ces courroies il le lia fortement à son propre corps.

Ensuite, sans plier sous cette charge qui aurait dû glacer ses membres d'un frisson d'horreur et paralyser ses forces, il embrassa de ses deux bras le tronc du hêtre et il commença à grimper.

Il avançait lentement, car ses mouvements n'étaient point libres, — mais enfin il avançait.

Après de longs efforts d'une énergie surhumaine Caillouët atteignit la fourche de l'arbre, c'est-à-dire l'endroit où les grosses branches commençaient à diverger.

Là, sa tâche devenait de plus en plus impraticable.

Il ne s'agissait plus de s'élever.

Il fallait se servir d'une branche horizontale, comme d'un pont mouvant et fragile, pour passer du hêtre sur le châtaignier.

Caillouët choisit, de toutes les branches, celle qui lui sembla la plus forte, et se coucha sur elle à plat ventre.

Alors, rampant à la façon des mousses qui, par un gros temps et malgré le roulis et le tangage, veulent atteindre l'extrémité d'un de ces mâtereaux inclinés placés à l'avant des navires, il tendit vers son but, dont une série de mouvements le rapprochait peu à peu.

Vingt fois Caillouët sentit son élastique appui ployer et en quelque sorte se dérober sous lui.

Vingt fois il fut au moment d'être précipité sur le sol.

Mais toujours son courage domina le péril.

Enfin il arriva.

Il était temps, car la force et le souffle lui manquaient à la fois, — ses yeux ne voyaient plus et le vertige l'effleurait déjà du bout de ses ailes bourdonnantes.

Toucher le tronc du châtaignier, pour lui, c'était toucher la terre ferme.

Il s'y cramponna, et quelques secondes lui suffirent pour recouvrer sa vigueur première.

Presque sous ses pieds s'ouvrait, comme un trou noir, la cavité béante.

Il dénoua les courroies qui le liaient au cadavre.

Il prit ce cadavre par les épaules, et, de même qu'on glisse un lingot de plomb dans une carabine, il le laissa couler dans la sombre et profonde ouverture.

Un oiseau de nuit, réveillé dans son logis obscur, s'envola en poussant son hululement lugubre.

Un nuage de poussière s'éleva.

Puis, plus rien.

Le piqueur la Ramée dormait à tout jamais dans cette tombe verte où ses ossements devaient blanchir.

*

Plusieurs heures s'étaient écoulées.

La nuit descendait lentement du ciel.

Nous retrouverons Caillouët sur les bords de la Loire, à quatre lieues environ du village de Vezay.

Le garde-chasse marchait à grands pas et d'un air égaré.

Où allait-il?

Nous ne le savons pas, et il ne le savait pas plus que nous.

Il marchait, — il marchait toujours, — parce qu'un vague instinct lui disait que la fatigue du corps pouvait seule apaiser la fièvre de l'âme, — et parce qu'il avait besoin de calme et de sang-froid pour envisager sa situation et pour prendre une résolution quelle qu'elle fût.

La première pensée du garde-chasse, — après l'étrange ensevelissement de la Ramée, — avait été d'aller droit au château et de brûler la cervelle à M. de Vezay ou de lui enfoncer son couteau de chasse dans le cœur.

Mais une inspiration de vengeance plus raffinée l'avait retenu.

— Tué ainsi, et d'un seul coup, — s'était-il dit, — cet homme ne souffrirait pas assez! — il faut trouver mieux!

Cailouët, caché dans son buisson, vit deux cavaliers qui s'avançaient de son côté. (Page 152.)

Et, depuis ce moment, emporté loin du château par une course vagabonde et sans but, il cherchait.

Quant à Suzanne, qu'en ferait-il?

Il ne songeait point à la tuer.

Une pensée, — un souvenir, — sauvegardaient la vie de la jeune femme.

— Elle résistait... — se disait Caillouët, — elle n'a cédé qu'à la violence.

Mais presque aussitôt il ajoutait :

— Peut-être aurais-je pardonné... mais m'avoir apporté son déshonneur en dot !... C'est infâme !...

Et Caillouët se proposait, après avoir accompli sa vengeance sur M. Vezay, — d'abandonner Suzanne et d'aller vivre loin de ce pays maudit.

Machinalement, et sans le savoir, le garde-chasse, — après s'être assis pendant un instant sur une berge élevée qui dominait le fleuve aux sables d'or dont le reflet du ciel obscurci rendait les ondes sombres et livides, — le garde-chasse, disons-nous, reprit un chemin qui le ramenait dans la direction de Vezay.

Mais sa démarche n'avait plus, — comme un instant auparavant, — la sauvage énergie de celle d'une bête fauve qui s'enfuit avec une balle au flanc.

Il allait d'un pas lent, et pour ainsi dire épuisé.

Sa tête se penchait sur sa poitrine.

Ses bras flottaient le long de son corps.

Il mit bien du temps à franchir les quatre lieues qui le séparaient de ces belles forêts dont il était le garde.

Deux heures du matin sonnaient à l'horloge du château, au moment où Caillouët atteignait l'extrémité de la longue muraille enfermant le parc dans son cordon de pierre.

La nuit était sans lune, mais des myriades d'étoiles étincelaient dans le ciel pur et permettaient aux regards de distinguer les objets à une assez grande distance.

Il sembla tout à coup à Caillouët qu'il voyait un mouvement bizarre, à une distance de cinq ou six cents pas environ, auprès de la petite porte du parc voisine d'une construction de style Louis XIII qu'on appelait le *Pavillon de chasse*.

Si grande que soit la préoccupation d'un homme dont le métier est de surveiller, il surveillera toujours, malgré lui-même et à son insu.

Caillouët, tout en avançant, regarda mieux.

Il ne tarda guère à se convaincre que ce mouvement qui l'avait frappé était produit par deux chevaux, l'un monté, l'autre tenu en main.

Ceci lui parut étrange.

Mais, avant qu'il ait eu le temps de faire de longues conjectures, la petite porte du parc s'ouvrit.

Un homme en sortit, — s'élança en selle, et les deux cavaliers partirent au galop dans la direction du domaine de Villedieu.

— Ce visiteur nocturne, — se demanda aussitôt Caillouët, — quel peut-il être?... — quel est-il?...

« Si c'est un hôte, pourquoi la grille ne s'est-elle point ouverte pour lui?

« Pourquoi ses chevaux, au lieu de l'attendre dans la cour d'honneur, semblaient-ils se cacher derrière ce mur et près de cette petite porte?

« Est-ce un voleur?

« Mais les voleurs ne viennent pas au pillage, à cheval... »

Caillouët s'interrompit pendant un instant.

Sa pensée hésitait.

Soudain une idée nette et flamboyante traversa son esprit, y faisant la lumière au milieu des ténèbres.

— Ce n'est ni un hôte, ni un voleur!... — murmura-t-il, — c'est un amant!...

« Ah! monsieur le comte!... vous avez beau être riche et gentilhomme!... vous êtes trompé comme le garde-chasse!... et mieux trompé, car l'amant de votre femme ne lui fait pas violence à elle!...

« Voici la vengeance qui vient à moi!.. une belle vengeance!... — si belle que je n'aurais jamais osé l'espérer ainsi!...

« Vous m'avez déshonoré, monsieur le comte!... Mais, moi aussi, j'aurai la preuve de votre déshonneur!... Cette preuve je vous la jetterai au visage!... J'allumerai dans votre cœur tous les brasiers qui consument le mien!...

« Et, quand vous aurez bien souffert, monsieur le comte, je vous tuerai!... »

Peut-être Caillouët ne parla-t-il point tout à fait ainsi. Mais, à coup sûr, ce que nous venons d'écrire, il le pensa.

Et ce fut, — nous l'affirmons, — un soulagement inouï pour cet homme que la certitude du malheur de celui à qui il devait son malheur.

La blessure du maître allait être saignante et douloureuse, — le valet trouva la sienne moins saignante et moins douloureuse.

A partir de ce moment, la puissante énergie de la nature du garde-chasse reprit le dessus.

Il se jura d'attacher sur son visage un masque dont personne au monde ne pourrait détacher les cordons.

Il se jura de refouler au fond de son cœur ses jalousies, — ses ressentiments, — ses haines, — jusqu'au jour prochain où il pourrait les laisser éclater d'autant plus terribles qu'ils auraient été plus contenus.

Il se jura enfin d'être muet et impénétrable comme cette tombe de verdure à laquelle, — quelques heures auparavant, — il venait de confier un secret et un cadavre.

C'est dans ces idées qu'était Caillouët, lorsqu'il regagna sa chaumière.

Suzanne, — habituée aux longues absences de son mari et à son retour à toutes les heures de la nuit, — dormait et ne se réveilla pas.

Lorsque le garde-chasse, — après avoir pris un peu de repos que l'excès de sa fatigue exigeait impérieusement, — se leva pour quitter la maisonnette du bord de l'étang, Suzanne s'occupait des soins du ménage.

Caillouët n'échangea avec elle que peu de paroles.

— Ne déjeunez-vous donc pas ici? — lui demanda-t-elle en le voyant boucler ses guêtres et prendre sa carabine.

— Non, — répondit-il simplement et de son ton habituel.

— Reviendrez-vous dîner?

— Je ne sais pas.

— Où allez-vous donc?

— Au château où l'on m'attend.

Ce fut tout.

Suzanne, dans ce peu de mots, ne remarqua ni un accent bizarre, ni une froideur inaccoutumée.

Elle s'approcha de son mari et lui présenta son front.

Caillouët voulut détourner la tête.

Mais il se rappela ce qu'il s'était juré à lui-même et il se contint.

Ses lèvres mirent un baiser sur le front de Suzanne...

Ensuite il quitta la chaumière, et, ainsi qu'il venait de le dire, il se dirigea du côté du château.

XX

LA CINQUIÈME NUIT

Caillouët trouva toute la valetaille en grand émoi au sujet de la disparition incompréhensible de la Ramée.

Sorti la veille, dans la matinée, le piqueur n'avait point reparu.

Le pauvre diable n'aurait eu, hélas!... que de trop excellentes raisons à donner de son absence.

— L'avez-vous vu? — l'avez-vous vu? — demandèrent dix voix à Caillouët.

— Oui, — répliqua le garde-chasse.

— Quand?

— Hier.

— Où?

— Là où il était.

— Mais, où était-il?... — où est-il à présent?

Caillouët haussa les épaules.

Puis, sans se préoccuper autrement de répondre à toutes les questions, il s'adressa au valet de chambre et le chargea de prévenir M. de Vezay qu'il était là et qu'il désirait lui parler au sujet du piqueur la Ramée.

Le comte reçut aussitôt le garde-chasse.

Caillouët, avant d'entrer auprès de son maître, mit autour de son cœur un *triple airain*, comme dit Horace, et fit de son visage un masque de bronze, impénétrable et sans expression.

— Eh bien! Caillouët, — demanda M. de Vezay, — y a-t-il quelque chose de nouveau?

— Beaucoup de nouveau, monsieur le comte.

— Vraiment!...

— Et ce nouveau vous étonnera fort.

— As-tu découvert nos braconniers?

— Oui.

— Combien sont-ils?

— Un seul.

— Bah !

— C'est comme ça.

— Tu en es sûr ?

— Parfaitement sûr, monsieur le comte.

— Et ce hardi coquin, quel est-il ?

— La Ramée.

Le comte, en entendant ce nom, fit un mouvement brusque, — symptôme de stupéfaction auquel le garde-chassse s'attendait.

Les paroles de Caillouët trouvèrent d'abord M. de Vezay incrédule, de même que Caillouët avait été incrédule aux paroles de Nicaise.

— Allons-donc ! — s'écria le comte, — un piqueur braconnier !... tu rêves !... c'est impossible !...

Le garde-chasse ne répondit pas.

— Voyons, — demanda M. de Vezay, — voyons, Caillouët, tu plaisantes, n'est-ce pas ?...

— Je ne me permettrais point une plaisanterie avec monsieur le comte...

— Ainsi, c'est sérieux ??...

— Malheureusement, trop sérieux.

— La Ramée braconnier ?

— Oui, monsieur le comte.

— Mais, dans quel but ?

— Dans le but de vendre son gibier, pardieu !...

— Tu en as la preuve ?

— Oui, monsieur le comte.

— Tu l'as pris sur le fait ?

— Si bien sur le fait que j'ai saisi le chevreuil entre les mains de l'acquéreur...

— Ce matin ?

— Non, monsieur le comte, hier.

— Dans la forêt ?

— Non, monsieur le comte, à la Maison-Rouge.

— Et, qu'as-tu fait de la Ramée ?

— Je lui ai mis la main sur le collet pour le conduire devant vous...

— Eh bien ! où est-il ?

— Il doit être loin, s'il court toujours...

— Il t'a donc échappé ?...

— Oui, monsieur le comte... par malheur !

— Comment cela est-il arrivé ?

— J'étais épuisé de fatigue, car il m'avait fallu d'abord soutenir une lutte à la Maison-Rouge... et, de plus, j'étais forcé de traîner mon coquin qui ne voulait pas marcher et qui se débattait comme un diable dans un bénitier... — Le drôle s'aperçut de mon épuisement, — il en profita pour me faire lâcher prise, — il me jeta dans les yeux une poignée de sable fin qui m'aveugla, et il s'enfuit...

— L'as-tu poursuivi ?...

— Oui, monsieur le comte, — pendant presque toute la nuit... — Je suis allé jusque plus loin que Villiers, sur les bords de la Loire... — Mais impossible de retrouver mon homme, et, à moins de mettre la gendarmerie à ses trousses, ce qui est facile...

— A quoi bon ? — interrompit le comte, — il est parti, — bon voyage ! — qu'il aille se faire pendre ailleurs !...

Telle fut l'unique oraison funèbre de la Ramée.

— Monsieur le comte n'a pas d'autres ordres à me donner ? — demanda Caillouët.

— Non, — aucun.

— Alors, je me retire.

— Oui, va, — à propos, Caillouët, comment se porte ta femme ?

Les dents aiguës du garde-chasse se heurtèrent dans une contraction terrible.

Cependant, au bout d'une seconde, il put répondre d'une voix parfaitement calme :

— Elle va bien, monsieur le comte, je vous remercie...

— Ne m'a-t-on pas dit qu'elle était grosse ?...

Caillouët, sans le savoir peut-être, mit la main sur la poignée de son couteau de chasse.

Mais ce geste n'eut pas de suite.

— Elle est grosse, en effet, monsieur le comte... — fit-il enfin.

— Et, quand doit-elle accoucher ?...

— Mais, dans un mois ou deux, je pense.

— Tu as là une bonne et belle ménagère, Caillouët, — rends-la heureuse, mon ami...

— Dame! je fais ce que je puis... je sais bien que Suzanne est un trésor, et je n'oublierai jamais, monsieur le comte, que c'est vous qui m'avez donné ce trésor...

— J'aurai soin de ton enfant, Caillouët...

— Monsieur le comte est si bon!...

— Ne me remercie pas, — ce que je fais est naturel, car tu es un vieux serviteur...

L'entretien entre le comte et le garde-chasse se termina là.

Puis Caillouët descendit dans les cuisines, où il eut à satisfaire la curiosité dévorante de la livrée en narrant de nouveau, à propos du piqueur braconnier, toutes les circonstances qu'il venait de mettre sous les yeux de M. de Vezay.

Rien au monde, — on en conviendra, — n'était plus vraisemblable que cette fugue de la Ramée, et personne n'eut l'idée de mettre en doute la véracité du conteur.

La nuit arriva.

Dès onze heures du soir, Caillouët alla se placer en embuscade dans un buisson de noisetiers sauvages qui croissaient à une portée de fusil de la petite porte du parc.

Il resta là jusqu'à cinq heures du matin, et il dut enfin se retirer au jour naissant sans avoir vu paraître personne.

Il en fut de même la nuit suivante...

Et la troisième...

Et la quatrième...

Mais Caillouët avait une volonté d'acier dans un corps de fer.

Son insuccès ne le découragea point.

Il se dit qu'il reviendrait ainsi chaque soir, — s'il le fallait, — pendant un an.

Cette persévérance ne tarda pas à porter ses fruits.

La cinquième nuit, Caillouët, — vers une heure du matin, — entendit ce bruit léger et régulier que produisent les chevaux de race en frappant la terre.

Il se retourna à demi dans son buisson, et il vit deux cavaliers qui s'avançaient au petit pas de son côté.

Le comte reprit le chemin du château, emportant avec lui l'enfant. (Page 163.)

L'un des deux marchait un peu en avant de l'autre.

Le ciel était clair et lumineux.

Quand le cavalier passa près du buisson de noisetiers, le garde-chasse vit son visage presque aussi distinctement qu'en plein soleil.

— M. le vicomte Armand de Villedieu!... — murmura-t-il. — L'ami du mari est l'amant de la femme!... Allons! voilà qui va bien, et j'aurais tort de me plaindre!

Arrivé près de la muraille du parc, le vicomte descendit de son cheval dont il jeta la bride au valet, qui s'éloigna aussitôt avec les deux montures.

M. de Villedieu prit une clef dans sa poche.

Il ouvrit la petite porte et il entra dans le parc.

Caillouët entendit pendant un instant le bruit de ses pas foulant le sable fin des allées.

— L'autre nuit, — se dit-il, — j'étais déjà sûr... — maintenant je suis plus sûr encore !... — je crois que demain je pourrai parler...

Le garde-chasse voulut savoir combien de temps durerait l'amoureuse entrevue.

En conséquence il resta à son poste.

Deux heures s'écoulèrent.

Au bout de ce temps le valet de M. de Villedieu reparut le premier avec les chevaux.

Quelques minutes se passèrent encore.

Puis le vicomte sortit du parc, — sauta en selle et s'éloigna au galop.

Caillouët se frotta les mains et regagna sa maisonnette.

Les saignantes blessures de ce cœur déchiré ne l'empêchaient point de ressentir, en ce moment, une joie farouche.

Le garde-chasse était et devait être épuisé par les fatigues successives et non interrompues de cinq nuits d'insomnie complète.

Il se mit au lit et essaya de dormir.

Mais il lui fut impossible de fermer l'œil.

La fièvre de la haine et de la vengeance lui brûlait le sang et faisait battre ses veines cent cinquante fois par minute.

Il lui tardait de voir le jour se lever.

Il lui tardait de travailler à la réalisation du premier de ses rêves.

Quelques heures encore, et il allait d'un seul mot faire avec le bonheur de M. le comte de Vezay ce que M. le comte de Vezay avait fait avec le bonheur de Caillouët le garde-chasse !

Enfin le soleil parut, — s'élevant radieux au-dessus des cimes verdoyantes de la futaie.

Caillouët s'élança hors de son lit.

XXI

DEUX BERCEAUX ET UN RUBAN NOIR

— Monsieur le comte, — dit le garde-chasse, aussitôt qu'il se trouva en présence de son maître, — il se passe quelque chose qui n'est pas naturel...

— Où? — demanda M. de Vezay.

— Ici même.

— Au château?...

— Oui, monsieur le comte, au château.

— Encore un braconnier parmi mes gens, peut-être?

— Pis que cela, monsieur le comte.

— Voyons, Caillouët, explique-toi...

— Eh bien! monsieur le comte, quelqu'un s'introduit la nuit dans le parc...

— Par escalade?

— Non, monsieur le comte, — par la petite porte qui se trouve à côté du pavillon de chasse...

— Je croyais cette porte fermée...

— Sans doute, elle l'est, — mais le *quelqu'un* dont je vous parle en a la clef.

— Est-ce un voleur?

— Non, monsieur le comte.

— Comment le sais-tu?

— Un voleur n'arriverait pas à cheval, et suivi d'un valet...

M. de Vezay devint pâle.

Son front se plissa et ses paupières s'abaissèrent brusquement sur ses yeux inquiets.

— Mais, si ce n'est pas un voleur... — murmura-t-il, — qu'est-ce donc?...

Caillouët ne répondit pas.

— Qu'est-ce donc? — répéta le comte.

— Je n'en sais rien, — dit le garde-chasse, — et je ne me permettrais aucune supposition.

Le comte s'était laissé tomber sur un siége.

Il cachait dans ses deux mains sa tête pâle.

— Allons! — se dit Caillouët avec un sourire, — j'avais bien visé!... le coup porte!...

Quelques minutes se passèrent ainsi.

Puis M. de Vezay sembla secouer la défaillance qui s'était emparée de lui.

Il releva la tête et il dit au garde-chasse :

— Raconte-moi tout ce que tu sais... tout ce que tu as vu... — entre dans les plus grands détails...

Caillouët obéit.

Nous connaissons d'avance le récit qu'il fit au comte.

Seulement il eut soin d'omettre une circonstance importante, — la plus importante de toutes.

Il affirma qu'il lui avait été impossible de voir le visage du nocturne visiteur.

Quand le garde-chasse eût achevé, M. de Vezay réfléchit longtemps.

— Tu avais raison, — fit-il ensuite, — tu avais raison, Caillouët, — tout cela est étrange... tout cela est grave... — il faut éclairer ces ténèbres, — il faut chercher, — il faut savoir...

Caillouët répondit par un signe affirmatif.

M. de Vezay continua :

— Cette nuit, nous veillerons, — et, non-seulement cette nuit, mais les autres... jusqu'à ce que cet homme revienne... — tu attendras auprès du pavillon de chasse, mais dans l'intérieur du parc... Aussitôt qu'il y aura quelque chose, tu viendras me prévenir... tu me trouveras debout et prêt..

— Oui, monsieur le comte.

— Surtout, pas un mot de ceci à qui que ce soit!...

— Oh! je sais garder un secret, et monsieur le comte peut être tranquille!...

Caillouët ne s'était point trompé, en disant qu'il avait visé juste et que le coup portait.

En effet, ce premier et terrible soupçon jeté dans l'âme du comte, cette première blessure faite à son cœur, étaient brûlants et douloureux autant que la vengeance la plus haineuse pouvait le souhaiter.

Trois nuits se passèrent, — nuits d'anxiété, d'angoisses, de tortures, — sans amener pour M. de Vezay le moindre résultat.

Enfin, la quatrième nuit arriva.

C'était celle du 20 septembre.

Deux heures du matin sonnaient, — la tempête se déchaînait dans le ciel sombre rayé par des éclairs fulgurants.

Caillouët vint chercher le comte.

Nous avons raconté plus haut l'histoire de cette nuit sinistre.

Nos lecteurs n'ont pas eu le temps d'en oublier les terribles détails.

Nous venons de faire dans le domaine du passé une excursion, trop longue peut-être.

Réparons autant que cela dépendra de nous ce tort involontaire, en marchant désormais avec les événements, et le plus rapidement possible.

Quarante-huit heures s'étaient écoulées depuis le dernier entretien de M. de Vezay et du garde-chasse.

Dans cet entretien, — on s'en souvient sans doute, — le comte avait obtenu de Caillouët la promesse formelle que, ce même jour, il quitterait le pays et qu'il se dirigerait vers Nantes avec sa femme, afin que de là il pût prendre passage sur quelque navire qui l'emporterait à travers l'océan vers les rives du Nouveau-Monde.

Caillouët avait reçu du comte une somme en or, et un mandat de vingt mille francs payables à vue chez un des principaux banquiers de Nantes.

Au bout des quarante-huit heures dont nous parlions il n'y a qu'un instant, M. de Vezay apprit avec un étonnement indicible que le garde-chasse avait en effet quitté le pays, — mais qu'il était parti seul, abandonnant sa femme.

Ceci était d'autant plus étrange que la grossesse de Suzanne, nous le savons, touchait à son terme.

Or, Caillouët n'avait pas même pris la peine de retourner à la chaumière pour dire à Suzanne un : *au revoir* ou un : *adieu*.

Rencontré par un valet du château, à huit ou dix lieues de Vezay, sur la route de Bretagne, il avait répliqué laconiquement aux questions de cet homme :

— Je pars et l'on ne me reverra plus dans ce pays-ci...

— Quoi, jamais?...

— Jamais.

— Mais, ta femme?...

Caillouët n'avait rien répondu, — et, — frappant la poussière avec le bout ferré de son bâton de voyage, — il avait repris sa marche rapide.

Quelle pouvait être la cause de cet abandon dédaigneux? — de ce silence méprisant?

Il y en avait une...

Et, celle-là, M. de Vezay la connaissait mieux que personne...

C'était le secret d'une autre nuit... — d'une nuit de violence... de crime, — d'infamie!... — mais à coup sûr Caillouët ignorait ce secret.

Le gentilhomme s'épuisait vainement à chercher la solution du problème, quand son valet de chambre vint lui dire :

— Monsieur le comte, il y a dans les cuisines un petit paysan qui insiste pour vous parler...

— Quel est ce petit paysan?

— Un enfant de dix ou douze ans, — un vagabond, — un vaurien, — on l'appelle Nicaise.

— Que me veut-il?

— Je lui ai adressé cette question et il m'a répondu que ce qu'il avait à dire il ne le dirait qu'à monsieur le comte.

Après un instant d'hésitation, M. de Vezay répondit :

— Amenez ici cet enfant, — mais d'abord allumez ces bougies...

L'obscurité était venue.

Le valet obéit, — puis il sortit de la chambre dans laquelle il rentra au bout d'un instant, accompagnant Nicaise.

Ce dernier roulait entre ses doigts avec embarras un superbe bonnet de coton tout neuf, — à raies bleues et à raies blanches.

Nicaise avait consacré à cette splendide acquisition une partie de ses trois cents sous.

Ajoutons qu'il s'était aperçu, non sans un notable étonnement, que le reste de la somme ne lui suffirait point pour acheter, ainsi que nous lui en avons entendu manifester l'intention, un grand cheval et un beau fusil.

— Que me veux-tu, mon enfant? — lui demanda le comte quand le domestique se fut retiré.

— Notre monsieur... — répondit Nicaise, — je viens vous chercher...

— Me chercher?... — répéta M. de Vezay.

— Oui, notre monsieur...

— Pour me conduire où?

— *Devers* Suzanne... elle est bien malade, la pauvre Suzanne, et elle vous demande...

— Suzanne est bien malade!... — s'écria le comte — Suzanne?... la femme de Caillouët?...

— Oui, notre monsieur... — j'étais allé dans sa maison à tout à l'heure, pour lui demander si c'était vrai que Caillouët *avait* parti, comme chacun dans le pays ils le disent... — elle est dans son lit, la pauvre Suzanne, et tout aussi pâle que si elle était déjà morte, et elle m'a dit : *Nicaise, va-t-en devers notre monsieur le comte et tu lui parleras à lui tout seul... et tu lui raconteras que je suis dans mon lit où je vais mourir, et qu'auparavant je voudrais bien lui dire quelque chose ;* — et tout aussitôt je m'en suis venu vous chercher, notre monsieur... — faut-il que je m'en retourne, afin de dire à Suzanne que vous allez venir *devers* elle?

— Oui, mon enfant, — répondit M. de Vezay avec une émotion profonde, — va le premier, je te suivrai dans un instant...

Ainsi que Nicaise venait de le dire, la pauvre Suzanne était malade, — bien malade.

Voici ce qui s'était passé.

Quelques heures auparavant, un villageois, — non point mal intentionné, mais maladroit, — lui avait brusquement appris que ce qu'elle prenait pour une simple absence de son mari était un départ définitif.

A l'appui de cette terrible nouvelle, il avait répété les réponses faites par Caillouët au valet qui l'avait rencontré la veille sur la route de Nantes.

Suzanne s'est sentie foudroyée.

Certes, la jeune femme n'éprouvait pas d'amour pour son mari, mais, depuis son mariage avec elle le garde-chasse avait su lui inspirer une affection qui, pour être calme, n'en était pas moins profonde.

D'un autre côté Suzanne se savait aimée par Caillouët, — éperdument aimée.

Or, si son mari l'abandonnait ainsi, — s'éloignait d'elle pour toujours avec un silence insultant, — il fallait que la haine et le mépris eussent remplacé l'amour, — il fallait qu'il eût appris la vérité tout entière.

Suzanne n'eut pas un seul instant de doute.

Elle se dit que Caillouët savait le secret funeste qu'au prix de sa vie elle aurait voulu lui cacher!...

Elle comprit que désormais elle était seule au monde.

Il lui sembla que quelque chose se brisait en elle, — elle éprouva une douleur aiguë et elle tomba raide et sans connaissance sur la terre durcie qui remplaçait le plancher dans sa chaumière.

Une nouvelle et plus indicible souffrance la rappela à elle-même.

Quand elle reprit ses sens, elle se tordait dans les tortures d'un accouchement avant terme.

Il ne fallait point songer à se traîner jusqu'au village pour y demander du secours, — tout au plus Suzanne eut-elle la force de se déshabiller et de se mettre au lit.

Là, elle attendit l'événement.

Elle se disait que le fil de sa vie était tranché, — qu'à peine elle aurait le temps de voir et d'embrasser l'enfant qui allait venir au monde.

Elle se sentait résignée à mourir, — mais non point à laisser orpheline et abandonnée la pauvre petite créature près de naître.

C'est en ce moment que Nicaise entra dans la chaumière.

— Dieu l'envoie!.. — se dit Suzanne, — Dieu me prend en pitié!...

Et elle murmura les paroles que nous avons entendu l'enfant rapporter fidèlement à M. de Vezay.

Nicaise s'élança au dehors.

A peine venait-il de sortir que l'instant suprême arriva.

La nature vint en aide à l'inexpérience de la jeune mère et, au bout d'un quart-d'heure de souffrance, Suzanne tenait entre ses bras un petit enfant qu'elle appuyait passionnément contre son cœur, et qu'elle couvrait de baisers et de larmes.

C'était une fille.

. . . .
. . . .

Peut-être en ce moment le plus faible secours, — la routinière médication d'une sage-femme de vingtième ordre, eussent-ils encore suffi pour sauver Suzanne, — tant la jeunesse est puissante! — tant la vie a des ressources!...

Mais Suzanne était seule...

Elle ne savait pas!...

Jeanne se fit chasseresse et cavalière. (Page 173.)

Et ses forces s'en allaient avec son sang!...

Déjà ce sang précieux ruisselait à travers la couche traversée et changeait la terre battue en une boue fumante et rougeâtre.

D'instant en instant, Suzanne devenait plus faible.

Son cœur battait lentement, — des formes indistinctes passaient devant ses yeux troublés.

Ses mains ne sentaient presque plus le corps de son enfant.

— Seigneur, mon Dieu!... — murmurait la jeune femme, — faites qu'il arrive assez tôt,..

Enfin, un bruit léger se fit dans la chaumière.

C'était Nicaise.

— Notre monsieur va venir! — s'écria-t-il, — donnez-vous patience... — dans un moment il sera ici...

— Trop tard, peut-être... — pensa Suzanne.

Cinq minutes passèrent encore.

Le sang coulait toujours, mais bien faiblement.

Les veines de Suzanne étaient épuisées.

L'âme de la mourante voletait sur ses lèvres comme un papillon sur la fleur qu'il va quitter.

Le comte entra dans la pauvre demeure.

Suzanne ne voyait plus, — elle ne le vit donc pas, mais elle devina sa présence.

Elle essaya de se tourner de son côté...

Elle essaya de lui présenter la petite fille.

Hélas! il n'y avait plus en elle de force ni de vie...

Elle ne put faire un mouvement.

Ses lèvres s'agitèrent...

Le comte se pencha sur elle.

Il entendit ces mots, balbutiés, interrompus, indistincts :

— C'est... votre... enfant... — je vous le rends... aimez-le... aimez-le bien... moi... je...

Le reste de la phrase se perdit en un vague murmure.

Le papillon quittait la fleur.

L'âme s'envolait.

Suzanne avait cessé de vivre.

Dans le premier moment, M. de Vezay prit cette mort pour un simple évanouissement.

Mais il lui fut impossible de conserver longtemps le moindre doute à cet égard.

Le sommeil de la malheureuse Suzanne était de ceux dont on ne se réveille pas!...

M. de Vezay, consterné et épouvanté, envoya Nicaise chercher le vieux prêtre que nous connaissons.

Le ministre de Dieu ne se fit point attendre.

Il s'agenouilla près de la couche funèbre et pria pour la jeune morte.

Le comte, — lui — aussi, — pria.

Puis il reprit le chemin du château, emportant avec lui l'enfant.

Ce soir-là, la fille de Suzanne s'abreuva au même sein que la fille de Marguerite.

Chose étrange !... — dans une même chambre et sous le même toit, se trouvaient ainsi deux enfants...

Deux enfants, nées l'une et l'autre d'une faute.

La première, — fille de l'adultère, — n'avait pas droit au nom qu'elle devait porter.

La seconde, — fille de la violence, — devait être déshéritée du nom que l'autre porterait à son préjudice.

M. de Vezay n'était point le père de celle qu'il lui fallait appeler sa fille.

Il ne pouvait appeler sa fille celle dont il se savait le père.

Pendant toute la nuit et pendant toute la journée du lendemain, cette pensée agita le comte.

Il alla voir les enfants.

La nourrice avait placé à droite de son lit le berceau de mademoiselle de Vezay.

A la gauche, celui de la fille de Suzanne.

En outre, — et pour être plus sûre de ne se point tromper, — elle avait noué un ruban noir autour du poignet droit de l'enfant de Suzanne, qu'une nourrice étrangère devait venir chercher le lendemain.

Le comte remarqua ces détails et sa préoccupation augmenta.

Vers le soir, son agitation devint fiévreuse.

Il murmurait tout bas des mots interrompus, et il s'arrêtait pour regarder autour de lui si personne n'avait pu l'entendre.

Enfin il sembla, tout à coup, prendre un parti.

— Allez prévenir la nourrice que je l'attends ici... — dit-il à un domestique. — Qu'elle vienne me parler sur-le-champ...

Et, tandis que la bonne grosse paysanne accourait, M. de Vezay quittant son appartement, montait d'un pas rapide et par un escalier dérobé à la chambre des enfants.

Une minute lui suffit pour changer les berceaux de place, et pour attacher au bras de la fille de Marguerite le ruban noir de la fille de Suzanne.

Puis, chancelant comme un homme ivre, il regagna l'escalier dérobé par lequel il était venu et redescendit dans sa chambre.

La nourrice l'attendait.

— Monsieur m'a fait appeler ? — lui demanda-t-elle.

— Oui, — balbutia le comte avec trouble, — je voulais... j'avais à vous dire... — Mais, je ne me souviens pas... plus tard... plus tard...

Et il la congédia du geste.

La nourrice remonta, tout étonnée.

— Que viens-je de faire ? — se demanda M. de Vezay resté seul. — Est-ce un crime réparé ?... est-ce un crime de plus ?...

Et sa conscience troublée ne lui répondit pas.

Le lendemain, le bon vieux prêtre qui avait prié auprès du lit de mort de Marguerite et auprès de celui de Suzanne, baptisa les deux enfants.

L'une reçut le nom de *Madeleine*.

On appela l'autre *Jeanne*.

La première, — la fille du comte et de Suzanne Guillot, — resta au château et fut *Madeleine de Vezay*.

La seconde, — fruit des amours coupables d'Armand de Villedieu et de la comtesse Marguerite, — devint *Jeanne Cuillouët*, et une nourrice villageoise l'emporta dans un hameau situé sur l'autre rive de la Loire.

En changeant de place un berceau, — en dénouant un ruban noir, — M. de Vezay venait de substituer sa volonté à celle de Dieu ! — il venait de modifier la destinée de deux êtres !...

Comme lui, nous nous demandons s'il avait bien ou mal fait en agissant ainsi...

Pas plus que lui nous ne pouvons nous répondre...

Le comte de Vezay avait joué ainsi la dernière scène du prologue d'un drame, — il en avait accompli la péripétie suprême.

Le prologue achevé, place restait au drame.

Ce prologue avait été terrible.

Le drame ne devait pas être moins étrange ni moins émouvant.

XXII

COUP D'ŒIL EN ARRIÈRE

Vingt ans s'étaient écoulés depuis les événements qui terminent le précédent chapitre.

Ceci nous amène, on le voit, à l'année 1840.

Nous sommes toujours en Touraine, — toujours au château de Vezay.

Mais, — avant d'entrer de plein saut dans le vif de l'action, — renouons le passé au présent, rattachons d'une main sûre les fils, sinon brisés, du moins détendus, de notre récit.

C'est indispensable et ce sera court.

A tout seigneur, tout honneur ! — Parlons d'abord de M. de Vezay, il nous servira de transition pour arriver à nos autres personnages.

Le comte, — après la mort de Suzanne, — après la substitution de sa fille naturelle à la fille adultérine de la comtesse Marguerite, — le comte, disons-nous, avait voulu savoir ce qu'était devenu Caillouët, le retrouver et apprendre de lui les motifs pour lesquels il avait abandonné sa femme.

En conséquence, M. de Vezay écrivit à son banquier de Nantes, Pelo Kerven.

Le banquier répondit que l'ex-garde-chasse s'était présenté à sa caisse et avait touché le montant du mandat signé par le comte.

Sans doute, muni de cette fortune, il avait pris passage à bord de quelque navire en partance.

Après cette réponse M. de Vezay fit commencer de nouvelles informations, longues et minutieuses.

Il en résulta la certitude qu'aucun passager du nom de Caillouët, aucun même dont le signalement se rapportât à celui de l'ancien garde-chasse, ne s'était embarqué, soit à Nantes, — soit à Paimbœuf, — soit à Saint-Nazaire.

Peut-être Caillouët avait-il gagné Lorient, la Rochelle ou Brest.

C'était peu probable, mais enfin c'était admissible.

Dans l'impossibilité absolue de faire explorer tous les ports petits et grands du littoral, M. de Vezay dut renoncer à retrouver la trace du mari de Suzanne.

Bref, que Caillouët fût vivant ou mort, — en France ou aux Grandes-Indes, — personne n'avait entendu parler de lui depuis vingt ans.

Vingt ans !...

C'est un jour ou un siècle !...

Sur certaines natures, vingt années glissent sans laisser plus de traces que la mer, quand son flot tranquille a passé sur les grèves en les caressant.

Il est des hommes que vous avez vus à quarante ans et que vous retrouvez à soixante, toujours les mêmes, — le jarret ferme, — les reins souples, — bon pied, bon œil, et l'estomac à l'avenant.

Sans doute la pensée, ou les fatigues du corps, ont creusé sur le front de ces hommes une ride un peu plus profonde. — Sans doute leurs cheveux plus rares ont grisonné autour des tempes.

Mais, qu'est-ce qu'une ride de plus et quelques cheveux de moins quand tout le reste est intact ?

Pareils à ces donjons éternellement solides de certains châteaux du moyen âge, — les vieillards dont nous parlons sont jeunes encore à soixante ans.

Il n'en avait point été ainsi pour le comte de Vezay.

Ces vingt années avaient triomphé complétement de sa nature, cependant forte et nerveuse.

Il semblait de dix ans plus vieux qu'il ne l'était réellement.

Sa tête, presque entièrement chauve, offrait des tons d'ivoire jauni.

Ses épaules se voûtaient.

Il avait la goutte et des rhumatismes, — il ne pouvait plus chasser que rarement, et d'une promenade de deux heures il ne manquait guère de rapporter une courbature qui durait huit jours.

Trois autres personnages doivent jouer des rôles d'une grande importance dans le drame qui se prépare.

Nous allons dire, en passant, quelques mots de chacun d'eux, — sauf à revenir bientôt, et plus à loisir, sur des esquisses trop légèrement indiquées.

Ces trois personnages sont : Madeleine de Vezay, — Jeanne Caillouët, — et enfin Lucien de Villedieu.

Chacune des jeunes filles avait vingt ans.

Lucien en avait vingt-six.

Madeleine de Vezay offrait le type accompli de la plus souveraine beauté, — seulement tous ceux qui se souvenaient de la comtesse Marguerite s'étonnaient de l'étrange dissemblance de la mère et de la fille.

Marguerite avait été l'une de ces femmes blondes et blanches, frêles, et pour ainsi dire aériennes, qui font involontairement penser aux vaporeuses divinités de la mythologie scandinave.

Madeleine, au contraire, grande et brune, — svelte pourtant avec des formes pleines et des contours accusés, — ressemblait aux belles et nobles vierges des contrées méridionales.

> Sous sa tresse d'ébène, on eût dit, à la voir,
> Une jeune guerrière, avec un casque noir.

A dit de l'une de ses héroïnes, en vers charmants, un charmant poëte.

Nous reproduisons cette gracieuse image qui nous semble s'appliquer admirablement à Madeleine.

Hâtons-nous d'ajouter que, de la *jeune guerrière*, Madeleine n'avait que la beauté fière et les grands cheveux sombres.

Jamais fille plus chaste et plus douce, — plus modeste et plus candide, — et plus timide aussi, — n'avait pu se rencontrer en ce monde.

Madeleine était la joie de la maison, — la providence des pauvres, — la consolation des affligés.

Sur les deux rives de la Loire, — à trois ou quatre lieues en amont et en aval, — on ne la désignait que de cette façon : — *la bonne demoiselle du château de Vezay.*

L'infinie bienveillance de Madeleine s'étendait sur toute créature animée.

Mais au fond de son cœur il y avait trois amours.

Elle aimait Dieu, d'abord.

Son père, ensuite.

Et, enfin, Lucien de Villedieu, son fiancé.

Ces derniers mots demandent une brève explication.

Lucien de Villedieu était bien le fils du vicomte Armand, tué en duel par M. de Vezay dans la nuit du 20 septembre 1820, et dont les caveaux funéraires du château avaient reçu la dépouille mortelle.

Le comte de Vezay avait pensé qu'en donnant sa fille, sa pure et bien-aimée Madeleine, à ce jeune homme auquel il avait enlevé son père, il s'acquitterait presque envers lui...

Soit qu'il y eût quelque chose de vrai au fond de cette croyance, soit qu'elle fût complétement erronée, toujours est-il que Lucien de Villedieu était digne du bonheur promis.

Mâle beauté, — fortune, — naissance, — noble cœur, — intelligence d'élite, — enfin profond amour pour sa fiancée, — ce jeune homme réunissait tout.

Il avait été convenu que le mariage serait célébré aussitôt que Madeleine aurait atteint l'âge de vingt ans.

Or, on était au commencement de septembre.

Il ne fallait donc plus que quelques semaines pour que l'époque fixée arrivât.

M. de Vezay témoignait à Lucien une tendresse toute particulière, et, au fond, nous croyons qu'il éprouvait réellement cette tendresse.

Il ne nous reste plus à parler, quant à présent, que de Jeanne Caillouët, mais l'esquisse de cette figure est bien autrement difficile à tracer que ne le furent les croquis de celles qui précèdent.

Jeanne Caillouët était dans toute la force du terme, une créature étrange.

En elle, tout était bizarre, — tout était composé de disparates et d'anomalies, — son allure, — son caractère, — sa position, — ses habitudes.

C'était une jeune fille rose et blonde, — frêle en apparence et qu'un coup de vent semblait devoir ployer ainsi qu'un roseau.

Ses grands yeux bleus offraient une touchante expression d'indicible douceur.

Les anges doivent sourire comme souriaient ses lèvres roses.

Eh bien! tout cela était trompeur!

Sous la frêle écorce de la jeune fille, — sous cette peau satinée d'une blancheur diaphane et en quelque sorte transparente, — se cachaient des muscles d'acier.

Jeanne pouvait passer un jour tout entier à courir à travers la campagne, emportée par son petit poney breton demi-sauvage, sans que le soir il y eût sur son frais visage trace d'altération ou de fatigue, — sans qu'une ombre même légère se dessinât autour de ses paupières frangées de longs cils.

Il aperçut un homme assis ou plutôt couché le long du talus. (Page 181.)

Sous l'apparente douceur de mademoiselle Caillouët, il y avait une volonté de fer, — un orgueil surhumain, — une irritabilité sans bornes.

Dans sa colère Jeanne pâlissait, — et ses yeux veloutés, — ses yeux aux reflets de saphirs, — lançaient de fauves éclairs, dont peu de regards auraient pu soutenir l'éclat sans se baisser.

Alors les lèvres roses, les lèvres angéliques, se plissaient dans une contraction violente, et les petites dents de Jeanne, ces perles du plus pur orient, semblaient prêtes à mordre, tant l'expression de la bouche devenait menaçante.

Est-ce à dire que la nature de la jeune fille fût foncièrement et positivement mauvaise?

Nous prendrons sur nous de répondre : — Non! — cent fois non!...

Jeanne, au contraire, était bonne au fond, — elle était pleine de cœur et de générosité vaillante. — Seulement il y avait en elle un mauvais côté.

Jeanne aurait regardé avec horreur une méchante action commise dans un but d'intérêt.

Mais elle n'aurait point reculé peut-être devant cette même action, si elle avait eu pour mobile une passion telle que l'amour, — la jalousie, — la vengeance.

Nous venons de prononcer le mot : *passion*.

Celles de Jeanne étaient, ou plutôt devaient être, impétueuses, — irrésistibles.

Le jour où elles se manifesteraient sérieusement, il faudrait que tout pliât ou rompît devant elles.

Jeanne ignorait que l'on pût se dominer, — elle ne savait même pas que l'on dût le faire.

Ceci tenait à l'éducation qu'elle avait reçue, et aussi à sa position actuelle.

Cette position devait paraître singulière, — comme tout ce qui se rapportait à la jeune fille.

Jeanne était à la fois fermière et dame châtelaine, — fille des champs et fille du monde, — et, par-dessus tout cela, parfaitement indépendante de toutes les façons car elle était riche.

Et notons en passant que, quand nous disons que Jeanne était riche, il ne s'agit point ici d'une fortune de paysanne, — quelques douze cents francs de revenus, en poules, en dindons, en lapins.

Non.

Jeanne Caillouët avait vingt-cinq mille livres de rentes, tout au moins..

Comment cela pouvait-il être possible? — demandent plus d'un de nos lecteurs en souriant. — M. de Vezay avait donc fait preuve à son égard d'une bien prodigue et bien folle générosité!!

Comment cela se pouvait faire?

Eh! mon Dieu, de la façon du monde la plus simple.

Le comte ne s'était montré ni prodigue, — ni même généreux, — mais seulement honnête homme.

La comtesse Marguerite lui avait apporté en mariage une fortune considérable.

Pouvait-il faire passer cette fortune à la fille de Suzanne.

Évidemment, non.

Il fallait, de toute nécessité, que les biens de Marguerite devinssent la propriété de l'enfant de Marguerite.

M. de Vezay avait cherché un moyen d'atteindre ce résultat.

Ceci, par parenthèse, était moins facile qu'on ne l'imagine.

On n'enrichit pas les gens sans se donner un peu de mal, surtout quand on ne veut point, par quelque démarche imprudente, risquer de dissiper les ténèbres épaissies à dessein autour d'un terrible secret.

Jeanne Caillouët fut laissée jusqu'à l'âge de six ans chez sa nourrice.

Là, — quoique vivant en plein air, — courant tout le jour, — prenant sa part d'une nourriture grossière mais saine, — elle grandit lentement et ne se développa point aussi vite qu'on aurait pu l'espérer.

Elle restait frêle et mignonne, et souvent un peu pâle, mais, faible en apparence, elle était cependant forte en réalité.

A six ans la petite fille fut placée, par les soins de M. de Vezay, dans un bon pensionnat voisin de Paris.

Le comte laissa s'écouler quatre ans encore.

Puis, à cette époque, un notaire dont la réputation de haute délicatesse était accréditée et justifiée, reçut d'un commettant mystérieux, qui voulait garder l'anonyme, une somme de cinq cent mille francs, en rentes sur l'État, au porteur.

Cent mille écus devaient être employés à acquérir, au nom de Jeanne Caillouët, le domaine de Thil-Châtel alors en vente, et situé sur les bords de la Loire, à trois quarts de lieue environ du château de Vezay.

Les deux cent mille francs restants seraient, d'après la volonté du donataire, remis à la jeune fille quand elle aurait atteint l'âge de dix-huit ans, époque fixée également pour sa prise de possession du domaine de Thil-Châtel.

Jusque-là, les intérêts de la somme entière, — représentés par les revenus des terres et les dividendes des rentes sur l'État, — devaient être, en tout ou en partie, employés pour le mieux des intérêts de Jeanne Caillouët, ainsi que le déciderait un tuteur nommé par les soins du notaire.

Tout ceci fut religieusement accompli.

Seulement, à partir du jour où l'on apprit dans le pensionnat que la petite Jeanne était propriétaire d'une belle fortune dont elle jouirait à dix-huit ans. elle devint l'enfant gâté de la maison.

On lui passa tout et on l'éleva dans l'idée que chacun de ses désirs était un ordre et devait être réalisé sur-le-champ.

Nous n'avons pas besoin d'analyser les résultats d'une semblable éducation, — ils se devinent.

Jeanne étudia quand elle voulut, et ce qu'elle voulut.

Si elle ne resta pas ignorante, c'est qu'il y avait en elle une soif de *savoir* qui la poussait à apprendre.

Elle lut beaucoup. — Elle lut de bons et de mauvais livres, — des romans surtout qui exaltèrent outre mesure son imagination déjà vive.

Et, qu'on ne s'y trompe pas, quand nous parlons ainsi nous ne voulons point dire que Jeanne perdit la virginité de son âme.

Loin de là.

La jeune fille au contraire resta divinement chaste. — Elle rêvait de violentes amours, — des passions sans fin, — des jalousies, — des vengeances.

Mais, en toutes ces extravagances tant désirées, l'âme seule devait être en jeu.

Jeanne ne se doutait même pas du rôle réservé au corps dans ces héroïques galanteries dont elle raffolait.

C'était là de la belle et bonne folie !... — soit, — nous ne disons pas le contraire.

Mais cette folie, dans les jeunes têtes, est plus commune qu'on ne le pense.

Jeanne atteignit sa dix-huitième année.

Son tuteur et son notaire lui rendirent des comptes.

Elle prit possession avec une joie d'enfant de son joli domaine de Thil-Châtel, moitié ferme et moitié manoir.

Elle se grisa de cet air vif et pur des campagnes de Touraine, dont elle avait été si longtemps sevrée.

Elle se jeta à corps perdu dans les plus innocentes extravagances.

Son rêve ardent, son ambition caressée, étaient de devenir une héroïne de roman ; — elle ne négligea rien de ce qui pouvait la conduire à ce but enviable.

Elle se fit chasseresse et cavalière.

On la rencontra seule, un fusil sur l'épaule, dans la plaine et dans la forêt.

Elle eut un petit cheval breton, noir comme la nuit, — vif comme la poudre, — secouant sa longue crinière sur ses yeux brillants et farouches.

Black-Nick (le diable noir), — ainsi s'appelait le poney, — méchant pour tout le monde, était doux comme un agneau avec Jeanne.

Il obéissait à sa voix et la suivait partout comme un chien.

Or, dans ses chasses et dans ses cavalcades, la jeune fille cherchait le héros encore inconnu de son roman d'amour. — Elle le cherchait sans le trouver...

Elle le demandait à tous les échos d'alentour, — mais les échos ne répondaient pas.

Et pourtant Jeanne était jeune, — elle était belle, — elle était riche...

Vingt amoureux auraient dû se presser autour d'elle.

Pourquoi donc cette solitude ?

Pourquoi ? — Nous allons le dire.

Les gentilshommes du pays n'oubliaient point que la jeune maîtresse de Thil-Châtel était la fille de Caillouët le garde-chasse disparu, — mais ce n'est pas tout, et cette fortune mystérieuse et inexpliquée, venue on ne sait d'où, les éloignait plus encore que l'origine roturière.

Quant aux fils de bourgeois riches, la beauté et les vingt-cinq mille livres de rentes de Jeanne Caillouët n'auraient point manqué de les séduire, — mais les libres allures et l'esprit aventureux de la jeune fille les épouvantaient.

Et la solitude continuait autour de Jeanne.

La romanesque enfant commençait à s'ennuyer outre mesure et se demandait avec découragement si l'amour existait ailleurs que dans les livres qu'elle avait lus.

Hélas ! le moment approchait où l'amour, comme ce dieu des temps antiques dont un impie niait la réalité, allait répondre par un coup de tonnerre.

Mais l'heure n'est point encore venue de dire qui Jeanne devait aimer.

Mademoiselle Caillouët n'était pas reçue au château de Vezay

Le comte pensait, et avec raison, qu'il avait rempli son devoir vis-à-vis de

Jeanne en lui restituant la fortune de sa mère, mais il n'aurait pu se résoudre à voir la fille de Marguerite devenir l'amie de Madeleine.

La ressemblance frappante de Jeanne avec la comtesse lui aurait rappelé d'ailleurs de trop pénibles souvenirs.

Nicaise, ce petit bohémien que nous avons laissé enfant, n'avait que fort peu grandi, mais il avait vieilli.

Son existence de gueux et de lazzarone lui devenant lourde, il s'était décidé à rompre avec sa paresse originelle.

On le disait en train de faire fortune.

Sept ou huit fois par an, il venait passer quelque jours à Vezay ou à Thil-Châtel avec une balle de colporteur sur le dos.

Cette balle renfermait le plus merveilleux assortiment de tout ce qui peut tenter et satisfaire les désirs villageois.

Il y avait, pour les coquettes : — des dentelles de laine et de coton, — des mouchoirs de cou à belles raies, — des fichus imitant la soie, — des croix de chrysocale avec un cœur pareil, suspendues à des rubans de velours noir, — des bagues d'argent, de cuivre et de plomb, — de fort jolis miroirs et des peignes de corne.

Pour les vieillards et les ex-soldats : — des tabatières en tôle vernie avec sujet représentant Napoléon sur la colonne, — des complaintes : *le Juif Errant*, *Fualdès*, et quelques autres, encore plus modernes, — des lithographies figurant l'histoire si populaire des *braves lanciers Polonais*, accompagnées de couplets de style chauvin, dans le goût de celui-ci :

> Napoléon, l'âme attendrie,
> Leur dit dans ces cruels moments :
> « Retournez dans votre patrie,
> « Amis, je vous rends vos serments ! » (*bis*.)
> Il croyait, dans son triste asile,
> N'être suivi *que de* Frrrrançais...
> Mais il retrouva dans son île } *bis*.
> De braves lanciers polonais !!! }
> Encore des lanciers polonais !...
> Toujours des lanciers polonais !...

Pour les jeunes gens : — des mouchoirs de poche estampés de couleurs criardes, — de belles *épinglettes* de cravate, en laiton argenté, à *flot* rouge, — d'excellents petits couteaux et les chansons de Béranger.

Pour les enfants : — des sifflets, — des *eustaches*, — des toupies, — des *images* à trois pour un sou.

Pour tout le monde, enfin : — le *véritable Mathieu Laesnberg*, et le *Grand Messager boiteux de Strasbourg*, almanach historique, moral et récréatif, imprimé chez F. Leroux, rue des Hallebardes, 39, et donnant, outre des indications météorologiques infiniment curieuses, le tableau de toutes les foires pour chaque jour de l'année, dans chaque commune de France.

On devine si Nicaise et sa balle, — l'un portant l'autre, — étaient attendus avec impatience à Vezay et reçus avec enthousiasme.

Ajoutons que pour témoigner sa reconnaissance à ce village de Vezay, qui l'avait recueilli jadis et nourri du pain de l'aumône, il ne manquait jamais en arrivant d'abaisser le tarif de ses prix, ce qui mettait chacun des objets contenus dans sa balle à un bon marché vraiment fabuleux, et, comme disent certaines réclames parisiennes : *à la portée de toutes les bourses*.

Du reste, dans ses tournées sur les bords de la Loire, Nicaise ne s'arrêtait point seulement à Vezay, — nous l'avons déjà dit.

Depuis que Jeanne Caillouët habitait Thil-Châtel, il ne manquait pas de séjourner dans ce dernier hameau, — où l'attirait d'ailleurs un motif tout particulier dont nous parlerons plus tard.

Là, il faisait d'excellentes affaires.

Jeanne s'était prise de grande affection pour le colporteur à qui sa petite taille, ses jambes en fuseau et ses bras maigres donnaient l'air d'un vieil enfant.

Elle s'amusait de cette verve bouffonne qu'il tenait de ses parents les Bohémiens, et elle se plaisait à lui faire conter les anecdotes recueillies dans ses pérégrinations et la chronique de tout le pays.

Nicaise recevait dans la cuisine du petit château une hospitalité qu'il pouvait, à bon droit, traiter de fastueuse.

Amplement nourri, largement abreuvé, il trouvait un placement facile et sûr de ses marchandises, car Jeanne prenait volontiers l'habitude de lui acheter en bloc tout ce qui restait dans sa balle, et distribuait ces mille et un objets à ses domestiques, — ses servantes, — ses laboureurs, — ses fermiers et leurs enfants.

Les habitants du village eux-mêmes avaient part, s'ils le souhaitaient, aux largesses de la jeune châtelaine.

Nicaise ne pouvait comprendre comment cette belle demoiselle, si élégante et si riche, — qui avait un château et des valets, — était la fille de ce garde-chasse Caillouët de qui il avait reçu les trois premiers écus qu'il eût possédés... — et de cette pauvre Suzanne, à la mort de laquelle il avait assisté vingt ans auparavant.

Tout ceci faisait à Nicaise l'effet d'un conte de fées.

Il ne pouvait nier ce qu'il voyait, mais au fond il n'y croyait guère.

Pour charmer les ennuis de ses longues marches solitaires, Nicaise avait adopté un compagnon.

Ce compagnon était un chien.

Ce chien était un caniche.

Nicaise l'avait recueilli, tout petit, abandonné, et vagissant dans un fossé comme un enfant.

— C'est pourtant comme ça qu'on m'a trouvé dans le temps, moi aussi, — se dit le colporteur.

Et, touché par cette fortuite ressemblance de situation, il emporta le chien, lui donna du lait, et lui arrangea dans le haut de sa balle une sorte de petit nid bien chaud.

Le caniche grandit.

Lorsque son poil long et doux commença à moutonner, Nicaise l'appela *Frison*.

Frison devint un bel animal, — intelligent, — fidèle.

Il n'aimait rien au monde autant que son maître, et il se serait fait tuer en le défendant comme ces chiens héroïques et célèbres qui ont eu leur historien.

XXIII

UN HOMME DE MAUVAISE MINE

Ainsi que nous l'avons dit dans un précédent chapitre, on était au commencement du mois de septembre de l'année 1840.

Il était sept heures du soir et la journée avait été chaude.

Le soleil venait de se coucher dans des nuages que ses derniers rayons teignaient d'opale, de pourpre et d'or.

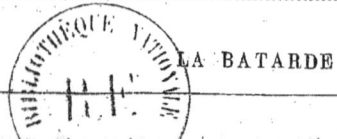

— Vous êtes un bon diable, l'homme à la balle; vous valez mieux que votre chien. (Page 184.)

Une sorte de vapeur lumineuse s'élevait des eaux tièdes de la Loire. — Tout, dans la nature, s'enveloppait d'harmonie et de parfums, — les troupeaux secouaient leurs clochettes en revenant du pâturage, — l'insecte bourdonnait sous l'herbe avant de s'endormir, — les oiseaux caquetaient dans le feuillage en sentant approcher l'heure du sommeil, — les calices de fleurs dégageaient des odeurs suaves et pénétrantes.

C'était une radieuse soirée après un beau jour.

Un colporteur, petit et frêle comme un enfant de quinze ans et dont cependant les reins ne pliaient point sous la lourde charge d'une énorme balle, suivait d'une allure gaillarde un chemin creux parallèle au cours de la Loire fort encaissée en cet endroit entre des rives escarpées.

Ce chemin creux n'avait pas d'horizon, mais il était charmant.

Il décrivait de pittoresques sinuosités entre deux talus gazonnés que couronnaient de grands et beaux arbres dont le feuillage épais avait victorieusement combattu la trop grande chaleur du jour.

A travers ces arbres, on distinguait cette brume lumineuse dont nous parlions il n'y a qu'un instant et qui indiquait le cours du fleuve.

On entendait retentir par intervalles les cris joyeux, les appels et les chansons des *mariniers* de la Loire, conduisant leurs pesantes *charayonnes*, ou guidant leurs *gabarres*, leurs *futreaux*, leurs *pyards* et leurs *chalands*.

Le colporteur marchait d'un pas égal et rapide.

Il tenait de la main droite un bâton noueux, ferré du bout, et qu'une lanière de cuir attachait autour de son bras.

Avec l'extrémité de ce bâton, il s'amusait à faucher les petites branches qui s'égaraient à sa portée.

A côté de lui, — tantôt en avant, tantôt en arrière, — courait, marchait, gambadait, un beau et grand caniche blanc, ayant une tache noire sur l'oreille droite.

Ce caniche était manifestement joyeux.

Sans doute il se réjouissait de l'approche d'un endroit connu et aimé.

Il bondissait sur les talus.

Il cabriolait comme un chevreau.

Il poussait de petits aboiements sans cause apparente, — irrécusables indices d'une véritable ivresse.

Après tous ces sauts, — tous ces bonds, — toutes ces folies, — il revenait invariablement auprès de son maître, fixant sur lui son œil bon et tendre, et quêtant une caresse que le colporteur lui octroyait sans conteste de la main gauche.

On a déjà reconnu le maître et le chien.

L'un était *Nicaise*.

L'autre *Frison*.

Tandis que Frison folâtrait, ainsi que nous venons de le dire, Nicaise chantait.

Il disait, sur un air monotone, — un de ces airs tourangeaux, tantôt lents, tantôt précipités outre mesure, — les couplets naïfs d'une chanson villageoise que, de Tours à Angers, les échos du fleuve aux sables d'or répètent mille fois chaque jour.

La voix de Nicaise était agréable et bien timbrée.

Écoutée d'un peu loin et apportant sa note vague au grand concert des harmonies de la nature, la chanson du colporteur ne faisait vraiment point mauvais effet.

En voici le premier couplet. — Nicaise accompagnait chaque *lon la* d'un vigoureux coup de bâton sur le gazon du talus :

> Il est une bergère
> Qui va
> Le soir sur la fougère !
> Lon la !...
> Prenez garde, ma chère,
> Oh ! la !...
> La lune est bien claire,
> Lon la !
> La lune est bien claire !...

Nicaise s'interrompit.

Il fit ce mouvement d'épaules habituel aux colporteurs, et dont le but est de replacer la balle mieux en équilibre sur le dos.

Il donna une caresse à Frison qui, après une course folle, venait solliciter un geste amical de son maître en touchant sa main pendante du bout de son museau rose.

Puis il reprit :

> Il est une meunière
> Par là
> Accorte et point trop fière,
> Lon là !...
> On dit son cœur de pierre,
> Ah ! bah !
> Je ne le crois guère !
> Lon la !...
> Je ne le crois guère !...

Nicaise écarta du pied deux ou trois cailloux ronds, qui se trouvaient au milieu du chemin.

Il fit pirouetter son bâton ferré, ni plus ni moins qu'un bâtonniste de profession.

Et, ce tour de force et d'adresse accompli, il continua :

> Il est une meunière
> Là-bas,
> Tout près de la clairière,
> Lon la!...
> Qui jette la barrière
> En bas!...
> L'amour est derrière,
> Lon là!...
> L'amour est derrière!...

Sans doute Nicaise allait entamer le quatrième couplet, — (la chanson dont nous venons de donner un échantillon n'en a pas moins d'une quarantaine, comme les complaintes villageoises et comme les *scies* d'ateliers), — mais il en fut empêché par un événement imprévu.

Le chemin creux, faisant un coude, tournait brusquement à angle droit.

On ne pouvait voir, devant soi, à plus de dix ou douze pas.

Frison, qui selon sa coutume courait en avant et allait tourner, s'arrêta.

Il poussa un grondement sourd, — bien différent de ses petits aboiements joyeux, — et il revint auprès de son maître, en tournant la tête en arrière et en grondant toujours.

Peut-être, à onze heures du soir et dans un bois, Nicaise eût-il ressenti quelque inquiétude.

Mais, en plein jour et dans ce joli sentier verdoyant, le moyen de croire à la possibilité d'un péril quelconque?

D'ailleurs Nicaise, — nous le savons depuis longtemps, — n'était point, malgré sa petite taille, d'un naturel timide.

— Eh bien! Frison! — demanda-t-il en riant à son chien, — eh bien! gros toutou, qu'est-ce qu'il y a? — et pourquoi donc que nous montrons comme ça nos *quenottes*?...

Le caniche répondit par une sorte de hurlement.

— Est-ce que nous deviendrions capon, par hasard? — poursuivit le colporteur; — ça serait, ma foi, du joli!... — Allons, Frison, apporte, tout de suite!...

Docile à la voix de son maître, le chien s'élança malgré sa frayeur instinctive.

A peine avait-il passé l'angle du chemin creux que ses aboiements devinrent violents et furieux.

En même temps Nicaise tournait.

Il aperçut, à une vingtaine de pas environ, un homme qui semblait de haute taille, assis ou plutôt couché le long du talus auquel il s'adossait.

Des branchages très-épais se croisant au-dessus de cet endroit interceptaient les clartés du jour, qui d'ailleurs diminuaient rapidement et ne permettaient point à Nicaise de se rendre bien compte de l'apparence de cet individu.

Il vit seulement que l'homme agitait son bâton d'une manière menaçante, sans doute afin d'effrayer le caniche.

Ce but, du reste, était complétement manqué.

Les mouvements du bâton contribuaient pour beaucoup à la furieuse colère de Frison.

— Eh! colporteur! — cria l'inconnu d'une voix rauque, — appelez votre chien, ou je lui casse les reins...

— Vous ne lui casserez rien du tout, mon brave! — répondit Nicaise. — Avant que vous lui ayez touché seulement le bout de la queue, il vous aurait avalé tout cru... — Du reste, ne le menacez pas et il ne vous fera point de mal...

— Rappelez-le toujours...

— S'il vous agace, ça m'est égal, — on a vu des particuliers qui n'aimaient pas les chiens et qui ne pouvaient pas souffrir les caniches... — Je vous ferai cependant observer que celui-ci est blanc, avec une tache noire sur l'oreille droite, ce qui est remarquablement joli... — Ici, Frison! ici, tout de suite, mon toutou!... — Vous voyez bien que vous épouvantez le monde!...

Frison obéit et vint se placer derrière son maître, — mais toujours inquiet, toujours grondant, — les yeux allumés et les crocs découverts.

— Ma foi! — dit Nicaise riant, — si vous n'aimez pas les chiens, il faut convenir qu'ils vous le rendent bien, ces animaux!... — c'est de la sympathie dans l'antipathie, ça!... c'est très-drôle!...

Tout en parlant ainsi, le colporteur avait franchi la distance qui le séparait de l'inconnu, devant lequel il s'était arrêté.

Un regard jeté sur cet homme expliqua facilement à Nicaise l'instinctive répulsion de l'intelligent caniche.

Peut-être l'individu en question n'avait-il que soixante-cinq ou soixante-six ans, mais il était impossible d'assigner un âge fixe à son visage flétri, — dévasté, — avachi, — hideux.

Un chapeau défoncé, posé sur le gazon, ne cachait point en ce moment l'effroyable nudité du crâne.

Ce crâne, pelé par endroits comme un vieux manchon, portait une étrange végétation capillaire.

C'étaient des cheveux ou plutôt des crins, mélangés de rouge et de gris, — rares, — durs, — hérissés, et taillés en brosse.

La figure était repoussante.

Les traits, jadis, avaient dû être très-marqués, mais on peut dire sans exagération que véritablement ces traits n'existaient plus.

Pétris, fondus, écrasés, ils offraient un chaos sans nom, — quelque chose d'étrange et d'horrible où se retrouvait à peine le visage humain, — ce chef-d'œuvre de Dieu qui le fit à son image.

Plus de sourcils.

A la place qu'ils avaient occupée, une excroissance rougeâtre.

Des yeux vitreux, — atones, sans regards, — recouverts d'une peau flasque par en haut, — laissant voir, par en bas, une paupière retournée et sanglante.

De chaque côté du visage, une chair molle et ridée pendait comme les bajoues d'un singe.

Les cartilages du nez avaient été tronqués par des maladies inavouables dont le front portait les stigmates.

Ce que nous pouvons faire de mieux, c'est assurément de nous abstenir de toute description en parlant de la bouche.

D'après le reste, on la devine.

Disons seulement que le tuyau noir d'une courte pipe — dite *brûle-gueule* — avait creusé son trou entre les deux seules dents de cette bouche.

Une barbe grise et rouge, que le rasoir n'avait pas touchée depuis près d'un mois, couvrait toute la partie inférieure de la figure.

Un morceau d'étoffe jadis noire, tordue en corde, remplissait l'office de cravate autour d'un long cou d'une teinte de brique, plus ridé, plus rugueux, que celui d'un dindon.

L'individu en question — nous le répétons — était adossé au talus.

Ses longues jambes étendues barraient en quelque sorte le chemin creux.

Son costume et son apparence offraient une parfaite harmonie. — Il portait une blouse bleue, — déchirée du haut, effiloquée du bas. — Cette blouse retombait sur un vieux pantalon rouge, défroque vendue par quelque soldat déserteur ou libéré du service.

De larges pièces, brunes et carrées, remplaçaient à l'endroit des genoux le drap primitif.

L'étranger dédaignait absolument le luxe des chaussettes et des bas. — Son pantalon, relevé par hasard jusqu'à mi-jambe, laissait voir, un peu au-dessus de l'une des chevilles, un cercle étroit, bleuâtre et livide.

Les pieds étaient chaussés de souliers à fortes semelles constellées de clous énormes.

L'inconnu tenait de la main droite ce lourd bâton avec lequel il venait de menacer le caniche du colporteur.

— Ah ! sacrebleu ! — pensa Nicaise, — voilà un paroissien qui ne paye pas de mine !... S'il avait seulement dix ans de moins, et pour deux liards de force de plus, je lui ne confierais point ma balle...

— Eh bien ! mon brave, — demanda-t-il ensuite tout haut, — qu'est-ce que vous faites donc là, comme ça ?...

— Je fais ce que je veux, — répondit l'étranger de sa voix rauque et dure. — J'imagine que dans ce pays-ci on est le maître de se reposer.

— Parfaitement ! — répliqua Nicaise ; — la place où vous êtes n'est pas plus à moi qu'à vous, je ne suis point gendarme pour vous demander vos papiers, et j'aurais passé sans m'arrêter si vous n'aviez pas eu des difficultés avec Frison...

Le chien entendit que son maître le nommait, — il poussa un grognement sourd.

— Allons ! taisons-nous ! — lui dit Nicaise. — Taisons-nous, vilain toutou !... Ma parole d'honneur, je ne l'ai jamais vu comme ça !...

Puis, s'adressant à l'étranger, il reprit :

— Nous continuons notre chemin, Frison et moi... — Bonjour, mon brave, reposez-vous bien...

Et, portant légèrement la main à son chapeau, il se mit en devoir de reprendre sa route.

— Un moment donc ! — lui dit l'homme de mauvaise mine, en l'arrêtant du geste.

— Est-ce que vous me voulez quelque chose ?
— Oui.
— Alors, qu'est-ce qu'il y a pour votre service ?
— Si vous êtes charitable avec le pauvre monde, vous me donnerez bien un peu de feu pour rallumer ma pipe...
— Du feu ? — Dame ! ça ne se refuse point...

Nicaise battit aussitôt le briquet et présenta à l'étranger un morceau d'amadou enflammé.

— Merci, — grommela ce dernier en aspirant une énorme bouffée de fumée.

— Vous faut-il autre chose ?... — Allez, ne vous gênez pas...

L'étranger avait avisé au côté du colporteur une petite gourde, faite d'une noix de coco creusée.

— Est-ce que c'est de l'eau-de-vie que vous avez là-dedans ? — fit-il.
— Oui.
— Pourrait-on en avoir quelques gouttes... — en payant, bien entendu ?
— Je vous en donnerais bien, ma foi ! une gorgée toute entière, et sans payer, — mais je ne sais dans quoi vous verser...
— Je boirai à même la gourde.

Nicaise fit un mouvement de dégoût.

— Oh ! — répliqua-t-il ensuite, — pour ce qui est de la propreté, je suis comme une chatte, — il n'y a que mon bec qui touche à ma gourde... — Mais attendez, j'ai une idée...

Le colporteur portait sous sa blouse un petit sac de toile rempli de coquillages communs qu'on lui donnait dans les villages maritimes de Vendée et de Bretagne, et qu'il distribuait aux enfants dans les fermes de la Touraine et de l'Anjou.

Il ouvrit ce sac et il en tira une large et profonde coquille de saint Jacques.

— Voilà votre affaire, — dit-il.

Et il versa dans la coquille une rasade d'eau-de-vie que le vieillard avala d'un trait, avec une volupté manifeste.

— Ah ! — murmura-t-il ensuite, — ça fait du bien !... — mes vieilles jambes n'avaient plus la force de porter mon pauvre corps... — Vous êtes un bon diable, l'homme à la balle ; vous valez mieux que votre chien.

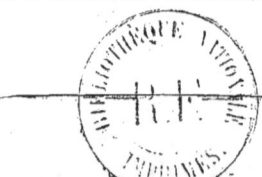

Nous arrivons, fit Nicaise, au château de Thil-Châtel. (Page 198.)

— Merci! — dit Nicaise en riant, — je vous sais gré de l'intention et du compliment, quoique Frison soit une fameuse bête! — Et maintenant, comme j'ai encore un bon bout de chemin à faire, et que je veux arriver avant la nuit, bonsoir, mon brave!...

XXIV

LE COMPAGNON DE ROUTE

Nicaise fit un pas en avant.

L'inconnu l'arrêta de nouveau, — se coiffa de son chapeau sans fond, — s'appuya d'une main sur le talus gazonné, et, grâce à un violent effort, parvint à se remettre sur ses pieds.

Debout, il semblait encore plus grand qu'assis.

Sa maigreur était prodigieuse, — ses épaules se voûtaient légèrement, — il paraissait extrêmement faible et ses longues jambes flageolaient sous lui.

A le voir ainsi, — chancelant et s'appuyant sur son bâton pour ne pas tomber, — on lui eût donné quatre-vingt-dix ans.

— A ce qu'il paraît, — dit Nicaise — vous êtes assez reposé comme ça?...

— Oui, — je vais du même côté que vous; — nous ferons un bout de route ensemble...

Les lèvres du colporteur dessinèrent une moue prononcée.

La société de l'affreux vieillard ne lui semblait point désirable.

Mais il réfléchit bien vite que, quand même il aurait affaire à un bandit, ce bandit ne pourrait être dangereux pour lui.

D'abord Nicaise était plus fort que cet homme décrépit et chancelant, — et puis il y avait Frison qui n'en aurait pas fait deux bouchées.

Le colporteur se contenta donc de répondre :

— J'imagine, mon brave, que nous n'irons pas loin côte à côte...

— Et pourquoi donc?

— Je marche trois fois plus vite que vous...

— Vous croyez ça?

— Dame!... il me semble...

— Parce que vous ne me connaissez pas... — les jambes ne valent rien, c'est vrai, mais elles sont longues, — je suis comme les vieux chevaux raidis... en sortant de l'écurie ils vont tout d'une pièce et n'avancent pas, mais, une fois échauffés, ils valent les jeunes... — dans cinq minutes, quand j'ouvrirai mon compas, c'est peut-être vous qui aurez de la peine à me suivre...

— Tiens! je suis curieux de voir ça!... — s'écria Nicaise.

— Eh bien! vous le verrez.

— Alors, marchons!...

Le colporteur se mit en route avec le vieillard. — Ce dernier semblait à Nicaise s'être fait singulièrement illusion sur les ressources que pouvaient offrir les os soudés et les muscles racornis de ses jambes.

Chacun de ses mouvements était lent et difficile comme ceux d'un paralytique.

De plus, il tirait notablement la jambe droite, — celle précisément dont la cheville était cerclée d'une empreinte livide.

On sait que l'habitude de traîner la lourde chaîne et le boulet du bagne donne aux forçats ce tic nerveux qui dure autant que leur existence.

Mais Nicaise n'était point outre mesure observateur.

Il n'avait pas remarqué l'empreinte bleuâtre; — le tic nerveux n'attira pas davantage son attention.

Seulement il exhiba sa montre d'argent, — ronde dans tous les sens, — et il se dit en la regardant :

— Voici deux minutes que nous sommes en route... — dans trois minutes je lâcherai le bonhomme! — Dieu me pardonne!... il va d'un train à faire une lieue à la journée!...

L'inconnu, cependant, ne s'était point vanté.

Avant l'expiration du terme fixé par lui, ses articulations ankylosées avaient repris leur élasticité d'autrefois.

Il ne restait plus trace de raideur, et — pour nous servir de son expression — il ouvrait et fermait avec une rapidité surprenante le compas de ses longues jambes qui semblaient dévorer l'espace.

— Diable!... — diable!... — s'écria Nicaise en se mettant, mais non sans peine, au niveau de ce pas gigantesque. — Comme vous allez, vous, une fois lancé!... diable!... diable!...

La voix rauque de l'inconnu prit une expression ironique pour demander :

— Voulez-vous que je ralentisse?

— Non pas! — Quand je devrais courir à me couper la respiration, je suivrai..

Il est de fait néanmoins que le vieillard avait quelque peu hâté sa marche par bravade, et qu'il ne tarda point à reprendre une allure plus raisonnable.

La conversation s'engagea.

— Est-ce que vous venez de bien loin? — demanda Nicaise.

— Je viens du côté de Bordeaux, — répondit l'inconnu.

— Vous n'êtes pas de ce pays-ci?

— Non... mais j'y ai passé autrefois, et j'y ai connu du monde.

— A Tours, peut-être?...

— Non, — dans la campagne.... dans un village qui s'appelle Vezay...

— Ah! bah! — s'écria Nicaise.

Le vieillard attacha sur le colporteur le regard vitreux de ses yeux aux paupières rouges.

Puis il dit :

— Est-ce que vous connaissez cet endroit-là?

— Si je le connais? — mais je crois bien que je le connais!... j'en suis.

Le vieillard tressaillit.

— Vous êtes de Vezay? — murmura-t-il.

— Né natif, — ou à peu près...

— Comment! à peu près?

— Oh! je me comprends... — Ça veut dire que je ne pourrais pas dire au juste si c'est précisément à Vezay *que j'ai reçu le jour*, comme ça se chante dans les chansons, mais que c'est là qu'on m'a récolté dans un fossé. — Je suis un enfant trouvé, mon brave, — je me suis fait ma position à moi seul...

— Vous vous appelez?

— Nicaise. — Demandez-moi pourquoi... — je ne vous le dirai pas, car je l'ignore le mieux du monde...

Le vieillard aurait changé de couleur, — si la chose eût été possible avec un épiderme pareil au sien.

— Nicaise! — répéta-t-il.

— Est-ce que vous connaissez ce nom-là?

— Je l'entends pour la première fois.

— C'est qu'il semblait vous faire un effet... tout drôle...

— Vous vous trompez, monsieur Nicaise...

— Dame!... j'avais cru voir... — Et combien y a-t-il de temps que vous avez passé à Vezay, sans vous commander?

— Vingt-quatre ou vingt-cinq ans.

— Ça n'est pas d'hier! — y a il vingt-cinq ans, j'étais un gamin pas plus haut que ma botte... et, quoique je sois bien petit aujourd'hui, je ne me serais pas venu au genou... — et qui donc que vous aviez pour ami, par là?...

— Un domestique du château.

— C'est tous mes camarades, les domestiques du château, — celui-là y est peut-être encore, et je pourrais vous en donner des nouvelles... — Qu'est-ce qu'il faisait et comment l'appeliez-vous?

— Il était garde-chasse et s'appelait Caillouët.

Nicaise frappa dans ses mains.

— Ah! bien, par exemple, — s'écria-t-il, — en voilà un de hasard!... — Qui est-ce qui m'aurait dit ce matin que j'entendrais parler ce soir de ce pauvre brave homme de Caillouët?

— Vous le connaissez?...

— C'est-à-dire que je le connaissais, et beaucoup. — C'est lui qui m'a donné mes trois premiers écus de cinq francs. — J'appelais ça : *trois cents sous!* — Ah! dame! ils ont fait des petits, depuis ce temps-là, les trois cents sous.

— Eh bien! Caillouët vit-il encore et est-il toujours au service du comte... du comte...

— De Vezay? — acheva Nicaise.

— Justement.

— Celui-là qui vous dirait si Caillouët vit encore serait, ma foi! bien habile...

— Pourquoi donc?

— Parce qu'il a disparu un beau soir, il y a vingt ans, et parce que, depuis ce temps-là, personne n'a plus entendu parler de lui.

— Vraiment?...

— Mon Dieu, oui.

— Disparu!... mais pour quel motif?

— On ne l'a jamais su.

— On n'a rien supposé?

— Rien.

— Voilà qui me fâche, — je pensais le retrouver...

— N'y comptez plus.

— Était-il marié, à l'époque dont vous parlez?

— Oui.

— Qu'est-ce que sa femme est devenue?

Nicaise ne répondit pas tout de suite.

Il commença par essuyer les coins de ses yeux avec la manche de sa veste.

— Sa femme... — dit-il ensuite d'un ton dolent, — pauvre Suzanne!... — elle est morte...

Un tremblement des muscles de la face se manifesta chez le vieillard. Mais ce tremblement fut court.

— Ah! elle est morte?... — répéta-t-il.

— C'est comme je vous le dis... et ça prouve que ce n'est pas la jeunesse et la beauté qui nous empêchent de mourir... — Pauvre Suzanne!...

— Combien y a-t-il de temps de cela?...

— Vingt ans, — juste le lendemain du départ de Caillouët. — Je m'en souviens, voyez-vous, aussi bien que si c'était d'hier... — j'étais là, dans la chaumière, — j'ai vu la pauvre femme trépasser et j'ai entendu le premier cri de son enfant qui venait de naître...

— Son enfant? — demanda le vieillard.

— Oui, une jolie petite fille.

— Morte aussi sans doute, depuis lors?...

— Ah! pour ça, nenni!...

— La petite fille a vécu?

— Vécu, et grandi, et embelli!... elle est aujourd'hui, parole d'honneur, belle et brillante comme le soleil...

— Que fait-elle?

— Mais rien du tout; — c'est une *demoiselle*, elle vit de ses rentes...

— La fille de Caillouët? — qu'est-ce que vous me dites donc là?...

— Ah! dame! Ça n'est pas naturel, j'en conviens, mais c'est comme ça! — Serait-il surpris, ce pauvre brave homme de Caillouët, s'il revenait aujourd'hui, de trouver sa fille dans un château et riche à millions!... — Serait-il surpris, et content!... — Dieu de Dieu!... le serait-il!...

— Un château!... des millions!... — vous moquez-vous de moi, colporteur?...

— Ma foi! je n'ai garde, et, puisqu'il faut vous mettre les points sur les i, je vous dirai que mademoiselle Jeanne Caillouët est propriétaire du domaine et du château de Thil-Châtel, à deux petites lieues d'ici, et, si vous continuez à être incrédule comme un vrai saint Thomas, j'ajouterai que c'est justement à Thil-Châtel que je vais, — justement chez mademoiselle Jeanne Caillouët, qui m'achètera sans marchander tout ce que j'ai dans ma balle, et que rien ne vous empêchera de voir par vos propres yeux si je dis la vérité...

— C'est un conte de fées! — murmura le vieillard.

— Dame! ça y ressemble.

— Cette fortune, comment est-elle arrivée à la fille du garde-chasse?

— Par héritage.

— Quel héritage?

— On ne sait pas. — Ça est venu pendant que mademoiselle Jeanne était en pension à Paris, pour s'y former aux belles manières, — il y a longtemps, — c'est tout au plus si la petite avait neuf ou dix ans.

Le compagnon de route de Nicaise s'absorba dans un long silence.

Pendant ce temps le colporteur, voyant la conversation interrompue, se mit à fredonner, pour s'entretenir la voix :

> Il est une meunière
> Par là!...
> Accorte et point trop fière,
> Lon là!...
> On dit son cœur de pierre...
> Ah! bah!...
> Je ne le crois guère,
> Lon là!...
> Je ne le crois guère.

Au moment où Nicaise exécutait, sur la reprise du dernier vers, une fioriture brillante, l'homme de mauvaise mine releva la tête et rentra dans l'entretien par cette question :

— Et M. de Vezay?...

— M. le comte de Vezay, — répéta le colporteur, — eh bien?

— Il n'a pas quitté le pays, lui?

— Ma foi non!

— Il doit être vieux?...

— Pas beaucoup plus de soixante ans, je crois, mais cassé, cassé... — il ne chasse presque plus, et ne peut plus du tout monter à cheval...

— Quand je connaissais Caillouët, le comte n'avait point d'enfant... — En a t-il eu depuis?

— Oui.

— Garçon ou fille?

— Une fille, — mademoiselle Madeleine... un bel et bon ange du bon Dieu... — ah! pour une bonne demoiselle, on peut dire qu'en voilà une !...

— Son père l'aime-t-il ?

— Quelle drôle de question vous me faites donc là, mon brave !...

— Enfin, répondez-y.

— S'il l'aime ?... — et comment ne l'aimerait-il pas ?... — il serait donc le seul dans tout le pays ?... — s'il l'aime ?... — Oui, il l'aime, et à l'adoration encore, vous en pouvez jurer !...

— Ah ! — fit simplement le vieillard.

— On dirait que ça vous étonne...

— Moi ? — et pourquoi donc ? c'est naturel qu'un père aime sa fille; je pense...

— Surtout quand c'est une fille comme celle-là !... — Le mari de mam'zelle Madeleine, en voilà un homme qui sera heureux !

— Son mari ?...

— Je veux dire son futur... mais c'est tout comme, le mariage va se faire, — si même il n'est déjà fait, ce qui est, ma foi ! possible, car voilà bientôt quatre mois que je ne suis venu par ici, et, en quatre mois de temps, il passe de l'eau sous le pont...

— Et quel est ce mari ou ce futur ?

— Un jeune homme des environs, un gentilhomme propriétaire, — un solide gaillard ! — c'est bien planté, c'est franc, c'est pas fier !... — vrai comme je m'appelle Nicaise, il mérite son bonheur !

— Vous ne m'avez pas dit son nom, — reprit le vieillard.

— C'est juste ! — Eh bien ! le futur de mam'zelle Madeleine s'appelle le vicomte Lucien de Villedieu...

Cette fois ce ne fut point par une exclamation sourde, par un geste ou par un tressaillement, que l'inconnu manifesta sa surprise.

Un véritable cri de stupeur s'échappa de sa poitrine.

Nicaise le regarda avec étonnement.

— Qu'est-ce qui vous prend donc ? — demanda-t-il ; — est-ce que vous êtes sujet à ces accès-là ?

— J'ai mal entendu ! — murmura le vieillard. — Quel nom avez-vous prononcé ?...

— Celui du jeune vicomte Lucien de Villedieu.

— Ne faites pas attention à lui, — répondit la jeune fille, — c'est l'innocent... (Page 204.)

— Le fils d'un monsieur Armand de Villedieu qui était l'ami du comte de Vezay?

— Lui-même. — Son père s'est noyé dans la Loire, il y a vingt ans, par une nuit d'orage où le tonnerre grondait si fort que je m'en souviens toujours, et que mes oreilles tintent encore quand j'y pense...

— Et vous dites que le fils de ce M. de Villedieu épouse la fille du comte de Vezay?...

— Mais, oui, je le dis...

— Et vous êtes sûr de ne pas vous tromper?

— Parfaitement sûr.

— Et le comte de Vezay consent à ce mariage.

— Non-seulement il y consent, mais il le désire plus que tout le monde...

Le vieillard secoua la tête :

Puis il murmura :

— C'est impossible !...

— Impossible? — répéta Nicaise.

— Oui.

— Et, pourquoi ?

Le vieillard ne répondit pas et s'absorba de nouveau dans un profond silence.

Ce silence ennuyait probablement le colporteur qui le rompit en disant :

— Une seule chose aurait pu faire peut-être manquer le mariage, — mais cela n'a rien fait et d'ailleurs ce n'est qu'un *on dit*.

— Une chose? — demanda vivement le vieillard en dardant sur Nicaise un nouveau et long regard de ses yeux ternes, — une chose?... laquelle?...

— La grande passion de mam'zelle Jeanne Caillouët pour le vicomte Lucien...

— Ah ! — fit l'inconnu, — Jeanne Caillouët aime le vicomte de Villedieu?...

— Dame ! on en parlait beaucoup... — C'était un bruit qui courait dans tout le pays que mademoiselle Jeanne raffolait de M. Lucien, et que, là où il était, on était sûr de la voir arriver bien vite...

— On disait cela?

— Et il paraît que c'était la vérité, — Or, comme mam'zelle Jeanne est une belle fille, — aussi belle que mam'zelle Madeleine, — et aussi riche, sinon davantage, — il aurait bien pu se faire que M. Lucien en devînt amoureux.. — mais ça n'est pas arrivé...

— Ainsi, le jeune vicomte a dédaigné l'amour de mademoiselle Caillouët?...

— Il paraîtrait qu'il a fait semblant de ne pas même s'en apercevoir et ça se comprend, — quand on idolâtre une personne on ne peut pas en écouter une autre, ni lui en conter, à moins d'être un trompeur, — un volage, — un freluquet, — un libertin, — un suborneur, — un mauvais sujet, — un enjoleur de filles, — et M. Lucien n'est rien de tout cela...

— Jeanne Caillouët sait-elle que Madeleine de Vezay est sa rivale?...

— Comment ne le saurait-elle pas puisque je vous répète que les bans vont être publiés, s'ils ne le sont pas encore?...

— Alors, elle doit la haïr de tout son cœur...

— Elle ne me l'a pas dit, mais c'est probable...

— C'est à Thil-Châtel que demeure Jeanne Caillouët?

— Oui, — au château.

— C'est là que vous vous arrêterez?

— Oui.

— Combien avons-nous encore, d'ici-là?

— Deux petites lieues. — En marchant du train que nous allons, c'est l'affaire d'une heure... — Passerez-vous la nuit à Thil-Châtel, vous, mon brave?

— Non.

— Jusqu'où irez-vous?

— Je ne sais pas. — J'irai tant que mes jambes me le permettront...

— Vous pourrez coucher à Vezay.

— Oui, s'il m'est impossible d'aller plus loin.

— Voulez-vous du tabac pour bourrer votre pipe?

— Merci.

— Vous ne fumez pas maintenant?

— Non.

La conversation s'interrompit de nouveau.

Nicaise chargea sa pipe de terre, — l'alluma, et se mit à fumer gravement.

La nuit descendait.

Frison ne grondait plus, mais il avait perdu sa gaîté, — il suivait son maître pas à pas, — la tête basse, — la queue entre les jambes, — sans s'écarter ni à droite ni à gauche et sans se livrer à la plus légère gambade.

Le colporteur se sentait envahir par une sorte de tristesse vague.

Pour chasser cette mauvaise disposition, il ne trouva rien de mieux que de faire répéter aux échos de la Loire les champêtres couplets de quelqu'une de ces rondes ou chansons villageoises dont il possédait un répertoire véritablement prodigieux.

Entre deux bouffées de tabac, il chanta :

> Il était une fille,
> Une fille gentille
> Qu'avait trois amoureux !...
> C'était trois fameux drilles !...
> Elle n'en aimait que deux !...

L'air était lent et monotone, sauf quelques notes aiguës et perçantes.

Ces notes agacèrent sans doute les nerfs impressionnables du caniche.

Il se mit à gémir lamentablement.

— Chut ! — lui dit Nicaise, la paix, Frison !... taisons-nous !... sinon on pensera que vous êtes un vilain toutou mal élevé et insensible aux douceurs de l'harmonie, et l'on aura raison !...

Après cette petite allocution qui calma le caniche, Nicaise aspira deux ou trois gorgées de fumée, puis il reprit :

> Un soir, sous la coudrette,
> (— Il était tard !) — seulette,
> La bonne fille alla !
> Et c'est là qu'en cachette
> L'troisième la rencontra...

Frison recommença à se plaindre.

Nicaise, — en manière de correction paternelle, — lui envoya un très-léger coup de bâton sur l'échine.

Ensuite il continua :

> Je n'sais pas c'qu'à la brune,
> Et par le clair de lune,
> Il lui dit dans le bois,
> Mais d'puis c'temps, la belle brune
> Les aima tous les trois !...

La chanson était-elle finie ?

Nicaise allait-il entamer un quatrième couplet, ou passer à quelque autre mélodie ?

Nous ne savons.

Tandis qu'il battait le briquet pour rallumer sa pipe qui venait de s'éteindre, son compagnon de route, dont la marche depuis un instant s'était sensiblement ralentie, lui dit brusquement :

— Il faut nous quitter...

— Bah ! et pourquoi ?

— Parce que je m'arrête...

— Pour longtemps ?

— Pour toute la nuit.

— Mais, il n'y a pas de maison ici.

— Je dormirai à la belle étoile.

— Quelle idée !...

— Je ne puis faire autrement.

— A cause ?

— J'avais trop présumé de la force de mes vieilles jambes, — elles sont à bout. — Je les sens qui se raidissent de nouveau, — elles vont me refuser le service...

— Venez jusqu'à Thil-Châtel...

— Impossible, — à présent du moins, — si dans une heure ou deux je me trouve un peu reposé, je me remettrai en route... — Indiquez-moi à Thil-Châtel un petit cabaret quelconque, où, en payant, on me donnera un morceau de pain, un verre de vin, et une botte de paille dans l'écurie...

Entre gens de la même classe, une heure de conversation suffit pour faire naître une sorte d'intimité.

Rien que pour avoir échangé avec lui quelques paroles, Nicaise s'intéressait presque à son compagnon de route.

D'ailleurs l'obscurité croissante ne permettait plus de distinguer son visage, et l'impression produite sur le colporteur par sa laideur épouvantable et sinistre s'effaçait peu à peu.

— Écoutez, mon brave, — dit-il, — vous feriez mieux de prendre votre courage à deux mains et de pousser avec moi jusqu'à Thil-Châtel, — nous irons au château de mam'zelle Jeanne, — je prends sur moi de vous promettre un bon souper à la cuisine et une bonne litière de bon foin doux dans la grange — et il ne vous en coûtera point un sou...

— Je le voudrais, mais je ne peux pas...

— Essayez toujours.

— Je vous répète que les jambes ne vont plus.

— Si vous avaliez un grand coup d'eau-de-vie, ça leur ferait peut-être du bien à ces coquines de jambes...

— Oui, peut-être...

— Nous allons voir...

Nicaise reprit dans le petit sac la coquille de saint Jacques.

Il la remplit d'eau-de-vie et le vieillard la vida d'un trait comme la première fois.

— Eh bien ! — demanda le colporteur, — maintenant, ça va-t-il ?

— Je crois que la force revient un peu.

— Alors, en marche, et vivement !...

XXV

THIL-CHATEL

Une heure se passa, durant laquelle les deux compagnons de route n'échangèrent que des paroles insignifiantes, ou même n'en échangèrent pas du tout.

Le vieillard dont effectivement les forces semblaient revenues, — grâce peut-être à la libation d'eau-de-vie, — traînait fort gaillardement sa jambe droite et marchait aussi vite que Nicaise.

Frison suivait en trottinant, et ne s'égayait point.

Le chemin, devenu légèrement montueux, atteignit le sommet d'une petite éminence.

De là on découvrait, à deux ou trois cents pas en avant, une masse sombre tachetée çà et là de quelques points lumineux.

C'était Thil-Châtel.

— Nous arrivons, — fit Nicaise.

— Il était temps, — répondit l'homme à la voix rauque.

— Bah ! vous allez vous reposer...

— Est-ce que, décidément, vous me menez avec vous au château ?

— Puisque c'est convenu.

— Êtes-vous sûr, au moins, que je ne serai pas mal reçu ?...

— Vous y pouvez compter, — répliqua Nicaise en se rengorgeant, — je suis bien vu de tout le monde dans la maison.

— Vous, oui, — mais moi ?...

— Vous m'accompagnez et ça suffit...

— C'est que, voyez-vous, plutôt que de déranger, j'aimerais mieux aller au cabaret en payant...

— Encore un fois, je vous répète d'être tranquille... — vous ne dérangerez personne, et nous arriverions vingt-cinq qu'il y aurait encore de la place... — d'ailleurs, s'il n'y en avait plus on en ferait... — Tiennette est dans ma manche...

— Qu'est-ce que c'est que Tiennette?

— La femme de chambre de mam'zelle Jeanne, — une bien jolie fille, allez! — elle ne chante jamais que les chansons que je lui apporte, et ne se fait belle qu'avec des rubans sortis de ma balle... — Ses parents ont du bien au soleil, à Angeville, de l'autre côté de la Loire... — ça ne m'étonnerait pas beaucoup que Tiennette devienne un jour ou l'autre madame Nicaise, tout de même...

Le vieillard ne fit plus aucune objection.

Les premières maisons du village avaient été dépassées. — Le colporteur et son compagnon s'arrêtèrent devant une haute et large porte de bois, à deux battants.

Dans l'un de ces battants avait été pratiquée une porte plus petite, presque toujours ouverte.

C'était l'entrée principale du manoir de Thil-Châtel.

Ce manoir du Thil-Châtel, — nous l'avons dit en un des chapitres qui précèdent, — était moitié château et moitié ferme.

Expliquons-nous.

Une rapide esquisse nous fera comprendre de nos lecteurs.

Cette grande porte dont nous parlions il n'y a qu'un instant donnait accès dans un très-vaste enclos, gazonné, planté d'arbres fruitiers et coupé par une demi-douzaine d'allées droites, dont une, la plus large de toutes, conduisait de la porte d'entrée au vestibule du château.

Le château était un pavillon de moyenne grandeur et de forme élégante, construit en briques et couvert en ardoises.

Les angles, — les encadrements des portes et des fenêtres, — les cordons de chaque étage, — les corniches et les mansardes, en pierre blanche vermiculée, tranchaient de la façon la plus heureuse sur le ton rouge de la brique.

A gauche se trouvaient les communs, — remises, — écuries, — sellerie, etc...

A droite, une grande et belle ferme, avec ses dépendances, — ses étables, — ses hangars à mettre les charrues et autres instruments aratoires, — ses greniers à fourrage, — enfin tout ce qui constitue une exploitation agricole sur une large échelle.

Ferme et château ne faisaient qu'un, comme on le voit, — domestiques et laboureurs vivaient dans une entente cordiale et prenaient leur repas en commun dans la grande salle.

Derrière le pavillon aristocratique, se trouvait un jardin dessiné à la française, selon l'ancienne mode des élèves de *Le Nôtre*.

Rien n'y manquait, ni les allées alignées symétriquement, avec leurs petites bordures de buis, — ni les boulingrins, — ni les quinconces, — ni les bassins pleins d'une eau dormante, ni les statues mythologiques, debout sur leurs piédestaux de pierre polie, — ni les ifs taillés en parasol, en boule, en pyramide, etc..., etc...

Derrière le jardin à la française s'alignait une sextuple et magnifique rangée de tilleuls séculaires, formant la plus délicieuse promenade qu'il fût possible d'imaginer.

Enfin, après les tilleuls, venait le parc, composé de bois, de prairies, de terres labourables, — le tout enveloppé de murs ou de haies.

Nous avons oublié de mentionner que le pavillon se trouvait assis sur la partie la plus élevée du terrain, et que non-seulement depuis les fenêtres du premier étage, mais encore depuis celles du rez-de-chaussée, on avait sous les yeux l'admirable paysage de la vallée de la Loire.

Ne nous occupons point, quant à présent, des aménagements intérieurs du château proprement dit.

Nous y reviendrons quand il faudra, si la chose nous paraît utile.

Ce que nous venons de décrire, Nicaise le connaissait, — quand à son compagnon de route, — à moins que d'anciens souvenirs ne vinssent à son aide, — l'obscurité ne devait point lui permettre de se rendre compte des localités.

Tous deux arrivèrent à la petite porte pratiquée dans la grande.

Comme de coutume elle était ouverte.

Le colporteur et le vieillard entrèrent dans l'enclos.

Quand vous voudrez, mamzelle, et à votre service. (Page 209.)

Un grand et beau chien, — de la race dite des *chiens de bergers*, — fauve, avec des raies plus sombres sur les côtés, se précipita à leur rencontre, le poil hérissé, en aboyant furieusement.

— Tout beau, *Grivet!...* tout beau, mon fils!... — lui cria Nicaise.

Le chien de berger reconnut cette voix, — ses aboiements cessèrent aussitôt, — il accueillit les nouveaux venus d'un frétillement de sa longue queue, et se mit à faire à Frison, son ancienne connaissance, les avances les plus amicales.

Ajoutons pour être dans le vrai que le caniche s'y montra sensible, et pour quelques secondes parut oublier sa mélancolie.

La masse noire du pavillon principal se détachait à peine sur le ciel, dans l'obscurité.

Une seule lumière brillait à l'une des fenêtres du premier étage.

Mais, en revanche, une clarté vive s'échappait de la porte ouverte de la maison de ferme.

C'est de ce côté que Nicaise se dirigea avec son compagnon.

La grand'salle, puisque c'est ainsi qu'on appelait la vaste pièce où les domestiques du château et les hôtes de la ferme prenaient leurs repas en commun, n'offrait de remarquable qu'une cheminée gigantesque dans laquelle on aurait pu brûler un arbre tout entier, — et une table de bois de chêne qui devait au besoin réunir sans peine cinquante convives à la fois.

En septembre les journées sont chaudes, mais les soirées sont souvent fraîches.

Pour parer à cette fraîcheur, on brûlait des *bourrées* dans la cheminée monumentale, et c'est de là que venait cette vive lueur qui s'échappait par la porte de la grand'salle.

Au moment où Nicaise qui marchait le premier parut sur le seuil, on était en train de souper.

Une douzaine de personnes se trouvaient réunies autour de la table et faisaient honneur à une savoureuse soupe aux choux, — à une montagne de lard, de pommes de terre et de petit salé, et à une magnifique épaule de mouton, cuite dans son jus, — le tout arrosé d'un joli vin d'Anjou, brillant et pétillant.

Nicaise s'arrêta dans l'encadrement de la porte, — il ôta son chapeau pour saluer, et il dit d'un ton jovial :

— Bonsoir à toute la maisonnée !...

On regarda l'arrivant qui s'annonçait ainsi, — on le reconnut, et aussitôt vingt exclamations se confondirent et se croisèrent :

— C'est Nicaise !...

— Bonjour, Nicaise !...

— Ce bon Nicaise !...

— Bienvenue au colporteur !...

— Colporteur, voici une écuelle et une assiette... vite à table !...

— Allons, Nicaise, buvons un coup !...

— Y a-t-il assez longtemps qu'on ne vous a vu par ici !...

— Enfin, le voilà, et c'est heureux !...

— Toutes les filles du pays mouraient de chagrin, faute de la balle à Nicaise...

— Plus de fichus rayés !...

— Plus de chansons nouvelles !...

Ceci fut dit, et bien autre chose encore qu'il nous paraît opportun de ne point reproduire.

Cependant une jeune et jolie fille, dont les joues un peu brunes avaient les vives couleurs d'une pomme à cidre, quitta sa place, vint à Nicaise et lui dit avec un sourire malicieux et provoquant :

— Vot'servante, m'sieu l'colporteur... — Qu'est-ce que vous m'apportez de neuf?

— Des rubans, Tiennette, ma mie, — répondit tout haut Nicaise en faisant mine de se pencher pour embrasser la jolie fille, qui se recula vivement mais non sans coquetterie, — des rubans, les plus beaux du monde...

Puis, d'un ton plus bas il ajouta :

— Et mon cœur toujours fidèle...

Tiennette eut un accès de rire éclatant.

— Mauvaise marchandise, je crois... — fit-elle ensuite. — Si ce qu'on m'a dit est vrai, vous l'offrez un peu trop souvent... Ça lui ôte de son prix, savez-vous, m'sieu le colporteur... — J'ai grand'peur que vous n'finissiez par n'en plus trouver le placement !...

Tiennette parlait ainsi, d'un ton comiquement railleur.

— Méchante ! — répliqua Nicaise en la menaçant de son doigt levé.

— Mais entrez donc, — dit la jeune fille, — pourquoi restez-vous là sur le seuil, moitié dehors, moitié dedans?

Le colporteur allait avancer, quand il remarqua un personnage bizarre auquel il n'avait pas fait attention jusque-là.

C'était un vieillard, assis sur une escabelle au coin de la cheminée, présentant ses deux mains à la flamme et se tenant dans l'immobilité la plus absolue.

Cet homme était vêtu d'une blouse de toile blanche en lambeaux et d'un pantalon de même étoffe et dans le même état.

Il avait aux pieds de lourds sabots, à moitié remplis de paille.

La flamme du foyer se réfléchissait comme en un miroir sur la surface polie et luisante de son crâne chauve, d'où tombaient seulement, vers les tempes, de longue mèches de cheveux blancs en désordre.

Sa figure était blanche, — d'une blancheur terne et mate, sous laquelle on eût dit qu'il n'y avait point de sang. — Sa barbe de patriarche, à reflets argentés, couvrait sa poitrine.

Sa lèvre inférieure pendait, hébêtée.

Ses yeux fixes et troubles étaient sans regards.

— Qu'est-ce que c'est que ce gas-là? — demanda curieusement et à demi-voix Nicaise à Tiennette.

— Ne faites pas attention à lui, — répondit la jeune fille, — c'est l'innocent...

— L'innocent?...

— Oui, — je vous expliquerai ça plus tard...

— Il n'est pas beau, savez-vous, votre innocent!...

— Ah! le pauvre diable, je crois bien!...

— Avec l'individu que j'amène, il fera la paire...

— Vous amenez donc quelqu'un, m'sieu Nicaise?

— Un vilain chrétien, allez!

— Où est-il?

— Derrière moi, — vous allez le voir...

Et le colporteur s'avança dans la grande salle pour laisser son compagnon franchir le seuil à son tour.

XXVI

LE SOUPER

Nicaise démasquant la porte, le vieillard qui l'accompagnait put entrer dans la grande salle.

Il le fit, en saluant bien bas et d'un air d'hypocrite humilité.

A son aspect, il y eut parmi les hôtes de la ferme un mouvement général de répulsion et presque d'effroi, mouvement bien vite comprimé, mais cependant manifeste et qui n'échappa point au vieillard.

— Je n'ai pas demandé à venir ici, — murmura-t-il de sa voix rauque, — et le colporteur que voici est là pour le dire... — Si je vous fais peur, mes braves gens, vous n'avez qu'à parler, je m'en vais...

— Non, non, — répondirent deux ou trois voix, — c'est Nicaise qui vous amène, soyez le bienvenu, — les amis de Nicaise sont nos amis...

En même temps une des servantes de la ferme plaça au bout de la table une écuelle pleine de soupe, — une assiette chargée de lard et de pommes de terre, — un gobelet rempli de vin et un énorme quartier de pain bis.

— V'là vot'couvert qu'est mis, — dit-elle, — si vous avez faim et soif, mangez et buvez, mon brave homme...

Le vieillard ne se fit pas répéter deux fois cette invitation.

Il alla s'asseoir à la place qu'on lui indiquait et il se mit à manger, ou plutôt à dévorer avidement, — sans prononcer une seule parole.

— Ah! Dieu de Dieu! — dit Tiennette à demi-voix, de façon à n'être entendue que du colporteur, — vous aviez raison, Nicaise, c'est un bien vilain oiseau que votre compagnon !...

— Ça, c'est vrai.

— Le fait est qu'auprès de lui notre innocent est un amour !...

— Figurez-vous, Tiennette, que Frison voulait le dévorer...

— Pauvre bête !... ici Frison, venez me dire bonsoir tout de suite...

Le caniche quitta de la meilleure grâce du monde un grand plat de terre brune qu'on venait de placer par terre à son intention, et dont il dégustait le contenu avec des symptômes de gourmande allégresse.

Il appuya ses deux pattes de devant sur l'un des bras de Tiennette et il lécha avec effusion les joues brunes et rosées de la jolie fille.

— Est-il heureux, ce toutou!... — murmurait Nicaise d'un ton envieux, — plus heureux qu'un chrétien !... parole d'honneur !...

— Bon, — s'écria Tiennette en riant, — ne va-t-il pas être jaloux de ce pauvre Frison, à cette heure !

— Mais dame !..

Le caniche obtint la permission de retourner à son souper, et Nicaise reprit son sang-froid.

— J'en reviens à ce que nous disions tout à l'heure, — reprit la jeune femme de chambre de Jeanne Caillouët, — comment donc que ça se fait, m'sieu Nicaise, que vous ayez des camarades d'aussi mauvaise mine?

— Ah! bien, par exemple! mais ça n'est pas mon camarade!

— Enfin, vous le connaissez, cet homme?

— Ni d'Ève ni d'Adam.

— Cependant, puisqu'il est venu avec vous...

— Par l'effet du pur hasard... — Voici comment, lui et moi, nous nous sommes rencontrés...

Et Nicaise raconta à Tiennette les particularités que nous avons rapportées dans nos chapitres antérieurs.

— Eh bien! — répliqua la jolie fille quand le colporteur eut achevé, — vous avez fait là un joli coup!

— Pourquoi donc ça?

— Les chiens ont de l'instinct plus que les gens... — fallait vous en rapporter à Frison... — Il a l'air d'un vrai brigand, cet homme-là!... — je suis sûre qu'il va nous couper le cou à tous cette nuit... — d'abord moi je mourrai de peur, je vous en préviens...

Nicaise se mit à rire.

— Mais puisque je vous ai expliqué, — fit-il ensuite, — que quand le pauvre diable s'est reposé pendant une demi heure, il est raide comme un piquet et ne peut plus remuer ni pied ni patte...

— Faut pas s'y fier...

— Alors, quand il aura soupé, je vais lui donner dix sous et lui dire de s'en aller...

— Où ira-t-il?

— Ça le regarde.

— Après ça, malgré sa mine il est peut-être honnête... — faut point courir le risque d'humilier un brave homme et de le mettre dans l'embarras...

— Alors, que faire?

— J'ai une idée.

— Voyons votre idée, Tiennette.

— On le mettra coucher dans la petite étable qui n'a qu'une porte, et quand il y sera on donnera un tour de clef en dehors, comme par mégarde, — s'il ne cherche pas à sortir cette nuit il ne s'apercevra seulement pas qu'il est enfermé...

— Ah! mon Dieu, mon Dieu, Tiennette, que vous avez donc d'esprit, ma mignonne!

Ce compliment ajouta une nuance de plus au vif carmin des joues de la jolie brune.

— Avec tout ça, — dit-elle ensuite, — vous restez-là, votre balle sur le dos, et vous ne soupez point...

— J'aime mieux causer avec vous que de souper...

— Vous n'avez peut-être pas faim?...

— Ah! si fait bien, par exemple!...

— Alors, dépêchez-vous, afin de rattraper les autres...

Le colporteur se débarrassa de sa balle qu'il plaça dans un des angles de la grand'salle, il se mit à table et travailla vigoureusement à réparer le temps perdu.

Une fois le premier appétit appaisé, Nicaise se donna un grand coup de poing dans le front.

— Ah par exemple! — s'écria-t-il, — je suis encore poli, moi, je peux m'en vanter!...

— Qu'est-ce que vous avez donc fait? demanda Tiennette.

— J'ai fait que je suis chez les gens, — je mange leur pain, je bois leur vin et je ne m'informe pas seulement de leur santé... — Comment se porte mam'zelle Jeanne?...

Le joli visage de Tiennette s'assombrit quelque peu, et elle secoua mélancoliquement la tête.

— J'espère bien qu'elle n'est pas malade, au moins! — reprit le jeune homme.

— Non... — répondit Tiennette, — non... elle n'est pas malade... mais...

— Mais quoi?...

— Enfin, suffit! — Vous la trouverez joliment changée, notre demoiselle, mon pauvre Nicaise... — elle ne rira plus avec vous comme elle faisait...

— Est-ce qu'elle m'en veut de quelque chose, par hasard?... — est-ce que, sans le savoir, je l'aurais offensée?...

— Vous ne l'avez pas offensée, elle ne vous en veut de rien... — mais elle ne rit plus avec personne...

— Alors, elle est triste?...

— Oui, bien triste...

— Mais à cause ?...

— A dame !... à cause ?... — il y a des raisons, bien sûr, mais ça n'est pas la peine de les répéter.

Nicaise comprit que Tiennette ne voulait point parler devant tout le monde. Il n'insista pas.

Le souper continua silencieusement.

L'innocent, — toujours assis à côté du foyer, dans cet état d'immobilité absolue qui, avec sa blouse blanche et son visage incolore, le faisait ressembler à une statue de plâtre, — présentait ses mains à la flamme.

Soudain, il se fit un mouvement dans la grand'salle.

Tous les convives se levèrent à la fois et deux ou trois voix murmurèrent :

— Mamz'elle...

Jeanne Caillouët venait en effet de paraître sur le seuil et s'avançait vers le milieu de la pièce, lentement et d'un air rêveur.

La jeune fille était vêtue d'une robe de laine brune, taillée en amazone et qui dessinait les formes fines et délicates d'une taille souple et cambrée, — un peu trop mince peut-être.

Ses cheveux blonds, débouclés par l'humidité du soir, tombaient en longues mèches de chaque côté de son charmant visage, dont les fraîches couleurs avaient disparu et qui n'offrait plus qu'une pâleur uniforme et pour ainsi dire nacrée.

Le contour si pur des paupières était légèrement rougi et fatigué, comme si des larmes venaient de s'échapper de ses beaux yeux.

Le regard de mademoiselle Caillouët et l'involontaire contraction de sa bouche décelaient une vive souffrance intérieure, — une profonde amertume dont on s'étonnait de trouver les traces sur ce jeune et beau visage.

— Asseyez-vous, mes amis, — dit Jeanne en essayant de sourire, — je viens voir si vous avez fini de souper...

— Pas encore tout à fait, mam'zelle, — répondit Tiennette. — Ah ! dame ! nous sommes un peu en retard, c'est vrai... mais c'est que Nicaise est arrivé comme nous nous installions à table...

Le colporteur, ainsi mis en jeu, s'avança et salua la maîtresse du logis.

— Bonjour, Nicaise, — lui dit Jeanne, — vous voilà donc dans ce pays-ci... je suis aise de vous voir...

— Vous êtes très-bonne, mam'zelle Jeanne... je suis bien content aussi de

La jeune fille ne faisait aucun mouvement; la tête renversée en arrière... (Page 218.)

ce que vous vous portez toujours comme il faut... car vous vous portez comme il faut, n'est-ce pas, mam'zelle Jeanne?...

— Oui, mon ami, oui, le mieux du monde...
— J'ai joliment des affaires dans ma balle, allez, mam'zelle, et des jolies...
— Nous verrons tout cela demain.
— Quand vous voudrez, mam'zelle, et à votre service...

— Tiennette — dit Jeanne à sa femme de chambre, — aussitôt que tu auras fini, tu monteras, j'ai besoin de toi...

— Je monte tout de suite, mam'zelle.

— Non, non... — finis de souper, rien ne presse... — je vous souhaite le bonsoir à tous, mes amis...

— Bonsoir, mam'zelle — bonsoir et bonne nuit... — répondirent d'une seule voix les hôtes de la ferme.

Puis Jeanne sortit de la grand'salle, de la même allure lente et triste.

Pendant tout le temps qu'elle avait passé au milieu de ses serviteurs, un seul personnage n'avait point paru s'apercevoir de sa présence.

Ce personnage était l'innocent assis sous le manteau de la cheminée.

Mais, en revanche, le compagnon de route de Nicaise avait attaché avec une persistance étrange le regard de ses yeux vitreux sur le visage de la jeune fille.

Cet examen profond et attentif dura aussi longtemps que mademoiselle Caillouët se trouva dans la grand'salle.

Quand elle en fut sortie le vieillard murmura, mais si bas que personne ne put l'entendre :

— Le portrait vivant de la comtesse Marguerite!... — Ah! je comprends tout maintenant!...

XXVII

LA CHAMBRE DE JEANNE

Le souper s'acheva.

Tiennette, avant de quitter la grand'salle pour aller rejoindre sa maîtresse au premier étage du pavillon, s'approcha d'un garçon de ferme, grand et robuste gaillard, au visage enluminé et aux grosses lèvres souriant toujours.

Elle lui parla pendant une ou deux minutes.

Le garçon de ferme répondit par un retentissant éclat de rire et par un signe affirmatif.

— Ainsi, Jean Claude, — dit la jeune fille, — tu m'as bien compris, mon gas ?

— Oui, mam'zelle Tiennette, et vous pouvez compter que ça serait fait...

Disons en passant que cet entretien mystérieux ne laissa point de causer à Nicaise une certaine inquiétude jalouse.

Hâtons-nous d'ajouter que cette inquiétude était sans fondement.

Tiennette recommandait à Jean Claude d'installer dans la petite étable le compagnon de route de Nicaise, et, quand il l'aurait vu bien établi sur son lit de paille, de donner, en se retirant, un tour de clef à la serrure.

Cet ordre formulé, la jolie femme de chambre se dirigea en sautillant vers la porte de la grand'salle.

Le colporteur l'attendait auprès de cette porte.

— Bonsoir, m'sieu Nicaise, — lui dit-elle en riant.

— Vous vous en allez, mamz'elle Tiennette?

— Ma maîtresse m'attend.

— Reviendrez-vous?

— Il est trop tard.

Nicaise poussa un gros soupir.

— Eh! mon Dieu, — demanda Tiennette, — qu'est-ce que vous avez donc à soupirer comme ça?...

— J'ai que j'aurais voulu causer avec vous un brin...

— Ce soir?...

— Dame! oui...

— Qu'est-ce que vous aviez donc à me dire de si pressé?...

Nicaise ne répondit point précisément à cette question.

— Je croyais, — fit-il, — je croyais, mam'zelle Tiennette, que vous m'aviez bien recommandé de vous rapporter des chansons...

— Et vous l'avez oublié, peut-être?

— Ah! par exemple, il n'y avait pas de danger!...

— Alors, vous les avez?...

— Certainement, — une surtout, — une belle, — oh! la plus belle qui ait jamais été faite, à ce que j'imagine...

— Eh bien! donnez-la moi tout de suite.

— Impossible.

— Pourquoi?

— Elle n'est point en imprimé, — ni par écrit. — Je la rapporte de bien loin, du pays de Bretagne, où on me l'a apprise devers Guérande, qui est un endroit où la terre du bon Dieu rapporte du sel au lieu de moissons...

— Dame! si elle n'est ni en imprimé, ni par écrit, comment voulez-vous que je la sache, cette chanson?...

— Je vous l'apprendrai, mam'zelle Tiennette...

— J'ai la tête dure, — ça sera long!...

— Ah! tant mieux! grand Dieu! tant mieux!...

— Combien a-t-elle de couplets?

Nicaise compta sur ses doigts.

— Quatre, — dit-il au bout d'un instant.

— Ça n'est pas beaucoup, savez-vous?

— Non, mais ces quatre couplets-là valent mieux que trente-six autres.

— Eh bien! nous commencerons demain.

— J'aurais tant voulu ce soir!... — dit Nicaise d'une voix suppliante.

— On prétend que de chanter à la fraîcheur ça abime la voix.

— En v'là une bêtise!...

— Vous croyez?

— Et les rossignols, donc, mam'zelle Tiennette, — les rossignols qui ne chantent que la nuit!... — ils en ont cependant, un gosier, ceux-là!... et un fameux, j'ose le dire...

— Au fait, c'est vrai.

— Ça vous décide?

— Écoutez, m'sieu Nicaise, voilà tout c'que peux faire pour vous...

— Dites, mam'zelle Tiennette, ah! dites...

— J'vais déshabiller ma maîtresse, comme vous savez, et la mettre dans son lit blanc...

— Et, ensuite?...

— Dame! ensuite, je me promènerai là, dans la cour... si vous vous promenez en même temps, nous nous rencontrerons peut-être...

Nicaise, en entendant cette réponse, ébaucha un bond d'allégresse comme aux jours de son enfance.

Tiennette, — qui se sentait en retard, — avait déjà disparu.

A ce moment, et tandis que le colporteur se livrait aux manifestations gymnastiques de la joie la plus vive, Jean-Claude le garçon de ferme s'approcha du vieillard à mine patibulaire qui, les deux coudes sur la table et son visage caché dans ses mains, paraissait s'être endormi.

Il lui frappa vigoureusement sur l'épaule.

Le vieillard releva la tête, montra sa figure dévastée, et demanda de sa voix rauque :

— Eh bien, qu'est-ce que vous me voulez?

— Avez-vous sommeil, mon brave homme?

— Non.

Cette réponse ne déconcerta point Jean-Claude.

— Ça n'y fait rien, — répliqua-t-il, — il est l'heure de s'aller coucher, et je vas vous montrer le chemin.

— C'est bon, je vous suis...

Le garçon de ferme alla chercher une lanterne, tandis que le vieillard s'efforçait de quitter la salle.

Mais ses jambes s'étaient raidies de nouveau dans l'inaction, et il ne put venir à bout de se soulever de son siége.

Il fallut que Jean-Claude et un laboureur vinssent à son aide pour le remettre debout.

Ceci fait, il se dirigea lentement, et comme un automate dont les ressorts se seraient rouillés, vers la porte de la grande salle.

En passant auprès de la cheminée, le garçon de ferme, qui à ce qu'il paraît était un farceur, poussa le coude de l'innocent.

Celui-ci tourna vers lui son visage hébété et ses yeux atones.

— Dites donc, père chose, — lui cria Jean-Claude, — si vous voulez vous coucher, vous savez où est la grange.

L'innocent ne répondit pas et reprit son immobilité première.

— Après ça, — poursuivit le paysan, — si ça vous va mieux de passer la nuit là où vous êtes, au coin du feu, ne vous gênez pas, mon vieux, faites comme chez vous...

Et, tout en riant de cette agréable plaisanterie, il sortit à la suite de l'homme à figure de bandit.

Au bout de deux ou trois minutes il revint.

— V'là qu'est fait, — fit-il, — mam'zelle Tiennette n'aura rien à dire. — Le vilain oiseau est en cage, c'est-à-dire sous clef, dans la petite étable... — J'imagine qu'il serait bien embarrassé, le pauvre diable, de se relever tout seul... — Ça n'est pas lui, tout de même, qui nous coupera le cou cette nuit, mes gens... — Pour un affreux particulier, c'est un affreux particulier, mais je ne le crois pas malfaisant... — J'ai eu un de mes oncles qui était tombé dans le feu, à l'âge de sept ans et neuf mois, et qui en était devenu presque aussi laid que ça... — Eh bien, tout de même, ça ne l'empêchait pas d'être un bien bon homme, et sans malice, et qui n'aurait pas tant seulement voulu tuer la puce d'une poule... — Vous voyez bien!... — La méchanceté, j'vous le dis, c'est dans le caractère des personnes et non pas tant dans leur figure... Ah! mais non!...

Après ce triomphant raisonnement, Jean-Claude s'en alla se coucher à son tour.

Rejoignons, si vous le voulez bien, Tiennette la gentille brune qui venait, comme nous le savons, d'aller trouver Jeanne Caillouët.

Le pavillon de Thil-Châtel était distribué d'une façon simple et commode.

Au rez-de-chaussée un grand vestibule percé de deux larges ouvertures vitrées donnant, l'une sur la cour intérieure du côté de la ferme et des dépendances, l'autre sur le jardin à la française qui rejoignait le parc.

Dans ce vestibule se trouvaient la cage de l'escalier, et quatre portes conduisant aux pièces suivantes :

Un vaste salon, suivi d'un petit boudoir.

Une salle de billard.

Une salle à manger, — un office, une salle de bains.

Un couloir donnait accès de la salle à manger dans les cuisines.

Au premier étage on avait ménagé un appartement de maître, — très-complet et très-confortable — (celui qu'occupait Jeanne Caillouët), et quatre chambres à coucher destinées à recevoir des amis.

Au-dessus, — sous le toit aigu à fortes charpentes, — il y avait des mansardes et un grenier sans destination.

Le château, lorsque M. de Vezay l'avait fait acheter pour la fille de Marguerite, était tout meublé.

Cet ameublement, remontant à l'année 1760, offrait un admirable échantillon de ce style si fort prisé aujourd'hui et qu'on nomme le style Pompadour.

Le gentilhomme qui possédait Thil-Châtel à cette époque était riche, et il avait, comme on dit vulgairement, *fait des folies* pour l'ornementation de son joli manoir.

Jeanne, lors de sa prise de possession, avait eu le bon goût de ne rien changer à l'ameublement.

La chambre à coucher, — dans laquelle nous introduisons nos lecteurs, — était un bijou.

Les boiseries blanches, légèrement jaunies par le temps, étaient rehaussées de filets et d'arabesques d'or mat, rougis par place, mais qui par cela même donnaient une extrême harmonie au ton général de l'ensemble.

Rien n'égalait la finesse des moulures capricieuses et tourmentées de chaque panneau.

Quatre glaces de Venise, taillées en biseau, étalaient les gracieux méandres et les enroulements *rococos* de leurs cadres sculptés à jour et dont la dorure un peu ternie n'attirait point l'œil violemment.

Cette chambre, très-haute d'étage, formait un carré long.

Une vaste rosace ovale, peinte à fresque, occupait le milieu du plafond.

Quelques petits amours grassouillets, — de ceux que nous ne savons plus plus quel poëte du dix-huitième siècle appelait — *ces petits culs nuds d'amours!...* — voletaient dans cette rosace, au milieu de nuages légers d'un rose pâle et d'un bleu changeant.

Un artiste, dont la palette gracieuse pouvait presque soutenir la comparaison avec celles de Boucher et de Watteau, avait illustré les dessus de portes et le trumeau de la cheminée des plus étourdissantes bergeries et de scènes moitié comiques et moitié galantes, telles que : *le Collin-Maillard*, — *les Crêpes*, — *les Quatre Coins dans le parc*, — *la Partie de main chaude au salon*.

Sur la cheminée en marbre blanc, ornée de volutes délicates, se trouvaient une pendule de l'époque, en cuivre doré, avec son cadran en émail blanc et bleu, — deux candélabres du même style et deux magnifiques vases *rocaille*, de la manufacture royale de Saxe, couverts de fleurs en relief, de mousses, de lézards, de papillons, — de ces vases qui se payent aujourd'hui, non pas au poids de l'or, — ce serait trop peu dire, — mais presque au poids des billets de banque.

Les rideaux du lit, — surmontés de leurs panaches de plumes blanches,

— étaient, ainsi que ceux des fenêtres, en satin paille, brodés de fleurs et d'oiseaux aux couleurs vives.

Une étoffe pareille recouvrait les fauteuils et les sofas de bois doré.

Tous les autres meubles, — dont le détail serait trop long, — étaient en bois de rose, ornés de médaillons en porcelaine de Saxe.

Enfin, nous devons citer deux portraits, — deux chefs-d'œuvre, — deux pastels, signés *Latour*.

L'un représentait un jeune gentilhomme, de vingt à vingt-cinq ans, blanc et rose comme une jolie femme, en habit de chasse de velours vert à ganse d'or, portant galamment son petit chapeau lampion galonné et légèrement incliné à droite, sur sa chevelure poudrée à frimas.

Ce chasseur dameret avait, comme il convient, une belle fleur à la boutonnière.

De la main droite il tenait le plus mignon fusil du monde, — damasquiné comme un sabre mauresque, incrusté d'argent, avec un écusson blasonné sur la crosse.

De la main gauche il caressait un beau chien d'arrêt à la physionomie intelligente.

L'autre portrait était celui d'une délicieuse jeune femme, en costume d'amazone, — montrant sous son chapeau d'homme un de ces visages fins et espiègles, et cependant aristocratiques, dont le type n'a point survécu au siècle du galant Louis XV.

Les cheveux poudrés doublaient l'effet de la ligne pure et correcte de deux sourcils bruns qui couronnaient de grands yeux noirs éclatants, aux prunelles de velours et aux regards chargés de flamme.

Une *mouche assassine*, placée au coin de la bouche, du côté gauche, donnait une expression singulièrement provoquante au sourire de deux lèvres entr'ouvertes, vermeilles comme des cerises mûres et dévoilant une double rangée de petites dents étincelantes.

Vêtue d'une veste de velours grenat à larges basques galonnées d'or, sur une ample jupe de satin blanc à rayures d'argent, la fringante amazone tenait d'une main une cravache et de l'autre un énorme bouquet de roses mousseuses.

A l'horizon du pastel apparaissait le pavillon de Thil-Châtel, avec ses briques rouges, ses encadrements blancs et sa haute toiture d'ardoise.

— Mon Dieu! mam'zelle, qu'est-ce que vous avez donc? (Page 120.)

Placés l'un en face de l'autre, ces portraits se faisaient pendant.

C'est le nid charmant que nous venons de décrire, qui servait de cadre à la blanche et blonde figure de Blanche Caillouët.

Au moment où nous nous introduisons auprès d'elle, deux bougies seulement étaient allumées.

La faible lueur de ces deux bougies n'éclairait point suffisamment la chambre à coucher et piquait çà et là une paillette lumineuse au cristal épais des glaces de Venise, aux méplats des cadres dorés.

Les petits amours du plafond et presque tous les détails de l'ameublement se perdaient dans la demi-teinte.

Au premier abord, la chambre à coucher semblait absolument déserte.

Mais, en regardant mieux, on aurait pu distinguer une forme sombre, à demi étendue sur un sopha dans la partie la plus reculée de la pièce.

Cette forme sombre, c'était Jeanne, revêtue de sa robe brune qui tranchait sur l'étoffe blanche.

La jeune fille ne faisait aucun mouvement.

Sa tête, renversée en arrière et noyée parmi les flots de ses cheveux blonds, s'enfonçait dans l'un des coussins.

Sa main gauche pendait inerte le long de son siége, — son bras droit se repliait sur lui-même et sa main s'appuyait sur sa poitrine, à la place du cœur qu'elle pressait avec une contraction nerveuse.

Jeanne Caillouët semblait calme, — presque endormie, — et pourtant le calme et le sommeil étaient aussi loin d'elle l'un que l'autre.

Chacune des pulsations de son sein agité imprimait à ses mains un petit tremblement.

Ses yeux largement ouverts ne regardaient rien, et de grosses larmes brûlantes coulaient une à une sur ses joues.

DEUXIÈME PARTIE

JEANNE ET MADELEINE

I

JEANNE ET TIENNETTE

La porte de la chambre à coucher s'ouvrit si doucement que Jeanne n'en entendit pas le léger bruit et ne fit aucun mouvement.

Tiennette crut que sa maîtresse était endormie.

Elle s'avança avec précaution, foulant de la pointe du pied le tapis d'Aubusson.

Une feuille du parquet cria.

Jeanne souleva sa tête enfoncée dans les coussins et demanda :

— Qui est là ?

— C'est moi, mam'zelle...

— Ah ! c'est toi, Tiennette... qu'est-ce que tu me veux, mon enfant ?...

— Vous ne vous souvenez donc pas, mam'zelle, que vous êtes venue vous même à la grand'salle pour me dire de monter tout de suite après le souper...

— C'est vrai... — Eh bien ! puisque te voilà, déshabille-moi...

Jeanne quitta le sopha sur lequel elle était étendue, et se dirigea du côté de la cheminée.

Dans son excessive préoccupation, elle n'avait pas essuyé ses larmes qui coulaient toujours.

— Ah! mon Dieu! mam'zelle, — s'écria Tiennette avec un accent désolé, — mon Dieu! qu'est-ce que vous avez donc?...

— Moi, mon enfant? mais je n'ai rien...

— Vous n'avez rien, mam'zelle?...

— Non, je t'assure...

— C'est pas possible!...

— Et, pourquoi donc?...

— Vous pleurez, et on ne pleure pas sans raison... surtout quand on a tout pour être heureuse, comme vous, mam'zelle...

— Je pleure? — répéta Jeanne avec une sorte de distraction qui ressemblait à de l'égarement, — tu crois que je pleure?...

— Tenez, regardez plutôt, mam'zelle...

Et Tiennette montrait du doigt les perles liquides qui ruisselaient sur les joues pâles de sa maîtresse et sur le corsage de sa robe.

— Eh! bien, oui, — répondit Jeanne, — ce sont des larmes, mais, tu sais, les larmes coulent souvent sans motif...

— Ah! mam'zelle, murmura Tiennette, — vous êtes la maîtresse de ne rien dire, et je ne vous demande pas vos secrets, mais je suis sûre que ça me fera mourir de chagrin de vous voir triste comme vous l'êtes depuis quelque temps...

— Tu m'aimes donc, ma pauvre Tiennette?...

— Si je vous aime?... — mais je me jetterais dans le feu ou dans l'eau pour vous, mam'zelle!... — est-ce que vous en doutez?...

— Non, mon enfant, et tu sais bien que, moi aussi, je t'aime et que j'ai confiance en toi... — Tiennette, je suis bien malheureuse...

Jeanne, en parlant ainsi, jeta ses deux bras autour du cou de la jeune fille, — cacha sa tête blonde dans son sein, et ses larmes coulèrent plus amères et plus abondantes.

Tiennette ne dit rien, mais son cœur se serra et ses yeux se mouillèrent.

C'était une bonne fille que cette belle brune aux joues rosées, et véritablement elle aimait bien sa maîtresse,

Au bout d'une minute, Jeanne releva la tête.

— Je souffre beaucoup, — dit-elle lentement, — et je crois que je vais mourir...

Tiennette poussa un cri.

— Mourir !... — répéta-t-elle avec épouvante! — qu'est-ce que vous dites donc là, mam'zelle, et pourquoi que vous parlez de mourir... ?

Un triste sourire vint aux lèvres de Jeanne.

— Si tu voyais ce qu'il y a dans mon cœur, — fit-elle, — tu me demanderais plutôt comment je veux penser à vivre...

Tiennette interrogea timidement :

— Il y a donc quelque chose de nouveau depuis l'autre jour ? — murmura-t-elle d'une voix basse et hésitante.

— Il y a, ma pauvre enfant, que, jusqu'aujourd'hui, j'avais conservé malgré tout je ne sais quel espoir insensé...

— Et, maintenant ?...

— Maintenant je ne l'ai plus cet espoir qui me soutenait...

— Vous ne l'avez plus, mam'zelle ?

— Non.

— Et, pourquoi aujourd'hui plutôt qu'hier ?...

— Tu sais que je suis sortie à cheval tantôt...

— Oui.

— J'allais à Vezay...

— Eh ! bien ?

— Eh ! bien, je me suis arrêtée à la porte de la mairie, je suis descendue de cheval et j'ai vu... j'ai vu...

— Quoi, mam'zelle ?... quoi donc que vous avez vu ?...

— Les noms affichés, ma pauvre Tiennette, *leurs* noms... — rien au monde maintenant ne peut empêcher ce mariage... — pour le rendre impossible, il faudrait... il faudrait qu'elle mourût !...

Tiennette baissa la tête.

— Or, — poursuivit Jeanne avec une expression déchirante, — comme elle ne mourra pas, *elle*, c'est moi qui mourrai... — Je souffre trop, vois-tu... je souffre trop...

Après un instant de silence la jeune fille reprit :

— Comme je revenais, je l'ai rencontré, *lui*... — il s'est enfui, Tiennette, il s'est enfui ! — je lui fais peur !... — Comprends-tu cela, dis-moi, que je fasse peur à quelqu'un ?... Je suis belle, pourtant, n'est-ce pas ?...

— Oh ! oui, bien belle ! — s'écria Tiennette.

— Aussi belle que cette Madeleine ?

— Cent fois plus !...

— Tu trouves cela, ma pauvre fille... mais il ne juge pas comme toi, lui !...
— il l'aime !... — et pourquoi l'aime-t-il ?... — Pourquoi n'est-ce pas moi qu'il a aimée ?... — Je suis jeune aussi, moi, et riche, et je suis belle !... — C'est donc parce qu'elle est fille de noble, et que mon père était un garde-chasse ?... et, si ce n'est pas cela qui l'a éloigné de moi, qu'est-ce donc ?...

Tiennette ne pouvait pas répondre, et ne répondit pas.

Jeanne poursuivit, mais cette fois avec animation, car la violence habituelle de son caractère triomphait de son abattement passager :

— Et rien à entreprendre ! rien à espérer !... rien !... rien !... — il me faut courber la tête !... — il me faut attendre ce jour maudit où tous deux, l'un à côté de l'autre, ils s'agenouilleront dans l'église !... — Ah ! Tiennette, Tiennette, si tu savais comme je la hais, cette Madeleine, qui va me voler le bonheur que j'avais rêvé !... — si tu savais comme je voudrais lui voir souffrir, à cause de moi, toutes les douleurs que j'endure à cause d'elle !... — Mais elle ne souffrira pas !... elle sera heureuse !... heureuse !... et fière, et triomphante !... — et je n'aurai que le droit de pleurer, s'il me reste encore des larmes, ou celui de m'en aller à la messe des noces, prier pour le bonheur des époux !...

Jeanne se prit à rire, — d'un rire strident qui ressemblait à celui des fous et qui épouvanta Tiennette.

Puis elle continua avec une exaltation croissante :

— Mais personne ne me viendra donc en aide !... personne n'empêchera donc ce mariage !... — Sais-tu bien que j'aimerais mieux voir Lucien mort que marié !... — Ah ! si j'étais un homme !... — Si seulement nous étions en Italie, à Venise, partout où l'on tue pour de l'or, sais-tu bien que je donnerais ma fortune à celui qui tuerait cette fille !...

En écoutant ces étranges paroles qui lui faisaient conjecturer que sa maîtresse était en proie à un violent accès de fièvre chaude, Tiennette sentait redoubler son effroi.

Elle entoura Jeanne de ses deux bras, et tremblante, toute en larmes, elle la supplia de se calmer.

Cette prière produisit un effet immédiat.

Mademoiselle Caillouët sembla revenir à elle-même, son exaltation disparut comme s'éteint un feu de paille, et elle dit :

— Voyons, Tiennette, il se fait tard ; déshabille-moi, mon enfant.

Et, dégrafant elle-même le corsage de sa robe, elle l'ôta et la jeta sur un siége, de manière à ce que la jeune femme de chambre pût délacer le cordon de soie du corset qui serrait sa taille souple.

Tandis que Tiennette s'acquittait de ce soin, les idées de Jeanne semblèrent s'éloigner de la direction qu'elles avaient suivie jusqu'alors.

— N'ai-je pas vu Nicaise, le colporteur, ce soir, dans la grand'salle ? — demanda-t-elle.

— Oui, mam'zelle, vous l'avez vu, et même il vous a parlé...

— C'est un bon et brave garçon, je crois, que ce Nicaise?...

— Oh! mam'zelle, un vrai cœur d'or!... — s'écria Tiennette.

— N'y a-t-il pas quelque chose entre vous?

Tiennette rougit jusqu'au blanc des yeux.

— Dame! mam'zelle... — répondit-elle, — il prétend qu'il me trouve gentille...

— C'est-à-dire qu'il est ton amoureux?...

— Oh! mam'zelle, mon amoureux... c'est beaucoup dire...

— Enfin, parle-t-il de t'épouser?

— Ah! je crois que, si je voulais, il ne demanderait pas mieux.

— Et tu ne veux pas?

— C'est-à-dire que je ne dis pas : *oui*, tout de suite... mais au fond...

— Au fond, tu en as aussi envie que lui, n'est-ce pas?

— Dame!...

— Nicaise a quelque chose, j'imagine?

— Ses économies, et son commerce qui va bien...

— Et toi, Tiennette, quand tu songeras à te marier, tes parents ne te donneront-ils pas une petite dot?...

— Oh! si fait, mam'zelle...

— Combien?

— Mille écus.

— C'est peu de chose.

— C'est beaucoup pour eux.

— Eh bien! ces mille écus, moi je les double ; — épouse Nicaise quand tu voudras...

Tiennette se confondit en remerciements et en protestations de reconnaissance.

Mais, au milieu de ces actions de grâces, elle s'interrompit subitement.

— Mam'zelle Jeanne, — murmura-t-elle, — si je me marie avec Nicaise, ça ne vous empêchera point, n'est-ce pas, de me garder à votre service comme femme de chambre?

— Non, mon enfant. — Pourquoi cela?

— Ah! c'est que je vous aime encore bien mieux que je n'aime Nicaise, allez! et que s'il avait fallu choisir de rester avec vous ou de l'épouser, le pauvre garçon aurait été bien sûr de son affaire... — Je le plantais là tout bonnement!

Touchée de cette preuve irrécusable de tendresse, Jeanne embrassa sur les deux joues sa brune et fraîche camériste, et lui dit que, n'ayant plus besoin d'elle, elle pouvait se retirer.

— Bien le bonsoir, mam'zelle, — fit Tiennette, — tâchez de vite dormir et n'ayez pas de mauvais rêves...

Puis la jeune fille quitta la chambre.

II

LA CHANSON DE NICAISE

En sortant de la grand'salle, Tiennette avait dit à Nicaise :

— Quand j'aurai déshabillé mam'zelle Jeanne, je me promènerai dans la cour... si vous vous y promenez en même temps, nous nous rencontrerons peut-être...

On se souvient que ce *peut-être* si naïf avait rempli le cœur de Nicaise de la plus franche allégresse.

Tiennette était restée auprès de sa maîtresse beaucoup plus longtemps qu'elle ne le pensait elle-même.

Quand elle apparut à la porte vitrée du vestibule, le colporteur, fort inquiet de ne pas la voir venir et craignant, selon le dicton populaire, de *l'attendre sous l'orme*, arpentait la cour à grands pas.

— J'espère, mam'zelle Tiennette, que vous avez répondu que vous vouliez bien m'épouser. (Page 231.)

Le caniche blanc marchait derrière ses talons, faisant, avec un religieux scrupule, autant de tours et de détours que son maître.

Enfin, une ombre légère se dessina dans l'obscurité.

Cette ombre se dirigeait du côté de Nicaise et ne tarda point à se rencontrer avec lui.

L'ombre poussa un petit cri.

— Tiens!... c'est vous, m'sieu Nicaise... — fit-elle avec un petit air d'étonnement, le plus naturel du monde.

— Mais oui, mam'zelle Tiennette, c'est moi, pour vous servir...

— Par quel hasard donc que vous vous promenez si tard?

— Ce n'est point par hasard, mam'zelle Tiennette.

— Vraiment?

— Dame! oui...

— Vous attendiez peut-être quelqu'un?

— Oui, mamzelle...

— Et qui donc ça?

— La plus jolie fille du pays.

— Ça ne plairait pas beaucoup aux autres, savez-vous, ce que vous venez de dire...

— Que ça convienne aux autres ou non, je m'en moque, puisque je ne veux plaire qu'à une...

— Et peut-on savoir le nom de cette heureuse personne?

— Oui, mam'zelle — elle s'appelle comme vous.

— Tiennette?

— Tout juste.

— Tiens! tiens! tiens! moi qui me croyais la seule au village!

— Vous l'êtes aussi...

— Cette Tiennette que vous attendez, c'est donc moi?...

— En propre personne.

— M'sieu Nicaise, vous êtes un petit peu bien hardi, savez-vous!... — J'ai presque envie de me fâcher...

— Pourquoi donc ça, puisque vous m'avez permis de vous apprendre une belle chanson?

— Je vous ai permis cela, moi?

— Dame! oui.

— Quand donc?

— Après souper.

— C'est ma foi vrai... eh bien! m'sieu Nicaise, pour sûr je ne m'en souvenais plus du tout... — enfin, puisque vous voilà, apprenez-moi la chanson, et, si elle m'égaie, elle viendra bien à propos, car je ne me sens point le cœur à la joie.

Après ce début, qui selon nous prouve d'une façon péremptoire que le marivaudage le plus raffiné n'est pas précisément exclu des entretiens champêtres, Tiennette ne fit nulle difficulté pour abandonner sa main à Nicaise.

Ce dernier la conduisit à un banc de pierre adossé aux bâtiments de la ferme.

A côté de ce banc se trouvait une porte pleine, percée dans sa partie supérieure d'une ouverture en forme de losange, destinée à donner à l'intérieur un peu d'air et de lumière.

— Mam'zelle Tiennette, — dit le colporteur, — si vous voulez nous nous *assirons*, — faut être à son aise pour apprendre.

La jeune fille prit place à côté de Nicaise.

— Mam'zelle Tiennette, — reprit ce dernier, — je vous ai dit ce soir, après souper, que ma belle chanson on me l'avait apprise au pays de Bretagne, devers Guérande, qui est un endroit où la terre du bon Dieu rapporte du sel au lieu de moissons... — C'est une chanson d'amoureux... — les amoureux la chantent le soir, ceux du Croisic et ceux du bourg de Batz, et aussi ceux du Pouliguen et ceux de Saillé... l'air en est bien joli, ça fait : *la-la-ou-lou-la-la-ou-lou... la-la-ou-lou-lou-lou-lou-lou*, — et toujours comme ça jusqu'à la fin.

— Tiens! — fit la jeune fille, — de vrai, c'est gentil tout de même...

— Vous allez voir... — faites bien attention qu'on doit chanter ça d'une voix douce, tout tendrement, tout tendrement... Je commence, écoutez bien, mam'zelle Tiennette...

— M'sieu Nicaise, ne chantez pas fort, de peur de réveiller mam'zelle, qui dort peut-être...

— N'ayez point peur... — Premier couplet :

> Quand le printemps revient sur terre,
> Quand les pommiers sont en fleurs,
> Quand les champs et la bruyère
> Sont pleins de bonnes odeurs...
> Les beaux gars et les fillettes,
> Les sages et les coquettes,
> Ne pensent qu'aux amourettes !...
>   Quoi qu'en disent les coucous,
>   Digue, digue, digue, dou,
>   L'amour est doux !...

— Ah! la belle chanson!... — fit Tiennette avec une admiration sincère, — la belle chanson!...

— Vous trouvez?

— Dame! faudrait être difficile...

— Retiendrez-vous l'air?

— Que oui, — allez toujours, m'sieu Nicaise...

— Plus l'on va, et plus c'est beau... — Écoutez-vous?

— Des deux oreilles :

— Second couplet :

> Viens avec moi, ma promise,
> Viens avec moi, que j' te dis,
> D' l'aut' côté d' la lande grise,
> J' sais un petit paradis.
> Il y fait chaud comme braise;
> Tout en y cueillant la fraise,
> Nous causerons à notre aise...
>   Quoi qu'en disent les coucous
>   Digue, digue, digue, dou,
>   L'amour est doux!...

— Attendez, — s'écria Tiennette, — attendez!... il me semble que je me souviens déjà...

Et elle fredonna :

> Viens avec moi, ma promise...

Ici la mémoire lui fit défaut.

Nicaise, venant à son aide, poursuivit :

> Viens avec moi, que j' te dis...

— Je sais, je sais... — fit Tiennette.

> D' l'autre côté d' la lande grise,
> J' sais un petit paradis...

« Je ne me souviens pas du reste...

Nicaise acheva le couplet.

— Faut tout d'même avoir de la mémoire, et joliment, — dit-il ensuite, — pour s'en rappeler tant que ça, si vite, — dans une heure vous pourrez chanter la chanson comme celui qui l'a inventée...

— Voyons le couplet d'après...

— M'y voilà.

Et Nicaise chanta :

> Dépêchons-nous, ma mignonne,
> Bien vit' passe le printemps...
> Après l'été vient l'automne,
> Et plus tard, on n'a plus le temps...
> C'est l'printemps qui nous attire...
> Dépêchons-nous ! — J' veux te dire
> Queq'chos' qui te fera sourire...
>> Quoi qu'en disent les coucous,
>> Digue, digue, digue, dou,
>> L'amour est doux !...

Après ce couplet, Tiennette battit des mains et elle essaya de le répéter incontinent, ce à quoi, disons-le, elle ne parvint que d'une manière très-imparfaite.

— Si vous voulez, — fit Nicaise, — je vas vous finir la chanson, — ensuite nous la répéterons tant que ça vous conviendra, et même jusqu'à demain matin, — le plus longtemps sera le mieux, mam'zelle Tiennette, puisque je serai devers vous.

Et, comme la jeune fille répondit affirmativement à la demande du colporteur, ce dernier entama d'une voix de plus en plus langoureuse le quatrième et dernier couplet :

> Sur les blés verts, l'alouette,
> En volant, chante : Aimons-nous !
> Sur les grèves, la mouette
> S'envole à son rendez-vous...
> Nous aussi, comm' l'hirondelle,
> Comme aussi la tourterelle,
> Nous répéterons, ma belle :
>> Quoi qu'en disent les coucous,
>> Digue, digue, digue, dou,
>> L'amour est doux !

L'enthousiasme de Tiennette ne connaissait plus de bornes.

Cette poésie, doublement imparfaite, — pas assez naïve et pas assez correcte, — œuvre sans doute de quelque magister breton trop civilisé, mettait la jeune fille hors d'elle-même.

— Ah ! Jésus mon Dieu !... — s'écria-t-elle, — faut-il être grand d'esprit pour trouver dans sa tête des choses si belles que ça, — qu'on n'en voit point de pareilles, même dans les livres imprimés !...

Et, sous la direction de Nicaise, elle se mit à répéter avec une telle ardeur qu'en moins d'une heure elle savait la chanson d'un bout à l'autre et pouvait la réciter, du premier au dernier vers, sans s'interrompre et sans se reprendre une seule fois.

Cette tâche importante achevée, Tiennette et le colporteur ne se séparèrent point encore quoiqu'il fût bien près de minuit.

En sa qualité de porte-balle, Nicaise était curieux.

Or il y avait dans Thil-Châtel plusieurs mystères, au courant desquels il se sentait désireux d'être mis.

— Mam'zelle Tiennette, — fit-il en renouant l'entretien, — vous souvenez-vous que pendant le souper vous m'avez dit que mam'zelle Jeanne ne riait plus avec personne, et qu'elle était triste... triste...

— Je l'ai dit et je le répète... — Oh! oui, qu'elle est joliment triste, la pauvre demoiselle, et que ça me fend le cœur de voir ça, car, s'il y en a une en ce monde qui mériterait d'être heureuse, c'est elle.

— Mais, enfin, qu'est-ce qui lui manque donc? — elle est toute jeune, — belle comme une sainte vierge, — elle a de l'argent à ne point savoir qu'en faire, — et elle est triste! — Qu'est-ce qu'elle a?

Tiennette secoua la tête et ne répondit pas tout d'abord.

Nicaise insista.

— Eh bien! — répondit la jolie brune, elle a qu'elle est amoureuse.

— De M. Lucien de Villedieu, n'est-ce pas?

— Oui.

— Mais, mam'zelle Tiennette, ça n'est pas d'hier. — Il y a longtemps que le jeune monsieur lui avait donné dans l'œil... et ça ne la rendait point triste...

— Parce qu'elle espérait toujours qu'il finirait par faire attention à elle et par l'aimer...

— Et maintenant?...

— Dame! maintenant, elle n'espère plus...

— Est-ce que le mariage de M. Lucien avec mademoiselle Madeleine est fait?...

— Pas encore, mais c'est tout comme, — les bancs ont été publiés à l'église et affichés à la mairie... Mam'zelle en a vu l'*écriture* de ses propres yeux... — et elle pleure, et elle se désole, et ça lui tourne la tête, et ça la rend comme folle... — Figurez-vous qu'elle me disait tout à l'heure qu'elle donnerait tout ce qu'elle a, s'il le fallait, pour empêcher ce mariage... et elle disait encore qu'elle voudrait qu'il y eût quelqu'un pour tuer mam'zelle

Madeleine... et vous voyez bien qu'elle était folle dans ce moment-là, car elle est si bonne, si bonne, que je ne l'ai jamais vue tant seulement faire de la peine à quelqu'un, ou du chagrin...

— Comment elle a dit tout cela?...

— Oui. — Alors, moi, j'ai pleuré et je l'ai tant priée de se calmer qu'elle est redevenue tout à coup douce comme un mouton... — Elle m'a parlé de vous, m'sieu Nicaise...

— De moi, mam'zelle Tiennette... — au sujet de quoi?

— Au sujet de ce qu'elle pense que vous êtes mon amoureux...

— Et elle ne veut pas l'empêcher au moins?... — demanda vivement Nicaise.

— Au contraire... Elle a dit que vous étiez un brave garçon et que si nous nous marions ensemble elle me donnerait trois mille francs...

— Ah! la bonne demoiselle!... la bonne demoiselle!... — s'écria le colporteur avec effusion. — Je baiserais de tout mon cœur les endroits par où elle a passé...

— Et bien vous feriez, m'sieu Nicaise.

— J'espère, mam'zelle Tiennette, que vous avez répondu que vous ne demandiez pas mieux que de m'épouser.

— Vous êtes trop curieux.

— Dame! pour nous marier ensemble il faudra pourtant bien que je sache si vous êtes d'accord de la chose.

— Nous verrons cela plus tard.

— Quand?

— Demain ou après.

— J'aimerais mieux tout de suite.

— Est-il pressant, ce m'sieu Nicaise!...

— C'est que je suis pressé, mam'zelle Tiennette, pressé de pouvoir vous appeler : *ma p'tite femme* tout à mon aise...

A partir de ce moment la conversation entre le colporteur et la rustique camériste devint une causerie d'amoureux, dans le détail de laquelle il ne nous semble point opportun d'entrer.

L'heure se passait en ce doux entretien.

La lune montrait à l'horizon son disque échancré, — la nuit s'éclairait de lueurs vagues et devenait de plus en plus fraîche.

Un frisson subit avertit Tiennette qu'il était temps de regagner son lit.

— Bonsoir... — dit-elle à Nicaise, avec lequel elle venait d'échanger le baiser des fiançailles, — bonsoir et à demain matin...

Les deux amoureux se séparaient quand Frison, couché aux pieds de son maître, se leva et fit entendre un grondement sourd.

En même temps retentit, à peu de distance, un bruit léger.

Nicaise et Tiennette regardèrent.

La porte de la grand'salle, qu'on ne fermait jamais qu'au loquet, venait de s'ouvrir.

Une forme entièrement blanche en sortit, et, sans tourner la tête en arrière, se dirigea d'un pas lent et lourd vers la grande porte de l'enclos.

Tiennette, à la vive surprise de Nicaise, ne témoigna ni effroi ni étonnement.

— Qu'est-ce donc que ça? — lui demanda le colporteur.

— C'est l'innocent.

— Où va-t-il ainsi?

— Je n'en sais rien, et il ne le sait pas plus que moi.

— Je n'avais jamais entendu parler de ce particulier... — il n'y a donc pas longtemps qu'il est dans le pays?

— Trois ou quatre mois, à peu près...

— De quoi vit-il?

— Du pain qu'on lui donne sans qu'il le demande, car il ne demande jamais rien...

— Où passe-t-il son temps?...

— Tantôt ici, tantôt au château de Vezay, — tantôt dans les fermes... — On le connaît déjà partout, et, comme il ne fait de mal à personne, il trouve toujours une place au coin du feu et dans la grange.

— Mais, quand on lui parle?

— Il ne répond pas.

— Jamais?

— Jamais.

— Est-ce qu'il est muet?

— Ça se pourrait bien, car on ne lui a pas entendu prononcer une seule parole... — il passe des heures entières sans bouger, — il mange et s'en va, — voilà...

Deux instrumentistes nomades, huchés sur deux tonneaux, faisaient danser les villageois. (Page 237.)

Nicaise, voulant revoir ce singulier personnage, regarda du côté vers lequel il s'était dirigé.

Mais il avait déjà disparu.

Tiennette et le colporteur se dirent de nouveau bonsoir, et cette fois se séparèrent.

Nous avons expliqué que, près du banc de pierre sur lequel s'étaient assis les deux jeunes gens pour causer, se trouvait une petite porte, percée d'une ouverture en forme de losange.

Cette porte était celle de l'étable dans laquelle Jean-Claude avait enfermé le compagnon de route de Nicaise.

III

AMOUR DE JEUNE FILLE

Dans l'un des chapitres précédents nous avons dit quelques mots, mais d'une façon vague, de ce qui s'était passé à une époque antérieure, — celle où Jeanne Caillouët cherchait sans le trouver celui qui, selon les rêves de son imagination exaltée, devait être le héros de son roman de jeune fille.

C'est alors que Jeanne, amazone infatigable, passait sa vie dans les champs et dans les bois, montée sur Black-Nick, son poney breton à tous crins.

Un jour, — un an environ avant les événements qui font le sujet de la seconde partie de ce livre, — Jeanne chevauchait sous les ombrages touffus de la belle forêt d'Herbizy, située entre Villedieu et Thil-Châtel.

Dans une large tranchée où deux voitures auraient passé de front, elle rencontra un jeune homme qui montait avec une parfaite élégance un beau cheval anglais pur sang.

Ce jeune homme, âgé de vingt-cinq ou vingt-six ans environ, — brun et pâle, — avait de grands yeux expressifs, — une petite moustache retroussée, et des cheveux noirs, bouclés naturellement, sous une cape de velours.

Son costume, très-simple mais admirablement porté, consistait en une courte redingote serrée à la taille et boutonnée jusqu'à la cravate, et en un pantalon gris clair, presque collant.

Sa main droite jouait avec une toute petite cravache en corne de rhinocéros, et sa main gauche domptait d'une façon magistrale l'ardeur impétueuse de son cheval.

La beauté mâle et la grâce exquise de ce cavalier auraient été remarquée partout, — même dans les allées du bois de Boulogne.

Au moment où le poney de Jeanne croisait au petit galop le cheval anglais, ce dernier prit peur et fit un bond terrible.

Jeanne, épouvantée, se retourna sur sa selle.

Le jeune homme s'inclina sur la flottante crinière de sa monture qu'il avait déjà ramenée, et salua en souriant mademoiselle Caillouët.

Jeanne rendit à peine ce salut, et, sans savoir pourquoi, elle se sentit rougir jusqu'au front.

Black-Nick, en même temps, reçut de la main de sa maîtresse un violent coup de cravache et partit au galop le plus impétueux et le plus désordonné.

Le jeune homme, qui n'était autre que le vicomte Lucien de Villedieu, admira l'audace de la gracieuse écuyère, puis, sans y penser plus longtemps, continua à suivre le chemin qui le menait au château de Vezay.

Malheureusement l'impression produite sur la jeune fille par Lucien ne s'effaça point de la même façon.

Pendant tout le reste de la journée elle fut poursuivie par l'image de ce cavalier aux cheveux noirs, si fièrement campé, et qui l'avait saluée avec un sourire.

Cette image revint visiter le sommeil de Jeanne pendant ses rêves de la nuit suivante.

La jeune fille, en se réveillant, appuya sa main sur son cœur et crut s'apercevoir qu'il battait plus fort que la veille.

Jeanne, alors, s'avoua à elle-même avec une émotion délicieuse qu'elle avait rencontré son *idéal*, — le *vainqueur* de son âme, tel que le dépeignaient tous les romans qu'elle avait vus.

Elle comprit qu'elle allait aimer...

A la même heure que la veille, elle monta à cheval et courut à la forêt d'Herbizy.

Elle ne doutait pas un instant qu'un bienheureux hasard n'y conduisît en même temps le jeune cavalier.

Cet espoir fut déçu.

Durant sa longue promenade, Jeanne ne rencontra que des bûcherons, le dos courbé sous de lourdes charges de fagots.

La jeune fille revint à Thil-Châtel un peu triste.

Pendant trois jours de suite ses courses dans la forêt furent sans résultat,

— enfin, le quatrième jour, elle vit de loin venir un cavalier qu'elle reconnut aux battements précipités de son cœur.

Jeanne mit son cheval au pas.

M. de Villedieu, en la croisant, la salua comme la première fois, mais avec la politesse grave d'un homme du monde.

Il ne remarqua même pas qu'une nuance du carmin le plus vif venait de remplacer sur les joues de la jeune fille la pâleur veloutée qui leur était habituelle.

Pour les cœurs absolument neufs, — pour les imaginations exaltées, — tout est événement, tout est matière à conjectures.

— Pourquoi donc, en me saluant, ne m'a-t-il pas souri?... — se demanda Jeanne.

Dans son ignorance de la vie, la pauvre enfant ne comprenait pas que le premier sourire du vicomte Lucien avait été motivé et autorisé en quelque sorte par l'apparent péril qu'il venait de courir et auquel elle avait paru s'intéresser, tandis qu'en une seconde rencontre ce sourire que rien ne justifiait aurait été l'acte d'une familiarité inconvenante.

Mais c'était là une nuance qui, nous le répétons, devait échapper à l'inexpérience de Jeanne.

Elle en éprouva une nouvelle tristesse qui dura jusqu'au soir.

Le lendemain Jeanne s'informa et elle apprit le nom de ce cavalier auquel elle pensait sans cesse.

Pendant un laps de deux ou trois semaines, Lucien et mademoiselle Caillouët se rencontrèrent presque chaque jour.

Le jeune homme saluait, — la jeune fille devenait pourpre, — et tous deux continuait leur chemin en des sens différents.

Quand on aime, — et surtout quand on aime pour la première fois, — on interprète les moindres choses au gré de ses désirs.

Jeanne, — échafaudant toujours son roman, — se persuada de la meilleure foi du monde que, dans l'unique but de l'entrevoir pendant le quart d'une minute, M. de Villedieu passait ainsi chaque jour à la même heure dans la grande tranchée de la forêt d'Herbizy.

Or, c'était tout le contraire qu'il aurait fallu dire.

Le vicomte Lucien ne rencontrait Jeanne que parce que Jeanne prenait soin de se trouver sur son passage.

Quant à lui, il ne s'étonnait même point de la fréquence de ces rencontres.

Il les attribuait aux hasards des promenades quotidiennes de Jeanne, — il admirait la grâce et la beauté de la jeune amazone, — sa tournure élégante et aristocratique, — l'éclat de son teint, — l'abondance soyeuse de ses cheveux blonds.

Il admirait tout cela, mais aussitôt qu'il avait dépassé Jeanne il ne pensait plus à elle.

Nous n'en doutons pas un instant, Lucien, si son cœur avait été libre, serait devenu amoureux de mademoiselle Caillouët, — il se serait senti attiré vers elle, sinon par une passion violente, du moins par un tendre penchant.

Mais le vicomte aimait ailleurs.

Il avait donné son âme tout entière à Madeleine de Vezay, et en dehors de ce sentiment exclusif il n'existait rien pour lui.

Un soir, — c'était la fête patronale d'un petit village des environs de Thil-Châtel.

Une douzaine de baraques recouvertes en toile et installées sur la place de l'église, étalaient les séductions des pains d'épice agréablement coloriés, — des mirlitons ornés de leurs devises multicolores, — et des loteries à un sou le billet, vulgairement appelées *blanques*.

Sous une rangée de grands marronniers, les garçons et les jeunes filles se trémoussaient à qui mieux mieux, aux accords douteux que tiraient d'une flûte aigre et d'un violon criard deux instrumentistes nomades huchés sur deux tonneaux.

Jeanne accompagnée de Tiennette était venue à la fête et regardait la danse.

M. de Villedieu passa, suivi d'un domestique.

Il jeta à son valet la bride de son cheval, et poussé par la curiosité il s'approcha des groupes.

Jeanne l'aperçut, — elle rougit et pâlit successivement.

Le vicomte, à son tour, remarqua la jeune fille.

Entre gens qui se rencontrent et se saluent chaque jour, la connaissance est presque faite, — quoiqu'on ne se soit jamais parlé.

Le vicomte s'approcha de Jeanne et lui dit en souriant :

— Mademoiselle, s'il vous convenait de vous mêler pour une minute à la danse de ces braves gens, et s'il ne vous manquait pour cela qu'un cavalier, permettez-moi de me présenter...

Trop émue pour prononcer un seul mot, Jeanne ne répondit qu'en mettant sa main dans la main du vicomte.

Ses oreilles tintaient, — le sang affluait à son cœur, — la terre semblait se dérober sous ses pieds, — elle souffrait presque et cependant elle était heureuse.

La contredanse commença.

De quoi M. de Villedieu parla-t-il à sa danseuse?

Eh! mon Dieu, de tout et de rien. — de son joli poney Black-Nick, — des vieux chênes des bois d'Herbizy, — du manoir de Thil-Châtel, — des bons paysans qui les regardaient danser, la bouche béante d'admiration, enfin des *couacs* de la flûte et des notes douteuses du violon...

A tout cela, que répondait Jeanne?

Nous ne saurions le dire, — nous ne savons pas même si elle répondait, et franchement cela nous paraît douteux.

Dans les paroles de Lucien, Jeanne n'entendait que la musique de la voix harmonieuse du jeune homme.

Sous chaque mot indifférent, elle croyait deviner une note amoureuse.

La contredanse s'acheva.

Il était temps.

Jeanne suffoquait à force de bonheur, — la tête lui tournait, — elle allait tomber.

M. de Villedieu ne s'aperçut point de cette émotion, ou s'il la remarqua il l'attribua à un excès de timidité de pensionnaire.

Il prit congé de mademoiselle Caillouët, — remonta à cheval en se disant à lui même :

— Cette petite fille est bien jolie, mais on causerait pendant une heure avec elle sans en obtenir trois paroles...

Et, mettant son cheval au grand trot, il se prit à penser qu'il y avait loin jusqu'au moment où le lendemain il reverrait sa Madeleine bien-aimée.

Aussitôt que le bruit du cheval de M. de Villedieu eut cessé de se faire entendre, Jeanne quitta la fête à son tour, — au grand chagrin de Tiennette qui s'amusait de tout son cœur et qui s'était promis de danser avec les plus beaux garçons du pays.

— Oh! m'am'zelle, mam'zelle, — balbutia d'un ton suppliant la champêtre camériste, — si vous vouliez pourtant, nous resterions encore tant seulement une petite heure...

— Eh bien ! reste, mon enfant, je m'en irai bien sans toi, — Thil-Châtel n'est pas si loin...

— Ah! plus souvent, mam'zelle, que je m'en va vous laisser vous en aller comme ça toute seule, pendant la nuit... — Non, non, je pars, avec vous...

Et, prenant héroïquement son parti, elle accompagna sa maîtresse.

Tout le long du chemin Jeanne se répétait à elle-même, avec une ivresse indicible :

— Il m'aime!... il m'aime... — j'en suis sûre!

Elle avait le paradis dans le cœur.

IV

PREMIÈRE DOULEUR. — LUTTE ET DÉFAITE

Presque toujours, hélas! en ce monde, les plus vives joies sont les plus courtes.

Pour Jeanne Caillouët la réalité amère devait succéder vite au mirage décevant.

La jeune fille en arrivant à Thil-Châtel, à son retour de la fête du prochain village, dit à Tiennette de monter avec elle pour la déshabiller sur-le-champ.

Par un caprice qui sembla bizarre à la camériste champêtre, Jeanne fit allumer toutes les bougies des deux candélabres.

— Est-ce que notre demoiselle veut se donner le bal à elle toute seule ? — se demandait Tiennette.

Et elle ajoutait aussitôt:

— Bien mieux aurait valu, ma foi! dans ce cas-là, rester à la danse.

Nous qui lisons mieux que Tiennette dans la pensée de notre héroïne, nous pouvons expliquer quel était son but en s'entourant ainsi qu'elle le faisait des flots d'une lumière éclatante...

La jeune fille voulait se prouver par ses propres yeux que Lucien de Villedieu, ce soir-là, avait dû la trouver jolie.

Elle interrogea donc une grande glace, et cette glace complaisante lui répondit en lui montrant la plus radieuse image qui se fût jamais reflétée dans sa surface étincelante.

Jeanne n'était point vêtue comme de coutume d'une amazone noire ou brune.

Elle portait une robe de mousseline blanche, d'une adorable simplicité.

Un double ruban de soie bleue, — traversant le corsage en façon de bretelles, — et quelques nœuds de la même couleur, tranchaient seuls sur l'étoffe vaporeuse.

Les longs cheveux blonds de la jeune châtelaine encadraient de leurs boucles dorées l'ovale fin et aristocratique de son visage.

A ces boucles épaisses s'enlaçaient deux ou trois bluets.

Un petit chapeau de paille, orné d'un ruban bleu, complétait cette fraîche toilette.

Jamais Jeanne ne s'était vue si jolie, — elle sourit à son image, et ce sourire doubla sa beauté.

— Il m'aime... — murmurèrent ses lèvres entr'ouvertes, — il m'aime... il doit m'aimer...

Puis, avec l'aide de Tiennette, elle commença lentement à se dévêtir.

Pendant quelques minutes un silence absolu régna entre les deux jeunes filles.

Jeanne, absorbée dans sa douce rêverie, ne prononçait aucune parole et Tiennette n'osait lui parler.

Elle tressait avec soin et avec amour la longue et magnifique chevelure blonde de sa maîtresse.

Mademoiselle Caillouët rompit tout à coup ce silence.

— Tiennette, — demanda-t-elle, — tu m'as vue danser, ce soir?...

— Oui, mam'zelle, et jamais, jamais, je n'avais vu danser si bien que ça... — Ce que c'est pourtant mam'zelle, que d'avoir appris à Paris... on fait tout mieux que tout le monde...

Le valet de ferme regarda l'écu de cent sous avec une stupeur comique. (Page 248.)

— As-tu remarqué, Tiennette, ce jeune homme, mon cavalier ?...

— Oui, mam'zelle, et pour ce qui est de danser, il danse presque aussi bien que vous...

— Le connais-tu, ce jeune homme ?

— Et comment donc que je ne le connaîtrais pas, mam'zelle ?... il est du pays, et moi aussi... — C'est M. Lucien... le fils unique de M. le vicomte de Villedieu, qui s'est noyé dans la Loire voici bientôt vingt ans...

— Et comment le trouves-tu, Tiennette ?

— Dame ! mam'zelle, pour un beau garçon, c'est un beau garçon... et bon aussi, à ce qu'il paraît...

— Ah ! il est bon ?...

— Chacun le dit. — Il fait du bien dans le pays à plus de quatre lieues à la ronde ; et quand on va demander quelque chose à son château, on est bien sûr de n'être pas refusé...

Que Jeanne se sentait heureuse d'entendre ainsi parler de celui qu'elle aimait !...

Tiennette poursuivit :

— Oui, mam'zelle, M. Lucien est bon et beau... mais faut tout dire pour être juste, sa femme sera belle et bonne aussi... le plus brave et le meilleur couple du pays, quoi !...

Jeanne fit un mouvement si brusque que Tiennette dût lâcher les cheveux qu'elle rassemblait à grand'peine dans ses deux mains.

— Que viens-tu de dire ?... — s'écria Jeanne. — J'ai mal entendu sans doute !...

La jeune femme de chambre répéta sa dernière phrase sans y rien changer.

— Sa femme !... — balbutia mademoiselle Caillouët, — tu as dit : *sa femme !*...

— Mais oui, mam'zelle... — répondit Tiennette fort surprise.

— M. Lucien est marié ?...

— Non, mais...

— Mais, quoi ?

— On prétend que c'est tout comme et que la noce va bientôt se faire...

— Et, — demanda Jeanne en s'efforçant de prendre sur elle-même et de dompter son écrasante émotion, — qui M. Lucien épouse-t-il ?

— Mam'zelle Madeleine de Vezay.

— Et, l'aime-t-il ?

— Dame ! on le dit... — Il va tous les jours au château, chez M. le comte de Vezay ; et d'aucuns prétendent qu'on pourrait régler le clocher de la paroisse sur lui, tant il passe régulièrement à deux heures sonnantes dans la grande tranchée du bois d'Herbizy...

Il sembla à Jeanne qu'un coup de massue venait de lui briser le crâne.

— C'est bien, mon enfant, — murmura-t-elle en s'adressant à Tiennette, — tu peux te retirer... je n'ai plus besoin de toi... bonsoir...

La jeune fille en restant seule, et face à face avec la première douleur de sa vie, fondit en larmes et se tordit les mains.

Tous ces menus détails, auxquels elle avait attaché jusqu'à ce jour tant d'espérance, s'éclairaient à ses yeux d'une lumière sinistre et désolante.

Ces rencontres quotidiennes, dans lesquelles elle s'était efforcée de voir de tacites rendez-vous, ce n'était pas même au hasard qu'elles étaient dues...

Non...

M. de Villedieu ne se croisait avec Jeanne dans la tranchée du bois d'Herbizy, que parce que cette tranchée était son chemin pour aller retrouver au château de Vezay sa fiancée Madeleine!...

Par un étrange phénomène Jeanne se souvint alors de toutes les paroles prononcées par Lucien, une heure auparavant, à la danse sous les marronniers, — paroles que, dans le moment même, elle avait à peine entendues, distraite et troublée qu'elle était par la musique de cette voix écoutée pour la première fois.

Et alors, dans les phrases banales échappées à M. de Villedieu, Jeanne ne vit plus que ce qu'il y avait réellement, c'est-à-dire la plus polie, mais aussi la plus complète indifférence.

La jeune fille tombait de bien haut.

La chute fut terrible.

Elle souffrit et pleura jusqu'au matin.

Enfin, au moment où les premières lueurs de l'aube allaient paraître à l'horizon, la fatigue triompha de la douleur.

Mademoiselle Caillouët s'endormit d'un sommeil profond.

Quand elle se réveilla, au bout de deux ou trois heures, un joyeux rayon de soleil ravivait les couleurs un peu passées du tapis d'Aubusson et mettait gaiement en relief les dorures des boiseries blanches.

Au dehors les oiseaux chantaient, — tout souriait dans la nature.

Jeanne se sentit calmée et consolée; et, comme l'espoir est vivace dans un cœur de dix-neuf ans, elle se reprit à espérer.

La jeune fille n'avait pas d'autre guide dans la vie que les romans qu'elle avait lus, — triste guide, hélas!... aussi dangereux que les feux errants qu'on voit courir pendant les chaudes nuits sur les mornes abîmes des marais, où ils entraînent à leur suite l'imprudent voyageur qui prend leur clarté menteuse pour un fanal.

Or, dans ces romans elle avait vu cent fois que les mariages presque conclus étaient les plus près de se rompre.

Du moment présent jusqu'à la réalisation de l'union projetée entre Lucien et Madeleine, combien d'obstacles pouvaient surgir !...

M. de Villedieu allait chaque jour au château de Vezay, c'est vrai ; mais de cette assiduité que pouvait-on conclure? — l'habitude et pas autre chose.

Rien ne prouvait que Lucien ressentît pour Madeleine une passion véritable et profonde...

Une autre image d'ailleurs ne pouvait-elle venir remplacer dans son cœur celle de sa fiancée?...

Et pourquoi cette image ne serait-elle pas celle de Jeanne?

La jeune fille se dit tout cela, et bien d'autres choses encore ; — et la conclusion de ces romanesques sophismes fut qu'elle ne se devait point tenir pour battue avant d'avoir lutté...

Lutté ! — Comment?

Jeanne ne le savait pas encore, — mais elle comptait sur les circonstances, — sur le hasard, — et, plus encore, sur cette habileté féminine dont toute fille d'Ève se croit si fermement et si amplement pourvue.

Pour engager l'action, que fallait-il? — une entrevue.

Cette entrevue, la jeune fille résolut de se la procurer à tout prix.

Elle se tint parole.

A quelques jours de là, M. de Villedieu suivait à l'heure accoutumée la tranchée du bois d'Herbizy en se rendant au château de Vezay.

Il vit de loin le petit poney noir, l'œil morne et la tête basse, immobile au pied d'un vieux hêtre.

La première idée qui se présenta à l'esprit du jeune homme fut qu'il pouvait être arrivé un accident à mademoiselle Caillouët.

Il mit son cheval au galop et quelques secondes lui suffirent pour arriver auprès de Black-Nick.

Jeanne, étendue sur le gazon au bord du chemin, était pâle et semblait souffrir.

— Que vous est-il donc arrivé, mademoiselle? — s'écria Lucien.

La jeune fille lui répondit que la selle du poney ayant tourné, elle était tombée violemment et qu'elle croyait s'être foulé le pied droit.

Lucien offrit de galoper jusqu'à Thil-Châtel ou jusqu'à Villedieu, et de revenir de l'un ou l'autre de ces endroits avec une voiture.

— Non, — dit Jeanne, — aidez-moi seulement à remonter à cheval, et je retournerai bien chez moi...

M. de Villedieu rajusta les sangles du poney, — prit la jeune fille dans ses bras et la mit en selle.

— Souffrez-vous beaucoup, mademoiselle? — demanda-t-il ensuite.

— Un peu, — mais ce n'est rien. — Merci, monsieur, et adieu...

Et Jeanne fit tourner la tête à son cheval.

Lucien insista pour l'accompagner jusque chez elle, dans la prévision et dans la crainte d'un accident nouveau.

Cette demande, impatiemment attendue par la jeune fille, fut agréée après un moment de feinte hésitation.

Bientôt les deux jeunes gens arrivèrent à Thil-Châtel.

Là encore, M. de Villedieu dut prendre Jeanne dans ses bras pour la porter jusqu'à son appartement.

Comment ne s'aperçut-il pas de la violence avec laquelle le cœur de son charmant fardeau battait contre sa poitrine ?

Jeanne, installée sur une chaise longue, insista pour que le vicomte passât quelques instants auprès d'elle.

Lucien aurait donné beaucoup pour être libre d'aller sans retard rejoindre Madeleine, mais la demande de mademoiselle Caillouët était de celles que ne peut décliner un homme sachant vivre.

Il s'assit et, tout en comptant les minutes qui s'écoulaient, il essaya de parler de choses indifférentes.

Mais qu'importait à Jeanne l'admiration vive exprimée par Lucien à l'endroit des pastels de Latour et des beaux miroirs de Venise?...

Ce n'était pas pour cela que depuis plus d'une heure la jeune fille jouait la comédie étrange d'une chute et d'une blessure!...

Elle voulait engager contre Madeleine cette lutte de laquelle elle espérait sortir victorieuse.

Elle le fit, et avec une naïve impudeur qui prouvait autant sa réelle chasteté que sa profonde inexpérience.

Sans doute elle ne dit pas à Lucien : — *Je vous aime,* — mais elle le lui laissa clairement deviner.

Jamais l'idée d'agir ainsi ne fût venue à une femme corrompue et habile. — Un semblable aveu, que rien ne préparait, était la plus insigne de toutes les maladresses.

Mais dans sa passion insensée, dans son ignorance absolue du cœur humain, la pauvre Jeanne croyait que le meilleur de tous les moyens pour inspirer un peu d'amour était d'en montrer beaucoup.

M. de Villedieu, — quoique étourdi par cette quasi-déclaration à laquelle il était si loin de s'attendre, — agit en galant homme qui ne veut point abuser du fol entraînement d'un cœur sans défense.

Il feignit de ne pas comprendre, — il fut aveugle et sourd, — il nia l'évidence.

Après le départ du vicomte, Jeanne humiliée et découragée se demanda avec désespoir :

— Comment faut-il donc parler d'amour, pour que ceux qu'on aime vous comprennent?...

A partir de ce moment M. de Villedieu, beaucoup plus clairvoyant que ne le supposait la jeune fille, résolut d'éviter avec soin tout ce qui pourrait entretenir cette fatale affection qu'il avait inspirée.

Il changea les heures de ses visites au château de Vezay, afin d'être bien certain de ne plus trouver Jeanne sur sa route.

Il s'abstint de traverser la forêt d'Herbizy, et chaque jour il prit des chemins différents, dont quelques-uns l'allongeaient de deux ou trois lieues.

Enfin, les précautions que suggère la prudence pour se dérober aux attaques d'un ennemi mortel, la délicatesse exquise de son caractère les lui inspira pour éviter la rencontre de cette belle jeune fille qui l'aimait, et qui le lui avait presque dit.

En fallait-il plus, en fallait-il autant, pour éclairer toute autre que Jeanne?

Mais le bandeau attaché sur les yeux de la malheureuse enfant était de ceux que rien ne traverse, — qu'un coup de foudre, seul, déchire.

Elle continua à aimer et elle ne désespéra pas.

Nous avons dit plus haut par quel coup de foudre le bandeau fut déchiré.

V

UN BILLET MYSTÉRIEUX

Nos lecteurs n'ont point oublié la soirée durant laquelle Nicaise apprit à Tiennette cette chanson si belle « venue du pays de Bretagne, devers Guérande qui est un endroit où la terre du bon Dieu rapporte du sel au lieu de moissons, » — non plus que les confidences échangées entre le colporteur et la camériste au sujet de Jeanne Caillouët et de son amour désespéré pour Lucien de Villedieu.

Le lendemain, de fort bonne heure, Jean-Claude, le valet de ferme, ouvrit la porte de la petite étable, et trouva le vieillard à visage sinistre étendu sur une épaisse et chaude litière, et dormant ou paraissant dormir.

— Eh! mon brave homme! — lui cria le jeune paysan, — comment que ça vous va, ce matin?

— Bien, — répondit brusquement le vieillard, en se soulevant sur la paille et en se dressant non sans peine.

— Dites donc, — poursuivit Jean-Claude, — il faisait *plus meilleur* là dedans, que non pas au *mitan* des champs?

— Oui, — dit laconiquement la voix rauque.

— Vous faut-il quéq'chose à ce matin?

— Oui.

— Quoi donc, mon brave?... allez, n'vous gênez pas, — la maison est bonne...

— N'y a-t-il pas ici une servante qui s'appelle Tiennette?

— Mam'zelle Tiennette?... — c'est pas une servante...

— Qu'est-donc?

— Dame! c'est ni plus ni moins que la femme de chambre de notre demoiselle.

— Il faut que je lui parle...

— A mam'zelle Tiennette?

— Oui.

— Quand?

— Tout de suite.
— Ça ne se peut.
— Pourquoi?
— Elle dort encore.
— Qu'on l'éveille!...
— Plus souvent!...

Le vieillard fouilla dans sa poche.

Il en tira une pièce de cinq francs qu'il présenta à Jean-Claude, en lui disant :

— Prenez cela, je vous le donne... et allez dire à la femme de chambre de votre maîtresse qu'il faut que je lui parle sur-le-champ.

Le valet de ferme regarda l'écu de cent sous avec une stupeur comique.

— Ma foi! je me risque, — fit-il ensuite, — et je vas taper à son volet... — Dame! si elle se fâche, tant pis...

Et il s'éloigna tout en murmurant :

— Voilà qu'est drôle!... — cet affreux vieux qui roule sur l'or et l'argent!... — voilà qu'est drôle!... — faut que ce soit, ben sûr, quéq'grand personnage déguisé en va-nu-pieds!... — ah! dame!... voilà qu'est drôle!...

Au bout d'un instant le valet de ferme reparut.

— Mam'zelle Tiennette va v'nir... — dit-il, — j'lui ai crié qu'on la demandait dans la cour... mais j'ai pas dit que c'était vous... attendez un peu, mon brave homme...

Le vieillard s'assit sur le banc de pierre placé à côté de la porte de la petite étable.

Cinq minutes s'écoulèrent.

Au bout de ce temps Tiennette montra son joli visage sur le seuil du vestibule, — elle s'était couchée tard, comme nous savons, et le sommeil trop vite interrompu gonflait encore ses yeux.

Elle regarda tout autour d'elle et elle s'écria d'un petit ton de colère :

— Personne ne m'attend!... Jean-Claude s'est moqué de moi!... il me le payera...

Et elle s'apprêtait à rentrer dans l'intérieur du pavillon.

Mais le vieillard s'était péniblement levé et il s'avançait vers Tiennette aussi vite que le lui permettaient ses jambes raides.

Le vieillard posa sur la table son portefeuille graisseux et deux clefs rouillées. (Page 258.)

— Vous vous trompez, mademoiselle, — dit-il, — quelqu'un vous demande...

— Et qui donc?

— Moi.

La champêtre soubrette fit un mouvement de surprise et presque d'effroi.

— Vous!... — répéta-t-elle.

— Moi-même.

— C'est vous qui m'avez fait éveiller?...

— Oui.

— Ah! bien, par exemple, vous pouvez vous vanter d'avoir du toupet, mon brave homme!...

— C'est possible, mais ce n'est pas de cela qu'il s'agit... — il faut que je parle à votre maîtresse...

— A mam'zelle Jeanne! — s'écria Tiennette...

— A mademoiselle Jeanne Caillouët.

— Et qu'est-ce que vous voulez lui dire?

— Ce que je veux lui dire, je le lui dirai à elle-même.

— Si c'est pour avoir une aumône, on vous fera la charité sans déranger mam'zelle.

— Ce n'est pas pour une aumône, et je n'ai besoin de rien.

— Peut-être bien même que vous êtes un richard!... — fit Tiennette ironiquement.

Le vieillard tira de sa poche une dizaine de pièces d'or, les lui montra et répondit :

— Vous voyez que j'ai, au moins, de quoi acheter du pain.

La vue de l'or produit toujours son effet.

Tiennette prit un ton plus poli.

— J'ai peur, — dit-elle, — que mam'zelle Jeanne n'ait pas trop bien dormi cette nuit... et je ne voudrais pas entrer chez elle si matin...

— Il le faut.

— Attendez, pour la voir, l'heure du déjeuner...

— Non... — tout de suite ou pas du tout, et prenez garde, — si je pars elle ne vous pardonnera point de m'avoir laissé partir...

— Vous lui voulez donc parler de quéq'chose qui l'intéresse?...

— Oui.

— Et c'est si pressant que ça?

— Oui.

— Dame ! je veux bien monter, moi, mais je ne sais pas si ça conviendra à mam'zelle de vous recevoir...

— Avez-vous là un morceau de papier et une plume?

— Pourquoi faire?

— Pour écrire un mot que vous remettrez à votre maîtresse.

— Il y a des cahiers dans la grand'salle, — on peut en déchirer une feuille...

— Allons-y sur-le-champ.

Tiennette suivit le vieillard et, tout en le suivant, elle murmurait comme Jean-Claude un instant auparavant :

— Ah! par exemple!... voilà qu'est drôle!...

L'étrange compagnon de route de Nicaise trempa dans l'encre une plume ébouriffée, et sur une page que Tiennette arracha d'un gros registre il traça les lignes suivantes, sans orthographe et d'une longue écriture irrégulière et tremblée :

« *Un homme qui a connu Caillouët, le garde-chasse du comte de Vezay, possède un secret qui concerne non-seulement mademoiselle Jeanne, mais Madeleine de Vezay et Lucien de Villedieu.*

« *Ce secret, la fille du garde-chasse le payerait volontiers de toute sa fortune.*

« *L'homme à qui il appartient, et qui veut le vendre, sera moins exigeant et se contentera d'une somme sans importance pour celle à qui il la demandera.*

« *Seulement, le temps presse, — il faut que cet homme soit reçu tout de suite ou jamais. — Il attend.* »

Le vieillard plia en forme de lettre la feuille de papier sur laquelle il venait d'écrire.

Il en ferma le pli avec une épingle, et, la tendant à Tiennette, il reprit d'une voix impérieuse :

— Allez vite...

Ce ton insolite de la part d'un semblable personnage choqua notablement la camériste.

Cependant elle n'osa point ne pas obéir, mais tout en se dirigeant vers le pavillon elle se répétait à elle-même, en manière de petite vengeance :

— Ah! le vilain oiseau! le vilain oiseau que ce vieux laid!...

A peine Tiennette avait-elle frappé un coup léger et presque indistinct à la porte de sa maîtresse que la voix de cette dernière répondit :

— Entrez...

Jeanne, enveloppée dans un long peignoir sombre attaché à sa taille par une cordelière de soie, était aussi pâle qu'une morte.

Ses cheveux ruisselaient en désordre sur ses épaules et autour de son visage, — elle avait les yeux rougis et gonflés et les joues marbrées de teintes bleuâtres.

Le lit à peine défait indiquait que la jeune fille ne s'était couchée qu'un instant, — peut-être sans trouver le sommeil.

— Que me veux-tu, mon enfant? — demanda-t-elle à sa femme de chambre.

— Ah! ma pauvre maîtresse, — s'écria cette dernière, — vous n'avez pas dormi!..

— Fort peu, — répondit Jeanne avec une sorte d'impatience, — mais, encore une fois, que me veux-tu?

— J'ai là une lettre pour vous, mam'zelle...

— De quelle part?

— De la part de l'homme que Nicaise a rencontré hier dans le chemin creux et qu'il a amené coucher ici par charité...

— Qu'est-ce que cet homme?

— Le vieux le plus affreux que j'aie jamais vu! — on dirait un vrai brigand. — Il ne peut pas se tenir sur ses jambes. — J'ai cru d'abord que c'était un mendiant, mais il m'a fait voir tout à l'heure qu'il avait sa poche pleine d'or...

— Et il m'écrit?

— Oui, mam'zelle, — il voulait vous parler tout de suite, mais comme je lui ai répondu qu'il était trop matin pour vous déranger il m'a demandé du papier, et sur ce papier il a mis des *mots d'écrit*...

— Donne.

Tiennette présenta à Jeanne le billet du vieillard.

Mademoiselle Caillouët le déplia et le lut lentement, mais sans qu'aucune émotion se manifestât sur son visage.

Elle le lut une seconde fois.

Puis elle répéta tout haut chaque mot comme pour chercher à mieux comprendre le sens des paroles qu'elle prononçait :

« *Un homme qui a connu Caillouët, le garde-chasse du comte de Vezay, possède un secret qui concerne non-seulement mademoiselle Jeanne, mais mademoiselle de Vezay et Lucien de Villedieu...*

« *Ce secret, la fille du garde-chasse le payerait volontiers de toute sa fortune.*

« *L'homme à qui il appartient, et qui veut le vendre, sera moins exigeant, et se contentera d'une somme sans importance pour celle à qui il la demandera.*

« *Seulement, le temps presse, — il faut que cet homme soit reçu tout de suite ou jamais. — Il attend.* »

Après avoir achevé le dernier mot de la dernière ligne, Jeanne releva la tête.

— Tiennette, — dit-elle, — es-tu bien sûre que cet homme ne soit pas fou?...

— Dame! mam'zelle, je ne crois pas... — il a l'air méchant, mais il n'a point l'air fou...

— Il a l'air méchant, dis-tu?

— Quant à ça, oui — il me fait peur...

— Crois-tu qu'il y ait du danger à le recevoir?,..

— Oh! pour ça non... — surtout si vous prenez la précaution de ne pas rester toute seule avec lui...

— Sais-tu où est Nicaise?

Apparemment Tiennette s'en doutait.

Elle s'approcha de l'une des fenêtres qui donnaient sur le jardin à la française et elle vit le colporteur contemplant avec une admiration non équivoque une reproduction en terre cuite de la Vénus Callipyge.

A côté de lui Frison, assis sur sa queue, semblait regarder aussi.

— Le v'là, mam'zelle... — Voulez-vous que je l'appelle? — répondit la soubrette.

— Fais-lui signe de monter ici.

Tiennette ouvrit la fenêtre.

— P'sitt! — dit-elle.

Nicaise leva les yeux et envoya un baiser à la cameriste qui, du bout du doigt, lui montrait qu'elle l'attendait.

Au bout d'une minute le colporteur arrivait dans l'antichambre et Tiennette l'introduisait en lui disant :

— Mon p'tit Nicaise, mam'zelle veut vous parler.

En quelques paroles, Jeanne mit le colporteur au courant de ce qu'elle attendait de lui.

Elle le fit entrer dans un des cabinets attenants à la chambre à coucher.

Dans ce cabinet se trouvait un fusil chargé.

— Si je vous appelle, — dit Jeanne, — sortez aussitôt et venez à mon aide.

Nicaise, — enchanté de prouver à mademoiselle Caillouët son affection et sa reconnaissance, et de jouer un rôle, même passif, dans une intrigue mystérieuse, — Nicaise, disons-nous, jura d'être attentif et d'intervenir en cas de besoin.

La porte du cabinet se referma sur lui. — Cette porte était suffisante pour empêcher de saisir le sens des paroles prononcées d'une voix ordinaire.

— Maintenant, mam'zelle, — demanda Tiennette, — que faut-il faire?

— Va chercher cet homme, — répondit la jeune fille, — dis-lui que je l'attends et amène-le ici.

— Quand il sera là, faudra-t-il rester, mam'zelle?...

— Oui, à moins que je ne te prie moi-même de sortir, et dans ce cas tu attendras dans l'antichambre, à portée de ma voix.

— Oui, mam'zelle...

Et Tiennette sortit de la chambre.

Jeanne se mit à relire pour la quatrième fois l'étrange lettre de l'inconnu.

Pour la quatrième fois elle en pesa toutes les expressions.

— Si cet homme n'est pas fou, — se demanda-t-elle — quel peut être ce secret dont il parle, et qui, — dit-il, — vaut une fortune?... — ma tête s'y perd... mais à coup sûr cet homme est fou... — enfin, je vais savoir...

VI

MARCHÉ CONCLU

La porte s'ouvrit.

Tiennette entra la première.

— Mam'zelle Jeanne, — dit-elle, — voici l'homme.

Et elle s'effaça pour laisser passer le vieillard.

La vue de ce dernier produisit son effet habituel.

Ce visage hideux et labouré dont chaque ride, — chaque pli, — chaque stygmate, — révélaient un vice ou un crime, causèrent à Jeanne une répulsion mêlée de terreur.

Elle frissonna et fit un léger mouvement en arrière.

— Mademoiselle, — dit l'inconnu de sa voix rauque, — vous avez tort d'avoir peur, — je ne veux pas vous faire de mal et je peux vous faire beaucoup de bien.

Jeanne comprenait déjà tout ce qu'il y avait de puéril dans son involontaire appréhension, et elle regrettait de l'avoir laissée se manifester.

— Je n'ai pas peur de vous, — répliqua-t-elle, — et je suis prête à vous écouter, si en effet vous avez quelque chose à m'apprendre...

Le vieillard désigna Tiennette.

— Je ne veux parler qu'à vous seule, mademoiselle... — dit-il ensuite.

— J'ai toute confiance en cette enfant... — ne peut-elle rester avec nous?

— Non.

— Pourquoi?

— Parce que je ne le veux pas.

L'irascible caractère de Jeanne se cabra sous ce mot.

— Ah! vous ne voulez pas!... — s'écria-t-elle.

— Non.

— Eh bien! moi, je ne veux pas vous entendre!...

— Soit. — Vous y perdez plus que moi.

Mais Jeanne, voyant à merveille que cet homme n'était pas fou, commençait à croire vaguement à ce secret dont il parlait.

Elle voulait savoir.

— Restez, — dit-elle.

Et, s'adressant à Tiennette, elle ajouta :

— Va dans l'antichambre, mon enfant...

Tiennette sortit, — quoique à regret...

Si elle n'eût été curieuse, aurait-elle été fille d'Ève?... — et d'ailleurs, convenons-en, la moins curieuse en pareille occurrence le serait certes devenue.

— Maintenant, — poursuivit Jeanne, — nous sommes seuls, parlez...

— Mademoiselle, — dit le vieillard, — dans le passé comme dans le présent, je sais tout ce qui vous concerne, vous et les vôtres... je connais en outre beaucoup de choses que vous ignorez vous-même...

— C'est de ces choses, j'imagine, que vous voulez me parler...

— Patience, mademoiselle... — laissez-moi m'expliquer à ma manière et ne me pressez pas...

— Soit.

— Vous aimez le vicomte Lucien de Villedieu... — poursuivit le vieillard.

— Monsieur !!! — s'écria Jeanne irritée et rougissante, car il y avait chez elle autant de pudeur émue que d'indignation soulevée, en entendant le secret de son amour profané par une pareille bouche.

— Je vous ai déjà priée de ne pas m'interrompre, — reprit l'étrange personnage.

Puis il continua :

— Vous l'aimez, — et la preuve c'est que, pas plus tard qu'hier au soir, vous auriez donné, — disiez-vous, — toute votre fortune pour empêcher le mariage de Lucien de Villedieu avec Madeleine de Vezay...

— Comment savez-vous cela ? — demanda Jeanne stupéfaite.

— Je le sais, — cela suffit.

— Ces mots que vous rappelez, je ne les ai prononcés que devant une seule personne... Cette personne m'a donc trahie !...

— Ne cherchez point de trahison, il n'y en a pas, — j'ai entendu, — mes oreilles ont recueilli des paroles qui ne leur étaient pas destinées, — voilà tout...

Déjà mademoiselle Callouët avait pris son parti.

— Ce que j'ai dit hier au soir, — répondit-elle, — je le répète aujourd'hui !

— A tout prix, vous voulez empêcher le mariage de M. de Villedieu avec mademoiselle de Vezay ?...

— A tout prix.

— A celui qui l'empêcherait, que donneriez-vous ?

— Une fortune.

— Ce sont là des promesses qui n'engagent à rien, — on ne vous en demande pas tant.

— Que veut-on ?

— Dix mille francs en échange d'un secret qui rend le mariage impossible...

— Dix mille francs ?

— Oui.

— Ils sont là, — s'écria Jeanne en courant à un secrétaire en bois de rose dont elle ouvrit un des tiroirs, rempli d'or et de billets de banque, — ils sont

Le colporteur ne tarda guère à voir le clocher de Vezay poindre au-dessus des grands arbres.
(Page 267.)

là. — Qu'on me prouve que le secret vaut cette somme, et je paye à l'instant!...

A l'aspect du tiroir plein d'or, l'œil terne du vieillard s'était allumé soudain, et de ses prunelles éteintes avait jailli l'éclair de la cupidité.

— Voici le secret, — dit-il, ou plutôt *les* secrets, — car il y en a *deux*, — je vous les livre d'avance, — mais je ne fournirai les preuves que contre l'argent.

Je ne sais quel vague instinct révélait à Jeanne en ce moment qu'elle allait entendre quelque chose de terrible.

— Son sang courait dans ses veines avec une vitesse fébrile, — ses tempes s'emplissaient de bourdonnements, son cœur battait à briser sa poitrine.

— Parlez!... — dit-elle d'une voix sèche et brève — parlez donc!... j'écoute et j'attends...

— Le premier de mes secrets, — répliqua le vieillard, — est celui-ci, — écoutez bien : *Lucien de Villedieu et Madeleine de Vezay sont frère et sœur.*

— Que dites-vous ?... — balbutia Jeanne.

Le vieillard répéta sa phrase.

— Frère et sœur !... — murmura la jeune fille.

— Oui, frère et sœur.

— Mais, c'est impossible !

— Pourquoi donc ?

— Ils n'ont ni le même père ni la même mère !...

Le vieillard à face de bandit eut aux lèvres un sourire étrange.

— Vous vous trompez, mademoiselle, — dit-il ensuite. — Le vicomte Armand de Villedieu, mort dans la nuit du 20 septembre 1820 et père de Lucien, est aussi le père de Madeleine de Vezay...

L'imagination de Jeanne s'égarait, — les paroles prononcées par son bizarre interlocuteur lui faisaient l'effet de celles qu'on entend dans un rêve.

— Comment cela pourrait-il être vrai ?... — murmura-t-elle au bout d'un instant.

— Par l'adultère de la comtesse Marguerite, la mère de Madeleine.

— Comment cela pourrait-il se prouver ? — poursuivit Jeanne.

— Ceci me regarde, — c'est cette preuve que je veux vendre, — vous déciderez dans un instant si vous voulez l'acheter...

Sans doute la jeune fille avait lu dans plus d'un roman de bien étranges, de bien inexplicables catastrophes.

Bien des situations l'avaient froissée par leur bizarrerie invraisemblable.

Mais ce qui se passait en ce moment dépassait pour elle les bornes de l'invraisemblance et les limites de l'impossible.

De nouveau, elle se prit à croire qu'elle avait affaire à un fou.

— Continuez, — dit-elle cependant.

— Mon second secret est celui-là : *Dans la nuit du 20 novembre 1820, le vicomte Armand de Villedieu a été assassiné par le comte de Vezay.* — Ainsi donc, s'il était possible d'admettre que M. de Vezay fût bien le père de Madeleine, Lucien de Villedieu ne pourrait pas épouser la fille de l'assassin de son père.

Un instant atterrée par cette deuxième révélation, Jeanne reprit son sang-froid et répliqua :

— Tout le monde sait que M. de Villedieu a péri, non point assassiné, mais entraîné dans la Loire par son cheval.

— Tout le monde se trompe, et d'ailleurs personne n'ignore que le cadavre du vicomte ne fut point retrouvé...

— Et vous avez la preuve de cet assassinat comme celle de cet adultère ?...

— Oui... — et cette double preuve, je vous la vends dix mille francs... — Est-ce marché conclu?

Jeanne hésita pendant un instant.

Elle ne croyait pas...

Mais dans le doute, devait-elle s'abstenir ? — Évidemment non.

— C'est marché conclu... — dit-elle.

— Donnez l'argent?

— Donnez les preuves?

Le vieillard tira de dessous sa blouse un petit portefeuille graisseux et presque en lambeaux et deux grosses clefs rouillées.

Il ouvrit ce portefeuille qui ne contenait qu'une mince liasse de papiers pliés en forme de lettres et attachés ensemble par un ruban fané.

Il posa sur une table ces deux clefs rouillées et cette liasse.

Jeanne prit dans le meuble de bois de rose dix billets de banque de mille francs chacun, et les plaça à côté des clefs et des papiers.

— J'aime mieux de l'or, — fit le vieillard, — donnez-moi de l'or...

Jeanne compta dix mille francs en napoléons et les mit à la place des billets de banque.

— Vous voilà payé, — dit-elle, — expliquez-vous...

— Je vais le faire, — mais il faut que vous sachiez d'abord comment ces preuves que vous m'achetez sont arrivées entre mes mains...

— A quoi bon?

— C'est indispensable. — D'ailleurs je serai bref : — la comtesse Marguerite de Vezay avait un amant, et presque chaque nuit elle le recevait au château.

« Cet amant se nommait Armand de Villedieu.

« L'amour adultère de la comtesse et du vicomte resta pendant longtemps un secret pour tout le monde, mais enfin il fut découvert par un homme attaché au service de M. de Vezay, — le garde-chasse Caillouët, — votre père, mademoiselle... »

— Mon père !... — s'écria Jeanne, — mon père !...

— Lui-même... — le garde-chasse était entièrement dévoué à son maître, il l'instruisit de ce qui se passait et, dans la nuit du 20 septembre 1820, tous deux attendirent le vicomte et se jetèrent sur lui au moment où il sortait de l'appartement de sa maîtresse...

« Votre père, dont la force était terrible, contint M. de Villedieu qui voulait résister, tandis que le comte de Vezay lui enfonçait dans le crâne, entre les deux yeux, la pointe d'un couteau catalan...

— Infamie !... infamie !... — balbutia Jeanne avec horreur et avec effroi, — infamie !... et mon père était le complice d'un aussi lâche assassinat !...

— Votre père, je vous le répète, était le serviteur dévoué du comte de Vezay, — votre père obéissait à son maître, — votre père faisait son devoir...

« Le vicomte tomba raide mort.

« Mais le bruit de la lutte avait épouvanté la comtesse, — elle quitta sa chambre et, à demi folle de terreur, elle accourut sur le théâtre de cette scène terrible.

« Elle vit le cadavre de son amant assassiné.

« Elle s'abattit, comme si elle eût été frappée de la foudre.

« M. de Vezay la porta dans sa chambre et sur son lit.

« Une heure après ce moment elle mettait au monde Madeleine, — une heure après cette naissance, elle mourait.

« Cependant il fallait faire disparaître le cadavre accusateur ; — votre père et le comte eurent l'idée de l'ensevelir dans les caveaux funéraires du château de Vezay...

« L'idée était bonne, — elle fut mise à exécution sur-le-champ.

« On souleva le marbre d'une tombe, et le corps de M. de Villedieu fut étendu dans un cercueil de plomb.

« Au moment où les nocturnes complices allaient faire retomber la lourde pierre sur le cadavre, un bruit soudain et inexpliqué les épouvanta.

« Ils s'enfuirent, — laissant leur œuvre inachevée, — la pierre soulevée, — la tombe ouverte.

« Votre père referma les deux portes de l'issue souterraine et reçut l'ordre de jeter les deux clefs dans la Loire.

« Le comte remonta chez sa femme afin d'assister à son agonie, — votre père le suivit pour recevoir ses nouveaux ordres, s'il en avait à lui donner...

« A l'endroit où M. de Villedieu était tombé, frappé mortellement, votre père trouva un portefeuille qu'il mit dans sa poche en se réservant d'en vérifier le contenu,

« Le lendemain, M. de Vezay le fit appeler.

« Le comte avait réfléchi que la présence de son complice serait pour lui comme un vivant remords, — il voulait s'en débarrasser.

« Il offrit au garde-chasse une traite de vingt mille francs payable à vue chez M. Pélo-Kerven, son banquier de Nantes, à la condition qu'il quitterait la France sur-le-champ.

« Caillouët accepta.

« Ce même jour il partait, abandonnant sa femme dont il croyait avoir à se plaindre et qui était près de vous mettre au monde.

« Il avait conservé les clefs des caveaux funéraires et le portefeuille tombé de la poche de M. de Villedieu.

« Ce portefeuille renfermait des lettres écrites par la comtesse à son amant.

« Ces lettres prouvaient jusqu'à l'évidence que l'enfant que la comtesse portait dans son sein était le fruit de l'adultère, et que la grossesse avait commencé pendant une absence faite quelques mois auparavant.

« Votre père garda ces lettres.

« Que devint-il pendant vingt ans? — Je l'ignore. — Il y a trois mois environ que nous nous sommes rencontrés à l'hôpital... »

— A l'hôpital! — s'écria Jeanne douloureusement, — mon père à l'hôpital!!!

— Oui, mademoiselle, — je vous dis les choses comme elles sont. — Il se prit pour moi d'amitié et de confiance, — il me raconta ce que je viens de vous raconter et, comme il allait mourir, il me remit le portefeuille et les deux clefs, en ajoutant :

« — Vas au pays, — si l'enfant qui est né de ma femme vit encore, et si cet enfant est pauvre, donne-lui de ma part ce secret qui vaut de l'argent, beaucoup d'argent, et avec lequel on fera payer tout ce qu'on voudra au comte de Vezay. — Si au contraire mon enfant a fait fortune et n'a besoin de rien, jette le portefeuille au feu et les clefs dans la rivière... — Voilà vingt-cinq louis que je gardais pour m'en servir en cas de guérison, — mais je sens bien que je m'en vais, — prends-les pour ta peine...

« Une demi-heure après, Caillouët était mort... »

— Mort!... — balbutia la jeune fille fille en cachant son visage dans ses deux mains, — mort!... oh! mon pauvre père!...

Après un instant de silence le vieillard reprit :

— Ainsi que me l'avait demandé mon camarade d'hôpital, je suis venu dans ce pays... le hasard m'a conduit tout droit chez vous...

« J'ai appris que vous étiez riche, mais que vous étiez malheureuse... — le secret de votre père pouvait changer votre position... — Je ne vous l'ai pas donné, — vous n'auriez point accepté un cadeau de moi, — je vous l'ai vendu, et nous avons fait un bon marché tous les deux...

« Ces clefs sont celles des caveaux funèbres, — on trouvera, dans une tombe ouverte, le cadavre qui prouve que M. de Vezay est un assassin...

« Quant aux lettres que voici, lisez-les, mademoiselle, et vous verrez que je ne vous ai pas volé votre argent... »

Le vieillard avait achevé cet étrange récit dans lequel, ainsi qu'on vient de le voir, le mensonge et la vérité se liaient l'un à l'autre d'une façon étroite.

Jeanne brisa fiévreusement le ruban fané qui nouait le paquet de lettres.

Elle en saisit une et la parcourut d'un regard dévorant.

Sans doute le sens de cette lettre était clair et précis, car la jeune fille, avant même de l'avoir achevée, pâlit, chancela, et sembla comme foudroyée par une émotion toute-puissante.

Mais elle se remit aussitôt et, depuis la première jusqu'à la dernière, elle lut toutes les lettres.

— Frère et sœur!... — s'écria-t-elle ensuite, avec un accent d'indicible triomphe, — frère et sœur!!!

— Prenez cet or, — ajouta-t-elle en s'adressant au vieillard qui la regardait fixement et dont les prunelles ternes offraient une expression indéfinissable, — il est à vous!... bien à vous!... Si vous en voulez plus, je vous en donnerai plus... — Allez... et ne quittez pas cette maison... j'aurai peut-être besoin de vous...

Le vieillard ne répondit rien.

Il engloutit les dix mille francs dans les profondeurs de ses poches et il sortit lentement de la chambre.

VII

LA MISSION DE NICAISE

A peine le vieillard venait-il de refermer la porte derrière lui, que Jeanne appela vivement et à deux reprises :

— Nicaise?... Nicaise?...

Le colporteur se précipita dans la chambre, tout effaré, tenant un fusil à la main, et il s'écria :

— Me v'là, mam'zelle Jeanne, — me v'là... faut-il exterminer le brigand?...

Puis, voyant que la jeune fille était seule, il s'arrêta court.

En même temps Tiennette rentrait.

— Nicaise, — dit mademoiselle Caillouët avec une extrême agitation, — vous allez charger votre balle sur vos épaules et partir à l'instant...

— Vous me renvoyez, mam'zelle!... — s'écria piteusement le colporteur.

— Non, mon pauvre ami, je ne vous renvoie pas... je vous envoie seulement quelque part... c'est un service que je vous prie de me rendre...

— Un service! — répliqua le jeune homme devenu radieux. — Ce n'est pas un seul qu'il faut me demander, mam'zelle Jeanne, — mais dix, mais vingt, mais cent!... plus il y en aura, plus je serai content...

— Merci, mon ami, merci...

— Où donc que vous m'envoyez, mam'zelle?

— Au château de Vezay.

— Au château de Vezay! — répéta Nicaise.

— Cela vous étonne?...

— Dame!... — enfin suffit, — je cours chercher ma balle et je pars...

— Et, que ferez-vous? — demanda Jeanne.

— Vous me dites d'y aller, mam'zelle, j'irai; — y a-t-il autre chose à faire?...

— Mais, sans doute...

— Quoi donc?

— Une lettre à porter.

— Alors, donnez-la moi, mam'zelle...

— Je vais l'écrire, pendant que vous vous apprêterez.

— Dans trois minutes ça sera fait. — J'ajuste mes bretelles, — je siffle Frison — je remonte ici, — je prends votre lettre, et en route!...

Et Nicaise, plus léger que le vent, s'élança au dehors.

Tiennette aurait bien voulu questionner sa maîtresse, — mais cette dernière ne lui en laissa pas le temps.

Déjà elle s'était installée devant le petit secrétaire de bois de rose dont l'un des tiroirs recélait tant d'or et de billets de banque.

Elle avait pris une feuille de papier, et d'une main dont l'agitation nerveuse trahissait le trouble de son âme elle avait écrit ce qui suit :

« *Monsieur Lucien,*

« *Au nom de votre honneur, — au nom du bonheur de votre avenir, — je vous supplie à deux genoux de ne pas aller plus avant sans m'avoir entendue...*

« *Je vous jure sur mon âme, — je vous jure sur la mémoire de ma mère, — je vous jure sur tout ce qu'il y a de plus sacré en ce monde et dans l'autre, que votre mariage avec mademoiselle Madeleine de Vezay est impossible... IMPOSSIBLE, vous entendez...*

« *Le hasard vient de me dévoiler un secret terrible qui vous concerne, vous et d'autres personnes encore, — mais ce secret est de ceux qui ne se peuvent écrire et qui brûleraient le papier...*

« *Je vous le révèlerai àvous-même.*

« *Aujourd'hui, 13 septembre, à 10 heures du matin, je vous écris*

« *Jusqu'au 16 à 10 heures du soir, — c'est-à-dire pendant trois jours et quelques heures, — je ne sortirai pas de chez moi et je vous attendrai.*

» *Il faut que vous veniez, — il le faut.*

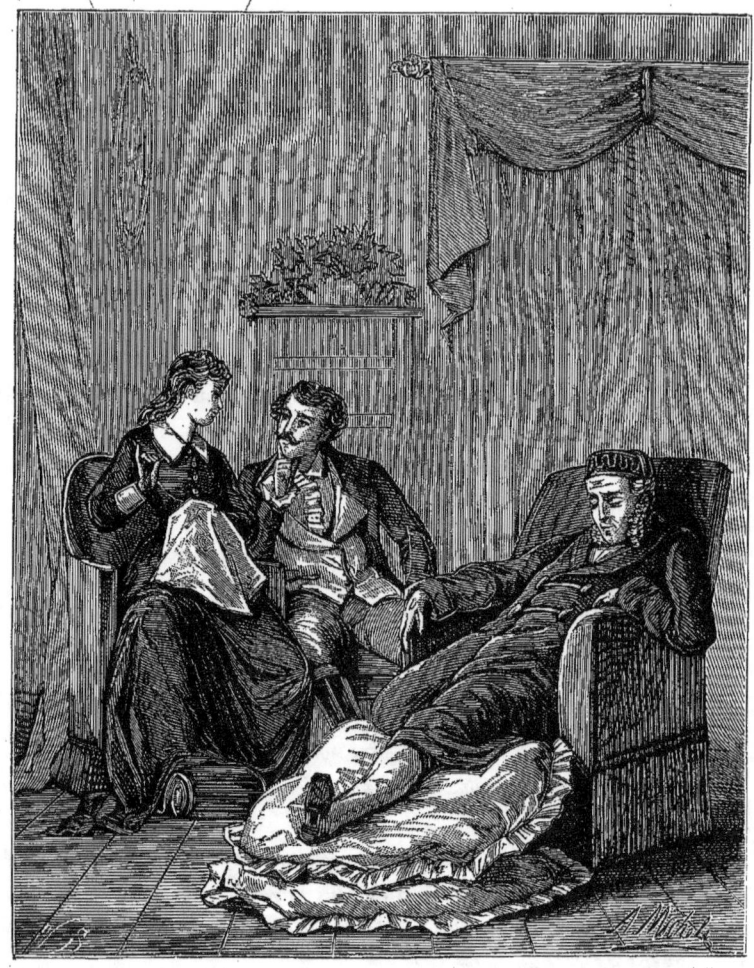

Madeleine et Lucien formaient un groupe jeune et charmant. (Page 270.)

« Encore une fois, c'est au nom de votre honneur que je vous parle!... — encore une fois, votre mariage avec la fille du comte de Vezay est impossible et serait INFAME!...

« Venez donc, monsieur Lucien, venez vite!... — ou, si vous ne venez pas, ne vous en prenez qu'à vous du plus grand, du plus irréparable, du plus foudroyant de tous les malheurs.

« *Ce que je vous dis là vous semble bien étrange, n'est-ce pas?... — Venez e. vous comprendrez... — jusque-là, ayez confiance en la parole d'une pauvre jeune fille qui pour vous donnerait sa vie...*

« Jeanne Caillouët. »

Lorsque Jeanne eut tracé les lignes qui précèdent elle plia sa lettre, la mit sous enveloppe et appuya sur la cire brûlante un cachet d'améthyste gravé aux initiales : J. C.

Mais elle n'écrivit aucune adresse.

Comme elle s'éloignait du secrétaire, Nicaise reparut.

Le colporteur portait sa balle sur le dos, et Frison, joyeux outre mesure, gambadait autour de lui sans respect pour le tapis d'Aubusson.

— Nicaise, — lui dit Jeanne en lui présentant l'enveloppe cachetée, — prenez ceci, mon ami...

— Oui, mamz'elle...

— Vous allez vous rendre au château de Vezay.

— C'est convenu, mam'zelle...

— Vous marcherez le plus vite possible.

— Soyez sans crainte, — les jambes sont courtes, mais elles sont bonnes.

— Une fois arrivé, vous demanderez sans affectation si M. de Villedieu est au château.

— Oui, mamz'elle.

— Si la réponse est affirmative vous trouverez un moyen quelconque de vous approcher de lui.

— J'en trouverai dix s'il le faut, mamz'elle.

— Vous lui remettrez cette lettre.

— Oui, mamz'elle...

— Mais, comprenez-moi bien, Nicaise, à *lui seul!* — il est essentiel, il est indispensable, que personne au monde, et surtout mademoiselle Madeleine, ne vous voie la lui donner...

— Je m'en charge, mamz'elle, et vous ne direz pas que Nicaise est un maladroit...

— Vous tâcherez que M. Lucien lise cette lettre devant vous, et, quand il l'aura lue, vous lui demanderez s'il a quelque chose à répondre...

— Oui, mamz'elle.

— Selon ce qu'il vous dira, vous attendrez ou vous reviendrez ici sur-le-champ.

— Ça sera fait, et bien fait.

— Si au contraire on vous dit au château que M. Lucien n'est pas venu, vous irez à Villedieu...

— Oui, mamz'elle.

— Enfin, ne rentrez pas ici sans avoir vu M. Lucien, — sans lui avoir remis cette lettre, et sans l'avoir interrogé ainsi que je viens de vous le dire...

— Pas d'autre recommandation mamz'elle ? — demanda Nicaise.

— Non, mon ami.

— Alors nous partons, Frison et moi, et, si nous ne sommes pas de retour dans deux ou trois heures, il n'y aura point de notre faute...

Jeanne, épuisée par les émotions terribles qui venaient de se succéder si rapidement, se laissa tomber sur son siége tandis que le colporteur s'éloignait en fredonnant :

> Dépêchons-nous, ma mignonne,
> Bien vit' passe le printemps !
> Après l'été, vient l'automne
> Et, plus tard, on n'a plus l'temps !...
> C'est l'printemps qui nous attire...
> Dépêchons-nous ! — J'veux te dire
> Queq'chose qui t'fera sourire...
> Quoi qu'en disent les coucous
> Digue digue, digue dou,
>   L'amour est doux !...

Ainsi qu'il l'avait promis à Jeanne, le colporteur, tout en chantant, marchait d'un pas assez rapide pour distancer sans peine un cheval au petit trot.

Il ne tarda guère à voir le clocher de Vezay poindre au-dessus des grands arbres, — puis il atteignait la muraille du parc, — puis une petite porte pratiquée à côté de la grille et qu'on laissait habituellement ouverte.

Par cette porte il pénétra dans le parc, et, toujours accompagné de Frison, il fit son entrée dans les cuisines du château.

Là, — comme la veille à Thil-Châtel, — il fut accueilli par une véritable explosion de cris de joie.

Servantes et valets s'empressèrent autour de lui et il reçut même une demi-douzaine de chaudes accolades de deux ou trois margotons aux bras nus qui pensaient, et non sans raison, que le colporteur serait un mari très-confortable.

— Bonjour, mes bonnes gens, — dit-il, quand ce bruyant enthousiasme lui permit de placer un mot, — vous vous portez tous comme vous voulez, depuis le temps que je ne vous ai pas vu ?... — Allons tant mieux ! — Moi pareillement, — merci bien... — et Frison aussi, pauvre chère bête... — J'espère que je vais faire un peu de commerce avec vous...

— Oui... oui... oui.. — répondirent par acclamations les servantes.

— D'abord, voyez-vous, mes commères, j'ai du beau et du bon, et du cossu... vous aurez le choix... Ah ! mais, dites-donc, comment que se porte notre monsieur le comte, et aussi mamz'elle Madeleine ?...

— Dame ! — répliqua la cuisinière, — notre monsieur le comte ne va pas trop bien, le pauvre cher monsieur... il a sa goutte et ça le tourmente plus que de raison... et puis il vieillit... il vieillit qu'on lui donnerait vingt ans de plus que son âge naturel... quant à mamz'elle Madeleine, elle se porte comme un charme...

— Est-ce qu'elle ne se marie point bientôt, cette belle demoiselle ? — Voici déjà longtemps qu'on en parle, savez-vous ?...

— On en a parlé plus longtemps qu'on n'en parlera, dans tous les cas...

— Pourquoi donc ça ?

— Parce que le mariage se fera la semaine prochaine, pour sûr... — même que vous allez me vendre des rubans roses pour mettre sur mon bonnet neuf, et que je le mettrai ce jour-là...

— A votre choix, madame Josette... — et dites donc, le futur, M. Lucien, est-il au château à cette heure ?

— S'il est au château !... — Ah ! je le crois bien... — il n'en bouge ! — il arrive dès le grand matin et il ne *s'en repart* que le soir.

— Vous savez, mes bonnes gens, que mamz'elle Madeleine, chaque fois que je viens, me fait l'honneur de me recevoir pour avoir l'étrenne de ma balle et de mes marchandises... — Je crois que j'ai bien des petites choses qui pourraient lui convenir... — si c'était un effet de votre complaisance de lui faire *à savoir* que je suis là ?...

— Tout de suite, — tout de suite, mon Nicaise, — répondit un jeune valet, né dans le village même et ancienne connaissance du colporteur, — je m'en vas prévenir mamz'elle Madeleine...

Le valet sortit, et en sortant rompit le cercle des curieux qui se pressaient autour de Nicaise.

Ce dernier vit alors quelque chose qui le fit tressaillir.

Sous le manteau d'une immense cheminée, — plus haute encore que celle de la grand'salle, — se tenait assis un vieillard vêtu de haillons, immobile et présentant ses mains à la flamme.

— L'innocent !... — murmura Nicaise.

— Tiens ! vous le connaissez ? — demandèrent deux ou trois voix.

— Oui. — Je l'ai vu hier au soir pour la première fois.

— Où donc?

— A Thil-Châtel?

— Ah ! vous venez de Thil-Châtel?

— Oui. — J'y ai couché.

— Chez la demoiselle ?

— Oui.

— Pauvre demoiselle Jeanne ! — dit d'un ton de compassion moqueuse madame Josette, la cuisinière, grosse et courte femme de trente-huit à quarante ans encore assez fraîche. — Vous savez ce qu'on raconte ?...

— Quoi donc?

— On prétend qu'elle est *férue* du futur de notre demoiselle à nous... du vicomte Lucien de Villedieu... mais si bien *férue* qu'elle en perd le boire et le manger ! — Faut-il être assez folle, je vous le demande un peu, mon Nicaise, pour s'aller figurer qu'on lui donnera des vicomtes, à elle... la fille du bonhomme Caillouët, l'ancien garde-chasse de notre monsieur !... — allons donc !... allons donc !...

Et madame Josette haussa par trois fois les épaules, avec beaucoup de dignité.

— Ah ! bah ! — répondit le colporteur, — on ne sait pas si c'est vrai...

— Comment, on ne sait pas?

— Dame ! qui est-ce qui le prouve ?

— Tout un chacun le dit !

— Le monde est si méchant.

— Comme si on ne la voyait pas, cette mam'zelle Jeanne, courir les champs comme une folle sur son petit *chevau* noir pour rencontrer M. Lucien...

— Ah ! bah ! — dit le colporteur pour la seconde fois.

Madame Josette était certainement une bonne personne, — mais elle jouissait d'un caractère irascible et elle ne haïssait rien tant au monde que la contradiction.

Elle mit ses poings sur ses hanches et elle allait entamer à l'encontre du colporteur une foudroyante polémique.

Mais en ce moment précis le jeune valet rentra dans la cuisine.

— Mon Nicaise, — dit-il, — notre demoiselle vous attend dans le petit salon d'en haut... — venez, je vas vous conduire.

VIII

LA RÉPONSE DU VICOMTE

Le petit salon du premier étage était une sorte de grand boudoir, tendu de toile perse et très-simplement meublé, contigu au salon de réception.

C'est là que les habitants du château se tenaient habituellement quand ils n'avaient pas d'hôtes étrangers.

Au moment où nous y introduisons nos lecteurs, trois personnes s'y trouvaient.

Le comte de Vezay, Madeleine et Lucien.

Ainsi que nous l'avons déjà dit, M. de Vezay était prodigieusemen changé.

Il n'avait que soixante ans et semblait en avoir quatre-vingts.

Ses épaules voûtées, sa tête penchée sur sa poitrine, annonçaient presque la décrépitude, — mais, dans ce corps usé avant l'âge, l'esprit et l'intelligence étaient restés vigoureux et sains comme aux jours de la jeunesse.

Enveloppé dans une chaude douillette et étendu sur une chaise à dossier renversé, le comte paraissait endormi.

Sa jambe goutteuse, démesurément grossie par le mal, s'allongeait sur une pile de coussins placée devant lui.

Auprès de l'une des fenêtres, et comme contraste, Madeleine et Lucien formaient un groupe jeune et charmant.

Dans l'un des précédents chapitres de cette histoire, nous avons esquissé en quelques traits de plume un rapide croquis de Madeleine.

Nous avons indiqué la beauté énergique et fière de la jeune fille brune, au port de déesse ou de reine, mais nous avons dit aussi que sous cette beauté impérieuse se cachait l'âme d'un ange.

Vêtue d'une robe de soie grise qui dessinait les fermes contours de sa gorge virginale et les lignes élégantes de sa taille ronde et souple, mince à la ceinture, amplement développée aux hanches, Madeleine travaillait à quelque ouvrage de broderie.

Deux longues épingles à tête d'argent, — comme en portent dans leurs coiffures les femmes italiennes, — avaient peine à fixer sur sa tête les lourdes nattes de sa chevelure.

C'est cette chevelure, on s'en souvient, qui nous faisait dire avec Alfred de Musset :

> Sous sa tresse d'ébène on dirait, à la voir,
> Une jeune guerrière, avec un casque noir...

Assis à côté d'elle, mais sur une chaise un peu plus basse, Lucien de Villedieu lui parlait tout bas, d'une voix lente et caressante, et lui disait ces mots :

> . . . . . . Qui depuis six mille ans
> Se suspendent toujours aux lèvres des amants !

Par instants Madeleine soulevait ses longues paupières et, tournant à demi la tête, attachait sur son fiancé un regard tout rempli d'une douce langueur, d'une chaste ivresse.

Avec ce groupe ainsi posé, un peintre de talent eût fait un délicieux tableau.

— Mademoiselle, — dit le jeune valet en ouvrant la porte du petit salon, — voici Nicaise...

Dans le trajet de la cuisine au salon, le colporteur avait déchargé sa balle.

Il la tenait par une courroie, — le domestique la portait par l'autre.

Tous deux l'appuyèrent contre la muraille.

Madeleine quitta sa chaise, — jeta sa broderie sur la table et courut au colporteur avec une joie et une impatience d'enfant.

Lucien la suivit.

— Bonjour, mon ami Nicaise !... — s'écria la jeune fille, — que m'apportez-vous de joli ?...

Nicaise salua à droite et à gauche, présenta ses respects empressés avec cette volubilité verbeuse qui le caractérisait, et finit par répondre :

— Ce que j'apporte de joli, mam'zelle Madeleine ?... — Ah ! bien des choses... — bien des choses... — vous n'aurez que l'embarras du choix...

— Mais, enfin, qu'est-ce que c'est ?

— D'abord, un joli petit crêpe de Chine qu'un matelot a passé en fraude de la douane en rivière de Nantes, et que je peux vous laisser à bien bon marché parce que c'est une occasion..

— Bravo, et ensuite ?...

— Des étoffes anglaises qui sont arrivées en contrebande par une barque de pêche du Croisic qui avait rencontré un smoggler *angliche* par le travers de Belle-Ile ?...

— Et encore ?...

— Dame !... des ciseaux... des aiguilles

— Toujours de contrebande ?

— Toujours... — et puis du fil d'Écosse, et bien d'autres choses, mais j'aurai plus tôt fait de vous montrer mes marchandises, mam'zelle Madeleine..

— C'est ça, mon ami Nicaise, déballez... déballez...

Le colporteur se mit en devoir de déboucler sa balle, et bientôt il étala sur le tapis du petit salon les objets dont il venait de parler, et, ainsi qu'il venait de le dire, beaucoup d'autres.

Madeleine acheta le crêpe de Chine, — elle acheta des étoffes anglaises, — des ciseaux, — des aiguilles... de tout, enfin, de tout...

Lucien riait aux larmes de l'enthousiasme enfantin de sa fiancée pour les moindres objets.

Nicaise, — en tant que marchand colporteur, — se trouvait parfaitement satisfait.

Mais il voyait avec chagrin et dépit qu'aucune occasion ne se présentait de s'acquitter de la mission délicate qui lui avait été confiée par Jeanne.

Le temps passait.

Madeleine avait **soldé** ses acquisitions avec de belles pièces d'or toutes neuves.

Nicaise partit au galop, suivi de Frison fou d'allégresse. (Page 283.)

Il ne restait plus à Nicaise qu'à serrer le reste de ses marchandises et à reboucler sa balle.

Il mettait à cette double opération une lenteur calculée.

Enfin, le hasard vint à son aide.

M. de Vezay sembla s'éveiller et fit un mouvement.

Sans doute la douleur que ce mouvement causa à sa jambe malade fut bien vive, car il ne put retenir un gémissement sourd.

Madeleine s'élança auprès de son père et se pencha sur lui pour l'interroger.

Nicaise saisit l'occasion aux cheveux.

Il se trouvait à côté de Lucien.

Il glissa la lettre de Jeanne dans la main du jeune homme, en lui disant d'une voix basse et brève :

— Prenez et lisez...

— Qu'est-ce que cela ? — voulut demander le vicomte.

Nicaise l'interrompit en murmurant à son oreille :

— Lisez vite et lisez seul...

Prodigieusement étonné et intrigué par cette recommandation mystérieuse et impérieuse, le vicomte sortit du petit salon.

Le colporteur avait réussi ; — désormais il était tranquille, — son devoir était accompli.

Il imagina sans peine un prétexte pour prolonger encore sa présence pendant deux ou trois minutes.

Puis, prenant congé de Madeleine avec force protestations de respect et de reconnaissance, il sortit à son tour.

Dans l'antichambre qui précédait le petit salon, il trouva M. de Villedieu.

A coup sûr le vicomte l'attendait.

— Monsieur Lucien, — demanda vivement Nicaise, — vous avez lu ?

— Oui.

— Eh! bien ?

— Vous direz à celle qui vous envoie qu'avant trois jours elle aura une réponse...

— C'est tout ?

— C'est tout.

— Monsieur Lucien, ça sera répété exactement...

Nicaise salua de nouveau et regagna les cuisines...

Il aurait bien voulu pouvoir reprendre à l'instant même le chemin de Thil-Châtel.

Mais c'était impossible.

Bon gré malgré, il fallut que le colporteur débouclât de nouveau sa balle et étalât ses marchandises.

Jamais sans doute marchand n'eut moins envie de vendre et n'eut affaire à des acheteurs plus désireux d'acquérir.

Madame Josette et mesdemoiselles Toinon, Mariolle, Catherinette et Mathurine, déclarèrent d'un commun accord que Nicaise, ce jour-là, n'était point reconnaissable, et qu'on ne pouvait savoir ce qu'étaient devenues sa complaisance et sa courtoisie habituelles.

Enfin les achats de ces honorables personnes se trouvèrent terminés.

Nicaise put recharger sa balle et se diriger vers Thil-Châtel où il était attendu, nous le savons, avec une si poignante impatience.

Au moment où il quittait la cuisine du château de Vezay, l'innocent, muet et immobile, était toujours accroupi sous le manteau de la cheminée. . .

. . . .

Jeanne n'avait pu résister aux tourments anxieux de l'incertitude.

Le colporteur la rencontra, à mi-chemin à peu près, sous un grand arbre où elle s'était assise sur la mousse, afin de voir de plus loin Nicaise.

Aussitôt qu'elle l'aperçut elle bondit à sa rencontre

— Eh bien ! — s'écria-t-elle, — l'avez-vous rencontré ?

— Oui, mam'zelle Jeanne.

— Lui avez-vous parlé?

— Oui, mam'zelle Jeanne.

— A-t-il lu ma lettre?...

— Oui, mam'zelle Jeanne.

— Et, vous a-t-il chargé de quelque chose pour moi?...

— Oui, mam'zelle Jeanne, et voici en propres paroles ce qu'il m'a commandé de vous rapporter : — *Vous direz à celle qui vous envoie qu'avant trois jours elle aura ma réponse...*

— Et, pas autre chose?

— Rien absolument.

— Trois jours ! — murmura la jeune fille, — trois jours !... que c'est long, mon Dieu !...

Ensuite elle interrogea Nicaise, qui dut entrer dans les plus minutieux détails au sujet de tout ce qu'il avait vu et entendu au château de Vezay.

Le brave colporteur se fit un devoir de répondre avec la plus exacte prolixité, et à maintes reprises, sans s'en douter, il fit au cœur de Jeanne de saignantes et douloureuses blessures.

La mission diplomatique dont Nicaise s'était chargé pour le château de Vezay avait été effectuée le 13 septembre.

Le vicomte Lucien ayant promis de répondre avant trois jours, c'était le 16, au plus tard, que sa réponse devait parvenir à Jeanne.

Or, à une lettre comme celle qu'il avait reçue, Lucien ne pouvait répondre que d'une seule manière, — en venant lui-même à Thil-Châtel.

Aussi, dès le 14 au matin, Jeanne se prit à attendre la visite de M. de Villedieu, croyant toujours qu'elle allait d'un instant à l'autre le voir arriver.

Si le pas d'un cheval retentissait dans le chemin qui longeait le mur d'enceinte du petit manoir, la jeune fille avait des tressaillements subits, — elle pâlissait, — son cœur cessait de battre...

Cheval et cavalier passaient, — le cavalier n'était point Lucien.

Une chose, entre toutes, préoccupait mademoiselle Caillouët.

Jour et nuit elle se demandait de quelle façon elle pourrait s'y prendre pour dire à Lucien ces horribles choses :

— *Celle que vous allez épouser est votre sœur !...* — *Celui dont elle porte le nom est l'assassin de votre père !...*

Elle cherchait et ne trouvait pas...

Et comme en cherchant elle se sentait devenir folle, elle prit le parti d'attendre la présence de Lucien et l'inspiration du moment.

Le soir du 14 arriva sans que le vicomte eût paru.

— Ce sera pour demain... — se dit Jeanne.

Le lendemain s'écoula, et pas plus que la veille M. de Villedieu ne se montra.

— Avant trois jours !... — se répétait la jeune fille avec une sorte de fiévreux délire, — avant trois jours !... a-t-il dit... — et c'est demain le 16, — c'est demain le troisième jour !...

Le 16, dans la matinée, les forces et la patience de Jeanne étaient à bout...

Il lui semblait qu'elle ne vivrait point jusqu'au soir...

— Nicaise, — dit-elle au colporteur, — retournez au château de Vezay, — voyez M. Lucien... — dites-lui que j'attends depuis trois jours... — dites-lui qu'il vienne... qu'il vienne à l'instant !... qu'il le faut !...

Nicaise reprit sa balle, — siffla son caniche, et se remit en route.

Jeanne monta à la partie la plus élevée du château et, une lunette d'approche à la main, elle s'installa à la fenêtre d'une mansarde, l'œil fixé sur ce sentier blanc qui serpentait entre des haies verdoyantes, et qui de Thil-Châtel conduisait à Vezay.

Elle espérait que Nicaise croiserait en route le vicomte, et que le cheval anglais de ce dernier allait apparaître tout à coup à quelque détour du chemin...

Vain espoir !... attente trompée !...

Deux heures s'écoulèrent.

Au bout de ce temps, la jeune fille aperçut de loin trois objets qu'elle reconnut aussitôt.

C'étaient Nicaise, — sa balle — et son chien.

Jeanne laissa tomber sa lunette d'approche qui se brisa dans la chute, — elle s'élança dans les escaliers, franchissant dix marches à la fois, et elle courut sur le chemin au-devant du colporteur.

— Eh bien ? — lui cria-t-elle d'une voix haletante, et du plus loin qu'il put l'entendre.

Nicaise hâta le pas.

Il avait la tête basse, — l'allure embarrassée, — toute la mine enfin triste et piteuse d'un homme qui se sait porteur de mauvaises nouvelles.

Le greffier qui vient annoncer au criminel condamné à mort que son pourvoi est rejeté doit avoir cette mine-là, — si l'habitude de la procédure lui a laissé quelque peu de cœur ; ce qui, soit dit entre parenthèses, ne nous semble pas extrêmement vraisemblable.

— Eh bien ?... — répéta Jeanne, suffoquée par l'excessive rapidité de sa course et aussi par les battements désordonnés de son cœur.

Nicaise ne répondit rien.

Il tira de sa poche une petite enveloppe carrée en papier velin glacé, et cachetée avec soin.

Il présenta cette enveloppe à Jeanne.

La jeune fille la prit d'une main tremblante.

L'adresse, correctement tracée, était ainsi conçue :

« *Mademoiselle Jeanne Caillouët,*
En son château de Thil-Châtel. »

Jeanne brisa le cachet, déploya la lettre et, à travers une sorte de voile épais qui s'étendait sur ses yeux, elle ne vit d'abord que ces quelques lignes lithographiées :

« M.

» *Le vicomte Lucien de Villedieu a l'honneur de vous faire part de son mariage avec mademoiselle Madeleine de Vezay.*

Mais bientôt elle vit d'autres lignes, tracées à la main en manière de post-scriptum.

Voici ces lignes :

« *Les époux ont reçu la bénédiction nuptiale dans la chapelle du château de Vezay, hier 15 septembre, à 10 heures du matin.* »

La *lettre de faire part* s'échappa des mains de la jeune fille, qui poussa une sourde exclamation et tomba comme foudroyée.

IV

LE MESSAGE

Lorsque Jeanne revint à elle-même, elle était dans son lit, — Tiennette veillait à côté d'elle et deux bougies brûlaient sur la table de nuit.

La nuit était venue pendant le long évanouissement de la jeune fille.

Le visage de Jeanne semblait avoir été modelé dans un bloc de cire vierge par l'ébauchoir d'un grand artiste.

Les lèvres seules et les paupières tranchaient par leur teinte d'un violet pâle avec le ton général de cette peau veloutée et incolore, sous laquelle on aurait pu croire que le sang ne circulait plus.

— Qu'est-il arrivé?... — balbutia la jeune fille en promenant autour d'elle un regard vague et incertain.

Mais, soudain, elle porta ses deux mains à son front en s'écriant :

— Ah! je me souviens!... je me souviens!...

Et, rejetant loin d'elle les couvertures par un mouvement rapide, elle s'élança hors de son lit.

— Que faites-vous, mam'zelle? que faites-vous? — murmura Tiennette, effrayée.

— Tu le vois, — répondit Jeanne d'une voix brève et stridente, — je me lève... quelle heure est-il?

— Minuit.

— Bien.

— Vous ne voulez pas sortir, j'espère, mam'zelle?

— Non.

— Faut-il vous habiller?

— Oui.

— Que voulez-vous mettre?

— Une robe... un peignoir... ce que tu voudras... peu m'importe...

En quelques minutes la toilette de Jeanne était terminée, c'est-à-dire que sa cameriste venait de lui jeter un peignoir sur les épaules et d'attacher ce peignoir à la taille.

Les pieds de la jeune fille restaient nus dans ses petites pantoufles brodées, et ses grands cheveux blonds tombaient en désordre sur son cou et sur sa poitrine.

Sa pâleur ne diminuait point, mais il y avait dans son regard une flamme insoutenable.

Elle avait l'air d'une morte avec des prunelles de feu.

— Est-ce que vous souffrez, mam'zelle? — demanda Tiennette timidement.

— Non.

— Avez-vous besoin de moi?

— Non.

— Quand faudra-t-il revenir?

— Quand tu voudras.

Tiennette sortit pour aller rendre compte à Nicaise de ce qui se passait.

Ajoutons, — pour sauvegarder aux yeux de nos lecteurs la réputation de la jeune cameriste, — que le colporteur l'attendait dans l'antichambre.

Aussitôt que Jeanne se trouva seule dans sa chambre, elle porta sur un petit bureau de marquetterie les deux bougies qui se consumaient sur la table de nuit.

Elle prit dans le secrétaire une grande feuille de papier, — des plumes, —

de la cire, — de larges enveloppes, — et elle plaça tout cela sur le bureau où se trouvait déjà une écritoire de Boule.

Elle s'assit, et cachant sa tête dans ses deux mains, elle sembla réfléchir profondément pendant quelques minutes.

Au bout de ce temps elle releva la tête.

Une expression de colère froide et de haine profonde se voyait sur son beau visage.

Elle prit une plume, dont elle écrasa presque la pointe en la trempant dans l'encre, et elle se mit à écrire avec une prodigieuse rapidité.

Elle écrivit longtemps.

Quatre pages de papier grand in-octavo furent successivement couvertes de lignes serrées et irrégulières.

Quand elle eut achevé elle signa, puis elle plia les quatre feuilles de papier, — elle les mit sous enveloppe, et sur cette enveloppe elle traça ces mots :

« *A monsieur le procureur du roi,*
« *Au palais de justice.*
« A Tours. »

Cela terminé, elle prit les deux clefs rouillées, — elle les enveloppa soigneusement, — elle les joignit à la lettre, et de tout cela elle fit un paquet noué d'une quadruple ficelle et cacheté sur les quatre faces.

Ensuite elle regarda la pendule.

Il était deux heures du matin.

Jeanne appela :

— Tiennette... Tiennette...

La jeune fille était dans l'antichambre, endormie à côté de Nicaise, — en tout bien tout honneur, — l'un sur une chaise, l'autre sur une autre, — avec un intervalle d'au moins dix-huit pouces entre les deux chaises.

Tiennette s'éveilla en sursaut et accourut.

— Mon enfant, — lui demanda Jeanne, — à quelle heure le jour paraît-il ?

— A six heures à peu près, mam'zelle...

— Eh bien ! à six heures précises tu entreras dans ma chambre...

— C'est comme si c'était fait, mam'zelle...

— Où est Nicaise ?

— Là à côté, — on l'entend ronfler d'ici...

— Pour vous, je suis folle ou menteuse. Eh! bien, tenez, monsieur, lisez donc et croyez! (Page 288.)

— Dis-lui que je réclamerai de lui un service au point du jour, et qu'il se tienne prêt à partir...
— Il ne se couchera point pour être plus tôt levé mam'zelle...
— C'est tout ce que j'avais à te dire.
— Alors, je peux m'en aller?
— Oui.
— Bonsoir, mam'zelle...

— Bonsoir, mon enfant...

Tiennette sortit.

Jeanne se jeta sur son lit, tout habillée.

Mais jusqu'au matin le sommeil ne vint pas un instant abaisser ses paupières sur ses yeux secs et brûlants.

Dès qu'une faible lueur parut au ciel du côté de l'Orient, Jeanne quitta la couche sur laquelle elle n'avait pas trouvé le repos.

Un instant après, Tiennette entrait dans la chambre.

— Mam'zelle, — dit-elle, — Nicaise est là, — il attend...

— Qu'il vienne.

— Eh! Nicaise!... — cria Tiennette.

Le colporteur se montra aussitôt.

— Me v'là, mam'zelle Jeanne, — fit-il, — et tout à vot' service, comme toujours...

La jeune fille le remercia d'un signe de tête.

— Nicaise, — lui demanda-t-elle ensuite, — savez-vous monter à cheval, mon ami?...

— Dame! mam'zelle, il y a longtemps que je n'ai enfourché un bidet... — mais autrefois ça me connaissait... j'étais hardi comme un diable, — un cheval vicieux ne me faisait pas plus peur que l'ânesse d'une vieille femme... — je crois bien qu'aujourd'hui je serais encore solide tout de même...

— Vous allez prendre Black-Nick...

Tiennette fit un geste d'étonnement.

Jeanne ne confiait jamais à personne son poney noir, et Nicaise, — d'après son propre aveu, — devait être devenu un bien médiocre écuyer.

— Combien vous faut-il de temps pour aller à Tours, à cheval? — reprit la jeune fille.

— Ça dépend de l'allure...

— Toujours au galop et ventre à terre...

— Le petit bidet va comme le vent... Il me faudra deux heures et quart, deux heures et demie...

— Bien. — Montez Black-Nick, et portez ce paquet à Tours, sur-le-champ...

— A qui faudra-t-il le remettre, mam'zelle?

— Au procureur du roi. — S'il n'est pas au palais de justice, vous irez chez lui...

— Et, ma commission une fois faite?

— Vous attendrez pendant une heure, soit aux alentours du palais de justice, soit auprès de la maison du procureur du roi. — Au bout de ce temps vous reviendrez ici, toujours du même train, et vous me direz ce que vous aurez fait et ce que vous aurez vu...

Nicaise reçut le paquet, — il alla à l'écurie, — sella le poney, — l'enfourcha, puis au bout de cinq minutes il partait au galop, suivi de Frison, fou d'allégresse, et qui, pour témoigner sa joie, voulait absolument mordiller les jarrets de Black-Nick.

— Pourvu qu'il ne tombe pas en route, ce pauvre Nicaise!... — murmurait Tiennette d'un ton dolent; — à la façon dont il court, il se casserait le cou pour sûr!...

Jeanne coupa court aux douloureuses appréhensions de sa camériste.

— Mon enfant, — lui dit-elle, — il faut que je parle à ce vieillard qui est arrivé l'autre jour avec Nicaise... — va le prévenir...

Tiennette sortit.

Elle revint au bout d'un instant en disant :

— Ce vilain vieux-là, mam'zelle, n'a pas paru à Thil-Châtel depuis hier vers les deux heures... — On ne sait point où il est allé...

— C'est singulier, — pensa Jeanne.

Puis, tout haut, elle ajouta :

— S'il vient, on me l'enverra sur-le-champ...

— Oui, mam'zelle.

Vers les dix heures du matin. Jeanne s'habilla.

Elle revêtit son habit de cheval, — elle fit natter et tordre ses cheveux par Tiennette, — elle ajusta sur sa tête son chapeau d'amazone et, s'asseyant dans un large fauteuil auprès d'une fenêtre entr'ouverte, elle attendit.

Une rougeur uniforme et persistante avait remplacé sur le visage de la jeune fille sa livide pâleur de la veille.

— Voulez-vous déjeuner, mam'zelle? — lui demanda Tiennette.

— Merci, mon enfant, je n'ai pas faim.

— Vous n'avez déjà rien mangé hier; ça ne peut pas aller toujours comme ça, cependant!...

— Plus tard! plus tard! — répondit Jeanne avec impatience.

Tiennette dut se retirer en soupirant.

Midi sonna

En ce moment le bruit d'un galop rapide et léger retentit dans le lointain et se rapprocha du château, — puis Black-Nick et Nicaise entrèrent dans la cour.

La robe noire et luisante du poney était blanche de sueur, — une sorte de brouillard épais se dégageait de tout son corps.

Frison, — complétement éreinté et couvert de poussière, — haletait et tirait la langue d'une manière effrayante.

Nicaise sauta à bas de Black-Nick qui reprit tout seul le chemin de son écurie.

Le colporteur en mettant pied à terre fit une grimace fort laide.

Le contact trop longtemps prolongé de la selle avait notablement endommagé certaine partie essentielle de son chétif individu.

Cependant il prit son courage à deux mains, et il s'élança dans l'escalier.

Jeanne n'avait point quitté son fauteuil.

Elle ne prononça pas une parole et se contenta d'interroger Nicaise du regard.

— Mam'zelle Jeanne, — dit-il en entrant, — j'ai remis le paquet...

— Au procureur du roi lui-même?

— Oui, mam'zelle.

— Chez lui, ou au palais de justice?

— Chez lui. — Son valet de chambre ne voulait pas me laisser entrer sous prétexte qu'il était trop matin... Mais j'ai dit que c'était si pressé, si pressé, qu'il m'a mené vers son maître à la fin...

— Le procureur du roi a lu?

— Oui, mam'zelle.

— Devant vous?

— Oui, mam'zelle...

— Que vous a-t-il dit ensuite?

— Il m'a demandé si je savais ce que je venais de lui apporter? — J'ai répondu que non... et c'était la vérité...

— Et, alors?

— Dame! alors, il m'a fait des questions...

— Sur quoi?

— Sur vous, mam'zelle.

— Des questions sur moi?... — s'écria Jeanne, — lesquelles?

— Quel âge vous aviez? — Si vous étiez riche? — Si vous étiez une personne raisonnable? — Comment on parlait de vous dans le pays?... — Enfin, un tas de choses, quoi!... — Vous pensez bien comme j'ai répondu, mam'zelle...

— Et, après?...

— Il m'a dit que je pouvais m'en aller et que c'était bien... — Je suis sorti de la maison, et, comme vous me l'aviez recommandé, j'ai attendu une heure dans la rue...

— Et vous n'avez rien vu d'extraordinaire, pendant cette heure?...

— Ah! par exemple, si, mam'zelle...

— Qu'avez-vous vu?... parlez vite...

— Le valet de chambre a passé, tout courant... Il est revenu avec un monsieur habillé de noir... il est ressorti et il a ramené un postillon et trois chevaux... — On a attelé les chevaux à la voiture de M. le procureur du roi, et, au moment où je renfourchais le petit bidet pour revenir, une dizaine de gendarmes à cheval, en grande tenue, se rangeaient en bataille avec leur brigadier derrière le carrosse... — Je pense qu'ils n'allaient pas tarder beaucoup à partir... — Cependant, si c'est de ce côté-ci qu'ils viennent, du train dont j'ai pressé le bidet je dois avoir au moins une bonne heure d'avance sur eux...

Un sourire de triomphe illumina le visage de Jeanne.

— Merci, Nicaise, — dit-elle, — merci, mon ami, — vous avez fait tout ce que j'attendais de vous... — je vous prouverai que je suis reconnaissante...
— Veuillez, je vous prie, dire qu'on mette à l'instant une selle sur le dos de Black-Nick...

— Quoi, mam'zelle, — s'écria Nicaise, — vous allez faire sortir de nouveau cette pauvre bête?

— Il le faut.

— Songez donc qu'il a ses dix lieues dans le corps... et toujours au galop...

— Black-Nick est vaillant et courageux, — répliqua la jeune fille en prenant sa cravache, et en glissant dans le corsage de son amazone le paquet de lettres de la comtesse Marguerite. — Il me portera bien encore au château de Vezay!

X

CATASTROPHE

Quelques minutes suffirent pour changer la selle du poney, — Jeanne s'élança sur lui, et Black-Nick, reconnaissant la voix de sa maîtresse, partit d'une allure aussi rapide que s'il sortait de l'écurie pour la première fois ce jour-là.

La jeune fille arriva auprès de cette petite porte par laquelle Nicaise s'était introduit dans le parc, le jour où il apportait à Lucien de Villedieu la lettre de mademoiselle Caillouët.

Elle attacha la bride du poney à l'un des barreaux de fer de la grille, — elle poussa la porte et elle entra.

De l'endroit où elle se trouvait, la vue plongeait jusqu'à l'extrémité de deux longues allées droites.

L'une de ces allées conduisait au château.

L'autre aboutissait à un magnifique couvert de marronniers deux fois séculaires.

Jeanne allait suivre la première de ces allées, quand elle aperçut au loin sous les marronniers deux formes jeunes et charmantes, qui marchaient lentement, l'une auprès de l'autre, en se tenant pour ainsi dire enlacées.

Jeanne tressaillit.

Un frisson convulsif glissa sur sa chair, et elle serra la poignée de sa cravache comme elle aurait pu faire du manche d'un poignard.

Elle venait de reconnaître Lucien et Madeleine, — les époux de l'avant-veille.

— Ah! — murmura la jeune fille, — ils sont là!... eh! bien, tant mieux!...

Elle se dirigea du côté des marronniers, d'un pas si rapide qu'il ressemblait à une course.

Lucien et Madeleine, nous l'avons dit, marchaient enlacés.

La jeune femme se suspendait au bras de son mari.

Sur le visage de Lucien se lisait le triomphe de l'amour heureux.

Les beaux yeux noirs de Madeleine se voilaient d'une douce langueur.

Lucien se penchait vers sa jeune compagne et lui parlait tout bas.

Ils mêlaient leur haleine, — ils mêlaient leurs regards, — leurs mains unies avaient de muettes étreintes et des frémissements passionnés.

Ils étaient heureux !... bien heureux !...

Si absorbés ! — si en extase, — si en dehors de la vie réelle que fussent les amants époux, Lucien entendit tout à coup derrière lui le bruit de pas précipités.

Il se retourna et pâlit.

Cette femme, vêtue en amazone et dont une distance assez grande le séparait encore, — c'était, il n'en pouvait douter ! — c'était Jeanne Caillouët.

Certes, Lucien ne soupçonnait point en ce moment le coup de tonnerre prêt à éclater entre Madeleine et lui...

Mais, quel que fût le motif de la présence de Jeanne, — de Jeanne irritée et menaçante, — cette présence était déjà un scandale, était déjà un malheur !...

La situation n'offrait pas d'issue, il fallait attendre.

Lucien se retourna, — et, enveloppant à demi Madeleine de son bras gauche, comme pour la protéger contre toute insulte, il attendit, — le front haut, — le regard calme, — la lèvre dédaigneuse.

Ignorante de ce qui s'était passé, Madeleine devait se trouver au-dessus de toute crainte.

Et cependant, — instinctivement elle sentait son cœur se serrer, — instinctivement elle tremblait.

Arrivée à trois pas du vicomte et de sa femme, Jeanne s'arrêta, et les yeux étincelants, — le sein ému, — les bras croisés sur sa poitrine, — elle dit d'une voix brève et sèche que les pulsations impétueuses de son cœur rendaient saccadée et martelaient en quelque sorte :

— Vous n'avez pas voulu, monsieur de Villedieu, vous n'avez pas voulu croire la pauvre fille qui vous jurait sur son Dieu, sur son âme et sur la mémoire de sa mère que votre mariage était impossible... — vous avez méprisé ce solennel avertissement qu'elle vous donnait !... vous avez refusé de l'entendre !... — vous vous êtes dit : *Elle ment ou elle est folle !*... et vous avez passé outre !... — Savez-vous ce que vous avez fait, monsieur de Villedieu ?... vous avez épousé votre sœur !...

Madeleine poussa un cri perçant et, — sans le savoir peut-être, — se dégagea de l'étreinte du bras qui l'enlaçait.

Le vicomte eut un geste de méprisante incrédulité.

Jeanne continua :

— Oh! vous ne me croyez pas, je le sais bien! — fit-elle, — mais tout à l'heure il faudra me croire pourtant!... — Monsieur Lucien de Villedieu, celle que vous avez épousée avant-hier est la fille du vicomte Armand de Villedieu, votre père, l'amant de la comtesse Marguerite!... — votre père n'a point péri, ainsi que vous le croyez, noyé par accident dans la Loire, — il est mort assassiné, dans la nuit du 20 septembre 1820, par le comte de Vezay qui venait de le surprendre, à deux heures du matin, dans la chambre de la comtesse... — voilà ce que je voulais vous dire, monsieur, — voilà ce que je voulais vous prouver!... — mais vous n'êtes pas venu, et maintenant il est bien tard!...

Lucien était pâle comme un spectre.

Cependant il s'efforça de moduler un éclat de rire railleur.

— Triste comédie, celle que vous jouez-là, mademoiselle!... — murmura-t-il.

— Ah! — répliqua Jeanne, — vous ne me croyez pas!... — c'est juste! je n'ai rien prouvé!... Pour vous je suis folle ou menteuse... — Eh! bien, tenez, monsieur, lisez donc et croyez...

Et, arrachant de son corsage les lettres de la comtesse, elle les présenta à Lucien qui les prit d'une main tremblante et les parcourut d'un regard effaré.

Madeleine se sentait mourir.

A mesure que Lucien lisait, sa pâleur devenait livide et ses yeux s'agrandissaient démesurément dans leurs orbites.

— Eh bien! monsieur, — demanda l'implacable Jeanne, — eh bien! vous voyez!... doutez-vous encore?... raillez-vous encore, maintenant?...

— Et, — balbutia Lucien d'une voix éteinte, — et vous prétendez, mademoiselle, que M. de Vezay connaissait le coupable amour dont ces lettres donnent la preuve?...

— Pourquoi donc aurait-il assassiné votre père s'il n'avait point connu son amour adultère?...

— Assassiné! — répéta Lucien.

— Oui, monsieur, assassiné!... et, de cela aussi, vous aurez bientôt la preuve... et plus terrible encore...

A quoi dois-je attribuer l'honneur de la présence chez moi de monsieur le procureur du roi? (Page 295.)

Sous ces chocs successifs, le vicomte resta pendant quelques secondes complétement atterré.

Mais il reprit presqu'aussitôt le dessus.

— Non! — s'écria-t-il, — non!... c'est impossible!... — mes yeux ont beau voir, je refuse d'ajouter foi à ce que je vois!... — jamais... jamais le comte de Vezay n'eût consenti à marier le frère avec la sœur... — le comte est un noble vieillard et non point un assassin!... — Venez, Madeleine, venez auprès de votre père... je vais tout lui dire... il nous expliquera tout!... il nous donnera la clef de ce mystère horrible!...

Et le vicomte, — saisissant la main glacée de sa jeune femme, — l'entraîna du côté du château.

— Courez! — murmura Jeanne, — courez chercher un nouveau malheur!...

Et elle les suivit de loin.

Au moment où Lucien et Madeleine atteignirent la cour d'honneur, un singulier désordre semblait régner dans le château.

Une chaise de poste stationnait devant le perron.

Les domestiques effarés formaient un groupe auprès de l'entrée des cuisines.

Deux gendarmes à cheval, le mousqueton sur l'épaule, allaient et venaient dans la cour.

D'autres gendarmes montaient la garde à toutes les issues.

— Oh! mon Dieu!... — s'écria Madeleine, — que se passe-t-il donc?... j'ai peur!...

Lucien ne répondit pas.

Seulement, soutenant avec plus de force sa jeune femme dont les jambes fléchissaient, il gravit les marches du perron.

Un gendarme occupait la porte du vestibule

Lucien voulut passer.

La sentinelle se mit en travers de la porte, et dit :

— On n'entre pas...

— Pardon, monsieur, — répliqua le jeune homme d'une voix tremblante, — mais je suis le vicomte de Villedieu, le gendre du comte de Vezay, et, ma femme et moi, nous avons besoin de passer.

— On n'entre pas, — articula le gendarme pour la seconde fois.

— Cependant...

— C'est la consigne, — parlez au brigadier.

— Où est-il?

— Dans la cour, — près de la voiture...

Lucien redescendit, — portant toujours Madeleine plutôt qu'il ne la soutenait.

Il s'approcha du brigadier qui se promenait d'un air important.

— Monsieur, — lui dit-il, — voulez-vous, je vous prie, faire en sorte qu'il soit possible à ma femme et à moi de rentrer au château ?...

— On n'entre pas... — répondit carrément le brigadier.

— Puis-je savoir pourquoi, au moins ?

— Ordre du procureur du roi.

— Mais, cet ordre ?... que signifie cet ordre ?

— Demandez-le à celui qui l'a donné...

— Monsieur !... vous me parlez d'un ton !...

— Je parle comme je veux !... — au large !...

On ne lutte pas contre cette force inerte, esclave de la consigne, qui s'appelle un gendarme.

Lucien et Madeleine s'approchèrent du groupe des domestiques dont nous avons déjà parlé.

Ils espéraient avoir par eux quelques renseignements sur cet étrange et incompréhensible événement.

Les domestiques pleuraient, mais ne savaient rien, — si ce n'est que le procureur du roi, deux messieurs noirs et deux gendarmes, se trouvaient en ce moment près du comte de Vezay, et que personne ne pouvait plus entrer au château.

Madeleine était à bout de force.

Elle poussa un soupir profond, s'affaissa sur elle-même, et serait tombée à la renverse si Lucien ne l'avait soutenue dans ses bras.

Le jeune homme désespéré la porta jusqu'à la lisière du parc, et l'étendit sur un banc de gazon.

La situation de M. de Villedieu dépassait en ce moment toutes les limites de l'horreur et de l'invraisemblance.

L'étrange catastrophe à laquelle le château servait de théâtre confirmait d'une façon terrible les paroles de Jeanne Caillouët.

Lucien en était à se poser cette double et épouvantable question :

— Est-ce réellement ma sœur que je viens d'épouser ? — Ma femme est-elle la fille de l'assassin de mon père ?

Et nulle réponse rassurante ne se présentait à son esprit.

XI

LE PROCUREUR DU ROI

Tandis qu'avait lieu dans le parc, entre Lucien, Madeleine et Jeanne, la scène à laquelle nous avons fait assister nos lecteurs, voici ce qui se passait au château.

La chaise de poste du procureur du roi, escortée d'un piquet de gendarmerie, s'était arrêtée devant le perron, au grand étonnement des domestiques qui cependant ne soupçonnaient point qu'une accusation quelconque pût planer sur leur maître.

Trois personnes descendirent de cette voiture.

C'étaient le procureur du roi, — un juge d'instruction, et le secrétaire de ce dernier.

Le principal magistrat, homme de trente-huit à quarante ans, bien élevé et fort protégé par monseigneur le garde des sceaux dont il avait épousé l'arrière-petite-cousine, se nommait M. de Pesselières.

Il ne manquait ni d'esprit, ni d'instruction, et possédait surtout un grand sentiment des convenances.

Aussi, en face d'une accusation si grave venant fondre à l'improviste sur un homme considérable et considéré comme le comte de Vezay, il avait cru devoir remplacer par sa présence le mandat d'amener qu'il lui semblait impossible de ne point lancer.

Il se promettait, en même temps, d'user de tous les ménagements compatibles avec l'exécution stricte de ses devoirs.

Le juge d'instruction ressemblait à plus d'un de ses collègues.

C'était un homme en qui la ruse et la finesse obscurcissaient parfois le bon sens et l'équité. — On ne pouvait, selon lui, arriver à la découverte de la vérité que par des voies tortueuses.

Bien souvent, sa perspicacité prétendue le conduisait tout droit à l'absurde; — alors il s'entêtait et substituait violemment ses sophismes à l'évidence lumineuse.

Messieurs de la chambre des mises en accusation le considéraient comme un oracle.

Nous ne prétendons point appliquer à tous les magistrats instructeurs le portrait que nous venons de tracer ; — il nous paraît superflu de l'affirmer.

Mais les exceptions confirment les règles.

Quant au secrétaire, nous n'avons rien à en dire si ce n'est qu'il appartenait à la catégorie des machines écrivantes, mais non pensantes.

Sur la dernière marche du perron, le procureur du roi rencontra le valet de chambre du comte.

— M. de Vezay est-il au château ? — demanda-t-il à ce domestique.

— Oui, monsieur.

— Conduisez-nous auprès de lui, je vous prie.

— Monsieur le comte est souffrant, monsieur, je vais aller m'informer s'il peut recevoir...

— Il *faut* qu'il nous reçoive, — répliqua le magistrat, en appuyant sur le mot que nous venons de souligner, — conduisez-nous donc sur-le-champ.

Le valet de chambre, dont l'étonnement commençait à se changer en inquiétude, obéit passivement et marcha le premier.

Sans doute des ordres avaient été donnés par avance au brigadier de gendarmerie, car, aussitôt que les trois hommes vêtus de noir eurent disparu dans le vestibule, il plaça son monde, fit occuper toutes les issues, et chaque gendarme reçut la consigne de ne laisser sortir ni entrer personne.

Après avoir gravi les marches de l'escalier d'honneur et traversé l'antichambre et le salon de réception, le valet de chambre, arrivant à la porte du petit salon où se tenait le comte, se retourna vers les visiteurs inattendus auxquels il servait de guide et demanda :

— Quels noms aurai-je l'honneur d'annoncer?

— Annoncez le procureur du roi, — répondit M. de Pesselières.

Nous avons laissé le comte de Vezay, quelques jours auparavant, souffrant d'un violent accès de goutte et la jambe droite endolorie et étendue sur une pile de coussins.

Un mieux subit s'était manifesté le lendemain du jour où Nicaise avait remis à Lucien de Villedieu la lettre de Jeanne

Le vicomte, effrayé par cette lettre dont cependant le véritable et terrible sens lui échappait, et redoutant quelque folle démarche de la part de la jeune fille par laquelle il se savait aimé, avait supplié M. de Vezay de consentir à ce que le moment fixé pour le mariage fût rapproché.

Le comte avait cédé, — quoiqu'un peu à regret, — aux instantes prières de son gendre futur, — et, dès le jour suivant, Lucien et Madeleine avaient reçu la bénédiction nuptiale dans la chapelle du château, sans aucune solennité et en présence seulement des quatre témoins nécessaires.

Une heure auparavant, le maire du village était venu remplir les formalités du mariage civil.

M. de Vezay, quoique souffrant encore, avait pu, en s'appuyant sur le bras de son valet de chambre, se rendre à la chapelle et assister à la cérémonie qui faisait de Madeleine la vicomtesse de Villedieu.

A partir de ce moment il était allé de mieux en mieux et, à l'heure où nous le retrouverons dans le petit salon tendu de toile perse, il pouvait se promener à pas lents sans le secours d'aucun bras.

Ceci se passait le 17 septembre 1840.

Le comte était triste, — de douloureux souvenirs et de lugubres pressentiments remplissaient son âme.

Chaque année, cette disposition à la tristesse se reproduisait à l'approche du 20 septembre, ce lugubre anniversaire d'une nuit fatale.

Le comte ne pouvait se pardonner d'avoir satisfait jadis une trop juste vengeance, et, quoique dans son duel avec Armand de Villedieu tout se fût passé loyalement, il lui semblait que le sang versé depuis vingt ans criait encore contre lui, et les remords lui avaient fait une vieillesse anticipée.

Certes, s'il eût fallu sacrifier ses dernières années d'existence pour rendre à la vie Armand de Villedieu, le comte n'aurait pas hésité !...

C'est à tout cela que M. de Vezay pensait, en foulant d'un pas incertain et pénible le tapis du petit salon.

. . . .
. . . .

La porte s'ouvrit.

Le valet de chambre annonça :

— Monsieur le procureur du roi.

En même temps le magistrat et ses deux compagnons entrèrent.

Ces mots : *Monsieur le procureur du roi !...* — jetés à l'improviste au milieu de la lugubre rêverie du vieillard, firent tressaillir ce dernier ; comme s'il eût été touché par le fil conducteur d'une machine électrique.

Très-légitimiste et vivant en dehors de tout ce qui touchait au gouvernement de 1830, M. de Vezay n'avait jamais fait de visite au procureur du roi et ne l'avait jamais reçu chez lui.

— Pourquoi vient-il ici ? — se demanda-t-il aussitôt.

Et une rapide intuition lui fit comprendre à l'instant que derrière cette arrivée imprévue se cachait quelque malheur.

En face de ce vieillard aux cheveux blancs, — dont il allait peut-être demander la tête au nom de la loi, — en face de cet homme que la considération et l'estime de tous avaient environné jusque là, le procureur du roi oublia pendant une seconde qu'il venait comme accusateur, et il s'inclina avec un respect involontaire.

Le juge d'instruction, voyant que son supérieur avait salué, salua, quoique à contre-cœur.

M. de Vezay domina son trouble, fit quelques pas en avant, et avec sa politesse de gentilhomme indiqua des siéges à ses trois hôtes.

Ensuite il s'assit à son tour.

Jusque-là, aucune parole n'avait été prononcée.

Le comte fut le premier à rompre ce silence embarrassant.

— A quoi dois-je attribuer l'honneur de la présence chez moi de monsieur le procureur du roi ?... — demanda-t-il d'une voix assez ferme, quoique tout son sang se glaçât à la pensée de la réponse qu'il allait peut-être recevoir.

— La cause de ma présence chez vous, monsieur le comte, — répliqua lentement le magistrat, — est des plus tristes...

— J'ose espérer, monsieur, — reprit M. de Vezay après un silence, qu'aucune accusation ne vous amène et que vous ne cherchez point un coupable sous mon toit ?...

— Hélas ! monsieur, l'accusation existe... et, quant au coupable... quant à celui du moins qu'on doit jusqu'à présent désigner ainsi... je désire et j'espère... oh ! j'espère de toute mon âme le trouver innocent...

Le magistrat se tut.

C'est à peine si M. de Vezay trouva la force nécessaire pour demander :

— Et, ce coupable, quel est-il?...

Le procureur du roi ne répondit point.

Le juge d'instruction n'osait parler, mais, depuis qu'il était assis dans ce petit salon, il éprouvait un accès de bien légitime impatience en face des lenteurs inexplicables de son supérieur.

Il aurait sans hésiter fait quelque minime sacrifice pour voir incontinent une bonne paire de solides et lourdes menottes aux poignets du comte de Vezay.

— Quand l'affaire sera entre mes mains, — se disait-il, — j'ose espérer que cela marchera tout autrement...

L'anxiété devenait plus intolérable pour M. de Vezay qu'une certitude, si écrasante que dût être cette certitude.

Il reprit donc :

— J'attends, monsieur, que vous veuillez bien m'apprendre le nom de celui qu'on accuse...

— Monsieur le comte, — dit le procureur du roi, sans faire une réponse positive à cette interrogation formulée pour la seconde fois, — jetez, je vous prie, vos regards sur le passé, — interrogez vos lointains souvenirs, — j'ai plusieurs questions à vous adresser...

— Ainsi, monsieur, c'est de moi qu'il s'agit?

— Oui, monsieur le comte, c'est de vous.

— Interrogez, monsieur, j'aurai l'honneur de vous répondre.

— Quel âge avez-vous, monsieur le comte?

— Soixante ans, monsieur, dans quelques jours...

— Alors, en 1820 vous en aviez quarante...

Ce chiffre de 1820 fit tressaillir M. de Vezay d'une façon si visible que les regards les moins clairvoyants devaient s'apercevoir de son trouble.

Le procureur du roi y crut découvrir un indice de culpabilité et s'en affligea sincèrement.

Le juge d'instruction sourit et se frotta doucement les mains.

— Est-ce à 1820 qu'il faut que je reporte mes souvenirs? — demanda le comte en faisant un violent effort pour se dominer.

On m'accuse d'assassinat, s'écria-t-il d'une voix stridente. (Page 300.)

— Oui, monsieur.

— L'année 1820 m'est, d'un bout à l'autre, parfaitement présente...

— Vous en êtes sûr, monsieur le comte?

— Oui, monsieur.

— Alors, vous vous rappelez sans doute la nuit du 20 septembre.

Un nuage passa sur les yeux de M. de Vezay.

— Oh! si je pouvais mourir !... — pensa-t-il.

XII

L'INTERROGATOIRE

— Remettez-vous, monsieur le comte, — dit le procureur du roi, auquel n'échappait point la défaillance de M. de Vezay.

— Mais, — répondit ce dernier au bout d'un instant, — je suis calme, parfaitement calme...

— Alors, monsieur, revenons à cette question que je vous adressais : — Vous souvenez-vous de la nuit du 20 septembre 1820?

— Parfaitement.

— Cette nuit d'il y a vingt ans a donc été fixée dans votre mémoire par quelque particularité digne de remarque?

— Oui, monsieur.

— Laquelle?

— Il y en a trois, et sur ces trois deux sont bien tristes : d'abord j'ai eu le malheur de perdre ma jeune femme; puis un ouragan, tel que de mémoire d'homme on n'en avait pas vu de semblable, s'est déchaîné sur cette contrée... enfin, durant cette nuit fatale, une personne de mon intime connaissance a péri victime du plus déplorable accident...

— Nommez cette personne, monsieur, je vous prie...

Les lèvres de M. de Vezay devinrent pâles et tremblantes.

Pourtant il répondit sans hésiter :

— Le vicomte Armand de Villedieu.

— Comment donc est-il mort?

— Entraîné par son cheval dans les eaux profondes de la Loire... — son domestique et ses deux chevaux ont été engloutis en même temps que lui...

— Terrible catastrophe, en effet!... Sait-on d'où venait M. de Villedieu à cette heure de la nuit?

— Non, monsieur, — du moins, moi, je ne l'ai jamais su...

— Son corps a-t-il été retrouvé?

— Non, monsieur.

— Et celui de son domestique?

— Oui, le lendemain.

— M. de Villedieu, disiez-vous tout à l'heure, monsieur, était de votre connaissance intime?...

— Le meilleur, peut-être, de mes amis; — avant-hier, son fils unique épousait mon unique enfant.

Le procureur du roi fit un geste de suprême étonnement.

— Vous avez marié votre fille au fils unique de M. de Villedieu! — s'écria-t-il.

— Oui, monsieur... — Quoi d'étonnant à cela?...

Le procureur du roi ne répondit pas.

Une préoccupation profonde et pénible semblait le dominer.

Enfin il fit un geste brusque, comme un homme qui prend son parti, et il dit :

— Monsieur le comte, avez-vous du courage?...

— Du courage, monsieur, je crois en avoir... — mais pourquoi donc en aurais-je besoin aujourd'hui plus que de coutume?...

— Parce que je vais prononcer des paroles qui vous blesseront douloureusement à l'endroit le plus sensible de votre âme et de votre honneur...

— Mon honneur n'a rien à craindre, monsieur.

— Je le désire ardemment.

— J'écoute et je suis prêt à tout.

— Une accusation nettement formulée et appuyée, sinon de preuves irrécusables, du moins de présomptions graves, est arrivée jusqu'à moi...

— Une accusation contre moi, monsieur?

— Contre vous, monsieur le comte.

— Parlez.

— On dit que dans la nuit du 20 septembre 1820, le vicomte de Villedieu n'a point péri par accident, dans la Loire...

— Ah!

— On dit qu'il a succombé à une mort violente...

— Un duel, peut-être?... — balbutia M. de Vezay...

— On ne parle point de duel, monsieur le comte...

— De quoi donc, alors?

— D'assassinat!

M. de Vezay se leva d'un mouvement brusque, en joignant ses deux mains qu'il tendit vers le ciel avec un geste désespéré.

— D'assassinat !... — s'écria-t-il d'une voix stridente, — on parle d'assassinat ? on m'accuse d'avoir assassiné M. de Villedieu ?

— Oui, monsieur...

— Et, qui donc ose formuler cette accusation infâme ?

— Qu'importe le nom de l'accusateur, pourvu qu'il vous soit possible de prouver qu'il a menti ?...

— De prouver !... mais, comment le prouver ?... — est-ce que l'innocence se prouve, quand le crime prétendu remonte à vingt ans ?...

— Je vous ai dit, monsieur, que les faits qui m'ont été dénoncés reposent sur de graves présomptions... — Vous discuterez ces présomptions tout à l'heure, quand vous aurez dominé votre surexcitation et repris un peu de sang-froid.

Le comte, toujours debout et plus semblable à un mort qu'à un vivant, répondit aussitôt :

— Un instant d'indignation bien naturelle doit, je pense, m'être pardonné... — Je ne manque point du sang-froid nécessaire pour vous répondre... — Ne perdons pas un instant, je vous en conjure, — abrégeons, autant que cela dépendra de vous, cet horrible supplice que j'endure...

— Soit, monsieur. Ainsi, vous repoussez l'accusation d'assassinat ?

— Avec horreur !

— Vous croyez, comme tout le monde, que M. de Villedieu a péri par accident ?

— Oui, monsieur.

— Vous ignorez ce qu'est devenu son cadavre ?

— Absolument.

— Ceci est-il bien la vérité, monsieur le comte ?

— C'est la vérité, je le jure.

Le procureur du roi se tut de nouveau, et de nouveau sembla réfléchir.

Sans doute il préparait ce que, faute d'une expression plus convenable, nous appellerons le *scénario* de son interrogatoire.

Quand il releva la tête et reprit la parole, sa première question fut celle-ci :

— Vous m'avez dit, je crois, que vous aviez perdu madame de Vezay dans la nuit du 20 septembre 1820?

— Oui, monsieur.

— A quelle maladie a-t-elle succombé?

— La comtesse est morte deux heures après avoir donné le jour à Madeleine, ma fille unique...

— Quel âge avait madame de Vezay?

— Vingt-six ans.

— Elle était belle?

— Comme un ange.

— Par qui a-t-elle été assistée à ses derniers moments?

— Par son confesseur, le curé de cette paroisse, et par son médecin, M. le docteur Miraut, de Tours...

— Le curé vit-il encore?

— Oui, monsieur, et quoiqu'il ait près de quatre-vingt-cinq ans, il est toujours notre dessservant...

— Et le médecin?

— Le docteur Miraut se porte à merveille, — il vient ici chaque semaine, — il y était il y a cinq jours...

— Pardonnez-moi, monsieur le comte, d'entrer dans de tristes détails qui vous rappellent douloureusement une fin navrante et prématurée... — Je fais ce que je dois, et non pas ce que je veux. — Où madame la comtesse a-t-elle été enterrée?

— Dans le cimetière du village.

— N'avez-vous donc pas, en ce château, selon la coutume de beaucoup de grandes maisons, une chapelle, un caveau funèbre où des tombeaux de famille reçoivent la dépouille mortelle de tous ceux d'une même race?

— Il y a dans le château une chapelle et des caveaux funèbres.

— Vos ancêtres y reposent?

— Oui.

— Une exception a donc été faite pour madame la comtesse?

— Oui.

— Pourquoi?

— Sa dernière volonté a été de reposer sous une tombe de gazon..

— Cette volonté était-elle consignée dans son testament?

— Non.

— A qui donc en a-t-elle fait part?

— A moi.

— A vous seul?

— Oui.

— Et nul autre que vous n'a entendu ses paroles?...

— Je ne le crois pas.

— Ni le médecin, ni le prêtre?

— Personne.

Pour la troisième fois, le procureur du roi se tut.

Le but de cette seconde partie de l'interrogatoire échappait complétement à M. de Vezay.

Son inquiétude et son agitation fiévreuses, qui touchaient presque au délire, enfantaient des monstres dans son cerveau.

Il se demandait si on ne l'accusait pas aussi d'avoir assassiné sa femme, et il se disait que ce serait là une terrible accusation, car de quelle façon la démentir?

Le procureur du roi releva la tête, et reprit :

— Vous aimiez madame de Vezay, monsieur?

— Éperdument.

— Et, elle vous aimait aussi?

— Le doute, à cet égard, ne m'est point permis...

— Votre ménage devait être uni?

— Il aurait pu servir de modèle à tous ceux de la province...

— Jamais de nuages entre vous?

— Jamais,

— De votre côté, aucune jalousie?

— Madame de Vezay était une sainte, au-dessus même du soupçon...

— La malignité et la calomnie attaquent quelquefois avec une impudence éhontée les unions les plus parfaites... — Rien de semblable n'est-il arrivé pour vous?...

— Monsieur le procureur du roi, je ne vous comprends pas?...

— Je m'explique, monsieur. — Je veux dire : — Aucune dénonciation calomnieuse ne vous est-elle parvenue au sujet de madame de Vezay?

— Non, monsieur...

— On ne vous a point dit, par exemple, écrit ou fait écrire, que votre femme avait un amant?

— On n'aurait pas osé, monsieur!...

— Mon Dieu, la méchanceté ose tout, — surtout quand elle est anonyme... — Un lâche, qui s'abrite derrière un mystère impénétrable, se plaît souvent à déchirer le cœur d'un galant homme...

— Cela n'est point arrivé pour moi, monsieur... Mais, à quel propos!...

— A celui-ci : — J'avais quelque raison de croire que vous aviez, — à tort ou à raison, — soupçonné de coupables amours entre madame de Vezay et le vicomte de Villedieu...

Le procureur du roi s'arrêta et fixa sur le comte un regard perçant et scrutateur.

Sous ce regard il le vit tressaillir.

Le juge d'instruction avait toutes les peines du monde à contenir l'allégresse qui débordait en lui.

Dans l'origine, il s'était vu forcé de faire un appel énergique au respect dû à la hiérarchie judiciaire pour contenir les manifestations de son impatience en présence des formes infiniment trop polies, selon lui, et trop compatissantes du procureur du roi.

Mais, maintenant, il rendait véritablement justice à son supérieur et il s'avouait à lui même que M. de Pesselières suivait d'une allure fort gaillarde ces sentiers détournés et pleins de méandres par où il faut passer quand on veut renforcer les mailles du filet dans lequel un accusé sans défiance s'enchevêtre de plus en plus.

Or, maintenant, le juge d'instruction, — quoique prudent au premier chef, — aurait bien volontiers parié cent francs contre cent sous que la chambre des mises en accusation renverrait M. de Vezay devant la cour d'assises, et que le jury répondrait: *Oui*, à l'unanimité, quant à la question d'assassinat.

Peut-être nos lecteurs trouveront-ils que le juge d'instruction allait un peu bien vite en besogne...

Ils se trompent.

Ce digne homme avait le flair subtil et le coup d'œil juste, — voilà tout. On n'est pas juge d'instruction pour rien !

Réellement, d'ailleurs, le procureur du roi était habile en son métier.

Cette foule de questions, insignifiantes en apparence pour la plupart, tendaient toutes à un but unique.

Pour nous servir d'une expression stratégique, — le magistrat venait d'achever ses *tranchées souterraines.*

Il allait, présentement, *démasquer ses batteries.*

— Monsieur le comte, — dit-il lentement, et en appuyant pour ainsi dire sur chacune de ses paroles, — voici quelles sont les charges qui pèsent sur vous : — vous êtes accusé d'avoir, dans la nuit du 20 septembre 1820, assassiné dans l'un des corridors de ce château, entre deux et trois heures du matin, le vicomte Armand de Villedieu à l'endroit duquel vous éprouviez la plus violente jalousie...

— Je proteste, — s'écria M. de Vezay, — je proteste avec toute l'énergie de l'indignation !...

— Après la perpétration de ce crime, — poursuivit le procureur du roi, — vous auriez songé aux moyens de faire disparaître le cadavre de votre victime, — l'idée vous serait venue de l'ensevelir dans l'une des tombes de vos ancêtres et vous l'auriez transporté dans les caveaux funéraires de votre famille... — Niez-vous cela, monsieur le comte ?...

L'état de M. de Vezay, en ce moment, aurait inspiré une pitié profonde à son plus mortel ennemi.

Ses prunelles roulaient convulsivement dans leurs orbites, — de grosses gouttes de sueur ruisselaient sur son front chauve, — les muscles de son visage tressaillaient.

Ses lèvres tremblantes s'agitèrent et sa voix éteinte balbutia ces mots à peine distincts :

— Je nie...

— Le corps de M. de Villedieu doit se trouver à côté d'un cercueil de plomb, dans une tombe ouverte sur laquelle on n'a point fait retomber son couvercle de marbre... — Niez-vous encore?

— Je nie.

— Où sont les clefs des caveaux funèbres ?

— Je... je ne sais...

— Comment, vous ne savez?

M. de Vezay était écrasé par cette dernière apparence de preuves. (Page 309.)

— Comment le saurais-je?... — il y a vingt-cinq ans... plus longtemps peut-être... qu'on n'a pénétré dans ces caveaux?...

— Croyez-vous cela, monsieur?

— J'en suis sûr...

Le procureur du roi mit sous les yeux de M. de Vezay deux clefs rongées par la rouille.

— Connaissez-vous ces clefs? — lui demanda-t-il.

L'homme qui se trouve en face d'un spectre doit avoir un regard moins épouvanté que celui de M. de Vezay à cette vue.

— Non... — répondit-il cependant, — je ne les connais pas...

— Elles ouvrent certainement les deux portes qui conduisent aux souterrains... Venez, monsieur...

— Où ? — s'écria le comte de Vezay.

— Aux caveaux funèbres.

— Et qu'y voulez-vous faire, mon Dieu ?...

— Procéder devant vous à la visite des tombes...

— Je n'irai pas !... je n'irai pas !...

— Et pourquoi n'y viendrez-vous pas, monsieur ?

Le comte ne répondit point.

Le procureur du roi répéta sa question.

M. de Vezay prit un parti soudain.

— Eh bien ! oui... — murmura-t-il, — j'avoue... vous trouverez le corps... ne me conduisez pas aux caveaux...

— Vous avouez l'assassinat ? — demanda le procureur du roi, tandis que le juge d'instruction avait aux lèvres un triomphant sourire.

— Je n'ai point assassiné M. de Villedieu !...

— Vous l'avez tué, cependant ?

— Oui, mais en duel.

— En duel ?

— Loyalement, — face à face, — épée contre épée...

— Un corridor de château est un endroit singulièrement choisi pour un duel, monsieur le comte !...

— Aussi, n'est-ce point dans un corridor que nous nous sommes battus.

— Où donc ?

— Dans le parc, — près de la petite porte qui touche au pavillon de chasse...

— A deux heures du matin ?

— Oui, à deux heures du matin.

— Vous attendiez le vicomte, sans doute ?

— Je l'attendais.

— Malgré ce terrible ouragan dont vous nous avez parlé ?

— Eh ! que m'importait l'ouragan ?...

— Mais, je croyais, — d'après vos propres paroles, — que M. de Villedieu était votre intime ami...

— Il l'avait été, — répliqua le comte d'une voix sourde.

— Et il ne l'était plus ?

— Non.

— Il vous avait donc offensé d'une façon bien grave ?

— Oui.

— Quelle était cette offense ?

M. de Vezay ne répondit pas.

Le procureur du roi continua :

— Revenons au duel : — vous avez parlé d'épées, c'est donc à l'épée que vous vous êtes battus ?

— Oui.

— Le vicomte avait donc une épée ?

— Il n'en avait pas, mais, moi, j'en avais deux...

— Dans la prévision de ce combat ?

— Oui.

— Le vicomte a-t-il succombé immédiatement ?

— Après cinq ou six minutes de lutte acharnée.

— Puis il est tombé raide mort ?

— Non. — Il a eu le temps de prononcer quelques mots, et de me remettre un portefeuille...

— Que contenait ce portefeuille ?

— Des papiers de famille.

— Et qu'en deviez-vous faire ?

— Le faire parvenir aux mains de son fils.

— Vous êtes-vous acquitté de ce devoir ?

— Oui.

— Comment ?

— Le portefeuille a été reporté au château de Villedieu et placé sur un meuble où on a dû le trouver...

— Reporté par vous ?

— Non.

— Par qui donc ?

— Par un de mes serviteurs.

— Que vous aviez mis dans la confidence de ce qui venait de se passer?
— Cet homme savait tout...
— Il avait été témoin du duel?
— Oui.
— Eh bien! il pourra en déposer... — Vit-il encore?
— Je l'ignore absolument.
— C'est étrange!...
— Cet homme a quitté le pays...
— Depuis quand?
— Depuis vingt ans.
— Combien de temps après la nuit du 20 septembre?
— Deux ou trois jours.
— Quel emploi remplissait-il parmi vos serviteurs?
— Il était garde-chasse.
— Son nom?
— Caillouët.

Le procureur du roi consulta quelques notes tracées au crayon sur son portefeuille.

Puis il demanda :
— Ce Caillouët a disparu subitement?
— Oui.
— Abandonnant sa femme?
— Oui.
— D'après vos ordres?
— Non.
— Comment, ce n'est pas vous qui lui avez enjoint de quitter le pays?
— Non.
— Monsieur le comte, prenez garde à ce que vous dites... Votre réponse est très-grave et peut devenir contre vous une charge terrible...
— Je la maintiens.
— Encore une fois, prenez garde!
— Je dis la vérité.
— Ainsi, vous soutenez que ce n'est point sur votre ordre formel que le garde-chasse Caillouët a fui de ce pays?
— Je le soutiens.

— Alors, monsieur le comte, comment donc se fait-il que, huit jours après la nuit du 20 septembre, une traite de *vingt mille francs*, signée par vous, ait été payée à ce même Caillouët par votre banquier de Nantes?

M. de Vezay, atterré, gardait le silence.

— Cette traite était-elle volée?... — demanda le procureur du roi.

Le comte ne répondit pas davantage.

Le juge d'instruction se frottait les mains en murmurant :

— Ah! le beau procès!... le beau procès!...

XIII

ARRÊTÉ!...

Depuis le commencement de l'interrogatoire qui termine le précédent chapitre, un changement absolu s'était fait dans la physionomie du procureur du roi.

Sa parole restait sans doute mesurée et polie, mais toute bienveillance avait disparu de son accent.

Cela s'explique.

Le magistrat, en arrivant au château, pouvait espérer que le comte de Vezay se justifierait facilement d'une accusation que toute sa vie passée semblait, au premier abord, démentir.

Maintenant cet espoir devenait chimérique.

La culpabilité du comte était désormais palpable, — lumineuse, — incontestable.

Il y a plus, — le fait d'avoir marié sa fille au fils de l'homme assassiné par lui, semblait au procureur du roi la preuve d'une monstrueuse immoralité chez le vieillard. — Il voyait là une de ces actions infâmes devant lesquelles reculeraient même les scélérats les plus endurcis.

Le juge d'instruction, lui, trouvait dans ce fait une admirable complication mélodramatique qu'il appréciait en amateur.

M. de Vezay, écrasé par cette dernière apparence de preuve qui venait de surgir contre lui, sous la forme de la traite de vingt mille francs donnée à Caillouët, n'avait même plus la force de penser.

Son visage, son attitude, ses regards vagues et indécis, dénotaient une prostration absolue.

Or, l'anéantissement de l'innocent terrassé par une accusation injuste sous laquelle il n'a plus même l'énergie de se débattre, ressemble à s'y méprendre à la torpeur du coupable écrasé par son crime.

— Monsieur, — dit le procureur du roi, — j'ai le regret de vous annoncer qu'à partir de ce moment vous êtes en état d'arrestation.

Ces paroles galvanisèrent l'atonie du comte.

— Arrêté ! — s'écria-t-il, — vous m'arrêtez?...

— Il le faut.

— Mais, monsieur, vous me croyez donc coupable?...

— Oui, monsieur; et je ne puis vous cacher que ma conviction à cet égard se modifiera difficilement.

— Oh! Seigneur mon Dieu!... Seigneur mon Dieu!... — murmura le comte, — ayez pitié de moi!!...

— Dieu est bon, monsieur, — répondit le magistrat, — et vous faites bien de l'invoquer... Mais Dieu est juste et ne veut pas que le crime reste impuni.

— Le crime! j'ai donc commis un crime?...

Il n'y avait rien à répondre...

Le procureur du roi garda le silence.

Le juge d'instruction haussa les épaules.

— Enfin, monsieur... — reprit M. de Vezay d'une voix suppliante, — enfin... dites-moi... que va-t-il arriver?... qu'allez-vous faire de moi?...

— Vous emmener à Tours, dans ma voiture, et, là, vous écrouer à la geôle où vous passerez le temps de l'instruction...

— M'écrouer!... on va m'écrouer!...

— Oui, monsieur.

— Mais j'offre de donner caution... cent mille francs... deux cent mille... un demi-million, plus si vous voulez, monsieur... — Au nom du ciel, ne refusez pas!... qu'avez-vous à craindre de moi?... vous voyez... je suis un vieillard...

— La caution n'est admise par la loi pour les délits correctionnels, et non pour les crimes ..

— Les crimes!... toujours les crimes!... je suis un criminel!... moi!... moi! est-ce possible, mon Dieu?... est-ce croyable?... — La loi est toute-puissante, je le sais... — mais vous êtes puissant aussi, vous, monsieur... vous pouvez, si vous le voulez, en adoucir les rigueurs. — Je vous jure que je suis innocent... je vous jure que je serai sans cesse, jour et nuit, à la disposition de la justice.... je vous en supplie, monsieur, je vous en supplie, à deux genoux, laissez-moi ici...

— Vous me demandez là, monsieur, une chose qu'il n'est pas en mon pouvoir de vous accorder...

— Ainsi, vous refusez?...

— Il le faut.

— Ainsi, je vais être prisonnier?... Confondu avec des voleurs et des assassins!...

— Non, monsieur, — une chambre particulière sera mise à votre disposition, et l'on aura pour vous tous les égards possibles...

— Mais c'est toujours la prison, cela!...

— Je vous répète, monsieur, que je ne puis faire mieux, ni faire autrement...

M. de Vezay se tordit les mains, et de grosses larmes s'échappèrent de ses yeux rouges et gonflés.

Pour couper court à cette scène déchirante qui produisait sur lui l'impression la plus pénible, le procureur du roi s'adressa au juge d'instruction.

— Monsieur, — lui dit-il, — voulez-vous rédiger un très-rapide procès-verbal de ce qui vient de se passer? — Nous pourrons partir immédiatement après.

Le juge d'instruction prit un air important, ramena sur le haut de son crâne une mèche de cheveux qui s'était égarée vers la nuque, et répondit :

— Monsieur le procureur du roi me permettra-t-il de lui adresser une observation de quelque importance?...

— Sans doute.

— Il est une formalité indispensable que nous devons remplir, ce me semble, avant de songer à la rédaction du procès-verbal...

— Une formalité?

— Oui, monsieur le procureur du roi.

— Laquelle?

— La confrontation du meurtrier avec le cadavre de la victime.

— C'est juste.

M. de Vezay n'avait ni entendu, ni écouté ce qui précède.

Le procureur du roi se tourna vers lui, et dit :

— Monsieur le comte, malgré la profonde répugnance que vous avez manifestée tout à l'heure à la seule pensée de pénétrer avec nous dans les caveaux mortuaires de ce château, je dois vous enjoindre de nous y suivre...

M. de Vezay se leva avec tous les signes d'une violente terreur.

— Vous voulez me conduire aux souterrains? — s'écria-t-il.

— Oui, monsieur.

— Vous voulez me remettre en présence de cette tombe ouverte?...

— C'est indispensable.

— Mais, à quoi bon?... à quoi bon? je vous ai dit que vous y trouveriez le corps...

— Nous devons vous confronter avec le cadavre.

Une sorte de folie s'empara de M. de Vezay.

— Je n'irai pas!... — dit-il avec une exaltation furieuse, — je n'irai pas!... traînez-moi, si vous voulez, mais je n'irai pas librement!

Le juge d'instruction haussa de nouveau les épaules.

— Calmez-vous, monsieur, — répliqua le procureur du roi, — et surtout, je vous en prie, ne me mettez pas dans la nécessité douloureuse d'employer la force armée pour vous contraindre...

— La force armée?.. — répéta M. de Vezay avec stupeur.

— Oui, monsieur.

— De quelle force armée parlez-vous?...

— Nous ne sommes point venus seuls... la gendarmerie occupe le château.

— La gendarmerie!... — chez moi!... chez moi, des gendarmes!... comme chez un voleur!... oh! mon Dieu!... perdu!... déshonoré!... à mon âge!...

— Êtes-vous prêt, monsieur le comte?

— Et, si je refuse, — poursuivit le vieillard, — vous me ferez saisir par vos gendarmes... et traîner par eux?...

— Je vous répète, monsieur, que je n'emploierai la force qu'à la dernière extrémité, et j'ajoute que ma conduite, depuis plus d'une heure que je suis ici, aurait dû vous le prouver...

— C'est vrai, monsieur... vous avez été bon pour moi... pour moi que

Il y avait de quoi s'étonner... La tombe était vide. (Page 317.)

vous regardez comme un criminel... comme un assassin... c'est vrai... et je vous en remercie.....

— Ne me forcez donc point à regretter ces égards dont vous me savez gré, et n'oubliez pas que, si terribles que vous semblent les devoirs que je remplis, ce sont des devoirs impérieux...

— C'est bien, monsieur... puisqu'il le faut, je vous suis.

— Je vous préviens, monsieur, que vos domestiques sont rassemblés dans la cour d'honneur, où la gendarmerie les surveille... — si vous voulez éviter tous ces regards, et s'il est une autre issue que le grand escalier et le vestibule pour gagner les caveaux mortuaires, vous pouvez nous l'indiquer...

— Il en est une autre, oui...

— Aurons-nous besoin de lumière dans les souterrains ?

— Oui, monsieur.

Le juge d'instruction fit un signe à son secrétaire...

Ce dernier prit sur la cheminée un candélabre à cinq branches, dont il alluma toutes les bougies.

— Allons, — dit le procureur du roi en prenant M. de Vezay par le bras, autant pour soutenir la marche chancelante du vieillard que pour éviter toute tentative d'évasion.

Le comte fit descendre à ses trois hôtes un escalier dérobé conduisant à une porte de service percée dans la façade latérale du château.

A cette porte, comme à toutes les autres, se trouvait un gendarme en faction.

La vue de l'uniforme et du chapeau galonné d'argent fit douloureusement tressaillir M. de Vezay.

— Faut-il vous suivre, mon magistrat ? — demanda au procureur du roi le gendarme curieux d'émotions.

— C'est inutile, — lui fut-il répondu.

Le comte, — le procureur du roi, — le juge d'instruction et son secrétaire arrivèrent bientôt auprès d'une autre porte, lourde et massive, dont le couronnement ogival était surmonté d'un écusson blasonné.

Là aussi il y avait un gendarme.

M. de Vezay s'arrêta.

— C'est là... — balbutia-t-il d'une voix éteinte.

XIV

LA TOMBE OUVERTE

Le procureur du roi essaya successivement les deux clefs.

Mais la rouille de vingt années avait scellé le pêne et la gâche, et la porte ne s'ouvrait pas.

— Essayez, — dit le magistrat au secrétaire en lui présentant les clefs.

Le secrétaire se débarrassa du candélabre, qu'il remit aux mains du gendarme, et fit les efforts les plus consciencieux pour arriver à un résultat.

Cette persévérance fut couronnée de succès, — la serrure se plaignit, — gémit, — cria, — et finit par céder.

La première porte était ouverte.

Le secrétaire, — triomphant, — s'engagea le premier dans le passage voûté.

Plus heureux que son frère d'armes, grâce au candélabre qu'il portait, le gendarme reçut l'ordre de suivre le procureur du roi et ses compagnons.

Il ne se le fit pas répéter deux fois.

On arriva à la seconde porte.

L'humidité plus grande du passage souterrain avait donné à la rouille un degré de plus de ténacité et de persistance.

Pendant un instant on dut croire que la clef, à moitié tordue, se briserait dans la serrure.

Il n'en fut rien, et le secrétaire vint à bout à son honneur de la difficile entreprise.

Une bouffée d'air humide et froid frappa au visage les gens de justice et le malheureux comte de Vezay.

Entre eux et les caveaux funèbres, il n'y avait plus rien.

Le procureur du roi avait repris le bras du vieillard, qui ne se soutenait qu'à peine et semblait prêt à perdre connaissance.

— Un peu d'énergie, monsieur, — lui dit-il, — et venez... — la confrontation ne durera qu'une minute... nous retournerons ensuite au grand jour...

La flamme des bougies, agitée par un courant d'air, répandait une lueur vacillante, — tantôt éclairant fortement les objets, tantôt les laissant dans une obscurité presque complète.

Sur la droite se distinguait à demi, — à une certaine distance, — un monument de marbre blanc, dont la pierre tumulaire, dressée, s'appuyait contre une tombe plus haute.

Le comte fit quelques pas de ce côté.

Puis, étendant le bras droit, il murmura :

— Voilà la tombe... c'est là... c'est là qu'est le corps...

Et tombant à genoux, malgré le procureur du roi qui s'efforçait de le maintenir debout, il se prosterna sur les dalles et se mit à supplier Dieu de lui venir en aide et de faire un miracle, s'il fallait un miracle pour le sauver...

Oh! qu'elle dut être ardente, la supplication désespérée qui s'échappait de ce cœur tout criblé de douloureuses blessures!

Le procureur du roi fit signe au gendarme de veiller sur le prisonnier.

Ensuite il s'approcha avec le juge d'instruction de la tombe ouverte désignée par la dénonciation et reconnue par le comte.

Les deux magistrats poussèrent à la fois une exclamation de surprise quand ils eurent franchi les marches de pierre qui leur permettaient d'arriver au niveau de l'ouverture du monument.

Et, certes, il y avait de quoi s'étonner...

La tombe était vide!

Rien n'occupait le large espace laissé libre à côté du cercueil de plomb, et dans lequel aurait dû se trouver le cadavre d'Armand de Villedieu.

Le procureur du roi et le juge d'instruction se regardèrent.

— C'est étrange! — murmura le premier.

— Pro-di-gieux!... — appuya le second en pesant de tout son poids sur chaque syllabe.

— C'est la tombe, cependant!

— Oh! il n'y a pas à s'y tromper!...

— Voici le cercueil de plomb dont il est parlé dans l'accusation...

— Et, d'ailleurs, ce monument est le seul dont la pierre tumulaire soit levée...

— Qu'est-ce que cela signifie?

Tout ce qui précède avait été dit à voix basse.

Les deux magistrats se mirent à réfléchir, chacun de leur côté, pendant quelques minutes.

Le procureur du roi fut le premier à rompre le silence.

— Après tout, — fit-il du même ton bas et étouffé, — après tout, cela ne prouve qu'une chose... C'est que, dans la prévision de ce qui arrive aujourd'hui, M. de Vezay aura fait disparaître le corps...

Le juge d'instruction hocha la tête d'un air dubitatif.

— Monsieur le procureur du roi me permet-il de lui faire une très-humble observation? — dit-il ensuite.

— Sans doute.

— Eh bien! la supposition que vient d'émettre monsieur le procureur du roi ne me paraît point admissible...

— Ah!

— Il est évident selon moi que M. de Vezay, bien loin d'avoir supprimé le cadavre, ne se doute en aucune façon que ce cadavre n'est plus là...

— Vous croyez?

— Je fais plus que le croire, j'en suis sûr

— Comment cela?

— Veuillez remarquer, monsieur le procureur du roi, qu'avec le cadavre toute preuve disparaissait... — il ne restait aucun prétexte à l'accusation... — M. de Vezay, sachant qu'on ne trouverait rien ici, aurait nié hardiment, — nous étions obligés de le croire sur parole, — ni vous ni moi n'aurions osé prendre sur nous de signer le moindre mandat de dépôt, et le comte se serait trouvé parfaitement en droit de formuler contre son accusateur une plainte en *dénonciation calomnieuse*, sur laquelle nous nous serions trouvés bel et bien dans la nécessité de suivre... après avoir fait à M. de Vezay mille excuses de l'avoir ainsi dérangé d'une façon malséante et déplaisante...

— Je crois que vous avez raison...

— N'en doutez pas, monsieur le procureur du roi, n'en doutez pas!... nier cela, ce serait nier le soleil! — Je reprends mon raisonnement; — au lieu de persister dans ses premières dénégations aussitôt qu'il est question d'une descente aux caveaux funèbres, le comte, tremblant, épouvanté, avoue qu'il a tué M. de Villedieu et qu'on verra son corps dans une tombe ouverte... — Cet aveu qui le perd, — car la prétention du duel ne peut pas se soutenir un instant, — le comte ne l'a fait que dans la conviction que la preuve de son crime existait et que nous la trouverions ici... — Cela me paraît logique.

— C'est aussi mon avis... — Mais, ce cadavre, qu'est-il devenu?

— Ceci est beaucoup moins clair.

— Qui donc, excepté M. de Vezay, avait intérêt à le faire disparaître?

— Je n'en sais rien, mais l'instruction nous l'apprendra. — Tenez pour certain, monsieur le procureur du roi, que je ne négligerai rien pour porter au milieu de ces ténèbres le flambeau lumineux de la vérité, et que j'en viendrai à bout...

— Je connais votre zèle et votre habileté, monsieur...

— Monsieur le procureur du roi est mille fois trop bon!...

— Ne pensez-vous point qu'il peut être utile de laisser, quant à présent, M. de Vezay dans son erreur?...

— C'est ce que j'allais avoir l'honneur de vous dire... — Je suis heureux de m'être rencontré avec vous...

— Il ne nous reste donc qu'à mettre les scellés sur la porte des souterrains, et à dresser procès-verbal?

— Absolument.

— Hâtons-nous alors.

Le procureur du roi s'approcha de M. de Vezay, toujours prosterné sur les dalles, et s'absorbant plus que jamais dans sa prière ardente...

Il lui toucha légèrement l'épaule.

Le comte releva la tête et regarda le procureur du roi avec des yeux baignés de larmes.

— Monsieur, — lui dit le magistrat, — ce que nous avions à faire ici est terminé... nous quittons ces caveaux funèbres...

Une étincelle de reconnaissance et presque de joie étincela dans les regards du vieillard.

— Merci, monsieur... — balbutia-t-il, — merci d'avoir eu pitié de moi... et de ne pas m'avoir forcé à regarder celui... celui qui est là...

Et son geste désignait la tombe ouverte.

Le coude du juge d'instruction toucha celui du procureur du roi.

Évidemment cet attouchement signifiait :

— Vous voyez bien que je ne me trompais pas...

Le procureur du roi répondit par un signe d'approbation.

Le comte de Vezay s'était relevé.

Les cinq personnages, — en comptant le gendarme qui ne comprenait absolument rien à ce qu'il venait de voir, — s'engagèrent de nouveau dans le couloir voûté.

Chemin faisant le gendarme dit tout bas au secrétaire, à côté duquel il se trouvait et qui parfois l'honorait d'une familiarité protectrice et condescendante :

— Eh bien! qu'est-ce qu'il y avait donc?...

— Ce qu'il y avait?

— Oui.

— Il y avait... qu'il n'y avait rien...

— Ah!

— Comprenez-vous?

— Non.

— Tant pis pour vous, car c'est clair...

Le gendarme se gratta le front sous son chapeau bordé.

Ce *clair*-là lui paraissait terriblement *obscur*.

Mais il n'osa plus rien demander.

On arriva à la porte extérieure, — celle que surmontait l'écusson seigneurial des Vezay, taillé dans la pierre.

Cette porte fut refermée avec soin; puis on appliqua en trois endroits les lugubres scellés de dame justice.

Ceci fait, les bougies du candélabre furent éteintes, — le gendarme fut réintégré dans sa faction, — les trois hommes noirs et le prisonnier regagnèrent l'escalier dérobé et remontèrent au premier étage par le même chemin qu'ils avaient suivi pour descendre.

En se voyant ainsi conduit et surveillé pas à pas dans sa propre demeure, où, au nom de la loi, on le traitait en coupable et d'où il allait être violemment enlevé un instant après, M. de Vezay croyait faire un rêve horrible.

Aussitôt que les gens de justice et le comte se retrouvèrent dans le salon tendu de toile perse, le secrétaire du juge d'instruction prépara une petite table.

Il prit dans sa poche une écritoire de corne dont le couvercle se vissait.

Il organisa sa plume, ingénieuse combinaison de tuyaux vernis rentrant au besoin les uns dans les autres afin de n'occuper que le moins de place possible.

Il tira d'un vaste portefeuille de grandes feuilles de papier timbré, et il se prépara à écrire sous la dictée du juge d'instruction.

M. de Vezay, étendu dans un fauteuil, semblait n'avoir plus en aucune façon la conscience de ce qui se passait.

XV

LE DÉPART

Le procès-verbal du premier interrogatoire fut très-court. — Il constatait purement et simplement que, dans la nuit du 20 septembre 1820, M. de Vezay, d'après son propre aveu, avait tué le vicomte Armand de Villedieu, — tout en affirmant que cette mort était le résultat, non point d'un assassinat mais d'un combat loyal.

Comme il était légalement indispensable de donner lecture de ce procès-verbal à M. de Vezay avant de le lui faire signer, et comme le procureur du roi et le juge d'instruction voulaient laisser ignorer au comte, jusqu'à nouvel ordre, la disparition du cadavre, il ne fut nullement question de la visite aux souterrains.

Ce travail sommaire achevé, et *lecture faite* à haute et intelligible voix par le secrétaire, M. de Vezay, *requis de signer*, écrivit machinalement son nom à l'endroit qu'on lui indiquait.

Il aurait signé de la même façon son arrêt de mort sans s'en préoccuper davantage.

Il ne se rendait compte ni de ce qu'on lui demandait, ni des conséquences que cela pouvait entraîner pour lui.

Il parut véritablement s'éveiller d'un profond sommeil, quand le procureur du roi lui dit :

— Nous partons, monsieur...

— Ah! — fit le comte, — tout est donc terminé ici?

— Oui, monsieur.

— Eh bien! tant mieux... — Il est bon d'en finir vite...

— Voulez-vous que je fasse donner ordre à votre valet de chambre de vous préparer une valise?...

— Une valise?... pourquoi faire?...

— Pour emporter les effets dont vous pensez avoir le plus immédiatement besoin...

— Je n'ai besoin de rien.

On n'entendit dans la cour d'honneur que le bruit des bottes éperonnées. (Page 323.)

— Cependant, du linge?...
— C'est inutile... on m'en enverra... je ne veux rien...
— Soit.
— Est-ce que vous pensez me garder longtemps, monsieur?... — demanda le comte, du ton humble et doux d'un enfant timide qui craint une réponse dure.

— Je voudrais pouvoir vous répondre... malheureusement c'est impossible...

— Impossible de dire au juste, je le comprends... — Mais enfin, combien de temps à peu près, monsieur?...

— L'instruction de votre affaire durera peut-être un mois...

— Un mois !... Que c'est long, mon Dieu !... — Et ensuite?...

— Ensuite, monsieur, le jury décidera de vous... — Vous serez acquitté ou condamné...

— Condamné !... condamné !... mais c'est impossible, monsieur !... On ne peut me condamner, puisque je ne suis point coupable !...

— Ce n'est pas à moi qu'il faut dire cela, monsieur le comte, — c'est à M. le juge d'instruction qu'il faut le prouver...

— Prouver ! — murmura le vieillard d'une voix douloureuse, — prouver !... mais comment?... A moins que les morts ne sortent de leur tombeau pour me défendre, je ne peux pas prouver...

Le procureur du roi avait hâte d'en finir avec ces pénibles émotions, sans cesse renaissantes.

— Nous vous attendons, monsieur, — fit-il.

— Mais je voudrais, avant de partir... dire adieu à mes enfants...

— Vos enfants?...

— Embrasser ma fille et mon gendre...

— Je regrette d'avoir à vous affirmer que c'est impossible.

— Impossible !... — s'écria le comte.

— Complétement.

— Et pourquoi?

— Vous êtes au secret, monsieur; vous ne pouvez, quant à présent, communiquer avec qui que ce soit...

— Oh ! ma pauvre Madeleine !... ma pauvre Madeleine !... — balbutia le comte.

Puis, relevant la tête, il ajouta d'une voix déchirante :

— Allons ! encore ce sacrifice !... encore cette douleur !... — Je suis à vos ordres, monsieur...

Le procureur du roi reprit le bras de M. de Vezay, comme il l'avait fait pour descendre aux caveaux souterrains, et il se dirigea avec lui du côté du grand escalier.

Le brigadier attendait sous le vestibule.

Aussitôt qu'il vit paraître les magistrats et le prisonnier, il s'avança sur la première marche du perron et cria d'une voix tonnante :

— Tous les hommes, à cheval !...

Les gendarmes quittèrent aussitôt les différentes issues près desquelles ils avaient été placés en faction.

Pendant quelques secondes on n'entendit dans la cour d'honneur que le bruit de lourdes bottes éperonnées, et le fracas de grands sabres traînants.

Les domestiques, toujours réunis en groupe près de la porte des cuisines, étaient en proie à la plus profonde consternation.

Ils savaient qu'une accusation terrible atteignait le comte leur maître, — mais ils ignoraient quelle était cette accusation.

Nous avons laissé Lucien de Villedieu prodiguant ses soins à Madeleine évanouie, qu'il venait de transporter dans ses bras jusqu'à la lisière du parc, — à deux ou trois cents pas du château, — et qu'il avait couchée sur un banc de gazon.

La jeune femme ne tarda guère à revenir à elle-même.

Un torrent de larmes inonda ses yeux noirs ; — elle jeta ses bras autour du cou de son mari, comme pour chercher un refuge et un asile dans son sein, et elle s'écria :

— Lucien... Lucien... que se passe-t-il donc?...

Le vicomte, encore sous l'impression des terribles paroles de Jeanne : — *Vous venez d'épouser votre sœur!...* — fit un volontaire mouvement pour se soustraire à cette chaste caresse qui lui semblait presque incestueuse.

— Ce qui se passe, ma pauvre enfant, — répondit-il, — je ne le sais pas plus que vous... et je tremble qu'un grand malheur ne nous menace...

— Que veut-on à mon père? pourquoi ne nous laisse-t-on pas arriver jusqu'à lui?... — Pourquoi tous ces gendarmes?... pourquoi ces portes gardées?...

Lucien ne pouvait répondre.

— Croyez-vous donc qu'on reproche quelque chose à mon père?... — reprenait Madeleine avec insistance, — et que lui reprocherait-on?... — dans sa vie entière il n'a jamais fait de mal à personne, et il a fait beaucoup de bien...

Tandis que Madeleine parlait ainsi, ces autres paroles de Jeanne, non moins terribles que les premières, revenaient assiéger l'esprit de Lucien :

— *Le comte de Vezay est l'assassin de votre père!*...

Certes, à cette épouvantable accusation le jeune homme ne pouvait pas, — ne voulait pas ajouter foi!...

Et pourtant, — coïncidence étrange, — fatale, — effrayante!... — au moment où Jeanne criait : — *Un crime a été commis!*... la justice venait pour trouver un criminel!...

Lucien sentait sa tête s'égarer, — une sorte de vertige lui montait au cerveau et bouleversait toutes ses idées.

Madeleine sanglotait et se tordait les mains.

Deux heures se passèrent ainsi, — deux longues heures, — deux heures d'hallucination folle et de cuisant délire.

Enfin, retentit comme l'explosion d'une bombe, l'ordre du brigadier :

— Tous les hommes, à cheval!...

Aussitôt après, Lucien vit paraître le comte de Vezay, conduit et soutenu par le procureur du roi qui le faisait monter en voiture.

— Voilà votre père, — dit-il à Madeleine. — Mon Dieu! on l'emmène... — Qu'en veut-on faire?... Venez... venez... — peut-être que maintenant on ne refusera pas de nous répondre...

Et, prenant sa femme par la main, il se mit à courir avec elle, de toute sa vitesse, dans la direction de la voiture.

Le brigadier, supposant que l'intention des jeunes gens était de s'approcher du prisonnier, — et voulant faire parade de son zèle, — fit décrire à son cheval une volte savante et, se plaçant entre la chaise de poste et les arrivants, se disposa à les repousser.

Mais le procureur du roi, lui aussi, avait vu. — Il ordonna au brigadier de rester en place, — descendit de voiture, — fit quelques pas au-devant de Lucien et de Madeleine, — s'inclina devant le vicomte, — salua la jeune femme avec un respect profond, et dit :

— Je crains, monsieur, d'avoir à remplir un douloureux devoir, si, comme je le pense, votre désir est de parler à M. de Vezay...

— C'est notre désir, monsieur, et notre volonté... — répliqua fièrement Lucien.

— Monsieur, — reprit le magistrat en tempérant par la douceur de son accent ce qu'il y avait de rude dans la réponse elle-même, — il ne doit y avoir ici qu'une volonté, — celle de la loi que je représente, — je suis le procureur du roi...

— Et moi, monsieur, je suis le vicomte de Villedieu... le gendre du comte de Vezay... le mari de sa fille... de sa fille éplorée qui voudrait embrasser son père...

— Mon cœur se brise, monsieur... Jamais, en aucune circonstance, ma mission ne m'a paru aussi pénible qu'en ce moment... — ce que vous me demandez est impossible... — cette chose si juste... si naturelle... je ne puis la permettre...

— Monsieur!... — s'écria Madeleine en se jetant à genoux. — Monsieur, au nom du ciel...

Le procureur du roi, — des larmes dans les yeux, — releva vivement la jeune femme.

— Madame, — murmura-t-il d'une voix émue, — c'est moi qui vous en conjure... n'insistez pas... — encore une fois, ce n'est point l'homme qui repousse votre prière... c'est la loi... et la loi ne sait pas plier...

Madeleine allait supplier encore.

Mais Lucien lui dit tout bas :

— Assez, ma chère enfant! — Soyez fière... — il ne faut pas s'humilier en vain...

Madeleine se tut.

— Monsieur, — demanda le vicomte, — de quoi est accusé M. de Vezay?

— Je ne puis vous le dire en ce moment, monsieur.

— Cette accusation est-elle grave?

— Trop grave, malheureusement!...

— Il est impossible que l'innocence de M. de Vezay ne soit pas promptement reconnue...

— Je le souhaite presqu'aussi vivement que vous, monsieur...

— Nous sera-t-il possible de communiquer avec lui?

— Immédiatement, non, — mais bientôt.

— Quand?

— Dès que le juge d'instruction m'aura donné avis que M. de Vezay ne doit plus être maintenu rigoureusement au secret... — peut-être dans huit jours... peut-être plus tôt...

— Et jusque-là, comment pourrons-nous avoir des nouvelles de mon beau-père?

— Je vous en ferai donner, monsieur.

— Nous sommes reconnaissants de cette promesse... — répondit tristement Lucien en saluant le magistrat.

Ce dernier s'inclina de nouveau avec l'expression la plus respectueuse devant la jeune femme que ses sanglots suffoquaient.

Il prit entre ses mains la main du vicomte et il la serra, puis il se dirigea vers la voiture.

Mais, avant de l'atteindre, il revint sur ses pas.

— Monsieur, — dit-il à Lucien, — quand vous viendrez à Tours, faites-moi l'honneur de passer chez moi... — je quitterai tout pour vous recevoir et peut-être aurai-je beaucoup de choses à vous apprendre.

— Merci de nouveau, monsieur, et veuillez me dire quand vous pourrez m'accueillir, ainsi que vous me le faites espérer...

— Quand vous voudrez, monsieur...

— Bientôt, alors?

— Aussitôt que vous le souhaiterez.

— Dans ce cas, dès aujourd'hui?

— Dès aujourd'hui, oui, monsieur.

— Ce soir, à six heures, je serai chez vous.

— Ce soir, je vous attendrai.

Les deux hommes se saluèrent, et le procureur du roi s'élança dans la calèche.

Le postillon était en selle.

Il fit claquer son fouet et donna de l'éperon à son porteur, — l'attelage bondit et partit au galop.

Derrière la chaise de poste le piquet de gendarmerie s'ébranla.

Le brigadier caracolait à la portière de droite.

Pendant quelques instants, on vit la voiture et son escorte s'éloigner rapidement.

Pendant quelques instants, on entendit le bruit des roues et des chevaux, et le tintement des grelots sonores.

Puis, tout disparut à un détour du chemin, le bruit s'éteignit, le silence régna, coupé seulement par les sanglots convulsifs de Madeleine.

Les domestiques s'étaient éloignés pour ne point gêner par leur présence la douleur de ce jeune couple, si parfaitement heureux quelques heures auparavant.

Madeleine alors se jeta tout éperdue dans les bras de Lucien, en murmurant d'une voix étouffée par les pleurs :

— Il part!... mon Dieu!... — reviendra-t-il?

Cette scène déchirante avait eu deux témoins invisibles.

Le premier de ces témoins était Jeanne Caillouët.

Blottie derrière le tronc d'un hêtre gigantesque, depuis le moment où elle avait jeté au visage de Lucien et de Madeleine sa prophétie sinistre : — *Un autre malheur vous attend là-bas!...* — elle avait passé là deux heures.

Jeanne aussi pleurait, et ses larmes ne semblaient pas moins amères que celles de Madeleine et de Lucien.

Par moment elle se frappait la poitrine en murmurant des mots indistincts.

Quand la chaise de poste eut dépassé l'angle du parc et se trouva hors de sa vue, elle quitta sa retraite et, se frayant un chemin à travers les taillis, elle gagna rapidement la petite porte auprès de laquelle elle avait attaché son poney.

Black-Nick, en voyant sa maîtresse, fit entendre un hennissement joyeux.

— Tu m'aimes, toi!... — lui dit Jeanne en caressant de la main sa crinière épaisse et longue, et en l'embrassant sur l'étoile blanche qui marquait son front noir, — tu m'aimes!... — Excepté toi, qui m'aime en ce monde?... et maintenant, ce ne sera plus seulement de l'indifférence qu'on aura pour moi... ce sera de la haine !...

Jeanne s'élança sur le dos du poney qui, oublieux des fatigues du matin, partit au galop dans la direction de Thil-Châtel.

Et, tout en se penchant sur le cou de sa monture, la jeune fille murmurait encore :

— Malheureuse!... malheureuse!... qu'ai-je fait?...

. . . .
. . . .

Au moment où la voiture du procureur du roi sortait du parc par la grille d'honneur, les branchages d'un massif d'arbustes s'écartèrent doucement et laissèrent voir une tête hideuse, illuminée par l'expression d'une joie infernale.

Un homme se coula hors du massif, — regarda tout autour de lui et, voyant qu'il était bien seul, disparut parmi les grands arbres.

Cet homme, vêtu d'une mauvaise blouse bleue et d'un pantalon rouge en lambeaux, était celui qui avait vendu à Jeanne Caillouët les lettres de la comtesse Marguerite et le secret de la tombe ouverte.

Il traversa le parc dans toute sa largeur et d'un pas fort lent, car deux heures d'inaction avait raidi ses jambes.

Il atteignit une petite porte pratiquée dans le mur de clôture, et qu'il ouvrit en faisant jouer un ressort qu'il paraissait connaître à merveille.

Il s'enfonça sous la futaie magnifique touchant au parc, et il atteignit les bords du petit étang que nous connaissons.

Là ne s'arrêta point sa marche.

Il continua jusqu'à un endroit où se voyaient encore, à demi ensevelies sous des plantes parasites et des végétations grimpantes, les ruines d'une misérable chaumière.

C'est là qu'avait été jadis la demeure de Suzanne Guillot, devenue la femme du garde Caillouët.

Le hideux vieillard s'assit sur les débris.

Une nouvelle et plus terrible expression de joie revint éclairer son visage ravagé; — et, de sa voix rauque, il murmura :

— Un jour vient où les comptes se règlent!... pour LUI, ce jour est venu!...

XVI

LE CABINET DE M. DE PESSELIÈRES

Lucien rentra au château avec Madeleine, après avoir donné à un domestique l'ordre de seller deux chevaux, et de se tenir prêt à l'accompagner.

Il conduisit sa jeune femme dans le petit salon, — l'étendit sur un large divan, et s'assit auprès d'elle en tenant une de ses mains dans les siennes.

Madeleine ne pouvait plus pleurer, — ses yeux étaient secs et brûlants, — une sorte de hoquet convulsif soulevait sa poitrine de minute en minute, et son sang, fouetté par une fièvre ardente, faisait battre violemment ses artères.

Lucien ne lui parlait pas...

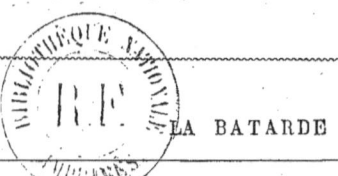

— Monsieur veut-il avoir la bonté de me dire son nom ? — Le vicomte Lucien de Villedieu. (Page 332.)

Qu'aurait-il pu lui dire ?

Toute sa force d'âme lui suffisait à peine pour lutter contre ses angoisses et son épouvante.

Jamais, peut-être, un homme ne s'était réveillé soudainement d'un bonheur complet, pour se trouver dans une situation aussi épouvantable que la sienne.

Ces lettres de la comtesse Marguerite, — ces lettres dont le sens si clair n'était point susceptible de deux interprétations différentes, — ces lettres adressées au vicomte Armand de Villedieu, ne lui disaient-elles pas:

— *Vous êtes le père de l'enfant qui va naître!...*

Or, cet enfant, c'était Madeleine...

Madeleine qu'il aimait d'amour...

Madeleine qu'il venait d'épouser...

A ces pensées venait se mêler fatalement l'ardent ressouvenir des caresses et des baisers de la première nuit conjugale, — ces brûlantes étreintes où deux âmes se confondaient sur les lèvres de deux bouches unies, — où deux corps jeunes et beaux se fondaient pour n'en former qu'un!...

Et Lucien frissonnait d'effroi au souvenir sans cesse renaissant de ces chastes et divines voluptés de la couche nuptiale.

Mais ce n'était pas tout encore; et, ici, l'esprit terrassé du jeune homme n'entrevoyait plus que le chaos!... — si le comte de Vezay avait assassiné M. de Villedieu, c'est qu'il savait que le vicomte était l'amant de la comtesse...

Or, sachant cela, comment avait-il pu prêter les mains à l'union infâme du frère et de la sœur?...

C'était inadmissible, — à moins cependant de lui supposer une arrière-pensée de vengeance s'acharnant à poursuivre le père mort, dans ses deux enfants... — supposition tellement monstrueuse qu'elle aussi semblait impossible!..

Encore une fois, l'intelligence du jeune homme faisait naufrage parmi les écueils dont était semé ce chaos.

Lucien sentit tout à coup la main de Madeleine se raidir entre les siennes.

Il leva les yeux sur la jeune femme dont le visage pâle, marbré de taches violettes, se décomposait de plus en plus.

— Chère enfant, — lui demanda-t-il, — vous souffrez beaucoup, n'est-ce pas?...

— Oh! oui... beaucoup...

— Le mieux, je crois, serait de regagner votre chambre et de vous mettre au lit...

— Peut-être...

— Vous pourriez, épuisée comme vous voilà, trouver un peu de sommeil jusqu'à mon retour...

Madeleine tressaillit et se souleva.

— Votre retour!... — balbutia-t-elle — Lucien, vous me quittez donc?...

— Il le faut bien...

— Pourquoi le faut-il?

— Vous le savez, chère Madeleine...

— Non, je ne le sais pas...

— Je vais à Tours...

— A Tours? qu'allez-vous faire à Tours?...

— Ne vous souvenez-vous plus que le procureur du roi m'a dit qu'il m'attendrait chez lui ce soir, à six heures?...

Madeleine passa la main sur son front.

— Je ne m'en souviens plus... — murmura-t-elle d'une voix faible ; — je ne me souviens de rien... — que vous veut-il, cet homme, Lucien?

— Il veut me parler de votre père... de votre père dont je vous rapporterai des nouvelles...

— C'est vrai, ils ont emmené mon père... mon pauvre père... — il a peut-être besoin de vous... peut-être pourrez-vous le ramener... allez, Lucien, allez vite...

— Mais auparavant, chère Madeleine, je voudrais vous conduire à votre chambre...

— Eh bien! allons... vous partirez ensuite...

Le vicomte accompagna sa femme jusqu'à la porte de cet appartement conjugal où s'était offert à lui, sous la forme la plus adorable, le plus enivrant bonheur que l'homme puisse rêver sur la terre — et, dont, peut-être, il ne devait plus franchir le seuil.

Il remit Madeleine aux mains de sa femme de chambre et, au moment de se séparer d'elle, il déposa sur son front un baiser qu'il crut être un baiser de frère.

Mais le contact de cette peau moite et veloutée, le faible et doux parfum qui s'exhalait des nattes épaisses de ces beaux cheveux, lui rappelèrent soudain d'autres baisers trop brûlants, — évoquèrent les visions d'un trop voluptueux mirage...

— Oh! mon Dieu!... — pensa Lucien, — si c'est ma sœur, je suis infâme...

Et il s'enfuit.

Dans le petit salon il trouva son domestique qui, botté, éperonné, la redingote serrée aux hanches par un ceinturon de cuir écru supportant le paletot imperméable de son maître, venait lui dire que les chevaux étaient prêts.

Lucien prit son chapeau, sa cravache et ses gants.

Il s'élança sur ce beau cheval anglais que Jeanne Caillouët ne connaissait que trop bien, et il partit rapidement dans la direction de Tours.

Aussitôt arrivé, M. de Villedieu laissa ses chevaux et son domestique à l'hôtel où il descendait habituellement et, sans perdre une minute, se dirigea vers la maison qu'habitait M. de Pesselières.

Il était six heures moins quatre minutes.

Le valet de chambre auquel il s'adressa lui répondit que son maître, extrêmement fatigué d'une longue course, ne recevait personne ce soir-là.

— Mais, — répliqua le jeune homme, — il est impossible qu'une exception ne soit point faite en ma faveur... M. le procureur du roi m'attend...

— Monsieur veut-il avoir la bonté de me dire son nom?

— Le vicomte Lucien de Villedieu.

— Il y a exception en effet, monsieur... — Voulez-vous prendre la peine de passer dans le cabinet de monsieur...

Lucien suivit le valet de chambre.

Le cabinet dans lequel il fut introduit était vaste, — simplement meublé, — garni de corps de bibliothèque remplis d'ouvrages de droit et de jurisprudence.

Tentures et rideaux affectaient des couleurs sombres et graves.

Des livres, des dossiers, encombraient un grand bureau dans le milieu de la pièce.

— M. le procureur du roi est à table, — dit le valet de chambre. — Je vais le prévenir de l'arrivée de monsieur le vicomte...

— Laissez votre maître achever son repas, je vous prie... — répondit Lucien, — j'attendrai.

Mais sans doute le valet de chambre ne se conforma point à cette recommandation car, moins d'une minute après ce moment, le procureur du roi entrait dans le cabinet.

Il vint droit au jeune homme, lui prit les deux mains et les serra chaleureusement et avec effusion.

Puis, avançant un fauteuil à son hôte, il s'assit en face de lui et parut attendre que Lucien parlât le premier.

— Monsieur, — dit alors le vicomte. — l'intérêt que vous avez semblé prendre ce matin à notre douloureuse position ne s'est point ralenti, n'est-ce pas ?...

— Non certes !... et j'espère vous le prouver...

— Alors, vous ferez ce qui dépendra de vous pour nous venir en aide ?

— N'en doutez pas.

— Eh bien ! monsieur, éclairez-moi sur la nature du coup affreux qui nous frappe... dites-moi de quel crime mon beau-père est accusé...

— La présence de madame la vicomtesse ne m'a point permis, ce matin, de répondre à cette question lorsque vous me l'adressiez... et vous allez le comprendre sans peine... M. de Vezay est accusé d'assassinat.

— D'assassinat ! — répéta Lucien, — mais, monsieur, c'est odieux d'invraisemblance !...

Le procureur du roi secoua la tête.

— Croyez-vous, monsieur le vicomte, — répliqua-t-il ensuite tristement, — que j'aurais ordonné et maintenu l'arrestation du comte de Vezay, si l'accusation m'avait paru aussi invraisemblable qu'à vous ?... — Pour me contraindre à agir comme je l'ai fait, il m'a fallu, je vous le jure, des présomptions bien puissantes !...

— Et, — poursuivit Lucien, — quelle serait la victime de ce meurtre prétendu ?...

En prononçant ces mots le jeune homme tremblait, épouvanté d'avance de la réponse qu'il allait recevoir.

— La victime, — répliqua le procureur du roi lentement, — la victime, c'est affreux à dire !... — serait votre père, monsieur le vicomte...

Lucien pâlit.

Chacune des paroles de Jeanne Caillouët recevait une confirmation écrasante.

— Mon père, — balbutia-t-il en s'efforçant de lutter contre la conviction qui, malgré lui, entrait dans son âme, — mon père a péri par accident, il y a vingt ans, monsieur...

— Je n'ai que trop de raisons, hélas !... pour douter de cet accident !..

— Mais, — demanda Lucien après un instant, — à quel motif attribuez-vous donc ce crime inouï?... prodigieux?..

— A ce motif qui a fait déjà couler tant de sang, depuis qu'il y a eu des passions, c'est-à-dire depuis que le monde existe, — à la jalousie...

— La jalousie!... — reprit Lucien. — La jalousie!...

Ainsi donc, c'était vrai, — le comte de Vezay avait été jaloux du vicomte Villedieu!... — l'authenticité des lettres de la comtesse Marguerite n'était plus douteuse, — l'abîme sans fond s'éclairait d'une sinistre lueur!...

Il y eut entre les deux interlocuteurs un long silence.

Le procureur du roi le rompit.

— Monsieur, — dit-il au malheureux jeune homme, — cessez de voir en moi le magistrat, je vous en prie... — que je ne sois pour vous qu'un homme du monde parlant à un autre homme du monde... un ami parlant à son ami... — et permettez-moi de vous adresser quelques questions qui me sont dictées par le douloureux intérêt et la profonde sympathie que vous m'inspirez...

— Rien dans ces questions ne peut être compromettant pour M. de Vezay?

— Rien, monsieur, — rien absolument, — je vous en donne ma parole d'honneur!...

— Alors, monsieur, je vous répondrai avec une entière franchise...

— Le comte de Vezay, pendant votre enfance, à titre d'ancien ami de votre père et de voisin de campagne, vous témoignait-il de l'affection?...

— Aussi loin que peuvent se reporter mes souvenirs, ils me montrent le comte me témoignant et me prouvant un attachement tout paternel... j'étais en quelque sorte, au château de Vezay, l'enfant de la maison...

— Y a-t-il longtemps que votre mariage avec la fille du comte est décidé?...

— Il l'a toujours été, je crois. — Dès les premières années de mon adolescence, alors que Madeleine n'était encore qu'une gracieuse enfant, je songeais déjà, et très-sérieusement, à la prendre pour compagne de mon avenir... — le comte souriait à ce projet qui était devenu pour lui, — j'ai cent raisons d'en être certain, — le rêve chéri et caressé de sa vieillesse.

— Et, le comte aimait sa fille?

— Le mot *aimer* n'est pas assez fort, — ce qu'il éprouvait pour Madeleine, — ce qu'il éprouve encore, — c'est de l'adoration, c'est un culte. — Il ne voit rien au monde de plus beau, — de meilleur, — de plus parfait que sa fille...

et en cela il a bien raison... — il vient, en la mariant, de lui donner presque toute sa fortune, — et, si j'avais accepté ce sacrifice, il ne se serait absolument rien réservé pour lui...

— Étrange!... — murmura le procureur du roi presqu'à voix basse, — étrange!... incompréhensible!... — certes, ce n'est point là le cœur d'un criminel... et pourtant... — Mon Dieu! d'où viendra la lumière?...

Puis il reprit, à haute voix :

— Le comte parlait-il quelquefois de **monsieur votre père**?

— Rarement.

— Mais enfin, il en parlait?

— Quand il ne pouvait faire autrement, — le souvenir de son vieil ami semblait éveiller en lui le souvenir le plus vivace et le plus douloureux, — jamais je ne lui ai entendu prononcer le nom de mon père sans voir dans ses yeux des larmes furtives...

— Larmes de remords... peut-être, — se dit le magistrat

Mais il ne formula point à haute voix cette pensée.

— Monsieur le vicomte, — reprit-il, — connaissez-vous une jeune fille qui se nomme Jeanne Caillouët?

Cette question, ainsi posée et intervenant subitement dans l'entretien, l'étonnait et l'effrayait presque.

Cependant il répondit :

— Oui, monsieur.

— Qu'est-ce que cette jeune fille?

— La fille d'un ancien garde-chasse de mon beau-père.

— Ne jouit-elle pas d'une position indépendante?

— Plus qu'indépendante, — mademoiselle Caillouët est riche, — elle possède au moins vingt ou vingt-cinq mille livres de rentes...

— Son père n'avait rien, pourtant?

— Pas un sou.

— Le père étant pauvre, d'où vient donc cette fortune de la fille?...

— Je l'ignore, et je crois que tout le monde l'ignore comme moi... — Je me souviens seulement qu'à une époque déjà éloignée, alors que Jeanne Caillouët avait sept ou huit ans tout au plus, il a été grandement question dans le pays, d'un legs énorme, d'une donation mystérieuse faite par un protecteur inconnu... — c'est un notaire de Paris qui a acheté, au nom de Jeanne, le domaine de Thil-Châtel...

— Que dit-on de cette jeune fille?

— Du bien; et rien que du bien, — elle passe pour charitable et bonne...

— Vous ne lui connaissez aucun motif de haine personnelle à l'endroit du comte de Vezay?...

Lucien regarda le procureur du roi d'un air stupéfait.

— Comment pourrait-elle haïr le comte? — demanda-t-il ensuite, — un vieillard!...

— Soit, — mais, pour quelque raison qui m'est inconnue, elle aurait pu, du moins, détester la fille du comte...

Lucien fit un mouvement qui n'échappa point au regard expérimenté du magistrat.

— Il y a quelque chose, — dit vivement ce dernier, — et je viens de toucher l'endroit sensible, n'est-ce pas?

— Monsieur, — répondit le vicomte, — j'ai promis de tout dire, et je dirai tout... quoi qu'il m'en coûte... Oui, en effet, je crois que Jeanne Caillouët était en secret l'ennemie de Madeleine de Vezay...

— Pourquoi cela!

— Rivalité de jeunes filles.

— Rivalité?

— Oui.

— A quel propos?

— Mademoiselle Caillouët s'était éprise pour moi d'une folle tendresse... tendresse que mon amour pour Madeleine ne me permettait point de partager...

— Mais, sans la partager, ne lui aviez-vous pas, avec une imprudence de jeune homme, donné quelque encouragement?...

— Loin de là! — j'avais fait, au contraire, tout au monde pour la détourner de moi..

— Et, vous n'aviez pas réussi?

— Malheureusement non.

— Comment mademoiselle Caillouët a-t-elle appris votre mariage?

— Par une lettre de faire part.

— Qui lui est arrivée, quand?

Tiennette la suivit en s'écriant : « Ah! mademoiselle Jeanne, est-ce que c'est vrai, ce qu'on dit? » (Page 342.)

— Hier.

— La dénonciation est datée de cette nuit, — se dit le procureur du roi, — la jeune fille n'a pas perdu de temps pour se venger!... — qui sait si ce n'est pas entre ses mains que se trouve le fil conducteur?... — nous verrons...

M. de Pesselières cessa de questionner Lucien.

— Monsieur, — lui demanda ce dernier, — je crois que ma présence serait un grand adoucissement aux tortures morales que doit éprouver M. de Vezay..

— Une visite de moi protesterait, à ses propres yeux, contre l'accusation à laquelle il est en butte, et que je crois absolument injuste... — Ne puis-je le voir pendant un instant ?

— Hélas ! monsieur, c'est impossible !...

— Quoi ! — si vous le vouliez...

— Je ne puis le vouloir...

— Mais pourquoi ?

— M. de Vezay, je vous le répète, est au secret le plus rigoureux, — des circonstances, dans le détail desquelles mon devoir me défend d'entrer, ne permettent point que ce secret soit levé avant que l'instruction ait suivi son cours... — dans son intérêt propre, comme dans celui de la vérité, il ne faut pas que monsieur votre beau-père communique, quant à présent, avec qui que ce soit... — N'insistez donc pas, monsieur le vicomte, vous me mettriez dans la nécessité douloureuse de vous refuser de nouveau...

— Ainsi, je ne pourrai pas même donner à Madeleine des nouvelles de son pauvre père !...

— Vous direz à madame la vicomtesse que M. de Vezay a supporté le voyage mieux que je ne l'espérais moi-même...

— Vraiment ?...

— Je vous l'affirme.

— Et, maintenant ?...

— Il est calme et résigné, — il met, — dit-il, — sa confiance en Dieu et dans son innocence... — ce sont deux puissants défenseurs pour celui qui ne les invoque pas injustement...

— Oh ! — s'écria Lucien avec enthousiasme : — Dieu doit le protéger, et le protégera !... et la vérité se fera jour !

— Je le souhaite avec ardeur ! — Quant à la situation matérielle de M. de Vezay, elle est aussi satisfaisante que possible ; il habite une chambre isolée, — il a un bon lit, — un fauteuil, — l'ordinaire de la prison est aussi recherché que le veulent ceux qui peuvent payer largement, — et enfin, demain, je ferai porter des livres à votre beau-père, s'il se sent la force de lire...

— Madeleine peut-elle lui écrire ?

— Oui. — Seulement je dois vous prévenir que la lettre de madame la vicomtesse passera nécessairement sous les yeux du juge d'instruction avant d'être remise... — Un mot encore : — chaque jour je vous enverrai un exprès

qui vous portera un bulletin détaillé de l'état physique et moral du prisonnier...
— Vous serez, en outre, prévenu d'avance du jour où le secret sera levé et où, par conséquent, les communications deviendront possibles.

Lucien remercia le magistrat, — alla rejoindre ses chevaux, — et, le cœur presque aussi triste qu'au moment de son arrivée, reprit le chemin de Vezay.

XVII

CITATION A TÉMOIN

Au moment où Jeanne Caillouët, après avoir assisté au départ du comte de Vezay prisonnier, remontait à cheval et s'abandonnait à l'allure impétueuse de Black-Nick, en répétant avec amertume : Malheureuse ! malheureuse !... qu'ai-je fait ?... — Tiennette et Nicaise attendaient, l'un à côté de l'autre, dans la cour de Thil-Châtel.

Ni le joyeux colporteur, ni la champêtre camériste, ne songeaient à rire ou à se parler d'amour.

Ils étaient tristes tous deux.

Tiennette tordait entre ses doigts roses le coin de son tablier.

Nicaise oubliait de fredonner les beaux refrains recueillis dans ses courses au pays de Bretagne.

Frison lui-même, étendu sous un rayon de soleil, semblait se conformer à la mélancolie générale.

Il est vrai de dire que sa course du matin, à la suite de l'ardent poney, ne lui permettait plus de remuer *ni pieds ni pattes*.

Pour Nicaise aussi cette course avait de *cuisants* résultats.

Raide comme un piquet, le pauvre garçon évitait avec soin tout mouvement un peu vif.

Un *excentric-man* aurait pu parier hardiment cent guinées contre un penny que le colporteur, en ce moment, n'eût point consenti à faire une lieue à cheval, quand bien même le but de cette course eût été d'aller quérir sa balle, pleine jusqu'aux bords d'écus de cent sous.

Tiennette et Nicaise étaient inquiets.

Ils voyaient bien que Jeanne jouait un rôle actif dans quelque drame étrange.

Ils sentaient bien qu'il y avait un malheur dans l'air.

Mais ils ne savaient point au juste quel était ce drame, ils ne devinaient pas quel était ce malheur.

Seulement Tiennette ne se dissimulait en aucune façon que tout allait de mal en pis dans la maison, depuis l'entretien secret du vieillard au pantalon rouge avec Jeanne Caillouët.

Elle ne pardonnait pas à Nicaise de s'être fait l'introducteur à Thil-Châtel de cet hôte néfaste ; et le colporteur avait rudement à souffrir, depuis une heure ou deux, de la mauvaise humeur de sa bien-aimée.

Ajoutons à cela que l'un et l'autre s'étonnaient outre mesure de l'absence prolongée de Jeanne, qui avait annoncé qu'elle allait au château de Vezay.

Or, que pouvait faire la jeune fille au château puisque Lucien de Villedieu était marié depuis l'avant-veille ?...

Il était plus facile, convenons-en, de se poser cette question que d'y répondre.

Aussi Nicaise et Tiennette n'y répondaient pas.

— Ah! si je le tenais!... — murmurait la camériste en frappant le sol de son petit pied bien chaussé, — si je le tenais, cet affreux vieux! — il pourrait se vanter que je lui ferais passer un quart d'heure aussi vilain que lui!...

— Ah! si je le tenais!... — appuyait Nicaise, espérant apaiser Tiennette par cette exemplaire conformité d'opinion, — si je le tenais, cet affreux vieux!... il pourrait se vanter que je le laisserais dévorer de bon cœur par Frison!...

Le caniche s'entendit nommer.

Il ouvrit un œil et regarda piteusement son maître.

Mais il n'eut la force, ni d'ouvrir son second œil, ni de soulever sa tête...

Le pauvre animal était littéralement *moulu* de fatigue.

— Il a plus d'esprit que vous, vot'toutou, — reprit aigrement Tiennette.

— Oh! pour ça, je n'dis pas qu'non!...

— Il ne pouvait point le sentir, lui, ce vieux vilain gueux!... — amour de bête, va!... Il voulait l'avaler tout cru!... — Et faut-il qu'il ait du courage!... — avaler un pareil monstre!... — avec ses affreux yeux, plus rouges que sa guenille de culotte, il me faisait peur... — Quand vous avez vu ça, Nicaise, est-ce que vous ne deviez pas vous méfier?...

— Ah! bien sûr que si, je l'aurais dû!...

— Mais vous ne pensez à rien!...

— A rien du tout.

— Vous êtes une tête à l'envers!...

— Ça, oui...

— Une vraie linotte...

— Hélas! mon Dieu!...

Tiennette allait vraisemblablement continuer, pendant un temps indéfini, sa nomenclature d'épithètes peu louangeuses que Nicaise supportait, ainsi qu'on vient de le voir, avec une édifiante résignation.

Mais elle fut interrompue par l'arrivée d'un paysan du village, qui entra dans l'enclos en s'écriant :

— Dites donc, vous autres, vous n'savez pas!...

— Quoi donc?

— J'viens du côté d'Vezay, moi...

— Eh bien?

— J'ai passé drèt d'vant le château...

— Après?...

— C'est un beau grabuge, par là, allez!... ah! vous n'savez pas!... — la maréchaussée y est...

— La maréchaussée!... — s'écrièrent Tiennette et Nicaise.

— Dame! oui.

— Au château?...

— Dame! oui.

— Et, qu'est-ce qu'elle y fait, Jésus mon Dieu... la maréchaussée?

— Elle arrête tout le monde... — On va les mener tous en prison, à Tours...

— En prison?... à Tours?...

— Dame! oui...

— Mais, pourquoi ça, enfin? pourquoi?...

— Ah! dame! je sais pas... ni moi, ni personne... — J'dis c'que j'ai vu... et j'dis c'qu'on m'a dit... — mais c'est la nouvelle, tout d'même... Ah! vous n'savez pas...

Et le paysan s'en alla un peu plus loin, donner des renseignements aussi lumineux sur ce qui se passait au château de Vezay.

— Ah! mon Dieu! — s'écria Nicaise, quand le rustique nouvelliste se fut éloigné, — c'est pourtant not'demoiselle qu'a fait ce coup-là, pour sûr!...

— Par exemple!... — répliqua Tiennette scandalisée.

— Mais oui, mais oui... — et j'en mettrais ma main à couper, et ma tête avec... — Songez donc que j'suis allé, à ce matin, porter le paquet de mam'zelle Jeanne à m'sieu l'procureur du roi, et que, quand j'suis parti pour revenir ici, il allait monter en carrosse, avec la maréchaussée derrière... — C'est-il clair, ça?...

C'était clair, en effet, — du moins Tiennette le trouva tel, car elle ne répondit rien.

Une heure se passa encore.

Puis le galop de Black-Nick retentit sur le chemin, et la pâle amazone entra dans l'enclos et fut, en une seconde, auprès de Nicaise et de Tiennette.

Le colporteur, oublieux des suites de son équitation du matin, voulut s'élancer pour prendre la bride.

Mais son brusque mouvement fut accompagné d'un cri de douleur qui fit cabrer le poney.

Tiennette le suivit en s'écriant :

— Ah! mamz'elle Jeanne, est-ce que c'est vrai, ce qu'on dit?

— Que dit-on? — demanda la jeune fille d'une voix étrange.

— On dit que les gendarmes sont au château de Vezay...

— Ils n'y sont plus.

— Et ils n'ont emmené personne, au moins?

— Ils ont emmené M. le comte.

— Prisonnier?

— Prisonnier.

— Ah! Jésus, mon Dieu!... quel malheur!... Ce pauvre vieux M. le comte! un si brave homme! et qui donc qui est cause de ça?...

— Moi.

Tiennette fit un pas en arrière.

— Vous, mam'zelle Jeanne? Ça ne se peut...

— Je te dis que c'est moi! — répliqua Jeanne avec colère, — je te dis que c'est moi, et que je suis une misérable!...

Puis, sans ajouter un mot, elle gagna le vestibule du pavillon et disparut dans l'escalier.

Tiennette et Nicaise, attérés, restèrent en face l'un de l'autre, se regardant avec stupeur.

— Ah! dame! — fit enfin Nicaise, — vous n'vouliez pas m'croire tout à l'heure!... vous voyez bien, présentement, que j'avais raison, et que j'devinais c'que manigançait mam'zelle Jeanne en m'expédiant à Tours, à ce matin, sur le bidet!...

— Il faut que ma pauvre maîtresse soit folle!... — murmura Tiennette, — pour sûr, queq'chose lui aura tourné la tête!... — si j'osais monter près d'elle...

— Montez toujours... vous ne risquez rien.....

Encouragée par ce conseil, la camériste champêtre gagna à son tour le vestibule, grimpa lestement l'escalier et voulut entrer dans l'appartement de Jeanne.

Mais la porte de l'antichambre était fermée en dedans.

Tiennette n'osa pas frapper et redescendit, fort triste, auprès du colporteur.

Jeanne Caillouët sentait l'impérieux besoin d'être seule.

Elle avait poussé le verrou de la première porte afin qu'il fût impossible à qui que ce fût de pénétrer jusqu'à elle.

Retirée dans sa chambre, elle jeta au loin son chapeau d'amazone, sa cravache et ses gants et, se laissant tomber sur un siége, elle se mit à pleurer amèrement.

Si nous avons su jeter quelque lumière sur notre rapide esquisse du caractère de la jeune fille, nos lecteurs ont dû comprendre que sa nature n'était point mauvaise.

Entraînée par la fougue de son imagination passionnée, elle avait pu, dans un premier mouvement, céder aux excitations malfaisantes de la haine et de la colère. — Mais, aussitôt son œuvre fatale accomplie, elle reculait devant des résultats pourtant prévus; elle contemplait, avec effroi et avec horreur, le mal dont elle était la cause.

A ce moment, où nous la montrons écrasée sous le poids de son désespoir, elle aurait donné toute sa fortune et peut-être sa vie pour réparer ce qu'elle avait fait.

Mais, hélas!... il était trop tard!...

— Oh! mon Dieu!... mon Dieu!... — balbutiait Jeanne au milieu de ses sanglots, — est-ce donc ainsi que je devais me venger?...

« Me venger!...

« De quoi?

« Quelle injure m'avait donc été faite?... — qui donc m'avait offensée?...

« Lucien de Villedieu ne m'aimait pas, — c'est vrai, — mais était-il forcé de m'aimer?...

« M'a-t-il dit un mot, un seul, pour encourager mon fatal amour?... — Jamais!... cet amour, il l'ignorait peut-être!... — il ne m'a pas trompée!... il n'a rien à se reprocher envers moi... et pourtant je me suis vengée!...

« Et, comment?...

« Par une délation infâme... — l'arme des lâches!...

« Et, sur qui?

« Sur un vieillard qui a protégé mon enfance, et qui depuis ne m'a pas fait de mal!... Un vieillard innocent... car il est innocent!... il a tué, dit-on, le vicomte Armand... — Eh bien! après? — le vicomte Armand le trompait d'une façon odieuse et misérable... — il a tué le vicomte, — il a bien fait!... — il était dans son droit! — j'aurais agi comme lui, moi! — Et c'est moi qui l'ai dénoncé!...

« Et, maintenant, le voilà en prison, — le voilà déshonoré, — le voilà perdu!... et par moi!...

« Oh! qu'ai-je fait?... qu'ai-je fait? L'enfer était donc dans mon cœur?..

. . . .

Les sanglots convulsifs de Jeanne redoublaient.

Elle aurait voulu mourir, — elle heurtait violemment de son front le bois doré de la causeuse sur laquelle elle était étendue.

— Cependant, — se demanda-t-elle tout d'un coup, — puisque le hasard avait mis en mes mains ce terrible secret, devais-je l'étouffer?... — devais-je laisser consommer un mariage contre nature? — devais-je laisser le frère épouser sa sœur?...

« Non... peut-être... — Mais ce n'était point une raison pour agir comme je l'ai fait...

« Il fallait envoyer à Lucien, le jour où je lui ai écrit pour la première fois, les lettres de la comtesse Marguerite... — ces lettres lui révélaient la vérité et

Le visage du juge prit une expression galante et évaporée. (Page 347.)

brisaient le mariage... Mais, folle que j'étais... folle d'amour... je voulais le voir... lui parler... l'entendre... je voulais qu'il vînt ici...

« Et, puisqu'il n'était pas venu... puisque tout était consommé... puisqu'il était trop tard pour rien empêcher... il fallait me taire!... Si je n'avais pas eu la force de vivre avec un pareil secret, il fallait l'ensevelir en même temps que moi dans la tombe...

Deux jours s'écoulèrent, sans apporter le moindre adoucissement au désespoir de la jeune fille, — sans calmer l'amertume de ses remords.

Le matin du troisième jour, le facteur rural apporta à Thil-Châtel une lettre timbrée de Tours, et adressée à *mademoiselle Jeanne Caillouët,* — *propriétaire.*

Jeanne ouvrit cette lettre, portant en tête ces mots imprimés :

JUSTICE CRIMINELLE.

PARQUET DU PROCUREUR DU ROI.

Cabinet de monsieur le juge d'instruction Vachelet.

Elle la lut avec une profonde expression d'épouvante.

Cette missive ne renfermait pourtant rien de bien effrayant.

C'était tout bonnement ce que, dans le langage judiciaire, on appelle une *citation à témoin.*

La demoiselle Jeanne Caillouët était requise de se rendre, le jeudi suivant, heure de midi, au palais de justice, à Tours, cabinet de monsieur le juge d'instruction Vachelet, pour y déposer sur certains faits parvenus à sa reconnaissance.

Faute par elle d'obéir à la première citation, la demoiselle Jeanne Caillouët y serait contrainte, conformément à la loi.

Ceci n'était point effrayant, nous le répétons, et cependant la terreur de Jeanne s'explique.

La malheureuse jeune fille allait se voir, désormais, indissolublement liée à cette odieuse affaire.

Il lui faudrait répéter de vive voix cette accusation qu'elle regrettait si désespérément d'avoir écrite !...

Il lui faudrait dévoiler la manière dont un pareil secret était arrivé entre ses mains, — il lui faudrait raconter le marché conclu entre elle et le hideux vieillard qui s'était prétendu le compagnon et l'ami de son père, — il lui faudrait, enfin, mettre son cœur à nu et montrer sa passion insensée pour Lucien de Villedieu, afin d'expliquer ce marché.

Et, dans chacune des paroles qu'elle prononcerait, n'y aurait-il pas des charges nouvelles contre le malheureux comte de Vezay?...

Cependant il fallait obéir.

Malgré son ignorance des affaires légales et judiciaires, Jeanne savait bien que, si elle ne se présentait pas de bon gré, on l'amènerait de force.

Elle obéit donc, et le jeudi suivant, à midi, elle entrait pâle et tremblante dans le cabinet de cet honorable juge d'instruction que nous avons eu précédemment le plaisir de présenter à nos lecteurs et de leur faire apprécier.

M. Vachelet jouissait d'une organisation d'élite.

Il aimait, par-dessus toutes choses, les beaux crimes et les jolies femmes.

Malgré son excessive pâleur, — malgré ses traits fatigués par l'inquiétude et l'insomnie, — Jeanne lui parut charmante.

Le visage du juge prit une expression galante et évaporée, et il se promit, *in petto*, de déployer devant cette belle jeune fille tout son mérite, en se montrant rusé comme un renard, en faisant la roue comme un paon.

Cette disposition coquette du juge d'instruction eut son bon côté pour mademoiselle Caillouët.

M. Vachelet ne négligea rien pour dégager ses questions de toute forme judiciaire, et pour donner à son interrogatoire l'apparence et les allures d'une causerie entre gens aimables qui se rencontrent dans un salon.

Il fut peut-être ridicule, mais il ne fut pas effrayant.

Le point auquel il parut attacher le plus d'importance, fut le signalement exact du vieillard à qui Jeanne avait acheté les clefs des caveaux funèbres et le secret de la nuit du 20 septembre.

Disons en passant, — puisque nous avons négligé de le dire jusqu'à présent, — que, dans sa dénonciation écrite, Jeanne n'avait pas même fait allusion aux lettres de la comtesse Marguerite.

Ajoutons que, dans sa déposition devant le juge, elle se garda bien d'en parler, — elle serait morte, plutôt que de mettre la justice sur la voie du mariage incestueux de Lucien et de Madeleine.

Lorsque Jeanne fut entrée dans les plus grands détails, relativement au vieillard dont nous parlions tout à l'heure, le juge d'instruction se frappa le front comme un homme qui cherche quelque chose dans ses souvenirs.

Puis, se tournant vers son secrétaire, il lui dit :

— Mathias, est-ce que ce signalement ne vous rappelle pas quelque chose ?...

— Si, monsieur le juge...

— Quoi donc ?

— Ah ! dame ! je sais bien que je me souviens, mais je ne sais plus de quoi je me souviens...

— Un signalement pareil a déjà passé sous nos yeux...

— Oui, monsieur le juge...

— Il n'y a pas longtemps...

— Non, monsieur le juge.

— Mathias ?

— Monsieur le juge ?...

— Montrez-moi la circulaire adressée aux procureurs du roi et officiers de gendarmerie à propos de la dernière évasion du bagne de Brest...

— Oui, monsieur le juge.

Le secrétaire fouilla dans un carton, et présenta à son supérieur la pièce demandée.

M. Vachelet la parcourut rapidement du regard.

Puis, se frottant les mains, il s'écria :

— C'est cela !... c'est bien cela !... — le signalement est identique !... — tout est conforme, jusqu'à l'excessive raideur des jambes après le repos !... — Mademoiselle, votre vieux drôle s'appelle Anselme Jacquand, — il a été condamné aux travaux forcés à perpétuité, en 1823, par la cour d'assises de Rennes, pour vol de nuit avec effraction et escalade dans une maison habitée, vol suivi d'une tentative d'assassinat, — il s'est évadé, il y a juste six semaines, du bagne de Brest... — on nous le signale comme un malfaiteur des plus dangereux !... — Vous voyez, mademoiselle, vous voyez comme la police est faite !...

— Grand Dieu ! — murmura Jeanne, — un forçat !...

— Tout simplement.

— Et il a passé la nuit dans ma maison !... et je me suis trouvée seule avec lui !...

— Ah ! le fait est que vous aviez vraiment la chance de vous réveiller le lendemain matin avec le cou coupé !... et combien c'eût été dommage !... — un cou si charmant !... — le plus joli cou du monde ! je ne connais que ceux des Grâces, ces trois sœurs aimables, qui lui puissent être comparés pour l'élégance et la blancheur !...

M. Vachelet, fort enchanté du madrigal qu'il venait de tourner ainsi, se frotta gaillardement les mains, selon son habitude invariable quand quelque chose le rendait joyeux.

Ensuite il demanda :

— Ne m'avez-vous pas dit, mademoiselle, que vous aviez recommandé à ce drôle de rester à Thil-Châtel et de se tenir à votre disposition?...

— Oui, monsieur.

— Eh bien?

— Malgré cela, il a disparu, — heureusement!...

— Malheureusement, au contraire! s'il était encore chez vous, nous saurions où le prendre..,

— Il reviendra peut-être...

— J'en doute, — ces vieux renards traqués changent facilement de terriers...

— Enfin, s'il revenait, que faudrait-il faire, monsieur?

— Vous avez des domestiques, mademoiselle?...

— Oui, monsieur, — nombreux et dévoués.

— Eh bien! si vous voyez apparaître le gredin, — qu'on l'empoigne incontinent, — qu'on lui attache les pieds et les mains, — qu'on le jette dans une cave, avec deux hommes en faction à côté de lui, et qu'en envoie en toute hâte prévenir la gendarmerie.

— Mais, s'il ne revient pas, il peut commettre dans le pays toute sorte de crimes...

— Quant à cela, nous y mettrons ordre... — je vais donner avis, dès aujourd'hui, à toutes les brigades de gendarmerie, de la présence d'Anselme Jacquand de ces côtés... — je vous garantis que, si madré qu'il soit, le vieux loup ne l'est pas encore assez pour nous échapper...— Soyez donc tranquille, mademoiselle, et que des yeux comme les vôtres, les plus beaux yeux du monde! puissent se fermer sans inquiétude!....

Là-dessus, le galant juge d'instruction fit signer à Jeanne son insignifiante déposition, et, après cette formalité, la jeune fille fut libre de se retirer.

En arrivant à Thil-Châtel, Jeanne s'empressa de raconter à Tiennette que le compagnon de route de Nicaise n'était autre qu'un forçat évadé.

Tiennette leva les mains vers le ciel, en poussant de grands cris d'effroi.

Le malheureux colporteur dut subir une nouvelle avalanche de reproches à propos de la notoire imprudence qu'il avait commise et qui compromettait tant de vies précieuses, — en y comprenant, bien entendu, celle de Tiennette.

Quant à Frison, sa perspicacité et sa clairvoyance furent pour la vingtième fois proclamées au-dessus de tout éloge, et le caniche reçut, à titre de récompense, les reliefs dodus d'un chapon rôti auquel on n'avait presque pas touché.

XVIII

EN PRISON

Le procureur du roi tenait scrupuleusement la promesse qu'il avait faite à Lucien, le jour de son entrevue avec le jeune homme dans son cabinet, à Tours.

Chaque matin, un exprès apportait au château de Vezay des nouvelles du comte.

Ces bulletins journaliers, aussi satisfaisants que possible dans une aussi déplorable situation, annonçaient que la santé de M. de Vezay se soutenait mieux qu'on n'aurait osé l'espérer.

Fort de son innocence, le vieillard comptait, — disait-il, — sur la justice des hommes, — et, à son défaut, sur celle de Dieu, ce juge suprême qu'on ne trompe pas et qui ne se trompe jamais.

Ces nouvelles apportaient un peu d'espoir et de consolation à la triste Madeleine.

Quant au bonheur promis par l'union bénie des deux jeunes gens, il semblait à tout jamais et irrévocablement brisé.

Lucien n'avait pu cacher à Madeleine quelle était l'accusation fatale dont le poids écrasait M. de Vezay.

Interrogé avec persistance par sa jeune femme sur le sens des paroles terribles de Jeanne Caillouët : — *Vous venez d'épouser votre sœur!...* — Lucien avait dû répondre.

Au milieu des ténèbres sinistres amoncelées autour des événements accomplis, il lui avait fallu faire briller pour Madeleine cette lueur douteuse et menaçante qui les éclairait pour lui-même.

Madeleine avait lu les lettres de la comtesse Marguerite, — sa mère!... — elle avait tout compris!...

Il nous faudrait bien des pages, — il nous faudrait surtout une plume bien autrement éloquente que la nôtre, — pour exprimer dignement ce qui se passa dans l'âme et dans le cœur de la malheureuse enfant, en présence de cette épouvantable réalité.

Cette entreprise est trop au-dessus de nos forces et nous y renonçons.

Disons seulement que Madeleine, épouvantée de voir que son amour pour Lucien ne s'éteignait pas, après la découverte du secret qui rendait cet amour infâme à ses propres yeux, voulait se séparer immédiatement de son mari.

Elle proposa à Lucien de quitter le château de Vezay où il la laisserait seule, et de retourner vivre chez lui, en son domaine de Villedieu.

Elle lui proposa de se retirer elle-même dans une communauté religieuse et d'y passer tout le temps qui s'écoulerait jusqu'au dénouement du procès criminel.

Lucien n'accepta ni l'un ni l'autre de ces deux partis.

Il démontra à Madeleine qu'une séparation publique entre la fille du comte de Vezay et le fils du comte de Villedieu, serait en ce moment la chose du monde la plus propre à affirmer en quelque sorte aux yeux du monde la culpabilité de M. de Vezay.

Chacun en effet ne conclurait-il point aussitôt, et avec une apparence de raison, que le fils de la victime s'éloignait avec horreur de la fille du meurtrier?

L'intérêt de son père passait avant tout pour Madeleine.

Elle comprit que Lucien était dans le vrai, et elle se résigna à vivre sous le même toit que ce frère auquel, — chose horrible!... — elle avait appartenu.

Mais, à partir de ce moment, les deux jeunes gens vécurent ensemble, non pas même comme un frère et une sœur, mais comme deux étrangers.

Ils ne se virent qu'aux heures du repas, — à table, — devant leur gens.

Ils évitèrent, — comme autant de crimes honteux, — toute rencontre fortuite, tout entretien accidentel.

Il n'y eut plus un regard, — plus un sourire, — plus un serrement de main échangés entre eux.

Ainsi, dans cette suprême et incommensurable douleur dont une faute, qui n'était point la leur, leur avait imposé le fardeau pesant, ils n'avaient pas même cette vulgaire consolation des malheureux qui trouvent un adoucissement à leurs maux en les confiant et en les partageant.

Laissons de côté, quant à présent, le château de Vezay et ses habitants désespérés, et retournons à Tours, auprès de l'un des principaux personnages de notre drame.

Les faits que nous allons mettre sous les yeux de nos lecteurs se passaient le lendemain du jour de l'arrestation, par conséquent avant la comparution de Jeanne Caillouët devant le juge d'instruction Vachelet.

Nous ne savons si ce lieu de détention provisoire où l'on retient les prévenus pendant le cours de l'instruction, — lieu qui d'habitude fait partie du palais de justice lui-même, — s'appelle, à Tours comme à Paris : — *Conciergerie*.

Peu importe d'ailleurs.

Une des chambres de cette geôle spéciale avait été attribuée au comte de Vezay, d'après les ordres du procureur du roi.

Matériellement, la situation du vieillard était tolérable.

Mais, moralement, ses angoisses étaient de celles devant l'analyse desquelles recule notre impuissance.

Ainsi que nous avons entendu le procureur du roi l'affirmer, M. de Vezay croyait en la justice de Dieu, — mais il espérait bien peu de choses de celle des hommes.

Il ne se dissimulait pas que, bien qu'il ne fût point coupable, les apparences les plus décevantes, les preuves les plus irrécusables, s'amoncelaient contre lui.

Son innocence était de celles qui ne se peuvent guère prouver.

De quelque côté qu'il tournât les yeux, aucune chance ne lui restait.

Une seule personne en ce monde savait la vérité tout entière.

C'était Caillouët.

Et, quand bien même Caillouët serait vivant encore, — quand bien même Caillouët viendrait déposer en sa faveur, — il ne serait pas cru.

Sa présence et son dévouement ne serviraient, à coup sûr, qu'à le faire arrêter et condamner comme complice !

Nous avons dit ailleurs que, parmi les désastres d'une précoce décrépitude

Bientôt, on vit paraître le vieillard entre ses deux gardiens. (Page 356.)

physique, M. de Vezay avait conservé toute la fermeté de son intelligence, toute la lucidité de son esprit.

Paralysées un instant par un coup imprévu et trop violent pour des forces humaines, ces deux facultés rentrèrent bientôt dans la plénitude de leur puissance.

Durant la première nuit de sa captivité, le comte réfléchit longuement et réfléchit en homme.

C'est assez dire que, si effrayante que fût sa situation, son courage la domina.

Depuis la nuit du 20 septembre 1820, M. de Vezay ne s'était jamais pardonné d'avoir refusé à Armand de Villedieu le pardon que ce dernier le suppliait de lui accorder avant de mourir.

— Cette faute, — se dit-il, — cette faute qui depuis vingt ans a tourmenté ma vie, je l'expie aujourd'hui ! j'ai voulu me venger moi-même... c'est sur moi que la vengence retombe !... j'ai été sans pitié... on sera sans pitié pour moi ! c'est justice et je ne dois pas me plaindre...

Le comte se dit tout cela et, dans cette âme calme et vraiment grande, une résignation complète ne tarda point à succéder au désespoir.

Il existait une chose seulement dont M. de Vezay ne pouvait prendre son parti, — c'était l'ineffaçable tache qu'un procès criminel allait imprimer sur le nom de ses aïeux, — c'était surtout l'atteinte portée au bonheur de Lucien et de Madeleine.

— Oh ! mon Dieu, — murmurait le comte, — si Lucien allait croire, lui aussi, que j'ai assassiné son père !... — s'il allait me vouer une haine dans laquelle il envelopperait ma pauvre Madeleine, — sa femme !... oh ! mon Dieu !... — Mais, non, c'est impossible ! Lucien me connaît... il sait bien que je ne suis pas, que je ne peux pas être un assassin !... et d'ailleurs, je le verrai, je lui dirai tout... il ajoutera foi aux paroles d'un vieillard... il ne punira point Madeleine d'une faute qui n'est pas la sienne !...

Une autre préoccupation encore inquiétait l'esprit de M. de Vezay ; mais, à côté des angoisses que nous venons d'indiquer, cette préoccupation était secondaire.

La voici :

Le comte se demandait vainement par qui il avait pu être dénoncé ? — dans quels termes ? — dans quel but ? — comment des événements si anciens, connus seulement de lui et de Caillouët, étaient arrivés à la connaissance d'une tierce personne, et comment enfin les clefs des caveaux funéraires s'étaient trouvées entre les mains de l'accusateur.

Plus M. de Vezay se posait les questions qui précèdent, plus les ténèbres s'épaississaient devant son regard, clairvoyant pourtant d'habitude.

Ajoutons qu'il croyait, plus qu'à toute chose au monde, à l'absolu dévouement de l'ex-garde-chasse, et que jamais la pensée qu'il avait pu être trahi par ce dernier ne se serait présentée à son esprit.

Le lendemain, vers midi, la porte de la chambre où M. de Vezay était détenu s'ouvrit avec bruit.

Trois personnes se présentèrent sur le seuil : un des gardiens de la prison et deux gendarmes.

Ces derniers venaient chercher le comte pour le mener dans le cabinet du magistrat supérieur.

Dans le langage des prisons, on dit *aller à l'instruction*.

Les bandits, coutumiers de la cour d'assises et des maisons centrales, simplifient encore cette formule et se disent les uns aux autres avec une gaieté cynique : — *J'vas à l'instruc*.

— Messieurs, — demanda le comte aux gendarmes avec un peu d'émotion, — est-ce que vous allez me conduire entre vous?...

— Oui.

— Ne pensez-vous pas que l'un de vous serait plus que suffisant pour m'accompagner?

— Non.

— Je vous donne ma parole d'honneur que je ne ferai aucune tentative d'évasion.

Les gendarmes ne répondirent même point.

Vraiment, cela n'en valait pas la peine!...

La *parole d'honneur* d'un prisonnier inculpé d'assassinat!... — Allons donc!...

M. de Vezay se moquait d'eux!

Il n'y avait rien à attendre de ces inflexibles machines à consigne.

Le comte se mit en marche, escorté par ses deux gardiens, l'un à droite, l'autre à gauche, et le mousqueton sur l'épaule.

Le procureur du roi avait formulé la défense expresse de mettre des menottes au prisonnier.

Sans cela!...

L'un des gendarmes, notablement marri de cette infraction aux coutumes, s'était écrié en apprenant la défense faite :

— Ah! bien, par exemple, si l'on se met sur le pied maintenant de supprimer les *manicles*, d'abord, moi, je ne réponds plus de rien!...

Enfin, M. de Vezay n'avait pas les mains attachées.

C'était beaucoup.

A Tours — comme à Paris il y a quelques années, — on faisait traverser aux prisonniers, pour aller des cellules de la conciergerie aux cabinets des juges instructeurs, une sorte de *salle des pas perdus* et de longs couloirs ouverts au public.

Un tel état de choses était déplorable.

Il n'existe plus à Paris, — peut-être a-t-il disparu de même à Tours.

Le bruit de l'arrestation du comte s'était, depuis la veille, répandu dans la ville entière où le vieillard était généralement connu et parfaitement estimé.

Cette incroyable nouvelle avait causé beaucoup d'émotion.

Personne n'ajoutait foi à la culpabilité de M. de Vezay.

Beaucoup de gens accusaient le procureur du roi d'avoir agi avec une impardonnable légèreté.

Ces jugements, quels qu'ils fussent, étaient hasardés, car on ne connaissait que vaguement l'accusation, et l'on manquait absolument de détails sur le fond de l'affaire.

Toujours est-il qu'un grand nombre de curieux encombraient les couloirs et la salle des pas perdus à l'heure où l'on supposait que M. de Vezay serait conduit à l'instruction.

L'espoir des curieux ne fut pas déçu.

Vers midi, on entendit retentir sur les dalles sonores les grosses bottes éperonnées des gendarmes.

Bientôt on vit paraître le vieillard entre ses deux gardiens.

Il marchait lentement et avec peine, car nous savons qu'il venait d'éprouver quelques jours auparavant un violent accès de goutte.

Il était très-pâle, mais il semblait calme, et son front ne se baissait point pour éviter les regards.

Toutes les têtes, — sans en excepter une seule, — se découvrirent respectueusement sur son passage.

Cette preuve d'estime et de sympathie dans son malheur mit un peu de baume sur les blessures saignantes de M. de Vezay.

XIX

LE CABINET DE M. VACHELET.

Quant aux gendarmes, cet évident respect de la foule pour leur prisonnier les agaçait de façon singulière.

Ils auraient souhaité pouvoir mettre de jolies petites menottes à toutes ces mains qui soulevaient tous ces chapeaux !...

— Tas d'imbéciles !... — se disaient-ils en leur for intérieur, — ils saluent !... je vous demande un peu pourquoi !... que feraient-ils donc de plus s'ils voyaient passer monsieur le procureur général... ou un officier de gendarmerie ?...

Enfin l'agacement nerveux des bons gendarmes eut un terme.

Ils arrivèrent avec le prévenu à la porte du cabinet du juge d'instruction, et cette porte s'ouvrit incontinent pour eux.

M. Vachelet était assis derrière son bureau, dans son large fauteuil d'acajou, sur un petit coussin de maroquin vert en forme de brioche ronde.

Il avait l'air magistral et satisfait, et il ébouriffait avec un plaisir manifeste les rares cheveux de cette mèche rebelle qui s'obstinait à ne vouloir point garnir le sommet dénudé du crâne.

La veille, au château de Vezay, en présence du procureur du roi, M. Vachelet n'avait joué qu'un rôle fort secondaire.

Aujourd'hui il était seul, et maître de l'affaire, — dans son cabinet, — *chez lui!*... — Il allait prendre sa revanche, — recommencer l'instruction à sa manière, — la conduire comme il le voudrait.

Nous ne savons si M. Vachelet aurait échangé pour un trône son fauteuil d'acajou et son petit rond vert en forme de brioche.

Le secrétaire du juge d'instruction occupait un bureau de bois noirci, en face de celui du magistrat.

— Mathias, — lui dit M. Vachelet, — y êtes-vous ?

— Oui, monsieur le juge.

— Alors commençons... Prévenu, approchez...

M. de Vezay avança de quelques pas.

Le juge d'instruction prit un air solennel, et d'une voix particulière, — sa voix d'interrogatoire, — il demanda :

— Comment vous appelez-vous ?

— Charles-Henri, comte de Vezay.

— Votre âge ?

— Soixante ans.

— Vous êtes né ?

— Au château de Vezay, le 10 août 1780.

— Êtes-vous marié ?

— Je suis veuf.

— Avez-vous des enfants ?

— Une fille.

A mesure que le juge interrogeait et que répondait le comte, Mathias écrivait de sa belle et correcte *cursive* qu'aurait pu lui envier M. Prudhomme, élève de Brard et de Saint-Omer, expert assermenté près les cours et tribunaux.

M. Vachelet reprit :

— Connaissiez-vous, en l'année 1820, le vicomte Armand de Villedieu ?

— Oui.

— Reconnaissez-vous lui avoir donné la mort pendant la nuit du 20 septembre 1820 ?

— Je le reconnais.

— Reconnaissez-vous l'avoir frappé, après l'avoir attiré dans un guet-apens, avec la complicité d'un homme à votre service, d'un garde-chasse nommé Caillouët ?

— Non ! cent fois non !...

— Alors, comment expliquez-vous la mort du vicomte ?

— Je vous ai dit qu'il avait péri dans le plus loyal des duels, et qu'il pouvait défendre sa vie comme moi j'exposais la mienne...

— Ainsi, vous persistez dans cette version de duel nocturne ?

— J'y persiste.

— Vous avez tort, — un aveu bien franc et bien complet pourrait seul militer en votre faveur.

— Je dis la vérité.

— Soit! chacun agit comme il l'entend, — seulement votre système de défense est absurde, et je ne tarderai pas beaucoup à vous le prouver...

— Vous pourrez me déclarer coupable, — vous ne ferez pas que je le sois...

— En 1820, connaissiez-vous depuis longtemps le vicomte de Villedieu?

— Oui.

— Depuis quand?

— Il était mon voisin de château et mon ami d'enfance.

— Vos rapports étaient-ils fréquents?

— Oui.

— Précisez mieux.

— Nous chassions ensemble deux ou trois fois par semaine, et nous dînions continuellement l'un chez l'autre.

— Après votre mariage, vous avez continué à voir et à recevoir le vicomte Armand de Villedieu?

— Oui.

— Autant que par le passé?

— Tout autant.

— Était-il marié lui-même?

— Il était veuf.

— Avait-il des enfants?

— Un fils.

— Est-ce ce fils qui vient d'épouser votre fille?

— Oui.

— Ce mariage s'est-il conclu malgré vous?

— Non.

— Ainsi, vous avez poussé le cynisme de l'immoralité jusqu'à entendre, sans rougir, le fils de votre victime vous appeler son père!...

— Que Dieu, qui lit dans les cœurs, lise dans le mien et me juge.

A cette réponse, M. Vachelet abusa de son mouvement de prédilection.

Il haussa les épaules à quatre reprises.

Puis il continua :

— A quelle époque les assiduités de M. de Villedieu auprès de la comtesse votre femme ont-elles commencé à vous inspirer de la jalousie?

— Je n'ai jamais été jaloux du vicomte, ni de ma femme.

— Jamais ?

— Non, monsieur, — Ainsi que je vous le disais hier, madame de Vezay était un ange et au-dessus même du soupçon.

— Avez-vous bien réfléchi avant de répondre?

— Oui, monsieur.

— Et, après de nouvelles réflexions, maintenez-vous votre dire ?

— Je le maintiens.

Le juge d'instruction sourit et se frotta les mains.

— Mais alors, — s'écria-t-il, — pourquoi avez-vous tué M. de Villedieu, soit dans un guet-apens, soit en duel, puisque vous n'étiez pas jaloux de lui?

Le comte de Vezay ne répondit point.

— C'était donc pour lui voler son argent? — reprit le juge d'instruction?

Même silence de l'accusé.

— Je veux bien admettre, — continua M. Vachelet, — je veux bien admettre que vous cédez, dans ce moment, à un sentiment honorable… — Vous niez la jalousie, afin de ne point déshonorer la mémoire de votre femme, — mais tous les jours il arrive qu'un homme marié est jaloux, sans que pour cela sa femme soit coupable… — Dans la situation où vous vous trouvez, la jalousie est d'ailleurs, je dois vous en prévenir, la seule circonstance atténuante qu'il soit possible d'admettre en votre faveur… — Si réellement vous n'étiez point jaloux, et si cela est prouvé, votre tête est compromise…

— Je ne tiens plus à la vie… — murmura le comte.

— Soit, — mais que diable !… songez à votre fille !… — il est désagréable, je vous l'affirme, d'avoir un père mort sur l'échafaud…

M. de Vezay cacha son visage dans ses deux mains, — le juge d'instruction, en lui parlant de Madeleine, venait de toucher la corde sensible vibrant dans son cœur.

Peut-être nos lecteurs trouvent-ils que l'honorable M. Vachelet s'exprimait en homme sage et témoignait à l'accusé une réelle bienveillance.

Ils ont raison, — et ils ont tort.

Le langage du juge d'instruction et ses sentiments réels étaient en désaccord absolu.

Il ne s'intéressait en aucune façon à M. de Vezay, — il détestait, généralement et en tout état de cause, les circonstances atténuantes, — mais, dans la

Le voyage sembla long et lugubre à M. de Vezay. (Page 368.

circonstance présente, il éprouvait l'impérieux besoin de corser, par un peu d'adultère, le sombre drame d'assassinat dont il était le metteur en scène.

L'effet et le tapage s'en trouveraient doublés.

M. Vachelet n'ignorait point qu'en certains cas, à cet égard, la loi est formelle, — l'adultère de la femme excuse la vengeance sanglante du mari.

Mais, comme il se faisait fort de prouver la préméditation dans l'accomplissement du meurtre, il était bien sûr que son accusé ne lui échapperait pas.

Voilà pourquoi il insistait si fort pour faire parler M. de Vezay.

Le vieillard, — la tête toujours cachée entre ses deux mains, — continuait à garder le silence.

— Voyons, — reprit le juge en mettant dans son organe une nuance d'émotion, — ne vous obstinez pas à marcher dans une voie funeste, — abandonnez un système insoutenable... — dites la vérité, — là, et là seulement, peut être le salut, — je vous le répète, pensez à votre fille! — Personne ne croira, vous le comprenez bien, que vous ayez tué M. de Villedieu pour le dépouiller, — on sait que vous n'êtes pas et que vous ne pouvez pas être un voleur, — personne n'admettra davantage que vous ayez choisi une nuit de tempête pour vider, les armes à la main, à deux heures après minuit, une querelle survenue à propos de politique ou à la suite d'une discussion... — d'ailleurs, dans une rencontre de ce genre, vous vous seriez fait assister, selon l'usage, par quatre témoins... — Vous voyez donc que vos dénégations ne peuvent abuser qui que ce soit et ne sauvegardent rien! — Reste la jalousie, — la jalousie, le seul mobile possible de votre conduite, — la jalousie qui explique tout et qui, jusqu'à un certain point, peut tout excuser...

— Eh bien! oui... — murmura lentement le vieillard, — c'est vrai... j'étais jaloux...

— Vous avouez?

— Oui.

M. Vachelet était aux anges!...

Il tenait sa péripétie tant souhaitée!...

— Voilà qui est bien! — poursuivit-il. — Je vous loue de cette sincérité un peu tardive et je vous engage à persévérer... — Lorsque vous avez tué M. de Villedieu, depuis combien de temps pensez-vous avoir de sérieux motifs de jalousie?

— Depuis une heure à peine.

— Depuis une heure!... voilà qui est bizarre!...

— C'est pourtant la vérité la plus absolue. — Je n'ai cru, pour la première fois, à une pensée de trahison de la part du vicomte Armand, que dans la nuit du 20 septembre 1820, à une heure du matin...

— Racontez à votre manière les événements de cette nuit du 20 septembre...

M. de Vezay se recueillit pendant un instant, puis il entama un récit, trop long pour que nous le reproduisions ici et dont nous allons seulement donner l'analyse succincte.

D'après ce récit, le comte, — à une heure du matin, le 20 septembre, — entendit tout d'un coup frapper à la porte de sa chambre.

Les bruits de la tempête ne lui permettant point de chercher le sommeil, il était encore debout et habillé.

Il alla ouvrir et vit devant lui Caillouët, son garde-chasse, le plus dévoué de ses serviteurs.

Caillouët le prévint que, faisant sa ronde de nuit en dehors de l'enceinte du parc, il avait vu un homme en qui il avait cru reconnaître M. de Villedieu, escalader la muraille et se diriger du côté du château.

Le garde-chasse, prenant aussitôt le chemin le plus court, était accouru prévenir son maître de ce qui se passait. — M. de Vezay, détachant aussitôt deux épées d'un trophée d'armes, avait suivi Caillouët.

Quand ils arrivèrent sous les fenêtres de la comtesse, une échelle de corde pendait au balcon et, à travers les ténèbres, on distinguait vaguement un homme, debout sur ce balcon et cherchant à ouvrir la fenêtre.

Mais la fenêtre était bien fermée et ne s'ouvrit pas.

L'homme redescendit.

M. de Vezay, malgré sa légitime colère, ne voulut faire ni bruit ni scandale si près de l'appartement de sa femme.

Il laissa le visiteur nocturne s'éloigner dans le parc, et il s'attacha à sa poursuite avec Caillouët.

Arrivés tous trois près de l'endroit par où l'homme s'était introduit en escaladant la muraille le comte, n'ayant plus de raison pour se contraindre, lui avait crié de s'arrêter, ce qu'il avait fait à l'instant.

Caillouët ne s'était point trompé. — C'était bien M. de Villedieu.

Le vicomte, ayant juré sur sa foi de chrétien et sur son honneur de gentilhomme que la comtesse était innocente, — qu'elle ne partageait point un amour qu'elle ignorait, et que, en cherchant à s'introduire ainsi chez elle, il avait cédé aux funestes inspirations d'un véritable délire, — s'était mis à la disposition de M. de Vezay pour une réparation immédiate.

C'est alors qu'avait eu lieu, devant Caillouët, le duel dont la mort du vicomte avait été le dénouement.

Le juge d'instruction avait écouté tout ce qui précède sans donner le moindre signe d'adhésion ou d'incrédulité.

Vainement M. de Vezay cherchait à lire sur son visage l'impression que produisaient ses paroles.

Ce visage était impénétrable.

Quand le comte eut achevé, M. Vachelet hocha la tête et ramena en avant sa mèche rebelle.

— Hum!... hum!... — fit-il.

Puis il se tut et réfléchit.

Mais ce silence dura peu.

— Ainsi, — demanda-t-il au bout d'un instant, — voilà bien décidément la version à laquelle vous vous arrêtez?

— Je viens de vous dire ce qui s'est passé. — répliqua M. de Vezay, — ne cherchez pas à me faire changer quelque chose à mon récit... — Je ne pourrais modifier une seule de mes paroles...

— Hum!.... hum!... — répéta le juge d'instruction.

XX

LA TACHE DE SANG

— A vous entendre, — dit alors M. Vachelet, quittant soudain son air bonhomme pour prendre un ton sournois et railleur, — vous auriez vu M. de Villedieu sur le balcon de votre femme, et vous auriez attendu tranquillement qu'il en descendît... — pour un mari si jaloux de son honneur cela me paraît un peu bien calme...

— Je vous répète, monsieur, que la fenêtre ne s'ouvrait pas. — Croyez que si j'avais vu le vicomte entrer chez madame de Vezay, j'aurais agi tout autrement...

— Qu'auriez-vous fait?

— J'y serais entré après lui, et je vous jure qu'il n'en serait pas sorti vivant...

— A la bonne heure!... voilà votre véritable caractère qui se fait jour, à la fin!... — Vous avez parlé d'une échelle de corde?

— Oui.

— Qu'est-elle devenue?

— Le vicomte l'a emportée avec lui.

— Et, après la mort du vicomte?

— J'ai chargé Caillouët de la faire disparaître.

— Vous a-t-il obéi?

— Je le pense. — Je n'ai jamais douté de l'absolu dévouement de Caillouët.

— Il me paraît, en effet, avoir joué dans tout ceci un très-grand rôle!... enfin, nous verrons... — pour un instant, j'admets qu'entre vous et M. de Villedieu il y ait eu duel. — Certes un duel est une chose grave, — un crime prévu et puni par la loi... mais du duel à l'assassinat, il y a loin... — pourquoi donc, puisque votre combat avait été loyal, ne l'avez-vous pas, le lendemain, avoué hautement?

— Parce que, en même temps, il aurait fallu révéler la cause du combat et que ce récit, défiguré et envenimé par la calomnie, aurait déshonoré madame de Vezay...

— Et, c'est alors que vous avez songé à faire disparaître le cadavre dans les caveaux funèbres de votre famille?...

— Cette idée, dans le premier moment, m'a paru odieuse et sacrilège... — ce n'est pas à moi qu'elle est venue...

— A qui donc?

— A Caillouët.

— Encore Caillouët!... toujours Caillouët!... — décidément cet homme a sur votre destinée une grande influence!... — il me le faut absolument... je vais le faire si bien chercher par toute la police du royaume, qu'à la fin on le trouvera... et nous verrons si, en sa présence, vos affirmations seront les mêmes.

— Faites, monsieur...

— Mais, j'y pense, ne pouvez-vous pas, — vous tout le premier, — me dire où l'on trouverait cet honnête Caillouët?

— Comment le saurais-je?

— Il vous a rendu, ce me semble, d'assez grands services pour que vous vous intéressiez à son sort!... — Vingt mille francs, une fois payés, c'était peu pour avoir tant fait!... — Vos largesses ont dû suivre partout l'homme qui, sur votre ordre, abandonnait sa femme et son enfant...

— Si Caillouët s'était adressé à moi, je lui serais certainement venu en aide, — mais, depuis le jour où il a quitté ce pays, je n'ai pas entendu parler de lui une seule fois...

— C'est peu probable, — mais vous avez un intérêt, je le comprends, à ce que nous ne retrouvions pas Caillouët...

— Vous vous trompez, monsieur, — mon intérêt est précisément le contraire.

— Comment cela?

— Caillouët, seul témoin de ce qui s'est passé dans la nuit du 20 septembre, déposerait qu'il y a eu duel, et les détails donnés par lui ne pourraient que confirmer mon récit...

— Il y aurait lieu d'apprécier la moralité et la bonne foi de cet homme, serviteur à gages et complice, — mauvais époux et mauvais père...

— Mais alors, puisque vous n'ajouterez foi à ses paroles que si elles me chargent, que voulez-vous donc faire de lui?...

— Ce n'est pas la coutume, je crois, que les prévenus interrogent le juge!... — dit fièrement M. Vachelet.

Puis il ajouta :

— L'interrogatoire est fini pour aujourd'hui... vous allez le signer après lecture faite...

Cette formalité accomplie, le comte demanda :

— Monsieur, ne puis-je voir ma fille et mon gendre?...

— C'est impossible.

— Pourquoi?

— Parce que vous êtes encore au secret.

— Y serai-je longtemps?...

— Aussi longtemps que cela sera nécessaire...

— Et, jusqu'à quand cette nécessité existera-t-elle?...

— Vous le verrez sans qu'on vous le dise. — Gendarmes, reconduisez le prévenu à la geôle.

M. de Vezay fut réintégré dans la chambre qu'il occupait à la Conciergerie.

— Cela marche! — pensait le juge d'instruction en se préparant à quitter son cabinet, — superbe affaire!... — nous pouvons compter sur une grande affluence de *beau monde* à la cour d'assises le jour du jugement! — l'avocat du comte prouvera l'adultère de la comtesse, — il y aura circonstances atténuantes, — il ne faut point songer à la peine de mort, mais ce serait bien le diable si nous n'obtenions pas dix ou quinze ans de réclusion!... — Je vais faire chercher ce Caillouët, — évidemment il est la cheville de tout ceci!... le *deus ex machina!*... — j'écrirai dès ce soir au préfet de police...

Et M. Vachelet retourna chez lui, fort joyeux.

Une semaine s'écoula.

Plusieurs interrogatoires s'étaient succédé, sans amener de grandes modifications dans l'aspect de l'affaire criminelle qui nous occupe.

Malgré les innombrables subtilités judiciaires de M. Vachelet, — malgré les piéges sans fin tendus par lui au prévenu pour l'obliger à se contredire ou à se couper, — enfin, malgré tous les ressorts que pouvait enfanter un esprit fécond en habiletés légales, le comte ne se démentait point.

Il ne cessait de répéter, avec une assurance croissante, que M. de Villedieu avait péri dans un duel, et que ce duel avait eu pour théâtre l'allée du parc voisine du pavillon de chasse.

En présence de ces affirmations soutenues, le juge d'instruction décida qu'il était indispensable de conduire le comte dans les lieux où, suivant l'accusation, le meurtre avait été commis, — et dans ceux où, selon la défense, le combat singulier s'était effectué.

Cette résolution une fois arrêtée, M. Vachelet donna l'ordre de tenir prête, au jour indiqué, l'une de ces voitures destinées au transport des détenus, — voitures grillagées comme le soupirail d'un cachot, et que le peuple, dans son langage trivial et coloré, appelle des *paniers à salade*.

Un piquet de gendarmerie devait escorter la voiture cellulaire.

Quant au juge d'instruction, il comptait se rendre à Vezay dans un cabriolet de louage, en compagnie de Mathias, son fidèle secrétaire.

Il se promettait un véritable plaisir de cette excursion, envisagée comme partie de campagne.

Il comptait, une fois son opération judiciaire achevée, manger une omelette et boire du lait frais dans quelque ferme.

Puis, afin de varier ses jouissances, il pêcherait à la ligne, pendant une heure ou deux, dans les eaux poissonneuses de la Loire.

Le procureur du roi se tenait, jour par jour, au courant de la procédure, et suivait avec un intérêt profond les progrès assez lents de l'instruction.

Quand il apprit la résolution du juge, il déclara qu'il s'opposait formellement au transport de M. de Vezay dans la voiture cellulaire, — il ajouta que le voyage se ferait dans sa voiture, sous l'escorte de deux gendarmes seulement, et qu'il accompagnerait lui-même M. Vachelet et le prisonnier.

Ceci dérangeait singulièrement les projets du magistrat instructeur qui se voyait, non-seulement privé de son omelette, de son lait frais et de sa pêche à la ligne, mais encore relégué à la seconde place comme la première fois.

En son for intérieur il maugréa notablement, mais il était bon courtisan et il témoigna à son supérieur la joie la plus vive de ce nouvel arrangement qui lui permettrait de jouir de ses lumières.

On partit.

Le voyage sembla long et lugubre à M. de Vezay.

Il allait revoir son château, — mais il y retournait, comme il en était parti, en prisonnier, en criminel!...

Il allait se retrouver pendant quelques heures auprès de sa bien-aimée Madeleine, — mais il ne pourrait pas même échanger avec elle une parole tendre et consolante, lui donner un baiser paternel!...

Aussitôt que la voiture eut franchi la grille du parc, le procureur du roi fit arrêter, — il descendit, laissant M. de Vezay dans la calèche avec le juge d'instruction, il se rendit au château, seul et à pied, et demanda à parler à M. de Villedieu.

Le vicomte accourut.

En peu de mots le procureur du roi le mit au courant de ce qui allait se passer, — puis il ajouta :

— Je suis venu vous prévenir, monsieur le vicomte, afin d'éviter des scènes doublement pénibles et douloureuses, — le secret qui pèse sur votre malheureux beau-père n'est point levé, il est impossible par conséquent que madame la vicomtesse et vous ayez avec lui aujourd'hui le moindre rapport ; — veuillez donc, je vous le demande en grâce, vous renfermer dans votre appartement avec votre jeune et charmante femme pendant quelques heures...
— tâchez qu'elle ignore que son père est, en ce moment, si près d'elle... —

LA BATARDE

— Allons! cria le gendarme, — allons, l'homme, vos papiers, et plus vite que ça! (Page 376).

Enfin, laissez-nous maîtres du château momentanément... — Ayez en outre la bonté de donner l'ordre à vos domestiques de ne point quitter, soit leur office, soit toute autre pièce que vous désignerez, et de se tenir à ma disposition si je juge convenable d'interroger quelqu'un d'entre eux...

— Tout sera fait comme vous le souhaitez, monsieur... — répondit Lucien.

Il sonna le valet de chambre, — lui répéta les dernières paroles du procureur du roi, puis il alla trouver Madeleine afin de l'engager à se renfermer chez elle.

De son côté, il en fit autant.

Ces dispositions prises, M. de Pesselières rejoignit la voiture qui, au bout de trois ou quatre minutes, s'arrêta devant le perron.

En touchant ces marches de granit qu'elles avaient si souvent foulées d'un pied libre, les jambes du vieillard fléchirent sous le poids de l'émotion, — il serait tombé si le procureur du roi ne l'avait soutenu.

Le temps nécessaire pour se remettre lui fut accordé ; puis le juge d'instruction lui dit :

— Veuillez nous conduire à la chambre que madame la comtesse de Vezay occupait pendant la nuit du 20 septembre 1820.

Le comte obéit.

Dans la première partie de ce livre nous avons décrit la chambre de Marguerite.

Aucun changement n'y avait été fait depuis vingt ans. — Toutes choses étaient restées dans l'état où la jeune morte les avait laissées. — C'est à peine si l'on avait, une fois par an, ouvert les fenêtres pour donner de l'air.

Les magistrats examinèrent avec attention le large balcon de pierre à balustres de fer forgés et dorés.

Ils firent à M. de Vezay quelques questions insignifiantes, puis le juge d'instruction parla bas au procureur du roi.

Ce dernier répondit par un signe d'adhésion, et tous deux conduisirent le prisonnier dans le large corridor, — ou plutôt dans la galerie qui desservait les appartements principaux.

Le parquet de cette galerie était en bois de chêne ajusté par un ouvrier habile, et soigneusement ciré.

Le juge d'instruction se mit à genoux sur ce parquet et l'examina avec une longue et minutieuse attention ; à peu près à la façon d'un vieil amateur voulant se rendre compte du mérite d'un Gérard Dow, d'un Miéris ou d'un Ostade.

Sans doute cet examen ne produisit point le résultat qu'il en attendait, car il se releva d'un air mécontent.

— Eh bien ? — demanda le procureur du roi.

— Rien ! — répondit M. Vachelet.

— Vous êtes sûr?
— Parfaitement.
— Nulle trace de lavage?
— Aucune.

Le procureur du roi se tourna vers le comte :

— Monsieur, — lui dit-il, — à quelle époque remonte la pose du parquet de cette galerie?

— Je ne saurais vous le dire, je l'ai toujours vu tel qu'il est.

— N'y avez-vous jamais fait faire aucune réparation?

— Je ne le crois pas, il me serait cependant impossible de l'affirmer.

— Comment se nomme le plus ancien de vos domestiques?

— André.

— Quelles sont ses fonctions auprès de vous?

— Intendant, ou plutôt factotum...

— Combien y a-t-il de temps qu'il est à votre service?

— Trente ans, au moins.

Le procureur du roi fit rentrer M. de Vezay dans l'appartement de la comtesse Marguerite, et donna l'ordre aux gendarmes de le garder à vue.

Puis il ressortit et dit à Mathias d'aller à l'office chercher le domestique qui s'appelait André.

Ce dernier arriva au bout d'un instant, avec le secrétaire.

Il semblait fort intimidé et tremblait de tous ses membres.

— N'ayez pas peur, mon ami, — lui dit le procureur du roi, — vous n'êtes compromis en quoi que ce soit et il ne s'agit pour vous que de répondre à la question la plus simple du monde...

— Oui... monsieur... monsieur le procureur du roi...

— Vous voyez ce parquet?

— Oui... oui... monsieur... je... je le vois...

— A quelle époque a-t-il été mis en place?

— Oh! il y a bien... bien longtemps...

— Précisez mieux...

— Trente ans... ou trente-cinq ans... et plus... ça n'a pas été de mon temps...

— Oui, mais on y a fait des réparations, depuis lors?...

— Je... je ne crois pas...

— On en a remplacé une partie, — tenez, celle-ci?...

— Je... je ne me souviens pas...

— Rassemblez vos souvenirs, — dit le procureur du roi d'un ton sévère, — et ne cherchez point à tromper la justice, — nous avons une certitude.

Le vieil André se remit à trembler plus fort.

M. de Pesselières reprit :

— Encore une fois, souvenez-vous, et répondez...

Le domestique parut réfléchir profondément.

Puis il se frappa le front et s'écria :

— Ah! oui... oui... je me rappelle... — vous aviez raison... monsieur.. mais, moi, je ne mentais pas, j'avais seulement oublié...

— Parlez...

— On a touché au parquet.

— Dans cet endroit, n'est-ce pas?... précisément en face de cette porte?

— Oui... oui... monsieur...

— Quand cela?

— Il y a vingt ans.

— Avant ou après la mort de madame la comtesse?

— Tout de suite après.

— Qu'a-t-on fait à ce parquet?

— On en a remplacé un mètre carré à peu près.

— Pourquoi cela?

— Parce qu'il y avait sur le bois une tache que rien ne pouvait enlever.

— Quelle tache?

— Une tache de sang.

Le procureur du roi lança au juge d'instruction un regard de triomphe.

A ce regard, l'honorable M. Vachelet répliqua par un geste qui signifiait clairement :

— Ça, c'est vrai... vous êtes très-fort!...

Le procureur du roi poursuivit avec ardeur, comme un limier qui tient la piste :

— D'où venait ce sang?

— D'un accident arrivé dans la nuit du 20 septembre... la nuit de la mort de madame la comtesse...

— Un accident!... — s'écria le procureur du roi, stupéfait de l'expression dont se servait le vieil André.

— Oui, monsieur.

— Mais, qu'entendez-vous par là?

— Madame la comtesse était bien mal... elle venait de mettre au monde une pauvre petite fille... qui est aujourd'hui madame la vicomtesse de Villedieu... le médecin n'espérait plus rien... M. le curé récitait, près du lit, les prières des agonisants...

— Ensuite?...

— Cependant, — continua André, — le médecin voulut encore essayer quelque chose... il saigna madame la comtesse au bras... ça n'empêcha pas notre pauvre dame de mourir...

— Mais, quel rapport?...

— Voilà le rapport, monsieur... — la femme de chambre de madame emportait la cuvette dans laquelle était ce sang... elle venait de sortir, et elle était là, à cette place où nous sommes... elle entendit un grand mouvement dans la chambre... elle crut que sa maîtresse venait de passer... — dans son saisissement, elle laissa tomber la cuvette... — Le sang se répandit sur le parquet, et c'est pour ça qu'on a été obligé de le changer comme je vous l'ai dit tout à l'heure...

Les deux magistrats échangèrent un nouveau regard d'intelligence.

Évidemment ils voyaient dans le récit d'André la plus invraisemblable des inventions.

— Comment a-t-on su cet accident? — demanda le procureur du roi.

— La femme de chambre l'a raconté...

— A qui?

— A tout le monde.

— Et à vous personnellement?

— A moi comme aux autres.

— Avez-vous ajouté foi à ce qu'elle vous disait?

— Pourquoi donc pas, puisque c'était la vérité...

— Quand la femme de chambre a brisé cette cuvette sanglante, y avait-il quelqu'un avec elle?

— Je ne crois pas...

— Ainsi, elle était absolument seule?

— Oui, — à moins pourtant que Caillouët ne se trouvât là... — C'était le garde-chasse de M. le comte...

— Qu'est devenue cette femme de chambre?

— Elle est morte.

— Ah! elle est morte!...

— Oui, monsieur.

— Depuis quand?

— Trois ou quatre ans après madame.

— Toujours au service du château?

— Non, — retirée dans une petite maison du village.

— De quoi vivait-elle?

— D'une pension que lui faisait M. le comte...

— C'est bien, vous pouvez vous retirer.

Le vieil André ne se le fit pas répéter deux fois, il regagna la cuisine aussi vite que le lui permirent ses jambes encore tremblantes.

— Eh bien! monsieur le procureur du roi, — demanda le juge d'instruction, — qu'en dites-vous?

— Je dis que la culpabilité de M. de Vezay est pour moi un fait aussi lumineux, aussi incontestable, que les rayons du soleil...

— Je suis heureux de vous voir partager mon opinion.

— Je la partage de tout point.

— Il me semble que nous devons désormais regarder l'instruction comme achevée...

— Sans doute. — La chambre des mises en accusation pourra rendre son arrêt de renvoi avec connaissance de cause.

— Si l'on retrouve ce Caillouët, que je fais chercher partout, il paraîtra aux assises, soit comme témoin, soit comme complice. — Dans ce dernier cas il faudrait un supplément d'instruction, et rien n'empêcherait de remettre l'affaire à une prochaine session...

— Rien absolument.

— Pensez-vous, monsieur le procureur du roi, qu'il soit utile, en l'état de choses, de conduire l'accusé dans cet endroit du parc où il prétend s'être battu avec M. de Villedieu?

— Ce n'est point indispensable, mais ce sera plus régulier et, puisque nous sommes ici, allons...

Les gendarmes furent rappelés.

Chacun d'eux prit un bras du prisonnier, — la petite troupe regagna le rez-de-chaussée et s'engagea dans les allées verdoyantes du parc.

On ne tarda point à atteindre l'extrémité de cette avenue conduisant à la porte située à côté du pavillon de chasse.

Nos lecteurs connaissent cet endroit.

Depuis la scène terrible qui tient sa place dans les premiers chapitres de notre œuvre, rien n'était changé.

Seulement les arbres avaient grandi.

Une végétation plus épaisse encore et plus touffue ombrageait l'extrémité de l'avenue et les larges bancs de pierre placés de distance en distance sous les châtaigniers.

Au moment de l'arrivée des gens de justice et du prisonnier, un personnage étrange, vêtu de haillons blancs, était couché sur l'un de ces bancs et paraissait profondément endormi.

C'était cet homme bizarre, ce vieillard singulier, que chacun connaissait sous le nom de l'*Innocent*, et que nous avons déjà vu passer à maintes reprises dans les pages de ce récit.

Le bruit des pas de six personnes ne sembla point le troubler dans son sommeil, — du moins il ne fit aucun mouvement et n'ouvrit pas les yeux.

— Nous devons être seuls... — dit le juge d'instruction aux gendarmes, en leur désignant le personnage étendu sur le banc.

Entendre, c'était obéir.

L'un des gendarmes s'approcha du vieillard et, le poussant avec la crosse de son mousqueton, lui cria :

— Holà !... l'homme, éveillez-vous !...

Le vieillard se souleva sur son coude, ouvrit à demi les yeux et regarda le gendarme.

Puis, avec la plus parfaite nonchalance, il laissa retomber sa tête en arrière, — il reprit la position qu'il venait de quitter, et il sembla se rendormir.

XXI

L'INNOCENT

Cette conduite, peu respectueuse à l'endroit de l'uniforme qu'il portait, exaspéra complétement le gendarme.

Il se mit à secouer vigoureusement le vieillard, en s'écriant avec accompagnement de jurons énergiques :

— Sacrebleu!... vieux vagabond!... est-ce que vous êtes sourd?... — est-ce que vous n'entendez pas le français?... — Voulez-vous bien vous lever! et vous en aller! et vous dépêcher!...

L'homme aux haillons blancs poussa une sorte de grognement sourd.

Il se souleva de nouveau.

Seulement, au lieu de rester étendu et de s'appuyer sur son coude, il changea de position, et, de couché qu'il était, il se trouva assis.

Alors il fixa successivement, sur chacun des personnages qui se trouvaient groupés devant lui, un regard vague et hébété.

— Monsieur le procureur du roi, — dit le gendarme, — sauf votre respect, ça m'a l'air de pas grand'chose que cet homme-là... un vrai *propre à rien!*... — un vagabond! — un va nu-pieds!... — un *camp-volant* voleur et *goudpeur!*... — Faut-il lui demander ses papiers?

Le magistrat fit signe que oui.

— Allons, — cria le gendarme, — allons, l'homme, vos papiers, et plus vite que ça, sinon je vous arrête...

Il n'obtint aucune réponse, — pas même ce grognement sourd dont nous avons parlé tout à l'heure.

— Vos papiers? — répéta le gendarme, — vos papiers!... sacrebleu!... M. le procureur du roi attend!

L'étrange personnage restait impassible et muet.

Le gendarme redoublait ses injonctions.

— Il ne vous entend point et ne vous répondra pas... — dit alors M. de Vezay.

— Vous connaissez cet homme? — demanda le magistrat.

Le vieillard aux haillons blancs, — l'innocent, — car c'était lui, répondit : « Je suis
Armand de Villedieu. » (Page 380).

— Oui, — il vient souvent au château, dans les cuisines, depuis quelques mois.

— Quel est-il?

— Je ne sais. — Il est étranger au pays.

— Est-il sourd et muet?

— Je l'ignore. — On l'appelle *l'Innocent*. — Personne n'a entendu le son de sa voix, — il ne demande rien ; — on lui donne à manger ; — il est paisible et inoffensif...

— Je le ferai conduire au dépôt de mendicité, — dit le procureur du roi.

Puis il ajouta, en s'adressant au gendarme :

— Ne vous occupez plus de cet homme.

L'agent de la force publique obéit à cet ordre.

Le vieillard resta immobile sur son banc de pierre, les deux mains appuyées sur ses deux genoux, semblable à ces dieux égyptiens taillés dans le granit et qui, depuis le temps des Pharaons, conservent la même attitude.

Une sorte de vague curiosité mettait comme un reflet fugitif dans sa prunelle sans rayonnements.

Cette curiosité toute animale, qui se manifeste parfois même chez les pauvres êtres dont le crétinisme est le plus abject, est toujours effrayante à voir.

L'incident était vidé, — comme on dit en langage judiciaire.

Le procureur du roi se tourna vers M. de Vezay et lui demanda :

— Sommes-nous arrivés?

— Oui, monsieur.

— Ainsi, la place où nous nous trouvons est la même qui, selon vous, servit de théâtre à votre duel?

— Oui, monsieur, c'est bien la même.

— Vous persistez à le soutenir?

— J'y persiste ; et puisse Dieu abandonner ma cause si je mens...

— Dieu l'a abandonnée déjà! — dit le procureur du roi d'un ton grave et sévère. — Dieu a dissipé le dernier doute qui pouvait rester dans mon esprit! — Dieu, pour me faire toucher du doigt le crime, a soulevé le parquet neuf de la galerie du château, et sous les madriers de chêne m'a montré le sang répandu!... — N'invoquez donc plus le nom de Dieu en vain!... Dieu vous a condamné, — le prendre à témoin est un blasphème!...

— Quoi!... — balbutia M. de Vezay avec stupeur et désespoir, — vous savez...

— Je sais qu'il y a eu du sang répandu en face de l'appartement de votre femme dans la nuit du 20 septembre 1820...

— Mais ce sang ne prouve rien... rien au monde... que l'accident le plus vulgaire...

Le procureur du roi et le juge d'instruction sourirent à la fois.

— Oh! — reprit M. de Pesselières, — nous connaissons aussi l'explication de ce fait, accréditée par vous parmi vos gens... et nous l'apprécions à sa juste valeur...

— Ainsi, monsieur, cette explication, vous n'y croyez pas?

— Rendez assez justice à notre intelligence pour être bien convaincu qu'un mensonge aussi maladroitement combiné trouve peu de créance auprès de nous...

— Mais... — s'écria le comte — mais, pourtant...

Le procureur du roi l'interrompit.

— N'insistez pas, monsieur, — lui dit-il, — notre conviction est formée. — Occupons-nous maintenant du motif qui nous a conduits ici. Racontez-nous ce prétendu duel qui a eu lieu à cette place...

— A quoi bon, mon Dieu? à quoi bon?... vous ne me croirez point!

— Parlez, monsieur, nous écoutons.

M. de Vezay fit quelques pas.

— Le vicomte était là, — dit-il, — quand ma main, placée sur son épaule, l'a brusquement arrêté...

— Qu'a-t-il fait, alors?

— Il m'a juré que ma femme était innocente, et il s'est mis aussitôt à ma disposition.

— Et, ensuite?

— Nous avons avancé jusqu'ici... — le vicomte a dépouillé son habit et l'a jeté en cet endroit... — puis il a pris une des épées que je lui présentais et le combat a commencé.

— Où soutenez-vous que vous étiez placés?

— Moi, ici.

— Et le vicomte?

— Là.

— De quelle nature était la blessure reçue par lui?

— Un coup d'épée dans le front, — un peu au-dessus de l'intervalle qui sépare les deux sourcils.

— La mort a dû être foudroyante et instantanée?

— Non, — le vicomte a eu le temps de m'adresser les paroles que j'ai rapportées à monsieur le juge d'instruction...

— Où est-il tombé ?

— A cette place.

— Malheureusement pour vous, — dit le procureur du roi avec ironie, — le sable d'une allée garde moins bien et moins longtemps l'empreinte du sang qu'un plancher de chêne !...

— Ah ! — s'écria le comte, d'une voix faible d'abord et presque indistincte, mais qui ne tarda pas à devenir forte et vibrante, fouettée par les éclats d'un désespoir arrivé jusqu'au délire. — Ah ! vous aviez raison !... je suis perdu, Dieu m'abandonne, et la vérité, en touchant mes lèvres, devient mensonge !... qui donc me dictera ces mots qui émeuvent et qui convainquent ?... qui donc m'enseignera le chemin du cœur et de la conscience de mes juges ?... — qui me soutiendra ?... — qui me défendra ?... — qui me sauvera ?

M. de Vezay se jeta à genoux, et magnifique de douleur et d'amertume, le visage ruisselant de larmes, il poursuivit :

— Mon Dieu !... Dieu tout-puissant et bon... ayez pitié de moi !... — J'ai été coupable... j'ai frappé avec l'épée, je dois périr par l'épée... mais que ce soit la vôtre qui me frappe, ô mon Dieu, et non celle d'une justice abusée !... — S'il faut un miracle pour que mon innocence éclate au grand jour, faites ce miracle, Dieu tout-puissant... et prenez ma vie ensuite... — Je mourrai heureux et reconnaissant, Seigneur, pourvu que mon honneur vive !... Je vous invoque, mon Dieu, et j'invoque aussi celui dont j'ai versé le sang... — Qu'il se réveille et dise à mes accusateurs, puisque lui seul peut le dire, que ce sang a coulé sous une main loyale !... — Sors de ta tombe, Armand de Villedieu !... sors de ta tombe et viens à mon aide !

Deux mains tremblantes s'appuyèrent en ce moment sur le front penché du vieillard, et une voix, qui ne semblait point appartenir à une créature vivante, répondit :

— Vous m'appelez, comte de Vezay... me voici...

Le comte, toujours agenouillé, releva la tête en poussant un cri, et murmura :

— Qui donc êtes-vous ?...

Le vieillard aux haillons blancs, — l'innocent, — car c'était lui, — répondit :

— Je suis Armand de Villedieu...

M. de Vezay chancela sur ses genoux, — s'affaissa en arrière et tomba sans connaissance sur le sol.

Le procureur du roi fit un signe aux gendarmes, qui instinctivement s'étaient déjà rapprochés de lui.

Il leur désigna le vieillard qui venait de dire : — *Je suis Armand de Villedieu.*

Puis il s'écria :

— Qu'on arrête cet homme !... accepter un rôle dans cette infâme comédie, c'est accepter la solidarité du crime !...

Trois secondes suffirent aux gendarmes pour attacher de solides menottes aux poignets du vieillard.

Ce dernier se laissa faire sans opposer la moindre résistance.

Déjà son regard avait repris sa fixité atone, et sa figure pâle n'exprimait plus qu'une placide inintelligence.

— Maladroit compère ! — murmura le juge d'instruction, — il ne sait seulement plus son rôle !... Mais bah ! tout est pour le mieux ! voici qui corsera le procès...

— Relevez-vous, monsieur, — dit alors le procureur du roi à M. de Vezay, — le but que vous vouliez atteindre est manqué !...

Mais le comte ne se relevait point, — et pour cause.

Étonné de cette immobilité persistante, le magistrat le fit relever par les gendarmes et vit avec effroi que son visage offrait tous les symptômes qui caractérisent une apoplexie foudroyante.

— Aurait-il été dupe de sa propre ruse ? — se demanda le magistrat. — Tout ce qui se passe est étrange !...

Cependant le temps pressait.

Le pouls du comte battait faiblement.

D'une minute à l'autre la mort pouvait achever son œuvre.

M. de Pesselière avait, par hasard, quelques notions élémentaires de chirurgie.

Il fendit avec un canif la manche de la redingote et celle de la chemise du vieillard, — il déchira un mouchoir pour en faire des bandes ; et, se servant du canif en guise de lancette, il piqua la veine gonflée.

Le sang apparut d'abord goutte à goutte.

Puis il ruissela le long du bras, en un filet noir et épais.

Enfin, au bout de quelques secondes, il jaillit avec une extrême violence.

M. de Vezay était sauvé, — momentanément du moins, — car, presque aussitôt, il donna des signes non équivoques de retour à la vie. — Ses yeux s'entr'ouvrirent, — ses lèvres s'agitèrent.

Seulement sa prunelle restait sans regard, et aucun son ne s'échappait de ses lèvres.

A coup sûr l'apoplexie ne lâchait point sa proie toute entière, et l'intelligence du vieillard était sinon morte du moins endormie.

Le procureur du roi arrêta le sang de son mieux.

Il ne fallait pas songer à transporter le comte jusqu'à l'endroit où stationnait la voiture.

Le secrétaire du juge d'instruction reçut l'ordre d'aller la chercher, et il ne tarda point à reparaître avec la calèche.

On installa M. de Vezay sur les coussins du fond. — L'état dans lequel il se trouvait rendait parfaitement inutile la présence des deux gendarmes.

En conséquence, on enjoignit à ces derniers de se procurer dans le pays une charrette qui conduirait à Tours l'idiot prétendu, et à laquelle ils serviraient d'escorte.

Puis M. de Pesselières remonta en voiture avec le juge d'instruction. — Le secrétaire prit place sur le siége du cocher, — siége laissé vide, puisqu'un postillon conduisait l'attelage.

Pendant toute la durée du trajet les magistrats s'entretinrent de ce qui venait de se passer, et firent à ce sujet cent conjectures dont aucune ne se rapprochait de la vérité.

Aussitôt que le comte de Vezay fut réintégré dans la chambre qu'il occupait au palais de justice, le procureur du roi envoya quérir un médecin.

Ce médecin approuva beaucoup la saignée, à laquelle, ajouta-t-il, le vieillard devait certainement la vie.

Il déclara que la langue du comte de Vezay et ses facultés intellectuelles étaient, quant à présent, paralysées, et il ne prit point sur lui d'affirmer que cette paralysie dût cesser bientôt, — chose qui cependant ne lui paraissait point absolument impossible.

Deux heures après, une charrette attelée d'un maigre bidet arrivait à la porte de la geôle.

De cette charrette on tirait le vagabond, et on l'écrouait provisoirement ; — il devait, le lendemain, subir un premier interrogatoire.

XXII

LES MORTS, APRÈS VINGT ANS, SORTENT-ILS DU TOMBEAU ?

(Racine — *Athalie.*)

Nous ne nous faisons pas la moindre illusion au sujet de la prodigieuse invraisemblance du fait singulier sur lequel va reposer le dénouement de notre récit.

Or, — si invraisemblable que semble ce fait, — il est cependant, non-seulement possible, mais vrai.

On comprend que nous trouvions utile d'indiquer ici les preuves concluantes et irrécusables sur lesquelles nous basons cette affirmation.

A la date du 30 octobre 1839, le plus répandu de tous les journaux anglais, le *Times*, consacrait une colonne et demie de ses *faits divers* au récit d'une dramatique et déplorable erreur judiciaire, heureusement dénouée par un fait identiquement semblable à celui que nous racontons.

Le récit du *Times* était reproduit, le lendemain, par le *Morning-Post*, par le *Morning Chronicle* et, sans doute, par d'autres journaux encore.

Il est probable que cette curieuse anecdote a trouvé sa place, à cette même époque, dans les gazettes françaises. — Mais nous ne sommes point, quant à présent, en mesure de nous en assurer.

Quant aux feuilles anglaises que nous venons de citer, elles sont entre nos mains et nous les tenons à la disposition des incrédules, quels qu'ils soient.

Cela dit et prouvé, passons.

Le lendemain arriva.

Le procureur du roi, — intéressé par les bizarres complications du procès, comme on l'est, à la représentation d'une pièce émouvante, par les péripéties que le dramaturge a mises en scène, — voulut assister à l'interrogatoire du vagabond.

Cet interrogatoire fut étrange.

Pendant toute la première partie de sa durée, l'homme aux haillons parut, comme la veille, sourd et muet.

Il ne répondait à aucune question, — aucun éclair d'intelligence n'apparaissait, ni dans son regard, ni sur sa physionomie qui n'exprimait pas même l'étonnement.

Monsieur Vachelet et le procureur du roi, découragés, allaient en finir en envoyant purement et simplement le vieillard, soit dans une maison d'aliénés, soit dans un dépôt de mendicité.

Le juge d'instruction, essayant une dernière tentative, demanda :

— Pourquoi, hier, quand le comte de Vezay s'est écrié : — *Qui donc êtes-vous?* — Pourquoi avez-vous répondu : — *Je suis Armand de Villedieu?*...

Ces deux noms accouplés, — *Vezay* et *Villedieu*, — produisirent sur l'idiot un effet bizarre et subit.

Comme la veille, — lorsque le comte, terminant son invocation, avait dit d'une voix éclatante : — *Sors de ta tombe, Armand de Villedieu!... sors de ta tombe, et viens à mon aide!*... L'idiot fit un pas en avant.

Sa poitrine se souleva, gonflée, — le rayon lumineux de l'intelligence qui renaît brilla dans ses yeux, jusque-là ternes et fixes.

Il étendit ses mains tremblantes, et comme la veille il répliqua :

— Je suis Armand de Villedieu...

— C'est impossible. — Celui que vous nommez est mort...

— Je suis Armand de Villedieu... — répéta le vieillard pour la seconde fois.

— Armand de Villedieu a été assassiné par le comte de Vezay, dans la nuit du 20 septembre 1820, parce qu'Armand de Villedieu était l'amant de la comtesse Marguerite...

A peine le juge d'instruction venait-il de prononcer ces paroles que le vagabond, poussant un cri, appuya ses deux mains sur ses tempes et les comprima violemment, comme s'il eût senti que la pensée, bouillonnant dans son cerveau, allait le faire éclater.

— Oh! mon Dieu!... — balbutia-t-il d'une voix méconnaissable — la nuit du 20 septembre... Marguerite... oh! mon Dieu... mon Dieu... mon Dieu... je m'éveille... je me souviens...

Tandis que le vieillard murmurait ces mots entrecoupés, — tout semblait

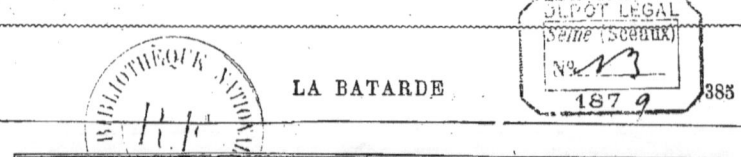

L'ex-idiot était entièrement métamorphosé par son nouveau costume. (Page 390.)

changer en lui, — non-seulement sa voix, — mais son attitude, mais son visage, qui se transfigurait en quelque sorte.

Il y avait de l'égarement dans son accent et dans ses regards, — c'était de la folie peut-être, — mais ce n'était plus de l'idiotisme.

Tous les spectateurs de cette scène, — le procureur du roi, — le juge d'instruction, — le secrétaire, et même les gendarmes, éprouvaient une stupeur indicible et se sentaient remués jusqu'au plus profond de leurs entrailles.

— Si cet homme joue une comédie, — dit M. de Pesselières tout bas à l'oreille du juge d'instruction, — quel comédien !...

— Nous verrons... — répliqua l'autre magistrat du même ton.

Cependant le vieillard sembla se calmer.

Il promena autour de lui un regard interrogateur, et il demanda :

— Où suis-je?... — Qui m'a amené ici?... — Pourquoi me parle-t-on de la comtesse Marguerite et de la nuit du 20 septembre?... — Qui êtes-vous et que voulez-vous de moi?...

Le juge d'instruction répliqua :

— Nous voulons savoir pourquoi vous prétendez vous nommer Armand de Villedieu... et nous avons le droit de vous le demander.

— Non, monsieur, — répondit fièrement le vieillard, — vous n'avez pas le droit de douter quand j'affirme !...

— Mais qui êtes-vous, pour affirmer?

— Je suis Armand de Villedieu.

Le juge d'instruction eut un sourire aux lèvres.

— Ceci, — dit-il, — est tout bonnement une impossibilité qui tourne dans un cercle vicieux.— Je vous répète que le vicomte de Villedieu est mort...

— Vous voyez bien que je suis vivant !

— Mort dans la nuit du 20 septembre 1820, il y a vingt ans... — poursuivit M. Vachelet.

— Vingt ans... — s'écria le vieillard — vingt ans !... allons donc !... vous êtes fou, monsieur !... le 20 septembre... c'était hier...

— Nous sommes en 1840, mon brave homme, — je vous l'apprends, si vous ne le savez pas... — dit le juge d'instruction avec un sourire railleur.

Une expression de surprise épouvantée se peignit sur les traits du vieillard.

— 1840 !... répéta-t-il à deux reprises — 1840 !...

— Tout autant.

— Vingt ans !... oh ! mon Dieu ?... que suis-je devenu depuis vingt ans ?... où sont ceux que j'aimais ?... — Mon fils Lucien vit-il encore ?... qui me dira cela ?... — qui me dira cela ?...

— Le fils d'Armand de Villedieu, — repartit le juge d'instruction, — le vicomte Lucien dont vous parlez, a épousé, il y a quinze jours, la fille unique du comte de Vezay...

Le vieillard poussa un cri déchirant.

Il battit l'air de ses deux bras et se laissa tomber sur la chaise qui se trouvait derrière lui, en murmurant avec un accent de désespoir inouï :

— Sa sœur !...

Les deux magistrats échangèrent un nouveau regard.

Le doute remplaçait, dans ce regard, l'incrédulité complète.

Ils commençaient à s'avouer à eux-mêmes que des acteurs de cette force ne se trouvent point, même à Paris, — que par conséquent il est bien rare qu'ils courent les champs, couverts des haillons du mendiant, et jouant des rôles d'idiots dans l'intérêt d'un drame intime.

Cependant un juge d'instruction n'a garde de s'avouer vaincu et convaincu si vite.

Il reprit donc :

— Ainsi, vous affirmez être cet Armand de Villedieu que tout le monde croit mort depuis vingt ans?

— Je suis Armand de Villedieu et je le prouverai.

— Admettons pour un instant que ce soit vrai. — Vous devez vous souvenir de l'assassinat tenté sur vous par le comte de Vezay, — le 20 septembre 1820, à deux heures du matin, — dans la galerie du château, — alors que vous sortiez de la chambre de la comtesse Marguerite?...

— De quel assassinat me parlez-vous?... — demanda le vieillard, — M. de Vezay est un noble cœur, incapable d'une lâcheté!... — il avait le droit de me frapper par derrière, comme on tue un larron d'honneur... — il ne l'a pas fait, — il a croisé son épée avec la mienne, dans une lutte loyale... — si j'ai succombé, c'est que Dieu est juste!...

— Ainsi, vous soutenez vous être battu en duel avec le comte de Vezay?

— Oui.

— En quel lieu?

— En cet endroit qui touche à la petite porte du parc, près du pavillon de chasse...

— Là où nous vous avons trouvé hier?...

— Je ne sais où j'étais hier...

— Quelle blessure vous a fait l'épée de M. de Vezay?

— J'ai été frappé au front, — un peu au-dessus des sourcils.

— Vous devez en conserver la cicatrice.

— Voyez.

Le vieillard présenta son crâne chauve aux regards du procureur du roi et du juge d'instruction.

Une cicatrice étroite et profonde tranchait par sa teinte bleuâtre sur le ton d'ivoire jauni de la tête.

M. Vachelet continua :

— Aussitôt après avoir reçu cette blessure, êtes-vous tombé sans connaissance ?

— Non, — j'ai eu le temps d'adresser une prière à M. de Vezay...

— Laquelle ?

— Celle de faire remettre à mon fils un portefeuille que j'avais sur moi...

— Et ensuite ?

— Ensuite, il m'a semblé mourir...

— Mais vous vous êtes réveillé de ce sommeil qui ressemblait à la mort ?

— Tout à l'heure seulement.

— Ainsi, vous ne savez pas ce que vous êtes devenu pendant vingt ans ?...

— Non.

— Vous ignorez que M. de Vezay et son garde-chasse Caillouët ont porté votre corps, qu'ils croyaient un cadavre, dans les caveaux funèbres du château, et qu'ils l'ont étendu dans une tombe ouverte ?

— Je l'ignore.

— Comment avez-vous pu sortir de ces souterrains où vous étiez enfermé ?

— Je ne le sais pas, et je vous répète que je ne me souviens de rien...

— Il faudra pourtant nous le dire et nous le prouver, si vous voulez que nous ajoutions foi à vos paroles... et ce sera le seul moyen de sauver le comte de Vezay...

— Sauver le comte ! — s'écria le vieillard, — quel péril le menace ?...

— Il est arrêté sous prévention de meurtre, commis le 20 septembre 1820, sur la personne d'Armand de Villedieu...

— Mais il est innocent !... cent fois innocent !... et vous le voyez bien, puisque me voici vivant !...

— Nous le verrons, je vous le répète, quand vous nous aurez prouvé que vous êtes bien celui que vous dites...

— Que faut-il faire pour cela ? Parlez !...

— Demain nous vous conduirons aux caveaux funèbres et vous ferez en sorte de retrouver l'issue par laquelle vous vous en êtes échappé...

— Dieu m'a rendu le souvenir et la raison pour sauver un innocent... Dieu me viendra en aide...

Là se termina l'interrogatoire du vieillard que nous appellerons désormais Armand de Villedieu.

Le procureur du roi, fort disposé à envisager l'affaire sous un point de vue absolument nouveau, donna l'ordre de s'assurer de la personne de ce ressuscité providentiel, mais de ne point le traiter en prisonnier.

Dans la soirée il lui envoya des vêtements, afin qu'il pût quitter ses haillons et reprendre l'apparence d'un homme du monde, qu'il disait être.

La position de M. de Pesselières était embarrassante.

Il ne savait s'il devait faire immédiatement prévenir Lucien de Villedieu de ce qui se passait, et de la possibilité d'un événement aussi miraculeux que le retour à la vie d'un père mort depuis vingt ans, — ou s'il valait mieux attendre que des preuves matérielles eussent changé cette possibilité en certitude.

Dans le doute, il pensa qu'il était plus prudent de s'abstenir pendant quarante-huit heures.

Il ne faudrait pas plus que ce temps à M. Armand de Villedieu, — si en effet c'était bien lui, — pour rentrer d'une façon irrécusable dans sa possession d'état.

Le procureur du roi s'informa de la situation du comte de Vezay.

Il lui fut répondu que cette situation n'avait point empiré, — au contraire.

Le cerveau semblait se dégager, — mais la paralysie n'avait pas encore rendu aux organes de la parole leur liberté d'action.

XXIII

LA FIN

Nous approchons du terme de notre tâche.

L'espace va nous être, désormais, mesuré strictement, — tâchons donc d'être rapide et concis, autant que cela pourra se faire sans nuire à la clarté de notre récit.

Le lendemain, l'ex-idiot, — ou plutôt le vicomte Armand, — entièrement métamorphosé par son nouveau costume qu'il portait avec une aisance aussi grande que s'il ne l'avait jamais quitté, — fut conduit au château de Vezay par le procureur du roi et le juge d'instruction, sans escorte de gendarmerie.

Les scellés apposés sur les portes des caveaux funèbres furent levés.

On pénétra dans la salle mortuaire.

Le vicomte Armand s'agenouilla pendant quelques secondes au pied d'une croix de pierre élevée sur un tombeau.

— Oh! mon Dieu! — murmura-t-il, — Dieu de justice et de bonté, — ne laissez pas votre œuvre imparfaite... — Guidez-moi par la main... rendez à mon âme, pour une heure, la mémoire de ce passé qui, pour moi, n'est pas même un songe...

Puis il se releva, plein de confiance et d'espoir.

Dieu l'avait sans doute écouté.

Il marcha droit à la tombe ouverte, et, plaçant sa main sur le rebord de marbre, il dit d'une voix ferme :

— C'était là...

Les magistrats tressaillirent.

Désormais ils ne doutaient plus, — cet homme n'était point un imposteur soudoyé pour les besoins d'une cause !...

— Suivez-moi, — dit le vicomte Armand, — suivez-moi, je me souviens...

Et il se dirigea vers l'extrémité des caveaux funèbres, la plus éloignée de la porte d'entrée.

Là se trouvait pratiquée dans la muraille une étroite ouverture.

Le vicomte, — accompagné du procureur du roi, — du juge d'instruction, et de Mathias qui portait une lanterne, — s'engagea dans cette ouverture.

Tous les quatre marchèrent longtemps, — le couloir humide et voûté semblait se prolonger à l'infini.

Enfin, un faible rayon lumineux apparut dans le lointain, au milieu des ténèbres opaques.

C'était le jour.

Le couloir voûté, — dont personne au château ni dans le pays ne soupçonnait l'existence, — communiquait avec une construction en ruines, située dans les bois à quelques centaines de pas de la lisière du parc.

Des décombres et un épais fourré de ronces et de lianes en obstruaient l'entrée.

Le vicomte Armand se fraya un passage au travers de ces obstacles épineux, — puis, se retournant vers ses compagnons, il leur dit :

— C'est par là que je suis sorti... — Maintenant, me croyez-vous ?...

— Monsieur le vicomte, — répondit le procureur du roi en saluant, — ma conviction d'homme du monde et de simple particulier est arrêtée désormais, mais ma conviction de magistrat a besoin de s'éclairer mieux.

— Eh bien! monsieur, nous l'éclairerons. — Le notaire Landry vit-il encore?

— Oui, monsieur, et c'est toujours lui qui se trouve à la tête de son étude.

— Retournons à Tours, — allons chez lui, — il était mon notaire, — il me reconnaîtra, — et, en supposant que les vingt années qui viennent de s'écouler m'aient rendu méconnaissable, même à ses yeux, il existe dans les cartons de son étude des documents et des pièces intimes, relatifs à ma famille et à moi, — ces documents et ces pièces, lui seul au monde, et moi, il le sait, nous les connaissons. — Une heure de conversation avec lui, en votre présence, vous donnera vingt fois pour une la preuve de mon identité...

Cette proposition tranchait le nœud gordien.

Elle fut acceptée.

Le vicomte ne s'était pas trop avancé.

Au bout de moins d'une heure le notaire Landry, déjà très-ému par la voix d'Armand de Villedieu et par les souvenirs que lui rappelait son visage, serrait dans ses bras son ancien client et l'embrassait en pleurant.

Tout était fini.

Il y avait un vivant de plus !...

— Monsieur le vicomte, — dit alors le procureur du roi à Armand, — vous êtes libre, mais je vous demande la permission de vous donner un conseil affectueux...

— Parlez, monsieur, je vous en prie...

— La joie, vous le savez, peut, comme la douleur, être fatale... — Acceptez pour le reste de la journée l'hospitalité chez moi, et permettez-moi de préparer monsieur votre fils à ce bonheur inouï, incroyable, miraculeux, qui l'attend...

— J'accepte, monsieur, et je vous remercie mille fois d'avoir eu cette bonne pensée... — Mais, dites-moi, le pauvre prisonnier... sera-t-il libre aujourd'hui même?

— Hélas! aujourd'hui, c'est impossible...

— Pourquoi donc?

— Si évidente que soit l'innocence du détenu, il faut, pour annuler l'effet du mandat de dépôt, qu'un arrêt de non-lieu soit rendu par la chambre des mises en accusation... — Je vais provoquer immédiatement cet arrêt... — demain, M. de Vezay sera libre... — mais que fera-t-il de sa liberté?... il est malade... très-malade...

— Oh! mon Dieu!...

— Une attaque d'apoplexie foudroyante l'a frappé l'autre jour, dans son parc, lorsque vous lui êtes apparu...

— Il était donc dans ma destinée, — murmura Armand de Villedieu tout bas, — il était donc dans ma destinée de tuer son bonheur et de briser sa vie!...

Le procureur du roi conduisit chez lui son hôte d'un jour.

Il trouva le médecin de la prison qui l'attendait.

Ce médecin venait lui annoncer que le comte de Vezay avait recouvré la parole et l'usage de toutes ses facultés, — mais qu'il s'affaiblissait visiblement, et pour ainsi dire de minute en minute.

Il avait écrit et cacheté deux lettres.

Puis il avait dit au médecin, que, se sentant mourir, il suppliait monsieur le procureur du roi de venir recevoir sa dernière parole et son dernier vœu.

M. de Pesselières se rendit à l'instant même à l'appel du vieillard.

Le comte de Vezay, assis dans un grand fauteuil, semblait ne respirer qu'à peine.

A côté de lui, sur une petite table se voyaient deux lettres.

L'une était adressée au *vicomte Lucien de Villedieu.*

L'autre à *mademoiselle Jeanne Caillouët.*

— Merci, monsieur... — balbutia-t-il, — merci d'être venu... il était temps... je vais mourir...

— Non, monsieur! — s'écria le procureur du roi en saisissant la main du vieillard. — Non, vous ne mourrez point... — Je vous apporte une heureuse nouvelle... — la plus heureuse de toutes... — votre innocence est reconnue... demain vous serez libre...

— Trop tard! — murmura le vieillard, tandis qu'une larme coulait sur sa joue.

— Trop tard! — répéta-t-il, — innocent!... vous voyez... vous ne vouliez pas croire... Ah! j'ai bien souffert, allez!... j'ai tant souffert que je meurs!...

Le procureur du roi ne pouvait répondre.

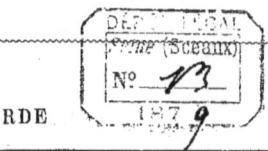

— Aimez-vous, mes enfants... vous le pouvez... adieu... je vous bénis. (Page 395.)

Il pleurait.

Le vieillard poursuivit :

— J'ai dit au bon Dieu : — *Prenez ma vie... et que mon honneur vive...* — Le bon Dieu m'a entendu... — Je suis innocent, vous le savez... et je meurs... mais, qu'importe ?... Mon nom est intact... ma fille n'aura pas honte de son père... — Armand de Villedieu est vivant, n'est-ce pas ?... ou bien est-il sorti de sa tombe pour me sauver ?...

— Il est vivant...

— Tant mieux! mon Dieu, soyez béni! je vais monter à vous les mains pures de sang!... Oh! si seulement je pouvais embrasser ma fille... ma bien-aimée Madeleine... comme je mourrais heureux!...

— Vous le pourrez, monsieur... — Je cours au château de Vezay, — je vous ramènerai vos enfants...

— Bien vrai?... — murmura le vieillard dont les yeux brillèrent d'un dernier rayon de joie.

— Dans quelques heures votre fille sera près de vous.

— Pourvu qu'elle arrive assez tôt... pourvu... — enfin... si je ne suis plus là... vous lui direz que j'ai pensé à elle... et répété son nom... jusqu'au dernier moment...

Puis, après un silence, M. de Vezay ajouta :

— Ces lettres... vous les remettrez...

Le procureur du roi fit un signe affirmatif et s'élança dehors.

L'émotion le suffoquait.

La soirée était bien avancée, — les dernières clartés du jour allaient faire place à une obscurité complète.

La porte de la chambre de M. de Vezay s'ouvrit rapidement.

Le vieillard respirait encore, mais son âme semblait errer sur ses lèvres, prête à s'envoler.

Madeleine, éplorée, se jeta aux genoux de M. de Vezay, et le serrant convulsivement dans ses bras s'écria, à travers ses sanglots :

— Oh! mon père... mon pauvre père... vous vivrez n'est-ce pas?... vous vivrez?...

Lucien venait derrière Madeleine.

Lui aussi s'agenouilla devant M. de Vezay, et, saisissant la main du vieillard, il l'appuya contre ses lèvres et ses larmes muettes coulèrent sur cette main déjà presque glacée.

M. de Vezay fit un mouvement pour réunir sur sa poitrine la tête de Madeleine et celle de Lucien.

Les jeunes époux, — obsédés tous deux par l'horrible pensée d'une naissance commune, pensée qui les poursuivait sans relâche, — ne cédèrent point à ce mouvement qui devait rapprocher leurs joues et mêler leurs haleines.

Le spectre de l'inceste se dressait entre eux.

Sans doute, au moment d'abandonner son enveloppe terrestre, l'âme acquiert pour un instant ce don fatal et divin de descendre au fond des cœurs et de lire ce qui s'y passe.

Par cette surnaturelle intuition, M. de Vezay comprit la pensée de sa fille et celle de son gendre.

Il usa ses dernières forces à rapprocher, avec une douce violence, ces charmantes têtes qui se fuyaient, et sur chacune d'elles appuyant une de ses mains il murmura :

— Aimez-vous, mes enfants... aimez-vous... vous LE POUVEZ... Lucien... la lettre... elle est là... lisez... Madeleine... ma fille... adieu... je vous bénis tous deux... adieu...

Ce mot : *adieu*, prononcé pour la seconde fois, s'éteignit dans un soupir.

Ce soupir fut le dernier.

M. de Vezay n'était plus.

Sa belle âme, — souillée par une seule faute, si longuement et si douloureusement expiée, — venait de remonter vers son juge suprême, vers ce Dieu qui est l'infinie bonté, parce qu'il est aussi la puissance infinie...

. . . .

En ce moment, la porte se rouvrit doucement.

Deux nouveaux personnages entrèrent.

C'étaient le procureur du roi et Armand de Villedieu.

Le procureur du roi s'arrêta près du seuil.

Armand s'avança jusqu'au vieillard, — il mit un genou en terre devant lui, et, prenant entre les siennes sa main roidie par la mort, il prononça ces paroles, non des lèvres, mais du cœur :

— Charles-Henri, comte de Vezay, du haut du ciel où vous êtes, pardonnez-moi... et priez Dieu qu'il me pardonne, car j'ai péché contre le ciel et contre vous...

— Monsieur Lucien. — dit le procureur du roi au jeune homme, quand le vicomte se fut relevé, — voici votre père que Dieu vous rend... embrassez-le..

Le père et le fils s'unirent dans une mutuelle et longue étreinte.

Madeleine, agenouillée, pleurait et n'entendait pas.

XXIV

LE SOUPER DES FIANÇAILLES

— Ces lettres... vous les remettrez... — avait dit le comte au procureur du roi, au moment où ce dernier allait quitter la prison pour se rendre au château de Vezay et en ramener Lucien et Madeleine.

M. de Pesselières prit les deux lettres placées sur la table, et lisant sur l'une d'elles le nom de Lucien de Villedieu, il la présenta au jeune homme en murmurant :

— L'une des dernières volontés du juste qui n'est plus a été que cette lettre vous fût donnée par moi... lisez-la donc, afin que de là-haut il voie que j'ai sans retard accompli ma mission...

Lucien prit aussitôt la lettre et la décacheta avec une respectueuse émotion.

Elle commençait ainsi :

« Je vais paraître devant Dieu, mon enfant, et peut-être ne reverrai-je plus en ce monde, ni vous, ni ma bien-aimée Madeleine, dont je vous ai confié le bonheur avec tant de joie et de sécurité.

« Il est un secret qui depuis vingt ans m'oppresse et m'étouffe, — un secret que je croyais emporter avec moi dans la tombe, — mais, à cette heure suprême où j'arrive, — à cette heure où l'approche de la mort permet de jeter sur les choses de ce monde un regard détaché de toute crainte et de toute honte, — je sens bien que je n'ai pas le droit de me taire et qu'il faut que la vérité se fasse jour enfin pour vous.

« C'est à vous, Lucien, à vous le fils de mon cœur et de mon choix, que j'adresse cette confession d'un agonisant... — Vous jugerez si Madeleine doit la lire, — ce que vous ferez à cet égard sera bien fait...

« Voici ce qui s'est passé dans la nuit du 20 septembre 1820... »

Suivait un récit rapide des événements que nous avons mis sous les yeux de nos lecteurs dans la première partie de notre œuvre.

La conclusion de ce récit était l'aveu de la substitution de l'enfant de Suzanne Caillouët à la fille de la comtesse Marguerite.

Ainsi la vérité se faisait jour, — la lumière apparaissait éclatante : — plus rien d'obscur dans le passé, plus rien d'effrayant dans le présent !...

Jeanne était la sœur de Lucien.

Madeleine pouvait être sa femme.

Quand Lucien eut achevé sa lettre, il leva les yeux vers le ciel, pour remercier du fond de l'âme celui qui, d'un seul mot, venait de lui rendre ce bonheur qu'il croyait à tout jamais perdu.

Puis il s'agenouilla de nouveau à côté de Madeleine, et, mettant la main glacée du mort dans leurs mains réunies, il murmura tout bas à l'oreille de a jeune femme :

— Il disait vrai, Madeleine... nous avons le droit de nous aimer...

La seconde lettre, — nous le savons, — était adressée à mademoiselle Jeanne Caillouët.

Voulant accomplir jusqu'au bout son mandat sacré en la remettant lui-même, le procureur du roi la prit et la serra dans son portefeuille, en se disant :

— J'irai la porter demain...

Il était neuf heures du soir.

Le lendemain était bien près.

Et pourtant la lettre du comte devait n'être jamais remise !...

Nous allons savoir pourquoi.

Tandis que M. de Vezay, innocent aux yeux de Dieu et aux yeux des hommes, mais pas encore à ceux de la loi, se mourait dans une chambre de la conciergerie de Tours, voici ce qui se passait à Thil-Châtel.

Depuis le jour où elle avait comparu devant le juge d'instruction Vachelet, la malheureuse jeune fille était plongée dans une mélancolie morne et profonde.

Minée jour et nuit par le remords d'une action qu'elle considérait comme un crime irrémissible, elle dépérissait à vue d'œil.

Une véritable maladie de consomption, tout à la fois physique et morale, s'était emparée d'elle et faisait des progrès rapides et effrayants.

Chose étrange ! dans cette douleur mortelle qui la tuait ainsi, le souvenir de son amour pour Lucien de Villedieu n'occupait aucune place.

Cet amour, — unique mobile d'une vengeance terrible, et d'autant plus cruelle qu'elle frappait sur des innocents, — semblait n'avoir jamais existé !...

Explique qui pourra ce mystère du cœur ! — Nous ne l'essayons point, et nous nous bornons à constater un fait.

Frappée de l'idée fixe d'une mort prochaine, Jeanne résignée acceptait cette mort comme une expiation; — seulement elle voulait, avant de quitter ce monde, assurer le bonheur de tous ceux qui l'avaient aimée, — et le nombre en était restreint.

Jeanne remit à Tiennette le double de la somme qu'elle lui avait promise à titre de dot, et elle exigea que le mariage de la jeune fille et de Nicaise fût célébré dans le plus bref délai.

Ceci, du reste, se trouvait parfaitement d'accord avec le désir des deux amoureux.

Le jour de la noce était fixé pour la semaine suivante.

Nous allons nous transporter dans la grande salle de la ferme de Thil-Châtel, et nous y assisterons au souper des fiançailles du colporteur et de Tiennette.

Ce souper avait lieu le même soir et à la même heure que l'agonie du comte de Vezay.

Naturellement on ignorait à Thil-Châtel ce qui se passait à la prison de Tours.

Jeanne était dans sa chambre qu'elle ne quittait plus. — Black-Nick, depuis une semaine, n'avait pas senti la douce main de sa maîtresse caresser sa longue crinière!...

Le commencement du repas fut d'une prodigieuse tristesse. — Jeanne était adorée de tous ses serviteurs, qui la savaient malade, — bien malade, — et cette pensée glaçait leur joie.

On ne parlait qu'à peine et d'une voix étouffée, — on se versait à boire à bas bruit.

Nulle de ces grivoiseries champêtres, si chères aux villageois, ne s'échangeait entre les convives.

Aucun refrain de chanson rustique ne retentissait au milieu du silence général.

De temps en temps même, la jolie Tiennette essuyait une larme furtive.

Bref, ce souper de fiançailles ressemblait, à s'y méprendre, à un repas d'enterrement.

On mangeait fort, — on buvait bien, — mais c'était tout.

Ceux qui, comme nous, connaissent les paysans et les ont vus à l'œuvre, en face des *pichés* de cidre ou des cruches de vin nouveau, savent bien qu'un tel état de chose ne pouvait durer.

Le paysan, — quand les brocs circulent et quand le vin clair coule abondamment dans son verre, — si grande que soit au fond sa tristesse, s'égaye malgré lui et peu à peu.

Il boit, — et le front plissé se déride, — les yeux mornes se rallument, — il boit encore, et la lèvre soucieuse se relève sous un gros rire — et (comme l'a dit nous ne savons plus quel chansonnier), — tout finit par des chansons !..

Cette règle générale ne comporte qu'une seule exception, et elle nous semble assez originale pour être citée.

Cette exception, ce sont les paysans du Morvan qui la fournissent.

Quand deux Morvandiaux, attablés en face l'un de l'autre dans un cabaret, commencent à sabler le vin du pays, voici ce qui se passe :

Au premier verre, la physionomie des buveurs s'assombrit.

Au second, elle exprime un violent accès de misanthropie ou de spleen.

Au troisième, ils s'entretiennent, en leur patois, du néant de la vie et de la vicissitude des choses humaines.

Au quatrième, ils se racontent mutuellement leurs chagrins et peines de cœur.

Quand ce lamentable récit est achevé, et quand la bouteille est vide, — c'est-à-dire au cinquième verre, — ils se précipitent dans les bras l'un de l'autre en sanglotant de toute leur âme, et cette désolation ne fait qu'augmenter jusqu'au moment où ils roulent sous la table, ivres morts et noyés de pleurs.

Ceci est exact et de tout point vrai.

Mais nous ne sommes point dans le Morvan ; nous sommes en Touraine où l'on trouve, au fond des bouteilles, la gaieté et non les larmes.

Petit à petit, les impressions tristes qui régnaient dans la grande salle et pesaient sur les convives, disparurent enfin tout à fait.

Les physionomies s'animèrent.

Les réparties vives se croisèrent d'un bout de la table à l'autre.

Nicaise ébaucha quelques fredons.

Tiennette, elle-même, sourit du bout de ses lèvres roses.

Un incident inattendu, et de peu d'importance, fut tout à coup au moment de couper court à cette gaieté naissante.

Frison, — notre ami Frison, — l'illustre et intelligent caniche auquel nous

nous sommes plu si souvent à rendre une justice éclatante, — Frison, disons-nous, eut un caprice bizarre.

Abandonnant les os et les friandises dont chacun l'accablait, il alla s'installer sur le seuil de la porte, et là, au moment où on s'y attendait le moins, il se mit à pousser un aboiement sourd et prolongé, — lugubre, — déchirant.

Quand les chiens aboient de cette façon à la nuit tombante, on prétend, dans les campagnes, *qu'ils hurlent à la mort.*

Les plus braves frissonnèrent.

Tiennette poussa un cri et devint toute pâle.

— Taisons-nous!... vilain toutou!... — dit Nicaise avec autorité, — taisons-nous tout de suite!... — Est-ce que nous avons perdu la tête, Frison, mon ami!... soyons sage et couchons-nous près de ce maître!...

Le caniche n'obéit qu'à moitié.

Il se tut, mais il ne vint point, comme de coutume, s'étendre docilement aux pieds du colporteur.

Nicaise était trop heureux ce soir-là pour abuser de son autorité, — il n'insista pas.

Quelques minutes se passèrent ainsi.

Puis, soudain, le chien qui était resté sur le seuil de la porte poussa un nouveau hurlement, plus plaintif, plus prolongé, plus lugubre que le premier.

Les convives se regardèrent.

— J'ai peur... — murmura Tiennette, — je tremble...

En sa qualité de colporteur, hôte assidu des grandes villes, Nicaise se posait en homme inaccessible aux superstitions vaines, aux préjugés vulgaires.

Il entreprit de rassurer sa promise et de lui prouver qu'elle avait tort de trembler ainsi et que l'aboiement d'un chien n'avait et ne pouvait avoir aucune signification effrayante.

Mais Tiennette n'était point fille à raisonner avec son épouvante et à se laisser convaincre par de beaux discours.

A tout ce que lui disait Nicaise, elle répondait :

— J'ai peur!... j'ai peur!... un malheur nous menace... c'est sûr... bonne sainte Vierge, ayez pitié de nous!...

Voyant qu'il ne produisait aucun effet sur la jeune fille, Nicaise, non sans un peu d'humeur, alla prendre le pauvre Frison par l'oreille, et, malgré ses

LA BATARDE 401

Il retira son couteau et coucha ce jeune cadavre sur le tapis noyé de sang. (Page 405).

gémissements lamentables, il le traîna jusqu'à la petite étable dans laquelle il l'enferma, en s'écriant :

— Maintenant, hurle tant que tu voudras !... mais si tu recommences, *failli chien*, je te promets une correction méritée !...

Puis il revint à la grande salle.

L'impression de tristesse et d'effroi, causée par les sinistres hurlements de Frison, s'effaça difficilement.

Elle finit cependant par céder à des libations nouvelles, et la gaieté reprit son niveau primitif.

Il n'est point, dans les campagnes, de joyeux festin où le chant ne tienne une large place. — Les paysans s'enivrent de chant aussi bien et mieux peut-être que de vin et d'eau-de-vie.

Nicaise jouissait, parmi les champêtres mélomanes, d'une fort grande réputation, méritée par son inépuisable répertoire renouvelé sans cesse dans ses pérégrinations nomades.

Il ne se fit en aucune façon tirer l'oreille.

— Je vas vous dégoiser, — dit-il, — la *chanson de la promise du garde-moulin*, — une chanson bien belle, que j'ai apprise au pays d'Anjou, et qui a vingt-sept couplets...

— Vingt-sept couplets?... — répétèrent les auditeurs avec admiration.

— Tout autant, mes bonnes gens.

— C'est ça, Nicaise, c'est ça!... — la *chanson de la promise du garde-moulin*, et vite!... — vingt-sept couplets!... Dieu de Dieu, ça doit-il être beau!...

— Dame! c'est du chenu!... — attention, mes bonnes gens, le refrain se répète à la ronde...

Et il commença :

> La promise et sa cousine
> Vont du côté du moulin.
> — Eh! bonjour donc, voisine,
> Où courez-vous, c'matin?
> Au moulin je devine
> C'que vous allez chercher...
>
> Ça n'est pas d' la farine,
> Pourquoi vous en cacher?
> Gentille épousée,
> Que voulez-vous?
> Fillette rusée,
> Dites-le-nous!

Nicaise frappa sur la table avec le manche de buis de son long couteau, et les quinze ou dix-huit personnes rassemblées autour de cette table, reprirent en chœur :

> Gentille épousée,
> Que voulez-vous?
> Fillette rusée,
> Dites-le-nous!...

— C'est ça, mes bonnes gens, c'est ça!... — dit le colporteur, — vous avez saisi du premier coup la mécanique de la chose!... — Voilà qui va bien!..

Puis il reprit :

> Ne me faites pas la mine,
> Voisine, j'sais c' qui vous plaît!...
> Votre bonheur, ma fine,
> Demain sera complet!...
> Vous êtes la future
> Du beau garde-moulin ;
> Et bientôt, d'aventure,
> Son gai réveil-matin!...
> Gentille épousée,
> Que voulez-vous?
> Fillette rusée,
> Dites-le-nous!...

Les gens de la ferme venaient de reprendre le refrain à la ronde, — déjà ils avaient répété les deux premiers vers.

Mais Nicaise, placé en face de la porte, les interrompit vivement.

— Chut! — leur dit-il, — voici mam'zelle...

Jeanne Caillouët, — pâle, chancelante, se soutenant à peine, venait en effet de franchir le seuil.

Tous les convives furent aussitôt debout.

— Rasseyez-vous, mes amis, — leur dit Jeanne d'une voix dont le timbre était bien changé depuis le jour où pour la première fois nous avons aperçu la jeune fille, — je ne viens pas vous déranger... je veux seulement boire avec vous à la santé et au bonheur futur du bon Nicaise et de ma chère Tiennette...

Tiennette, tout émue, — pleurant d'attendrissement et de reconnaissance, — s'approcha vivement de sa jeune et triste maîtresse et lui présenta un verre à moitié rempli de vin.

Jeanne y trempa ses lèvres en disant :

— Je bois à vous, mes amis... soyez heureux...

Et tout bas elle ajouta :

— Plus heureux que votre pauvre maîtresse...

Tout ceci s'était passé en quelques minutes.

Jeanne replaça son verre sur la table, fit un geste d'adieu et sembla se disposer à regagner son appartement.

— Je vas vous reconduire jusque dans votre chambre, mam'zelle... — dit la camériste.

— Non, mon enfant, demeure... je n'ai pas besoin de toi maintenant...

— Mais, qui vous éclairera, mam'zelle?...

— Il est inutile de m'éclairer... j'ai laissé dans le vestibule la lumière avec laquelle je suis descendue...

— Quand le souper sera fini, mam'zelle, je monterai près de vous, n'est-ce pas?

— Oui, mon enfant, mais pas avant.

Jeanne quitta la grande salle, et s'enfonça dans les ténèbres de la cour. Il était en ce moment dix heures et demie.

Jeanne Caillouët pour quitter sa chambre avait allumé un bougeoir et, ainsi que nous venons de l'entendre dire à Tiennette, elle avait placé ce bougeoir dans le vestibule sur un petit guéridon.

Au moment où elle quitta son pavillon pour se diriger vers la grande salle, une forme indécise sembla se mouvoir à quelque distance dans l'obscurité.

Quand Jeanne fut entrée dans le bâtiment de ferme, la forme dont nous venons de constater la présence fit un mouvement brusque et, d'un pas incertain quoique rapide, prit le chemin du pavillon dont la jeune fille n'avait pas fermé la porte.

A la faible clarté du bougeoir, on eût pu distinguer alors un homme de haute taille qui frôlait les murailles et qui disparut dans le vestibule. — Cet homme tenait de la main droite un long bâton noueux.

Mais il n'y avait là personne pour voir passer cet étrange visiteur.

Jeanne rentra.

Elle ferma la porte derrière elle, — sans tourner la clef ni pousser le verrou, afin que Tiennette pût venir la rejoindre.

Elle reprit son bougeoir, et elle s'engagea dans l'escalier conduisant à l'étage supérieur..

. . . .

Au moment où mademoiselle Caillouët mettait le pied sur la première marche de l'escalier, voici ce qui se passait dans cette chambre coquette que nous avons si minutieusement décrite en un chapitre spécial.

Debout, devant le petit secrétaire de bois de rose où Jeanne enfermait son argent, ce même homme qui l'instant d'auparavant se glissait dans l'ombre, venait d'un seul coup de ciseau à froid de briser la frêle serrure du meuble Pompadour.

Tous les tiroirs étaient ouverts et l'homme entassait dans ses vastes poches l'or et les billets de banque qu'ils contenaient.

Il achevait son œuvre, — il venait de reprendre le long bâton ferré qu'il avait laissé tomber sur le tapis tandis qu'il consommait l'effraction, — il allait regagner le chemin par lequel il était venu...

Le bruit des pas légers de Jeanne retentit dans l'antichambre.

— Tonnerre!... — murmura l'homme d'une voix rauque. — Tonnerre!... je n'aurai pas le temps!...

Et il se jeta derrière la porte que la jeune fille allait ouvrir, — espérant encore qu'elle entrerait sans l'apercevoir et qu'il pourrait se précipiter au dehors.

Mais, à tout hasard et comme précaution salutaire, il ouvrit sous sa blouse un couteau catalan fraîchement aiguisé.

La porte tourna sur ses gonds.

Jeanne entra.

Son premier regard tomba par hasard sur le secrétaire de bois de rose.

Elle le vit brisé, — elle comprit qu'un crime venait d'être commis, — qu'un danger terrible la menaçait...

Son bougeoir s'échappa de ses mains...

Elle voulut reculer...

Elle ouvrit la bouche pour appeler à son aide.

Mais elle n'eut le temps, ni de pousser un cri, ni de faire un pas en arrière.

De sa main gauche l'homme en blouse la saisit par ses cheveux blonds, — de sa main droite il lui planta dans la gorge son couteau catalan.

La lame disparut jusqu'au manche.

L'homme retira son couteau, — il coucha ce jeune cadavre sur le tapis noyé de sang, il regagna l'escalier et le vestibule, et il se dit en manière d'oraison funèbre pour sa victime :

— C'est sa faute!... elle est arrivée trop tôt!...

Nous savons que, dans un mouvement d'impatience, Nicaise avait enfermé dans la petite étable le pauvre Frison pour le punir d'avoir intempestivement *hurlé à la mort.*

Pendant assez longtemps Frison se tint à peu près tranquille, se contentant de faire entendre des grognements sourds et inquiets, et de petits cris plaintifs qui ne pouvaient arriver jusqu'à la grande salle.

Mais, au moment précis où Jeanne Caillouët venait de rentrer dans son pavillon, le caniche parut tout à coup entrer en une rage étrange.

Il se mit à pousser des hurlements, non plus lugubres et intermittents, mais continus, furibonds, menaçants, terribles.

Il se précipitait contre la porte qu'il ébranlait et dont ses griffes sillonnaient le bois.

Il était impossible qu'un pareil vacarme n'attirât point l'attention des hôtes de la grande salle.

— Nicaise, — dit Tiennette, — entendez-vous?... — il arrive quelque chose au chien... pour sûr... — allez donc voir...

— Bah! — répliqua le colporteur, — ce n'est rien... il est en colère d'être enfermé... — ça lui passera tout à l'heure...

— Nicaise, — reprit Tiennette, — je vous en prie, allez voir tout d'même... il s'est peut-être fait mal, ce pauvre Frison...

Le colporteur aimait passionnément son chien.

Il ne fut point fâché de céder et il sortit, convaincu qu'en le sentant approcher le caniche allait se taire.

Le contraire arriva.

Frison redoubla ses aboiements forcenés et ses bonds furieux.

— C'est drôle, tout d'même! — pensa Nicaise, — oui, c'est drôle!... Ce chien ne se met point pour rien dans des états pareils!... lui qu'a de l'esprit plus qu'un homme!

Et il ouvrit la porte de la petite étable.

Frison s'élança au dehors.

Il aspira fortement l'air, puis, sans seulement tenir compte des appels réitérés de son maître, il fit un bond et se précipita dans l'enclos, en donnant de la voix comme un limier qui rencontre sa piste.

Au bout de quelques secondes un bruit mat traversa les ténèbres, — à ce bruit succéda un gémissement plaintif et court, — puis les aboiements se turent.

— De par tous les diables!... — s'écria Nicaise, — on a tué mon chien!...

Et, courant à la grande salle, il reprit :

— On a tué mon pauvre Frison!... — Venez, vous autres!... venez tous!... il y a des voleurs dans l'enclos!...

Ces mots furent magiques.

En une seconde, chacun fut armé, — ceux-ci de fusils et de carabines, ceux-là de fourches, — d'autres de couteaux de cuisine, et même de pincettes.

On prit des lanternes, et la petite troupe suivit Nicaise dans la direction d'où il avait entendu venir le dernier gémissement du chien.

A deux cents pas à peu près dans l'enclos, on vit un objet blanc qui se détachait sur la teinte sombre du gazon.

On s'approcha de cet objet.

C'était le pauvre caniche.

Il semblait mort, — une trace sanglante et tuméfiée indiquait qu'il avait reçu sur la tête un effroyable coup de bâton.

Entre ses dents serrées il tenait un lambeau de drap rouge.

Nicaise examina ce haillon écarlate.

Il devint pâle et, frappant dans ses mains, il s'écria :

— Le pantalon rouge du forçat évadé!... — Ah! Seigneur, mon Dieu!... Seigneur, mon Dieu!... — pourvu qu'il ne soit point arrivé malheur à mam'zelle Jeanne!

Cette effrayante idée prit aussitôt dans tous les esprits une terrible consistance.

La troupe effarée courut au pavillon, — franchit l'escalier, — pénétra dans l'antichambre.

La porte de la chambre à coucher était entrebâillée et par cette ouverture on voyait de la lumière.

— Mam'zelle, — demanda Tiennette, — êtes-vous là?

Aucune voix ne répondit.

Tiennette ouvrit tout à fait la porte et entra.

Mais soudain elle recula, les yeux hagards, et tomba à la renverse sans qu'un mot ait pu s'échapper de sa gorge contractée...

Nous savons ce qu'elle avait vu!...

XXV

NOUS LISONS DANS L'ÉCHO DE LA TOURAINE

A la date du 28 septembre 1840, l'*Écho de la Touraine*, feuille honorable et d'une nuance indéterminée, publiait l'article suivant[1] :

« A coup sûr, le présent mois de septembre laissera des souvenirs lugubres et ineffaçables dans l'esprit de tous les habitants de notre belle province!...

« Hier nous annoncions la fin à jamais regrettable de M. le comte Charles-Henry de Vezay, mort d'une attaque d'apoplexie foudroyante au moment où son innocence venait d'être irrécusablement démontrée.

« Aujourd'hui nous avons à apprendre à nos lecteurs une autre nouvelle non moins sinistre, non moins déplorable.

« Une jeune et charmante personne, mademoiselle Jeanne Caillouët, propriétaire d'une grande fortune et à peine âgée de vingt ans, a été assassinée avant-hier soir, à dix heures et demie, dans la chambre à coucher de son château de Thil-Châtel.

« La tête de l'infortunée était à demi séparée du corps par une épouvantable blessure.

« La cupidité a été l'unique mobile de ce crime odieux. — L'assassin a fracturé un meuble qui renfermait une somme très-considérable dont il s'est emparé.

« Des indices sûrs donnent lieu de supposer que l'auteur de ce double attentat n'est autre qu'un forçat des plus dangereux, — le nommé Anselme Jacquand, échappé récemment du bagne de Brest.

« Ce forçat connaissait l'existence de la somme importante dont nous venons de parler et que recélaient les tiroirs d'un meuble fragile.

« La justice informe.

« Les brigades de gendarmerie sont sur pied jour et nuit, — tout fait supposer que les recherches, habilement conduites, amèneront un heureux résultat, et qu'en face de forfaits aussi odieux la société ne restera point désarmée.

---

[1]. Nous ne sommes plus ici que copiste, et nous prions nos lecteurs de ne point nous attribuer la responsabilité du style (estimable d'ailleurs) du journaliste tourangeau.

AVIS. — La prochaine livraison sera double, et ne coûtera que **10 c.** et contiendra la 1re livraison du **MARI DE MARGUERITE**, qui est un chef-d'œuvre de Xavier de Montépin.

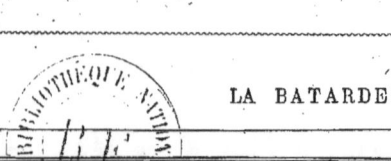

La petite troupe, lanterne en main, s'approcha de cet objet. C'était le pauvre Frison. (Page 407).

« Nous tiendrons nos lecteurs au courant de tous les détails relatifs à cette dramatique affaire. »

A la date du 1ᵉʳ octobre, nouvel article de l'*Écho de la Touraine*.

Nous le reproduisons également :

« Grande nouvelle et, cette fois, bonne nouvelle!...

« L'assassin de mademoiselle Jeanne Caillouët vient d'être mis sous la main de la justice.

« Les présomptions dont nous parlions dans notre dernier article étaient fondées. — L'assassin est en effet Anselme Jacquand, le forçat évadé du bagne de Brest.

« Son arrestation présente une particularité extrêmement curieuse, en ce qu'elle est due non point à un homme mais à un chien, — oui, un chien, un véritable chien, digne et vertueux émule du grand et célèbre *Munito*.

« Ceci mérite une explication que nous allons donner à nos lecteurs.

« L'infortunée Jeanne Caillouët avait pour femme de chambre une jeune et jolie fille de ce pays, nommée Tiennette, laquelle devait se marier prochainement avec un colporteur appelé Nicaise.

« Ce colporteur possédait et possède encore un admirable caniche blanc, baptisé par lui du nom de *Frison*. — Le soir où l'assassinat fut commis, les fiançailles de la femme de chambre et du colporteur se célébraient par un repas joyeux, dans les bâtiments d'une ferme attenant au manoir de Thil-Châtel, résidence habituelle de mademoiselle Caillouët.

« Pendant ce repas, le chien se mit à plusieurs reprises à hurler d'une façon si lamentable et si effrayante qu'on se vit dans la nécessité de l'enfermer, — mais bientôt ses cris devinrent tellement furieux (et cela au moment précis où le meurtrier consommait son crime) qu'on fut obligé de lui rendre la liberté.

« Il en profita pour s'élancer sur les traces du misérable, dont son instinct prodigieux lui avait révélé la présence et les coupables desseins, — il le rejoignit, une lutte s'engagea entre eux dans les ténèbres, et le chien, après avoir arraché avec ses dents un morceau du vieux pantalon rouge que portait ce bandit, reçut un coup de bâton terrible sur la tête et, pendant plus de deux heures, tout le monde le crut mort.

« Il n'en était rien. — Peu à peu Frison revint à lui-même. — Il lui restait une tâche providentielle à accomplir.

« Les recherches combinées des brigades de gendarmerie et des gardes-champêtres et forestiers, dont notre procureur du roi, M. de Pesselières, ne cessait de stimuler le zèle, demeuraient sans résultat.

« L'habile et audacieux meurtrier restait introuvable, — sa présence répandait l'épouvante au sein de nos paisibles campagnes, dont les habitants tremblaient jour et nuit.

« Les domestiques de la victime, et ceux pour lesquels elle s'était montrée bonne, affectueuse, charitable, — c'est à-dire tous ceux qui la connaissaient, — ne furent pas les moins ardents à la poursuite ou plutôt au *traque* d'Anselme Jacquaud.

« Le colporteur Nicaise, en compagnie de son chien Frison et d'un garde-forestier, parcourait sans relâche les environs de Thil-Châtel, explorant le terrain pouce à pouce, — ne laissant ni un buisson, ni un vieux mur en ruines, sans les visiter avec soin.

« Les deux hommes étaient bien armés.

« Hier, dans l'après-midi, ils arrivèrent en un endroit qu'on appelle la *Vallée aux Loups*. — Le terrain découvert, planté seulement çà et là de quelques grands arbres, ne semblait recéler aucun abri propre à cacher un fugitif.

« Cependant, à peine arrivé dans cette vallée, le chien donna des signes manifeste d'inquiétude et de fureur et s'élança vers un monticule peu élevé où se voyait un amoncellement de feuilles sèches et de branches d'arbres, — là, il gratta d'une façon frénétique, s'efforçant de disjoindre et d'écarter les branchages, et hurlant avec rage.

« Le colporteur et le garde-forestier vinrent à son aide et s'aperçurent bien vite que cet amoncellement, auprès duquel ils auraient passé vingt fois sans le remarquer, cachait une excavation peu profonde, dans laquelle un homme se tenait accroupi.

« Cet homme était le forçat évadé. — Auprès de lui, il avait un pain et une bouteille d'eau-de-vie.

« Aussitôt qu'il se vit découvert, il se dressa dans la fosse et fit feu de deux pistolets sur le garde et le colporteur ; — heureusement ses coups, mal dirigés, ne portèrent ni l'un ni l'autre.

« En même temps, et comme il tirait de sa poche un couteau catalan, le chien lui sauta à la gorge et le mordit avec une violence telle, qu'à demi-étranglé il perdit aussitôt connaissance.

« On le tira de l'excavation, — on lui attacha les pieds et les mains, et comme le bruit des coups de pistolet avait attiré deux gendarmes passant à quelque distance, on leur livra le bandit qui, jeté sur une charrette et toujours garrotté, mais revenu à lui-même, a fait hier son entrée dans notre ville, escorté par les gendarmes, par le colporteur et le garde-forestier, et par le brave et bon chien qui s'est vu, chemin faisant, l'objet de plus d'une ovation méritée.

« On a trouvé, dans les poches d'Anselme Jacquand, une somme de plus de trente mille francs en or et en billets de banque.

« L'instruction de cette affaire est remise à M. Vachelet, l'un des plus habiles et des plus éclairés de nos magistrats instructeurs.

« On pense que ce procès criminel excitera vivement la curiosité publique, et qu'il pourra être jugé à la prochaine session de la cour d'assises.

« S'il nous arrive de nouveaux renseignements, nous les publierons sans retard. »

« Tours, le 9 octobre 1840.

« Les nouveaux renseignements que nous espérions, et que nos abonnés attendent avec une si vive impatience, nous arrivent enfin. — Ils sont étranges, — inouïs, — prodigieux !...

« Jamais l'*imagination en délire* de nos romanciers modernes, *suant sang et eau* pour arriver à d'effroyables combinaisons de crimes dramatiques et *vertigineux*, n'a pu atteindre à cette épouvantable hauteur[1] !...

« Il résulte des investigations de la justice que l'assassin de Jeanne Caillouët subissait sa peine au bagne de Brest sous un nom qui n'était pas le sien.

« Cet homme, — et, en traçant ces mots, notre plume tremble dans notre main frissonnante ! — cet homme s'appelle en réalité Jacques-Antoine Caillouët, il est père de la malheureuse Jeanne Caillouët !...

« Ainsi, ce n'est point une étrangère qu'il a assassinée !...

« C'est sa fille !...

« Sa fille !...

« Et il le savait !...

« Le sang se glace dans les veines à la seule pensée que l'humanité enfante parfois de semblables monstres !...

« Jacques-Antoine Caillouët, ex-garde-chasse du comte de Vezay qui vient de mourir, avait disparu du pays depuis vingt ans, abandonnant sa femme et son enfant.

« L'odyssée de ce bandit laisse bien loin en arrière les *funestes rêveries*,

---

[1]. Les expressions soulignées par nous ne le sont point dans l'article original, — notre intention se devine.

les *imaginations extravagantes et invraisemblables* de ces romanciers dont nous parlions tout à l'heure.

« Après avoir dévoré dans la débauche, à Nantes, à Lorient, à Quimper, etc... une somme considérable qu'il tenait de la trop grande bonté du comte de Vezay, Caillouët, — qui déjà avait changé de nom, — demanda des ressources au vol...

« Dans cette voie funeste on ne s'arrête point, — à chaque pas qu'on fait en avant, on descend un échelon de l'escalier du crime.

« Après le vol, vient l'assassinat.

« En 1823, Caillouët fut condamné aux travaux forcés à perpétuité par la cour d'assises de Rennes.

« Pendant près de dix-sept ans, le bagne de Brest l'a vu traîner la chaîne et le boulet du forçat.

« Enfin, après une évasion qui dénote un incroyable sang-froid et une adresse machiavélique, Caillouët est revenu au pays qu'il avait abandonné depuis vingt ans, et il y est revenu pour assassiner sa fille.

« Ce misérable, — à ce qu'on assure, — fait preuve, dans sa prison, d'un endurcissement sans pareil.

« L'instruction est presque achevée. »

« Tours, le 14 octobre 1840.

« Un fait bien bizarre, et au sujet duquel on se perd en conjectures, occupe en ce moment l'attention publique, conjointement avec l'affaire de l'assassin Caillouët.

« Avant-hier des bûcherons, travaillant à une coupe dans les forêts attenant au parc du château de Vezay et appartenant aujourd'hui à madame la vicomtesse Lucien de Villedieu, mirent la cognée au pied d'un châtaignier trois ou quatre fois séculaire.

« Ce patriarche des bois s'écroula avec un fracas épouvantable, et les bûcherons, en le dépeçant, s'aperçurent avec une indicible stupeur que le tronc creux du châtaignier renfermait un squelette humain parfaitement conservé, et revêtu de quelques lambeaux d'étoffe dont la couleur verte se devine encore.

« Les boutons, presque intacts, portent des têtes de loup et de sanglier.

« La présence de ce squelette en un pareil endroit ne semble pas devoir faire soupçonner un crime.

« Voici l'explication qui paraît la plus vraisemblable, — elle est donnée par des vieillards du hameau de Vezay.

« Il y a vingt ans, un piqueur du comte de Vezay, — lequel piqueur se nommait *La Ramée*, — disparut soudainement.

« Comme il s'était rendu coupable de plusieurs délits de braconnage, on le supposa en fuite.

« Il est probable que, pour un motif ou pour un autre, ce La Ramée sera monté sur le châtaignier, et que là, le pied lui ayant manqué, il se sera vu englouti tout vivant dans cette tombe qui devait, si longtemps après, restituer ses ossements blanchis. »

» Tours, le 30 octobre 1840.

« Le jury a rendu hier soir son verdict, à près de minuit, dans l'affaire Caillouët.

« Ainsi que tout le faisait prévoir, la réponse des jurés à cette question : — *Caillouët s'est-il rendu coupable du crime d'assassinat, commis avec préméditation sur la personne de sa fille ?* — a été affirmative et unanime.

« Les jurés n'ont point admis de circonstances atténuantes.

« En conséquence, Jacques-Antoine Caillouët a été condamné à la peine de mort.

« En entendant cet arrêt, aucune émotion ne s'est manifestée sur le visage du misérable.

« Il a refusé de se pourvoir en cassation. »

« Tours, le 1er novembre 1840.

« Ce matin, malgré la pluie, fine et pénétrante qui tombait sans relâche, une foule immense se pressait sur la place des exécutions de notre ville.

« Au milieu de cette place, la rouge et hideuse silhouette de l'échafaud, estompée par la brume, attirait tous les regards.

« A sept heures précises Caillouët est sorti de la prison. — Il avait demandé et bu, coup sur coup, deux verres d'eau-de-vie.

« Jusqu'à la dernière minute le condamné a fait preuve du cynisme le plus révoltant, — il a repoussé et même injurié le respectable aumônier qui s'efforçait, ne pouvant sauver son corps, de sauver au moins son âme.

« A sept heures douze minutes, Caillouët montait sur l'échafaud.

« A sept heures et quart, la justice des hommes était satisfaite et la foule s'écoulait, silencieuse et morne. »

Dans les papiers de Jeanne Caillouët, on trouva un testament daté de la veille du jour où elle était morte, — ce testament donnait à des œuvres pieuses et charitables toute la fortune de la jeune fille.

Le procureur du roi brûla la lettre écrite par le comte de Vezay mourant, et qu'il apportait à la victime le lendemain de l'assassinat !...

Tiennette et Nicaise se marièrent, ils furent heureux et n'oublièrent point dans leur bonheur leur chère bienfaitrice, la pauvre *mam'zelle Jeanne*...

Frison, ce modèle des caniches blancs passés, présents et à venir, atteignit la plus extrême vieillesse, entouré de considération et de petits soins.

Quand il passa de vie à trépas, Nicaise le fit empailler.

Aucun nuage ne troubla l'union heureuse de Lucien et de Madeleine qui vivent encore, entourés de leurs enfants et de leurs petits-enfants.

Le vicomte Armand de Villedieu, — mourut, — mais pour tout de bon cette fois, — en décembre 1850.

Le procureur du roi, M. de Pesselières, est aujourd'hui sénateur inamovible.

Le juge d'instruction Vachelet a pris sa retraite sans avoir trouvé à instruire une seule affaire qui pût rivaliser, même de bien loin, avec le célèbre drame judiciaire du comte Charles-Henri de Vezay.

Cet amateur éclairé et passionné des *beaux crimes* ne s'en est jamais consolé.

FIN DE LA BATARDE

TABLE DES MATIÈRES

PREMIÈRE PARTIE

LA MAÎTRESSE DU MARI

Chap. I.	— Deux heures du matin...	3
II.	— Le choix d'une arme...	10
III.	— La bienvenue........	16
IV.	— Les serments......	23
V.	— Un coup d'épée......	33
VI.	— Les tombeaux.......	40
VII.	— La chambre de Marguerite.	49
VIII.	— Papiers volés........	58
IX.	— Une proposition.....	66
X.	— Double explication....	74
XI.	— Suzanne..........	79
XII.	— La chambre de Suzanne..	87
XIII.	— La seule issue.......	95
XIV.	— Le mariage........	103
XV.	— Nicaise...........	111
XVI.	— La Maison-Rouge.....	120
XVII.	— Le corps du délit.....	126
XVIII.	— La clairière........	132
XIX.	— Une tombe verte.....	140
XX.	— La cinquième nuit....	149
XXI.	— Deux berceaux et un ruban noir...........	155
XXII.	— Coup d'œil en arrière...	165
XXIII.	— Un homme de mauvaise mine.........	176
XXIV.	— Le compagnon de route..	186
XXV.	— Thil-Châtel.........	198
XXVI.	— Le souper.........	204
XXVII.	— La chambre de Jeanne..	210

DEUXIÈME PARTIE

JEANNE ET MADELEINE

Chap. I.	— Jeanne et Tiennette.....	219
II.	— La chanson de Nicaise...	224
III.	— Amour de jeune fille...	234
IV.	— Première douleur. — Lutte et défaite.......	239
V.	— Un billet mystérieux....	247
VI.	— Marché conclu.......	254
VII.	— La mission de Nicaise...	263
VIII.	— La réponse du vicomte...	270
IX.	— Le message........	278
X.	— Catastrophe........	286
XI.	— Le procureur du roi....	292
XII.	— L'interrogatoire......	298
XIII.	— Arrêté...........	309
XIV.	— La tombe ouverte.....	314
XV.	— Le départ.........	320
XVI.	— Le cabinet de M. de Pesselières.........	328
XVII.	— Citation à témoin.....	339
XVIII.	— En prison.........	350
XIX.	— Le cabinet de M. Vachelet.	357
XX.	— La tache de sang.....	364
XXI.	— L'innocent.........	376
XXII.	— Les morts, après vingt ans, sortent-ils du tombeau?	383
XXIII.	— La fin...........	389
XXIV.	— Le souper des fiançailles..	396
XXV.	— Nous lisons dans l'*Écho de la Touraine*...	408

SCEAUX. — IMP. CHARAIRE ET FILS.

www.ingramcontent.com/pod-product-compliance
Lightning Source LLC
Chambersburg PA
CBHW070929230426
43666CB00011B/2364